中国政法大学国际法文库
THE SERIES OF INTERNATIONAL LAW
CHINA UNIVERSITY OF POLITICAL SCIENCE AND LAW

领土争端解决中的
有效控制规则研究

领土争端解决中的
有效控制规则研究

Study on Effectivités in the
Settlement of Territorial Disputes

宋　岩◇著

中国政法大学出版社

2018·北京

图书在版编目（ＣＩＰ）数据

领土争端解决中的有效控制规则研究/宋岩著. —北京：中国政法大学出版社，2018.9
ISBN 978-7-5620-8463-1

Ⅰ.①领… Ⅱ.①宋… Ⅲ.①领土问题－研究 Ⅳ.①D993.1

中国版本图书馆CIP数据核字 (2018) 第201663号

出 版 者　　中国政法大学出版社

地　　址　　北京市海淀区西土城路 25 号

邮寄地址　　北京 100088 信箱 8034 分箱　邮编 100088

网　　址　　http://www.cuplpress.com（网络实名：中国政法大学出版社）

电　　话　　010-58908524（编辑部） 58908334（邮购部）

承　　印　　固安华明印业有限公司

开　　本　　720mm×960mm　　1/16

印　　张　　18.25

字　　数　　350 千字

版　　次　　2018 年 9 月第 1 版

印　　次　　2018 年 9 月第 1 次印刷

定　　价　　59.00 元

识，并产生忧患意识和危机意识，自觉抵御浮华的社会风气和浮躁的学术氛围，沉下心来做学问，以科学的精神和理性的态度关注当代中国面对的重大国际法理论与实践问题，产出高质量、高水平并经得起历史检验的学术成果。"板凳须坐十年冷，文章不写半句空"。以此与各位共勉！

基于上述认识，我希望"中国政法大学国际法文库"能够成为激励中国政法大学内外国际法学界同仁潜心研究的助推器；成为集中展示具有高水平和原创力的中国国际法学术作品的窗口；成为稳定而持续地推出国内高层次国际法理论成果的平台。欲达此目的，确保"文库"作品的质量是重中之重。

"中国政法大学国际法文库"应该以"开放性"为宗旨、以"精品化"为内涵。第一，"开放性"是中国政法大学的办学理念之一，也是"文库"的首要宗旨。这里所谓的"开放性"，一是指"文库"收录的著述以"宏观国际法"为范畴，凡属对国际公法、国际私法、国际经济法，以及涉外性、跨国性法律问题进行研究的优秀成果，均可收录其中；二是"文库"收录的作品，应当囊括校内外和国内外国际法学者的精品力作，凡达到国内一流或国际领先的高水平的国际法著述，均在收录之列。在我看来，坚持"开放性"宗旨，是对"文库"范围的合理及必要的拓展，这不仅表明它海纳百川、百家争鸣的胸怀，更是它走"精品化"路线的前提与基础。

第二，"文库"以"精品化"为内涵与品质要求。所谓精品化，是指"文库"收录的作品应该是精品，只能是精品，必须是精品。为达此目的，"文库"要建立严格的申请和遴选制度，对申请文稿进行匿名评审，并以学术水平为评审的唯一标准。"文库"编委会应当适时召开会议，总结实际工作中的经验和教训，不断完善作品的遴选程序和办法，使"文库"出版的作品确实能够代表我国国际法学术研究的最新和最高水准。

我认为，只有秉持"开放性"与"精品化"的出版理念，坚持严格的遴选程序与标准，"中国政法大学国际法文库"才能获得持久的生命力。同时，我相信，经过一段时间的积淀，"中国政法大学国际法文库"必将成为法大乃至中国国际法研究的一个公认的学术品牌，并为构建具有"中国特色、中国风格、中国气派"的高水平国际法理论体系做出自己的贡献。

是谓序。

黄　进

2012 年 12 月 12 日于北京

总 序

进入 21 世纪以来，和平发展已经成为国际社会的主流和共识。各国政府认识到，基于和平共处的合作与发展是国家间关系的理想状态。尽管国际关系中依然存在各种矛盾和冲突，但是，在和而不同、求同存异的基础上解决国际争端，和衷共济地建设和谐世界符合各国人民的根本利益。而国际法在建设和谐世界，实现全球法治和治理方面无疑具有无可替代的作用。

中国的建设和发展同样需要这种和平共处的国际环境。不过，随着中国国力的增长和国际局势的演变，中国须直面的重大国际性法律问题与日俱增且日益复杂：从领土争端到海洋权益纠纷，从国际贸易摩擦到民商事法律冲突，从应对全球气候变化到资源争夺，从打击恐怖主义和国际犯罪到海外中国公民及企业权益的保护……这些超越国界的法律问题，无一不关乎中国的重大利益，也无一不需要中国国际法学者予以关注、思考和回应。

正是基于这一背景，在我的倡议下，经过中国政法大学国际法学院和中国政法大学出版社的共同努力，"中国政法大学国际法文库"得以破茧而出。值此"文库"面世之际，我在欣喜之余，感到有必要谈谈对国际法学界同仁和"国际法文库"的殷切希望。鞭策之言，不足以为弁首也。

中国政法大学拥有世界上最大的法学家集团，其法学研究与教育在我国乃至国际上均享有盛誉。作为这个法学家集团的一部分，中国政法大学国际法学人的规模和研究能力也一直为各方所关注和重视。不过，我们应该有更广阔的国际视野和历史责任感，不能固步自封，或者对过往取得的成绩沾沾自喜。坦率地讲，无论是与西方发达国家的国际法研究水准相比，还是与我国国际法同行的最高研究水平相比，我们仍然存在不小的差距。这主要表现在两个方面：第一，在面对重大、突发的国际法理论与实践问题时，鲜有我校国际法学者发出的声音、阐释的观点或者发表的著述；第二，与国内其他一流法学院校相比，我们在国际法研究方面的优势并不明显。现有的地位，在很大程度上是依靠规模而不是质量上的优势获得的。

因此，我希望中国政法大学从事国际法研究的各位同仁能对此有清醒的认

序

　　本书主要研究什么是有效控制规则，有效控制规则如何适用以及在什么情况下应当适用有效控制规则。通过研究这些问题，一方面可以客观地评价和衡量争端当事国的主张，明确应当采取何种措施完善领土主权，如何评价和反驳其他国家的竞争主张。另一方面，过分强调有效控制规则可能对国家造成错误的导向，鼓励当事国尽可能多地实施主权行为，甚至使用武力或以武力相威胁，这将有可能侵害国家主权和领土完整，使紧张的局势进一步恶化，从而不利于地区的和平与稳定。因此，还原有效控制规则在解决领土争端中的真实地位，明确在何种情况下实施的主权行为具有法律效力，有助于促进领土争端的理性与和平解决。

　　在研究有效控制规则具体适用过程的同时，本书还会结合其他法律规则和理论进行探讨，包括关键日期、默认、承认和禁止反言等。在分析有效控制规则的客观作用时，也将分析和评价当事方在领土争端解决过程中提出的其他依据，包括条约、保持占有原则、领土裁决、历史性权利、邻近原则、公平原则以及社会、经济和人口主张等。因此，本书以有效控制规则作为切入点，将研究解决领土争端的整体国际法规则。

　　本书主要采用的研究方法是案例分析法，将立足国际司法和仲裁实践，分析国际法院、常设国际法院、常设仲裁法院、各种临时仲裁法庭审理的领土主权争端案件，研究国际法庭在实践中对有效控制规则的认定和具体适用。除此之外，本书还借助历史分析方法，研究从19世纪开始的司法和仲裁实践，特别关注最新案例，分析和研究有效控制规则的产生、发展和变化，以此为基础评估有效控制规则在未来领土主权争端解决中可能发挥的作用。最后，本书还借助学理分析方法，在研究司法和仲裁实践的同时，分析与领土问题相关的国际法理论，从学理角度分析有效控制规则的含义和法律地位，研究其他解决领土争端的学说和理论，明确有效控制规则产生和适用的根本原因，以及对其适用进行限制的合理性和必要性。

　　本书是作者在硕士毕业论文和博士毕业论文的基础上修改完成的。最初选择研究有效控制规则是源于国际公法案例课上阅读的2002年马来西亚和印度尼西亚"利吉坦和西巴丹岛屿主权案",该案最终根据有效控制规则作出裁决,但同时也分析了其他权利依据解决领土争端的可能性。之后作者开始收集、研究主要国际法庭作出的领土判例。这些判例中,1928年美国和荷兰"帕尔马斯岛案"首次全面、系统地阐述并适用了有效控制规则,可以视为该规则的起点,其中提出的部分观点至今仍然影响深远,所以在本书的附录中,作者翻译了"帕尔马斯岛案"的裁决部分,以追本溯源。

衷心感谢我的硕士和博士导师高健军老师,学生的每一点进步都离不开老师的严格要求、耐心指导和热心鼓励。还要感谢中国政法大学国际法学院的马呈元老师、凌岩老师、李居迁老师、林灿铃老师以及郭红岩老师对博士论文选题和写作提供的宝贵建议,感谢每一位传道、授业和解惑的老师。最后,谢谢父母无微不至的照顾和支持,他们的经历使我明白做一个勤奋、踏实和善良的人会收获更多。

有幸在读博期间得到国家留学基金委的资助到剑桥大学交流学习,获得武汉大学国家领土主权和海洋权益协同创新中心对博士论文的资助,中国政法大学分中心为本书的出版提供了资助和帮助,在此表示感谢。

目 录

引　言

　　领土是国际法的传统研究题目，研究领土的法律性质是国际法研究不可或缺的部分，甚至在国际关系中，解决领土主权归属是最主要的问题之一。[1] 领土是国家的基本构成要素之一，一个国家必须有一定范围的领土。随着国际社会的发展，目前大部分领土的主权归属已经较为明确，尽管如此，在国际法庭审理的案件中，领土争端仍然是最主要的国际争端之一，在数量上也没有明显减少：[2] 目前国家间尚未解决的领土或者边界争端有九十多处，其中岛屿争端较为突出。[3] 20 世纪 50 年代到 80 年代召开的 3 次联合国海洋法会议扩大了沿海国管辖海域的范围，这使许多国家意识到：一旦拥有对岛屿的主权，将可能拥有广阔的专属经济区和大陆架，从而获得巨大的经济和战略利益，导致关于岛屿的主权争端突出显现，[4] 尽管岛屿在海洋划界中的实际作用根据案件的具体情况可能

---

〔1〕 *Island of Palmas case*（*United States of America/The Netherlands*），*Award of the Tribunal*，4 *April* 1928，*R. I. A. A.*，*Vol. II*，p. 838. See also Giovanni Distefano，"The Conceptualization（Construction）of Territorial Title in the Light of the International Court of Justice Case Law"，*Leiden Journal of International Law*，Vol. 19，4，2006，p. 1042.

〔2〕 A. O. Cukwurah，*The Settlement of Boundary Disputes in International Law*，Manchester University Press，1967，p. 228.

〔3〕 根据 Border and Territorial Disputes of the World 整理，see Peter Calvert ed. ，*Border and Territorial Disputes of the World*，4th edn，John Harper Press，2004.

〔4〕 例如，小田法官（Judge Oda）在 2002 年马来西亚和印度尼西亚 "利吉坦和西巴丹岛屿主权案" 中指出，为了完全理解该案，需要了解案件背后的事实和情况。当时控制该地区的英国和荷兰早在 19 世纪就已知晓利吉坦岛和西巴丹岛的存在，但在二战之前都没有关注两岛的主权问题。战后，取得独立的印度尼西亚和马来西亚也没有采取任何措施，直到 20 世纪 60 年代末期才开始主张岛屿主权，在此之前，当事国关于岛屿主权的争端没有显现。之所以产生争端，是因为开采海底石油资源而导致的利益冲突。See *Sovereignty over Pulau Ligitan and Pulau Sipadan*（*Indonesia/Malaysia*），*Declaration of Judge Oda*，*I. C. J. Reports* 2002，p. 687.

较为有限。[1] 这些领土争端能否妥善解决，直接影响到国际社会的和平与秩序。中国是一个幅员辽阔的国家，拥有众多邻国，与印度、日本、东南亚等周边国家存在部分尚未解决的领土问题，这些争端经常成为制约中外关系的关键因素。尽管领土争端通常涉及复杂的历史和事实，仅仅依靠国际法可能无法彻底解决，需要结合国际关系和国家实力等各种因素。然而，无论是通过政治方法还是法律方法解决领土争端，都需要以相关国际法理论为依据，证明本国的主张和应对其他国家的主张。因此，研究解决领土争端的国际法具有现实意义。

关于解决领土争端的国际法，并没有形成一般的成文条约规定，国家实践也较为分散和抽象，主要由国际法庭在司法和仲裁实践中总结并发展相关国际法规则。其中，国际法院作为世界范围内最具影响和权威的国际司法机构，从其成立至今，已对 16 个全部或部分涉及领土争端的案件作出了判决，相关案件包括：1953 年法国和英国"明基埃和埃克荷斯案"、1959 年比利时和荷兰"某些边界土地主权案"、1962 年柬埔寨诉泰国"柏威夏寺案"、1986 年布基纳法索和马里"边界争端案"、1992 年萨尔瓦多和洪都拉斯（尼加拉瓜参与）"陆地、岛屿和海洋边界争端案"、1994 年利比亚和乍得"领土争端案"、1999 年博茨瓦纳和纳米比亚"卡西基里/塞杜杜岛案"、2001 年卡塔尔诉巴林"海洋划界和领土问题案"、2002 年喀麦隆诉尼日利亚（赤道几内亚参与）"陆地和海洋边界案"、2002 年印度尼西亚和马来西亚"利吉坦和西巴丹岛屿主权案"、2005 年贝宁和尼日尔"边界争端案"、2007 年尼加拉瓜诉洪都拉斯"领土和海洋争端案"、2008 年马来西亚和新加坡"白礁、中礁和南礁主权案"、2012 年尼加拉瓜诉哥伦比亚"领土和海洋争端案"、2013 年布基纳法索和尼日尔"边界争端案"以及 2016 年哥斯达黎加诉尼加拉瓜"边界地区活动案"。[2] 此外，从 19 世纪开始，仲裁逐渐成为解决领土争端的重要法律方法之一，[3] 目前已有大量关于领土争端的仲裁裁决，例如，关于领土问题的经典案例——1928 年美国和荷兰"帕尔马斯岛

---

[1] 小田法官在 2002 年"利吉坦和西巴丹岛屿主权案"中同时指出，需要区分对两个面积较小、无人居住岛屿的主权与相关岛屿在大陆架划界中的作用，这是两个截然不同的问题，根据"特殊情况"规则，划界可能会忽视这两个面积特别小、社会和经济价值有限的岛屿。See *Sovereignty over Pulau Ligitan and Pulau Sipadan* (*Indonesia/Malaysia*), *Declaration of Judge Oda*, I. C. J. *Reports* 2002, p. 690. 参见高健军：《国际海洋划界论》，北京大学出版社 2005 年版，第 144 ~ 150 页。

[2] 根据国际法院网站整理，http：// www. icj‐cij. org/docket/index. php? p1 =3&p2 =3.

[3] 【日】杉原高嶺著，王志安、易平译：《国际司法裁判制度》，中国政法大学出版社 2006 年版，第 11 页。

案"[1] 这些规则对于目前尚未解决的领土争端具有一定的借鉴和指导价值。

分析国际法庭的实践以及国家实践可以发现,有效控制规则在解决领土主权争端方面的作用突出,得到了国际法庭和国家的认可。以国际法院的司法实践为例,在其审理的 16 个领土案件中,主要根据有效控制规则作出判决的案件包括:1953 年"明基埃和埃克荷斯案"、1992 年"陆地、岛屿和海洋边界争端案"中的岛屿部分、2002 年"利吉坦和西巴丹岛屿主权案"、2007 年"领土和海洋争端案"、2008 年"白礁、中礁和南礁主权案"以及 2012 年"领土和海洋争端案"[2]除此之外,作为国际法院的前身,常设国际法院审理的 1933 年丹麦诉挪威"东格陵兰法律地位案"也详细阐述和适用了有效控制规则,是关于该问题的经典案例。在国际法院审理的多数领土案件中,当事国会提出对争议领土所实施的主权行为,主张法院应当考虑相关行为。[3] 除了国际法院的司法实践之外,在国际仲裁方面,也有多个依据有效控制规则作出裁决的案件。在 1928 年美国和荷兰"帕尔马斯岛案"中,仲裁员休伯(Max Huber)首次明确指出,持续及和平地展示领土主权与权利依据同样重要。[4] 该案之后,有多个仲裁案件考虑了当事国对争议领土实施的主权行为,包括:1931 年法国诉墨西哥"克利伯顿岛仲裁案"、1966 年阿根廷和智利"边界仲裁案"、1968 年印度和巴基斯坦"西部边界仲裁案"、1988 年埃及和以色列"塔巴界标位置仲裁案"、1998 年厄立特里亚和也门"领土仲裁案"以及 2002 年厄立特里亚和埃塞俄比亚"划界决定案"等。观察上述裁决的作出时间可以发现,近年来适用有效控制规则解决的领土争端呈明显增多趋势。虽然领土问题是国际法的传统研究对象,但在理论上和实践中已经出现了新的发展,因而有必要对其进行深入研究。

随着国际司法和仲裁机构适用有效控制规则解决的领土争端逐渐增加,部分国内外国际法学者开始认识到它的重要作用,逐步结合相关国际法理论以及司法和仲裁判例进行研究,目前已有部分研究有效控制规则的论文和著作。在国内研究方面,目前尚没有关于有效控制规则的专著,大部分研究主要集中在 2008 年之后发表的学术论文中。相关学术论文包括:朱利江(2003)、李华(2006)、韩占元(2008)、孙传香(2008)、黄德明等(2009)、王秀梅(2009、2012)、

---

〔1〕 See *Reports of International Arbitral Awards*(*R. I. A. A.*),http://legal. un. org/riaa/index. html. 通过仲裁方法解决的领土主权争端详见本书参考文献案例部分。

〔2〕 参见附表 1:"当事国的主张及国际法院的裁判依据"。

〔3〕 参见附表 2:"当事国主张的主权行为及国际法庭的态度"。

〔4〕 *Island of Palmas case*(*United States of America/The Netherlands*),*Award of the Tribunal*,4 April 1928,*R. I. A. A.*,*Vol. II*,p. 839.

曲波（2010、2011）、黄瑶等（2011）、江国青等（2013）、王玫黎等（2014）、谈中正（2015）等[1] 学者们主要研究了有效控制的含义和具体适用，重点关注我国所面临的领土争端。也有部分学者结合时际法、关键日期、默认、承认和禁止反言等规则或理论对有效控制进行研究，包括：张新军（2009）、任虎（2011）、张卫彬（2012、2014、2015、2016）、曲波（2014）、王军敏（2012）、刘丹（2013）等[2] 在整体上，学者们强调有效控制规则在领土主权争端解决中的重要作用，也有部分学者认识到有效控制规则的适用存在限制条件，包括：黄瑶等（2011）、王秀梅（2012）等。在国际研究方面，目前也没有关于有效控制规则的英文专著，在部分国际法综合性著作、关于领土问题的专著以及学术论文中存在相关研究，包括德·威舍（Charles De Visscher）、菲茨莫里斯（Gerald Fitzmaurice）、瓦尔多克（C. Waldock）、施瓦岑伯格（Georg Schwarzenberger）、詹宁斯（Robert Jennings）、布朗利（Ian Brownlie）、克劳福德（James Crawford）、肖（Malcolm Shaw）、弗吉尔（J. Verzijl）、库克乌拉（A. Cukwurah）、梅林斯（J. Merrills）、沙玛（Surya P. Sharma）、奥基夫（Roger O'Keefe）等。[3] 通过分析相关文献可以发现，外国学者关于领土问题的研究起步较早并且连续，他们密切关注国际司法和仲裁实践的发展，主要采取实证研究方法，通过分析案例展开研究。其存在的问题是研究过于分散，缺乏专门针对有效控制规则的研究。并且，目前专门从国际法角度研究领土争端的学者有限，外国学者们更倾向于进行综合性研究，结合国际法、国际政治、历史和国际关系等多个方面展开研究。目前学者们的研究主要是结合相关司法和仲裁判例进行评述，缺乏对有效控制规则的全面研究。此外，已有的研究仍然存在部分空白，例如，关于有效控制规则的法律地位、它在领土争端解决中发挥重要作用的根本原因、具体的适用方式以及它在领土争端解决中的客观作用等重要问题，仍然缺乏有针对性和深入的研究。

　　本书的主要目的是对有效控制规则进行全面、系统的研究和梳理，具体研究内容如下：

　　本书第一章将从理论方面研究有效控制规则。首先，将结合解决领土争端的国际法的发展总结有效控制规则的含义。然后，关于有效控制规则的法律地位存在各种观点，它是否源于条约的规定，是否构成习惯国际法或者一般法律原则，抑或是一种争端解决方法？在这一部分中，本书将结合国家实践、司法和仲裁实

---

〔1〕 参见本书参考文献中文论文部分。

〔2〕 参见本书参考文献中文论文部分。

〔3〕 参见本书参考文献英文书目和论文部分。

践以及学者观点对该问题进行辨析。尽管有效控制规则在实践中确实发挥了重要作用，但仍然需要分析实践背后的理论依据，因此本书将在本章最后一部分分析有效控制规则产生和适用的原因。

本书第二、三章将主要研究有效控制规则的具体适用，根据国际法庭在领土案件中的裁判方法，可以将有效控制规则的具体适用分为两个阶段：其一，判断和识别主权行为阶段；其二，权衡和比较相关情况阶段。当事国会提出各自对争议领土所实施的主权行为，但并不是所有的行为都具有法律效力，本书的第二章将主要结合司法和仲裁实践总结得到国际法庭认可的主权行为的一般特征和具体表现。首先，将在宏观上研究主权行为的主要特征，学者们对此提出了各种不同的观点，本书将结合实践排除部分不显著的特征，并总结新的特征。然后，本书将具体归纳主权行为的种类，可以根据国家权力的不同类型，从立法、司法和行政三个方面总结和归纳得到国际法庭认可的主权行为的种类，此种总结对于评价和认定当事国的具体行为具有借鉴意义，但由于实践中主权行为的复杂性和多样性，列举和说明绝对不可能穷尽。对于判断和识别主权行为，由于缺乏客观具体的标准，国际法庭会发挥一定程度的自由裁量权，因此，对部分行为的认定并不统一和一致，例如修建灯塔、巡航、搜救和石油许可等，本书将单独对这些行为进行分析。认定和识别主权行为的另一个重要考虑因素是关键日期，国际法庭并不会考虑所有的行为，原则上将排除发生在关键日期之后的大部分主权行为。本书将研究关键日期的含义、关键日期的意义、确定关键日期的必要性以及具体判断方法。

在确定了可以考虑的主权行为之后，国际法庭需要结合相关情况对它们进行权衡和比较，从而判断哪一国的主张更具有优势，这是本书第三章的主要研究内容。在判断更具优势的主张时，国际法庭主要考虑两个方面：其一，当事国是否积极主动地对争议领土实施主权行为，主要参考的标准是数量和种类，在多数案件中可以较为明显地发现双方当事国之间的差距；其二，当事国是否及时有效回应其他国家实施的主权行为，主要结合承认、默认和禁止反言等学说和理论进行判断，本书将研究三者的含义以及关系，分析默认、承认和禁止反言的具体构成要件，以及它们在领土争端解决中的具体作用。

部分学者过于重视有效控制规则在领土争端解决中的作用，而忽视了它的适用限制，因为通过分析司法和仲裁实践也可以发现，该规则并不是解决争端的首要和绝对规则，因此，本书第四章将主要研究有效控制规则的适用限制。在领土主权争端解决中，国际法庭会优先考虑合法权利依据，有效控制规则一般起到证实和补充作用，不得超越合法权利依据；只有当不存在合法权利依据时，才可以适用有效控制规则。该部分将首先确定合法权利依据，通过分析和评估当事国在具体案件中提出的各种不同主张，包括条约、保持占有原则、历史性权利、领土裁决、公平原则、邻近原则以及其他主张，辨析出得到国际法庭认可的合法权利依据。然后，本书将结合司法和仲裁实践分析合法权利依据对有效控制规则的具体限制。最后，本书将从国际法理角度分析这些适用限制的合理性和应然性。

第一章　有效控制规则概述

一、领土主权与领土争端

（一）领土概念的发展

国际法的基础是国家的概念，而国家的基础是主权，主权的概念则依附于领土，只有结合领土才能理解主权的概念。[1] 领土是国家的基本构成要素之一，它是指地球上属于一国主权的特定部分，虽然有些国家的领土面积较为有限，[2] 但这并不影响它们的国际法主体资格。虽然领土表面上是个地理概念，然而却具有重要的国际法意义，一个国家必须有一定范围的领土，尽管并不要求边界是确定无争议的。[3] 领土的重要性在于，它是国家行使其最高并且通常也是排他权力的空间，是国际法的客体，因为法律认可各国在其领土中的最高权威。[4] 此外，根据"陆地统治海洋"（the land dominates the sea）的原则，没有陆地，国家就不会产生对领海、专属经济区和大陆架等海域的权利。因此，当同时需要解

---

〔1〕 Malcolm N. Shaw, *International Law*, 7ᵗʰ edn, Cambridge University Press, 2014, p. 747.

〔2〕 Robert Jennings and Arthur Watts, *Oppenheim's International Law*, 9ᵗʰ edn, Vol. I, parts 2, Longman Limited, 1992, p. 563.

〔3〕 *Question of Monastery of Saint - Naoum（Albanian Frontier）*, *Advisory Opinion of 4 September* 1924, *P. C. I. J.*, *Series B*, *No.* 9, p. 10; *Interpretation of Article* 3, *Paragraph* 2, *of the Treaty of Lausanne（Frontier between Turkey and Iraq）*, *Advisory Opinion of 21 November* 1925, *P. C. I. J.*, *Series B*, *No.* 12, p. 21. *North Sea Continental Shelf（Federal Republic of Germany/Denmark; Federal Republic of Germany/Netherlands）*, *Judgment*, *I. C. J. Reports* 1969, p. 32, para. 46.

〔4〕 Robert Jennings and Arthur Watts, *Oppenheim's International Law*, 9ᵗʰ edn, Vol. I, parts 2, Longman Limited, 1992, p. 564.

决领土主权和海洋划界争端时，国际法庭一般会首先确定领土主权归属，然后再进行海洋划界。[1]

领土也是一个变化的概念，在现代社会之前，通常认为领土是君主或其他权威群体的私有财产，可以由个人占有和处置。[2] 此外，因为当时的国家通常以主要城市或地区为中心，所以难以确定中心之外地区的范围，这种情况表明国家在当时更为重视影响范围而不是具体边界。[3] 为了管理国家，君主通常将部分土地分与贵族，建立了封建领土制度。[4] 这种情况一直持续到 1648 年威斯特伐利亚和会的召开，会议缔结的《威斯特伐利亚和约》试图建立一种以独立国家为基础的世界秩序，国家可以对特定领土独立行使主权而不受其他权威约束，[5] 之后逐渐建立起以属地管辖权为基础的主权国家。国际法强调对领土的保护，尊重国家主权和领土完整成为国际法基本原则之一。[6] 然而，伴随着技术进步和社会发展，不能完全排除其他国家活动对一国领土的影响，例如，环境污染已经成为全球问题。经济全球化以及国际组织的发展也使国家活动不可能仅仅局限于它的领土范围之内。与发展相对应，突破传统领土理论局限性的新制度开始产生：在海洋法领域中，国际海底区域的资源作为全人类共同继承的财产；1967 年《外层空间条约》和 1979 年《月球协定》规定国家不得主张外层空间主权，探索和利用应为全人类利益。[7] 尽管如此，维护国家领土主权以及主权稳定性和确定性仍然是国际法的主要目标之一。

---

〔1〕 *Territorial and Maritime Dispute between Nicaragua and Honduras in the Caribbean Sea* (*Nicaragua v. Honduras*)，*Judgment*，*I. C. J. Reports* 2007，p. 699，para. 126. *Territorial Sovereignty and Scope of the Dispute* (*Eritrea and Yemen*)，*Award of* 9 *October* 1998，*R. I. A. A.*，*Vol. XXII*，pp. 209～332.

〔2〕 王铁崖主编：《国际法》，法律出版社 1981 年版，第 144 页。

〔3〕 A. V. Lowe，*International Law*，Oxford University Press，2007，p. 136.

〔4〕 J. H. W. Verzijl，*International Law in Historical Perspective*，part III，A. Sijthoff，1969，p. 1.

〔5〕 Surya P. Sharma，*Territorial Acquisition*，*Disputes and International Law*，Martinus Nijhoff Publishers，1997，p. 6.

〔6〕 《联合国宪章》第 2. 4 条规定："各会员国在其国际关系中不得使用威胁或武力，或以与联合国宗旨不符之任何其他办法，侵害任何会员国或国家之领土完整或政治独立。"参见《联合国宪章》第 2. 7 条，1970 年《国际法原则宣言》〔联合国大会第 2625（XXV）号决议〕以及 1974 年《侵略定义》〔联合国大会第 3314（XXIX）号决议〕等。

〔7〕 Malcolm N. Shaw，*Title to Territory in Africa：International Legal Issues*，Clarendon Press，1986，pp. 4～6.

（二）领土主权

领土主权的概念与国家对领土行使权力的性质相关,[1] 在 1928 年"帕尔马斯岛案"中, 仲裁员休伯认为, 对于地球表面一部分的主权是将该部分纳入一国领土之内的必要法律条件。[2] 领土主权对内表现为政府组织的最高性, 对外表现为国家作为法律人格的最高性。[3] 领土主权也可以分为积极和消极两个方面: 在积极方面, 领土主权使国家对领土拥有排他权力和专属权力, 这也意味着在国际关系中国家享有独立性, 内政外交不得被其他国家随意干涉, 该原则已成为解决国际关系相关问题的出发点; 在消极方面, 主权国家有义务在领土范围内保护其他国家的权利, 尤其是在和平以及战争时期保护其他国家及其在外国国民权利的完整性和不可侵犯。[4] 根据权利和义务对等的原则, 国家有义务维护领土上的秩序, 提供必要的保护。[5] 因此, 领土主权不仅意味着国家享有权利, 同时也要求国家对领土行使必要的管理义务。

国家对领土的主权虽然与罗马法中个人对财产的所有权和占有相关, 领土取得与变更的理论也大致继承了罗马法中关于财产的规则,[6] 然而, 实质上两者存在显著区别。国际法庭在裁决争议领土的主权归属时, 一般会考虑所有相关主张, 将领土判予相对而言能够提出更好（或最好）主张的一方, 因此, 国际法中对领土的权利更多是相对的而不是绝对的; 而在国内法中, 因为存在关于所有权取得和转移的详细以及系统法律规定, 当土地所有权不确定或存在争议时, 国内法庭将裁判哪一方当事人的所有权或占有主张符合法律的要求, 在这个意义上来说, 权利是绝对的。[7] 在国家和国际法庭的实践中, 对领土的所有权有时也等同于主权, 例如, 在 2008 年"白礁、中礁和南礁主权案"中, 新加坡殖民地秘书曾于 1953 年 6 月 12 日致信柔佛苏丹的英国顾问, 询问白礁岛（Pedra Branca/Pulau Batu Puteh）的法律地位, 寻求证明白礁岛归属的文件, 柔佛代理州秘

---

〔1〕 Malcolm N. Shaw, *Title to Territory in Africa*: *International Legal Issues*, Clarendon Press, 1986, p. 11.

〔2〕 *Island of Palmas case*（*United States of America/The Netherlands*）, *Award of the Tribunal*, 4 April 1928, R. I. A. A., *Vol. II*, p. 838.

〔3〕 Malcolm N. Shaw, *International Law*, 7th edn, Cambridge University Press, 2014, p. 747.

〔4〕 *Island of Palmas case*（*United States of America/The Netherlands*）, *Award of the Tribunal*, 4 April 1928, R. I. A. A., *Vol. II*, p. 839.

〔5〕 Matthew M. Ricciardi, "Title to the Aouzou Strip: A Legal and Historical Analysis", *Yale Journal of International Law*, Vol. 17, 2, 1992, p. 388.

〔6〕 D. P. O'Connell, *International Law*, Stevens and Sons, 1970, pp. 403~404.

〔7〕 Malcolm N. Shaw, *International Law*, 7th edn, Cambridge University Press, 2014, p. 749.

书于 1953 年 9 月 21 日回信称："柔佛州政府不主张白礁岛的所有权（owner-ship）。"[1]国际法院认为，确实所有权不同于主权，但是根据案件事实，新加坡的询问是针对白礁岛的主权，而不是关于岛上灯塔的管理问题[2]。尽管如此，取得土地所有权与取得领土主权是截然不同的，关于领土主权的裁决不会影响私人对该土地的所有权或使用权，同样所有权的转让也不会影响国家的领土主权[3]。

与主权相关的另一个概念是管辖权，需要指出的是，虽然主权经常与管辖权同时使用，但是两者存在明显区别。管辖权是指，国家根据国际法的授权而具体管理和影响人民、财产等，管辖权反映了国家主权平等以及互不干涉内政的原则[4]。主权通常代表国家的权利能力和作为独立法律主体的资格，而不指代具体权利，而管辖权通常则涉及实质内容，包括：具体权利（或主张）、自由和权力等[5]。

（三）领土争端的类型

国际法上的领土争端可以划分为不同的类型。某些争端甚至是关于某一国家所有领土的法律地位，例如，阿拉伯国家反对以色列，然而此类争端通常与国家承认的问题更为密切相关，因而，不属于本书所研究的领土争端的范畴。部分争端只涉及陆地边界的走向，例如 1986 年"边界争端案"以及 1994 年"领土争端案"等。还有部分争端与河流中边界的位置相关，例如 2005 年"边界争端案"。关于岛屿主权归属的争端在国际司法和仲裁实践中较为突出，例如 1953 年"明基埃和埃克荷斯案"以及 2002 年"利吉坦和西巴丹岛屿主权案"等。需要特别指出的是，虽然岛屿毫无争议地属于领土的一种类型，应当适用领土取得的国际法规则和原则，但在岛屿争端中可能会涉及各种不同的海洋地物（Maritime fea-

---

〔1〕　*Sovereignty over Pedra Branca/Pulau Batu Puteh, Middle Rocks and South Ledge（Malaysia/Singapore）*, *Judgment*, I. C. J. Reports 2008, p. 74, para. 196.

〔2〕　*Sovereignty over Pedra Branca/Pulau Batu Puteh, Middle Rocks and South Ledge（Malaysia/Singapore）*, *Judgment*, I. C. J. Reports 2008, p. 80, para. 222. See also *Territorial Sovereignty and Scope of the Dispute（Eritrea and Yemen）*, *Award of 9 October* 1998, R. I. A. A., *Vol. XXII*, p. 219, para. 19; pp. 317~318, para. 474.

〔3〕　Marcelo G. Kohen, Mamadou Hébié, "Territory, Acquisition", para. 2, *Max Planck Encyclopedia of Public International Law*, http://opil. ouplaw. com/view/10. 1093/law: epil/9780199231690/law – 978019923 1690 – e1118? rskey = POhLEA&result = 1&prd = EPIL（Last visited on 30 December 2017）.

〔4〕　Malcolm N. Shaw, *International Law*, 7th edn, Cambridge University Press, 2014, p. 948.

〔5〕　James Crawford, *Brownlie's Principles of Public International Law*, 8th edn, Oxford University Press, 2012, p. 204.

tures)，[1] 并不是所有的海洋地物都构成岛屿，某些海洋地物是否属于领土需要单独分析。例如，在 2008 年"白礁、中礁和南礁主权案"中，当事国都承认南礁（South Ledge）是低潮高地，[2] 但关于低潮高地是否是领土、能否适用领土取得的国际法规则存在争议。根据 1982 年《联合国海洋法公约》中的定义，岛屿和低潮高地最主要的区别在于是否在高潮时露出水面，[3] 与面积大小和地质构成无关，[4] 然而，《联合国海洋法公约》并没有明确规定高潮的类型以及具体的测量方法。国际法院在 2001 年"海洋划界和领土问题案"中指出，国际条约没有规定低潮高地是否属于"领土"，法院也不能确定存在一致和普遍国家实践支持的习惯规则，明确允许或排除占领低潮高地。然而，有限的现存规则没有推定低潮高地是与岛屿意义相同的领土，海洋法中岛屿和低潮高地的法律效力差别显著。[5] 因此，在缺乏其他规则和法律原则的情况下，不能认为低潮高地在主

---

〔1〕 例如，在 2012 年"领土和海洋争端案"中，在西加勒比海地区分布许多礁石（Reefs），部分高出水面，称为小岛（Cays），小岛是面积小并且低矮的岛屿，主要由珊瑚礁因波浪和海风作用而自然分解的沙石构成，较大的岛屿上堆积了的沉积物，可以供居住并有植被覆盖。此外，环礁（Atolls）和沙洲（Banks）在该地区也很普遍，环礁是内有泻湖的珊瑚礁，沙洲是海床上的岩质或沙质突起，顶点距离海面的距离小于 200 米。顶点非常接近海面（一般认为在低潮时距离水面少于 10 米）的沙洲是浅滩（Shoals）。构成岛屿或低潮高地的海洋地物一般位于沙洲或浅滩之上。See *Territorial and Maritime Dispute（Nicaragua v. Colombia），Judgment，I. C. J. Reports* 2012, pp. 637~638, para. 20.

〔2〕 *Sovereignty over Pedra Branca/Pulau Batu Puteh，Middle Rocks and South Ledge（Malaysia/Singapore），Judgment，I. C. J. Reports* 2008, p. 96, para. 278.

〔3〕 《联合国海洋法公约》第 13 条规定低潮高地是"在低潮时四面环水并高于水面但在高潮时没入水中的自然形成的陆地"；第 121 条第 1 款规定了岛屿的定义："岛屿是四面环水并在高潮时高于水面的自然形成的陆地区域"。关于高出水面的具体数值，在 2001 年"海洋划界和领土问题案"中，法院认为贾拉达（Qit' at Jaradah）是岛屿，它在高潮时仅高于水面 0.4 米；在 2012 年"领土和海洋争端案"中，海洋地物 QS 32 仅高出水面 0.7 米，也被认定为是岛屿。See *Maritime Delimitation and Territorial Questions between Qatar and Bahrain（Qatar v. Bahrain），Merits，Judgment，I. C. J. Reports* 2001, p. 99, para. 197; *Territorial and Maritime Dispute（Nicaragua v. Colombia），Judgment，I. C. J. Reports* 2012, p. 645, para. 37.

〔4〕 例如，在 2012 年"领土和海洋争端案"中，尼加拉瓜和哥伦比亚关于海洋地物 QS 32 的法律地位存在争议。尼加拉瓜认为 QS 32 由珊瑚遗体构成，并且面积过于小，因此，不符合岛屿的定义，应当定性为低潮高地。国际法院没有接受尼加拉瓜的主张，认为国际法并没有规定岛屿的地质构成和最小面积。See *Territorial and Maritime Dispute（Nicaragua v. Colombia），Judgment，I. C. J. Reports* 2012, p. 645, para. 37.

〔5〕 例如，《联合国海洋法公约》第 7 条第 4 款规定："除在低潮高地上筑有永久高于海平面的灯塔或类似设施，或以这种高地作为划定基线的起讫点已获得国际一般承认者外，直线基线的划定不应以低潮高地为起讫点。"限制了选择低潮高地作为绘制直线基线的基点，而对岛屿没有此种限制。第 13 条规定："……如果低潮高地全部或一部分与大陆或岛屿的距离不超过领海的宽度，该高地的低潮线可作为测算领海宽度的基线。如果低潮高地全部与大陆或岛屿的距离超过领海的宽度，则该高地没有其自己的领海。"表明低潮高地自身是否具有领海取决于距离大陆或岛屿的位置；而根据第 121 条第 2 款，岛屿的领海、毗连区、专属经济区和大陆架与大陆一致，即使构成第 3 款规定的岩礁，也仍然具有领海和毗连区。

权取得方面完全等同于岛屿或其他陆地领土。[1] 法院进一步指出，低潮高地的归属不适用领土取得和变更的国际法，而应当根据它的地理位置确定，沿海国对位于领海之中的低潮高地拥有主权，因为沿海国对领海拥有主权。[2] 然而，即使岛屿位于一国领海中，也不一定属于该国，它的主权需要根据领土取得的国际法作出判断。[3] 例如，在 2008 年"白礁、中礁和南礁主权案"中，低潮高地南礁位于马来西亚大陆、白礁岛以及中礁岛（Middle Rocks）领海的重合区域，它的主权归属取决于未来海洋划界的结果，南礁位于哪方当事国领海之中，主权就属于该方当事国。[4] 除此之外，还有同时涉及陆地、岛屿和海洋边界的混合争端，例如 1992 年"陆地、岛屿和海洋边界争端案"。

总体而言，部分学者主张应当区分边界争端和领土争端两种类型，强调两者之间的区别。[5] 区分的原因是，边界争端主要表现为双方对相邻部分的领土存在争议，核心问题是对该部分相邻领土进行划分，划界的结果可能使双方当事国都获得部分领土。与此相反，领土争端的当事国一般不相邻，争端的对象多构成地理上统一且独立的整体，最常见的争议对象是岛屿，当事国解决争端的目标是取代或排除另一国对整个争议地区的领土主权，最终的结果是只有一方当事国取得全部领土。[6] 除此之外，关于边界争端和领土争端，应当适用的国际法规则也存在显著区别。[7] 在边界争端中，国际司法和仲裁机构需要解决的主要问题是对划界条约进行解释，通常会涉及边界委员会的调查工作以及之后的标界工作

---

〔1〕 *Maritime Delimitation and Territorial Questions between Qatar and Bahrain* (*Qatar v. Bahrain*), *Merits*, *Judgment*, I. C. J. *Reports* 2001, p. 102, paras. 205 ~ 206. *Sovereignty over Pedra Branca/Pulau Batu Puteh*, *Middle Rocks and South Ledge* (*Malaysia/Singapore*), *Judgment*, I. C. J. *Reports* 2008, pp. 100 ~ 101, para. 296.

〔2〕 *Maritime Delimitation and Territorial Questions between Qatar and Bahrain* (*Qatar v. Bahrain*), *Merits*, *Judgment*, I. C. J. *Reports* 2001, p. 101, para. 204. See also *Territorial and Maritime Dispute* (*Nicaragua v. Colombia*), *Judgment*, I. C. J. *Reports* 2012, p. 641, para. 26.

〔3〕 在 2008 年"白礁、中礁和南礁主权案"中，白礁岛距离新加坡 24 海里，距离马来西亚柔佛州只有 7.7 海里，但国际法院最终认定白礁岛应当属于新加坡，说明岛屿的归属与距离当事国的远近无关，与位于哪国领海中也无关。*Sovereignty over Pedra Branca/Pulau Batu Puteh*, *Middle Rocks and South Ledge* (*Malaysia/Singapore*), *Judgment*, I. C. J. *Reports* 2008, p. 22, para. 16.

〔4〕 *Sovereignty over Pedra Branca/Pulau Batu Puteh*, *Middle Rocks and South Ledge* (*Malaysia/Singapore*), *Judgment*, I. C. J. *Reports* 2008, p. 101, paras. 297 ~ 299.

〔5〕 Surya P. Sharma, *Territorial Acquisition*, *Disputes and International Law*, Martinus Nijhoff Publishers, 1997, pp. 23 ~ 24.

〔6〕 *Frontier Dispute* (*Burkina Faso/Republic of Mali*), *Judgment*, I. C. J. *Reports* 1986, p. 563, para. 17.

〔7〕 Malcolm N. Shaw and Malcolm D. Evans, "Case Concerning Kasikili/Sedudu Island (Botswana/Namibia)", *International and Comparative Law Quarterly*, Vol. 49, 4, 2000, p. 965.

等，领土取得和变更的国际法规则可能无法发挥重要作用。[1]

尽管如此，将争端进行上述划分的实践意义可能相对有限。首先，在许多提交国际司法和仲裁程序解决的争端中，某些表面上是关于领土主权的争端实质上却是边界争端。例如，1999年"卡西基里/塞杜杜岛案"表面上是确定争议岛屿主权归属的领土争端，然而，实质问题却是解释1890年《英德条约》关于乔贝河（Chobe）边界的规定。[2] 类似的情况还出现在1959年"某些边界土地主权案"和1962年"柏威夏寺案"中。其次，对于边界争端，无论是对面积多么有限的争议地区进行划界，争端解决的结果必然会导致边界两侧领土的取得或丧失；另一方面，对于领土争端，争端解决的结果同时也将确定国家的边界。[3] 最后，在适用法律方面，两类争端也存在重合之处。无论对于何种类型的争端，条约都是重要的法律依据，对争议领土所实施的主权行为也可能会发挥相对重要的作用。[4] 除此之外，部分争端是混合争端，例如，在1992年"陆地、岛屿和海洋边界争端案"中，国际法院分庭既要确定陆地上的边界位置，也需要判断岛屿的主权归属。

在实践中，如果当事国关于该问题存在争议，国际法庭一般不会对此进行深入的分析。例如，在1994年"领土争端案中"中，利比亚主张该案的实质问题是领土争端，因为并不存在划定边界的国际协议，请求国际法院确定当事国各自领土的范围；而另一方面，乍得则提出本案的主要目标是确定两国的边界位置，而根据1955年8月10日法国和利比亚王国签订的《睦邻友好条约》（后简称"《1955年条约》"），边界位置已经得到确定。[5] 国际法院并没有专门针对双方当事国的上述不同主张进行分析，而是指出，应当首先解释《1955年条约》第3条及其附件分析该条约是否已经确定了双方当事国的领土边界。如果已存在《1955年条约》确定的边界，那么就同时解决了双方当事国所提出的问题。[6] 基于上述理由，本书将不会严格区分领土争端和边界争端，使用领土争端指代上述两类争端。

〔1〕 Robert Jennings, *The Acquisition of Territory in International Law*, Manchester University Press, 1963, p. 4.

〔2〕 *Kasikili/Sedudu Island (Botswana/Namibia)*, Judgment, I. C. J. Reports 1999, p. 1058, para. 17.

〔3〕 *Frontier Dispute (Burkina Faso/Republic of Mali)*, Judgment, I. C. J. Reports 1986, p. 563, para. 17.

〔4〕 参见附表1："当事国的主张及国际法院的裁判依据"。

〔5〕 *Territorial Dispute (Libyan Arab Jamahiriya/Chad)*, Judgment, I. C. J. Reports 1994, pp. 14~15, paras. 18~20.

〔6〕 *Territorial Dispute (Libyan Arab Jamahiriya/Chad)*, Judgment, I. C. J. Reports 1994, p. 20, para. 38.

二、有效控制规则的含义

有效控制规则与传统领土取得和变更理论中的先占存在紧密联系。先占是指国家的占有行为,通过该行为,国家有目的地取得了当时不处于任何国家主权下的领土。[1] 占领应当以国家名义进行,并且应当对领土实施有效占领。[2] 然而,如何判断占领的有效性,哪些行为能够构成对领土的有效占领,上述问题都缺乏统一和确定的标准。[3] 随着国际社会和科学技术的发展,有效占领的判断标准也发生了变化。根据仲裁员休伯在 1928 年"帕尔马斯岛案"中提出的时际法原则(Intertemporal Law),产生权利的行为必须符合该权利产生时的法律,而权利的存续则必须遵循法律发展所要求的条件。[4] 因此,应当根据国际法的发展判断占有的有效性。

早在 15 世纪,关于领土的取得与变更,并不存在适用于无人居住或新发现领土的规则,只有部分关于征服或割让的国际法规则,唯一的例外就是海洋里新产生的岛屿,作为无主地(*terra nullius*)可以被先占。[5] 直到 15、16 世纪,西班牙和葡萄牙首先开始海外探险,越来越多的土地被发现。然而,西班牙和葡萄牙缺乏足够实力对所有新发现的土地进行定居和管理,在这种情况下,仅仅依据发现就可能授予其权利。[6] 但随着英国、法国以及荷兰诸国实力的增强,这些国家反对西班牙和葡萄牙的垄断地位,提出了关于领土取得的新规则,主张如果国家没有以自身的名义进行占有,那么将不能取得主权。[7] 新的发展表明,仅

---

〔1〕 Robert Jennings and Arthur Watts, *Oppenheim's International Law*, 9th edn, Vol. I, parts 2, Longman Limited, 1992, p. 686.

〔2〕 周忠海主编:《国际法》,中国政法大学出版社 2008 年版,第 186 页。

〔3〕 Thomas W. Donovan, "Suriname – Guyana Maritime and Territorial Disputes: A Legal and Historical Analysis", *Journal of Transnational Law and Policy*, Vol. 13, 2003, p. 67.

〔4〕 *Island of Palmas case* (*United States of America/The Netherlands*), *Award of the Tribunal*, 4 April 1928, *R. I. A. A.*, *Vol. II*, p. 845.

〔5〕 Donald W. Greig, "Sovereignty, Territory and the International Lawyer's Dilemma", *Osgoode Hall Law Journal*, Vol. 26, No. 1, 1988, p. 140.

〔6〕 James Crawford, *Brownlie's Principles of Public International Law*, 8th edn, Oxford University Press, 2012, p. 223.

〔7〕 C. Waldock, "Disputed Sovereignty in the Falkland Islands Dependencies", *British Yearbook of International Law*, Vol. 25, 1948, pp. 322 ~ 323. See also Donald W. Greig, "Sovereignty, Territory and the International Lawyer's Dilemma", *Osgoode Hall Law Journal*, Vol. 26, No. 1, 1988, p. 144.

依据发现和象征性占有不能取得对领土的主权,[1] 而只能产生一种有待完善的权利 (inchoate title),[2] 对于此种权利,需要通过合理期间内的占领行为进行完善,否则有可能丧失或被其他国家所取代,具体的期间和行为则需要根据案件的事实情况进行分析。[3] 例如,在 1928 年"帕尔马斯岛案"中,西班牙在 16 世纪发现了帕尔马斯岛,1898 年美国通过与西班牙签订《巴黎条约》取代后者的权利,美国以发现为依据,主张其对帕尔马斯岛的权利。对于美国的此种主张,仲裁员休伯认为,应当根据 1898 年时的国际法判断该权利是否继续存在,而"当时的法律要求发现所产生的权利需要在合理期间内通过对被发现地区的有效占领进行完善。"[4] 因此,根据从 16 世纪中后期到 18 世纪的国家实践和学者观点,实际定居和使用领土构成判断占领有效性的关键。[5] 到了 19 世纪,西方国家已经大致划分了各自的势力范围,此时它们希望制定更为实际可行的标准以便于管理领土,因此有效性的判断标准又发生了新的变化,特别是在 1884 年解决非洲问题的柏林会议后,有效占领的重点从强调对土地的实际占有转为对领土展示和行使国家权力。[6] 国际法学会于 1888 年通过了关于占领的决议,进一步完善和阐述柏林会议关于有效性的标准,其中第 1 条规定了有效性的条件,即需要以政府的名义占有特定范围的领土,应当配合建立当地政府,足以维持秩序和确保对所占领土行使权力,[7] 这表明,现代国际法认为占领的目的是为了取得主

---

〔1〕　E. de Vattel, *The Law of Nations*, Oceana Publications Inc. , 1964, pp. 84~85.

〔2〕　也有学者认为,发现的概念只有完全置于有效占领的背景中才具有意义,有待完善的权利同样具有误导性,任何权利都不应该是"有待完善的",尽管可能因为有限的国家活动证据而较为微弱。See James Crawford, *Brownlie's Principles of Public International Law*, 8th edn, Oxford University Press, 2012, p. 223.

〔3〕　W. E. Hall, *International Law*, 8th edn, Clarendon Press, 1924, p. 125.

〔4〕　*Island of Palmas case* (*United States of America/The Netherlands*), *Award of the Tribunal*, 4 April 1928, *R. I. A. A.* , *Vol. II*, p. 846.

〔5〕　Friedrich von der Heydte, "Discovery, Symbolic Annexation and Virtual Effectiveness in International Law", *American Journal of International Law*, Vol. 29, 1935, pp. 457~458.

〔6〕　C. Waldock, "Disputed Sovereignty in the Falkland Islands Dependencies", *British Yearbook of International Law*, Vol. 25, 1948, p. 317.

〔7〕　Projet de déclaration internationale relative aux occupations de territoires, *adopted in Examen de la théorie de la conference de Berlin sur l'occupation des territoires*, 10 *Annuaire de L'Institute de Droit International*, pp. 201~202, 1888~1889, in Matthew M. Ricciardi, "Title to the Aouzou Strip: A Legal and Historical Analysis", *Yale Journal of Interntional Law*, Vol. 17, 2, 1992, pp. 393~394. 关于该决议,也有提案建议用象征行为或占有作为判断有效性的标准,但是没有得到国际法学会的认可,这更可以证明有效性的标准发生了变化,强调对领土行使主权。但该决议只是学者的观点,并没有经过国家的协商和通过,因而缺乏约束力。

权而不是财产。[1]

一方面，与先占类似，在国际法庭争端解决的实践中产生和发展的有效控制规则同样重视当事国对争议领土展示和行使国家权力。在 1928 年"帕尔马斯岛案"中，仲裁员休伯指出，"实践和学说已经承认：持续及和平地展示领土主权与权利同样重要。"[2] 1933 年丹麦诉挪威"东格陵兰法律地位案"将其进一步阐述为两个要素，即"作为主权者行事的意图和愿望，以及对此种权威的实际行使或展示"。[3] 此种观点得到了之后国际司法和仲裁实践的遵循，国际法庭重视当事国对争议领土的管理，给予国家以主权者名义而实施的行为相当高的法律效力，[4] 它们构成了有效控制规则的核心。[5]

仍然需要进一步明确的问题是："实践中何种类型的行为以及此类行为在何种程度上能够构成有效控制。"[6] 关于这个问题，之前的理论和实践更关注取得领土主权的最低标准，[7] 例如，发现、实际定居和管理等。然而，如果存在一个严格的最低标准，可能导致国际法庭在实践中无法确定某些领土的归属，特别是地处偏远、无人居住的领土。[8] 此外，在争端解决中，国际法庭也从未指出存在取得领土主权的最低标准。[9] 无论是发现、实际居住还是展示主权，都重点强调一国通过自身管理而逐步有效占领领土，这是一个单方面的过程，而有效

---

〔1〕　Marcelo G. Kohen, Mamadou Hébié, "Territory, Acquisition", para. 1, *Max Planck Encyclopedia of Public International Law*, http://opil. ouplaw. com/view/10. 1093/law: epil/9780199231690/law - 9780199231690 - e1118? rskey = POhLEA&result = 1&prd = EPIL (Last visited on 30 December 2017).

〔2〕　*Island of Palmas case (United States of America/The Netherlands)*, *Award of the Tribunal*, 4 April 1928, *R. I. A. A.*, *Vol. II*, p. 839.

〔3〕　*Legal Status of Eastern Greenland (Denmark v. Norway)*, *Judgment of 5 April 1933*, *P. C. I. J.*, *Series A/B*, *No. 53*, pp. 45 ~ 46.

〔4〕　参见本书第二章"有效控制规则的适用（一）：识别主权行为"。

〔5〕　Malcolm N. Shaw, *International Law*, 7th edn, Cambridge University Press, 2014, p. 759.

〔6〕　宋岩：《国际法院在领土争端中对有效控制规则的最新适用——评 2012 年尼加拉瓜诉哥伦比亚"领土和海洋争端案"》，载《国际论坛》2013 年第 15 卷第 2 期，第 52 页。

〔7〕　Donald W. Greig, "Sovereignty, Territory and the International Lawyer's Dilemma", *Osgoode Hall Law Journal*, Vol. 26, No. 1, 1988, p. 167.

〔8〕　*Island of Palmas case (United States of America/The Netherlands)*, *Award of the Tribunal*, 4 April 1928, *R. I. A. A.*, *Vol. II*, p. 869. See also Nuno Antunes, "The Eritrea - Yemen Arbitration: First Stage——The Law of Title to Territory Re - averred", *International and Comparative Law Quarterly*, Vol. 48, 1999, p. 375.

〔9〕　只有在 1998 年厄立特里亚和也门"领土仲裁案"中，仲裁法庭提出，领土主权是非常重要的问题，应当存在最低要求，原则上不应当是一个相对问题。See *Territorial Sovereignty and Scope of the Dispute (Eritrea and Yemen)*, *Award of 9 October 1998*, *R. I. A. A.*, *Vol. XXII*, p. 313, para. 453. 然而，在该案中，仲裁庭并没有明确最低要求，而是通过比较也门和厄立特里亚实施的主权行为，确定了争议岛礁的归属。

控制规则却是一个相对规则，其重点在于比较争端当事国双方的主张。[1] 通过分析国际司法和仲裁实践可以发现，在领土争端解决的过程中，当事国都会竭尽全力地提出证据以证明各自对争议领土的主权，国际法庭通常会面对许多相竞争的主张。[2] 在这种情况下，可以发现许多胜诉国并不能证明对领土的绝对权利，只是与其他存在竞争主张的国家相比，具有相对优势的权利。[3] 因此，在国际法上许多权利的存在并不是绝对的，而是相对的。此时，国际法庭的主要任务在于判断和衡量国家占有的证据，确定哪一方提出的证据在法律上比其他国家更具说明力，或简言之，哪方当事国拥有更充分的权利证据。[4] 正如常设国际法院在1933年"东格陵兰法律地位案"中所持的观点："审理领土争端的法庭必须考虑的另一个情况是，其他国家对此主权提出主张的程度，对于多数国际法庭审理的领土主权案件，会存在对主权的两个相竞争的主张，法庭必须裁决哪一个更强（stronger）。"[5] 之后的司法和仲裁实践继续沿用了常设国际法院的上述意

---

〔1〕　关于 *effectivités* 的中文译法，学者们有各种不同的表述，部分学者将其翻译为"有效占领"，参见曾皓：《试论领土法的新发展——有效占领制度》，载《法学评论》2010年第3期。然而，有效占领（effective occupation）与先占的关系更为密切，强调一国通过采取措施逐步建立起对领土的确定和完善主权，这与强调相对优势的有效控制规则存在实质上的差别。所以，将 *effectivités* 表述为"有效占领"容易产生歧义和误导，不利于对该制度的理解。也有学者认为有效占领的重点在于探讨领土主权的来源问题，包括取得领土的方式、时间以及是否符合国际法等问题，而有效控制的重点在于对竞争性主张进行衡量。参见黄瑶、凌嘉铭：《从国际司法裁决看有效控制规则的适用》，载《中山大学学报（社会科学版）》2011年第51卷第4期，第170页。也有学者认为 *effectivités* 是指国家在展示权力中实施的行为，通过这种行为，国家表明了作为领土主权者而行为的意图。See Marcelo G. Kohen, Mamadou Hébié, "Territory, Acquisition", para. 25, *Max Planck Encyclopedia of Public International Law*, http://opil.ouplaw.com/view/10.1093/law: epil/9780199231690/law-9780199231690-e1118？rskey=POhLEA&result=1&prd=EPIL（Last visited on 30 December 2017）。然而，此种理解又可能与 activities *à titre de souverain* 一词存在混淆。

〔2〕　Giovanni Distefano, "The Conceptualization (Construction) of Territorial Title in the Light of the International Court of Justice Case Law", *Leiden Journal of International Law*, Vol. 19, 4, 2006, p. 1044.

〔3〕　Malcolm N. Shaw, *International Law*, 7th edn, Cambridge University Press, 2014, p. 763. See also Georg Schwarzenberger, "Title to Territory: Response to a Challenge", *American Journal of International Law*, Vol. 51, 1957, p. 309.

〔4〕　James Crawford, *Brownlie's Principles of Public International Law*, 8th edn, Oxford University Press, 2012, p. 222.

〔5〕　*Legal Status of Eastern Greenland*（*Denmark v. Norway*）, *Judgment of 5 April* 1933, *P. C. I. J.*, *Series A/B*, *No.* 53, p. 46.

见，并对其进行了发展。[1] 在 1953 年"明基埃和埃克荷斯案"中，国际法院认为它的任务是：根据相关事实评价双方关于争议领土主权所持相反主张的相对效力。[2] 在 2002 年厄立特里亚和埃塞俄比亚"划界决定案"中，划界委员会指出：关于此类行为的持续时间和强度并不存在固定的标准，其效力取决于地理特征、人口情况、行为的持续期间以及反对国家的相反行为（包括抗议）的程度。还需牢记，行为本身并不能产生完全和绝对的权利，而是相对于竞争国家的权利，一方的行为必须比照另一方的行为。[3] 在 2007 年"领土和海洋争端案"中，洪都拉斯主张，即使法院驳斥了其来源于保持占有原则的权利，仍应"根据对岛屿实际实施或展示的权力，并结合必要的主权者意图，分析哪一方当事国能够做出更具优势的主张（superior claim）。"[4] 综上，适用有效控制规则并不是为了确定绝对权利，目标在于判断哪一方当事国拥有相对优势的权利。

根据上文对有效控制规则两个方面的分析，可以得出：有效控制规则是指通过权衡和比较当事国对争议领土所实施的主权行为，将争议领土判予能够做出更具优势主张的一方。在具体的国际司法和仲裁实践中，面对当事国提出具有多种表现形式的行为证据，国际法庭一般分两个阶段展开分析：首先，判断和识别此类证据的效力，判断它们能否构成以主权者名义的行为；其次，结合各种因素，包括数量、种类、争议领土的地理特征以及其他争端当事国的态度等，对已经得到认可的行为进行权衡和比较，从而判断哪一方的主张更具优势。本书的第二章和第三章将分别对上述两个阶段进行研究，分析有效控制规则的具体适用方式。

〔1〕　*The Minquiers and Ecrehos case* (*France/United Kingdom*), *Judgment*, *I. C. J. Reports* 1953, p. 52; *Sovereignty over Pulau Ligitan and Pulau Sipadan* (*Indonesia/Malaysia*), *Judgment*, *I. C. J. Reports* 2002, p. 682, para. 134; *Sovereignty over Pedra Branca/Pulau Batu Puteh*, *Middle Rocks and South Ledge* (*Malaysia/Singapore*), *Judgment*, *I. C. J. Reports* 2008, pp. 35 ~ 36, paras. 63 ~ 64; *Territorial and Maritime Dispute between Nicaragua and Honduras in the Caribbean Sea* (*Nicaragua v. Honduras*), *Judgment*, *I. C. J. Reports* 2007, pp. 721 ~ 722, para. 208.

〔2〕　*The Minquiers and Ecrehos case* (*France/United Kingdom*), *Judgment*, *I. C. J. Reports* 1953, p. 67.

〔3〕　*Decision regarding Delimitation of the Border between Eritrea and Ethiopia*, 13 April 2002, *R. I. A. A.*, Vol. XXV, pp. 116 ~ 117, para. 3. 29.

〔4〕　*Territorial and Maritime Dispute between Nicaragua and Honduras in the Caribbean Sea* (*Nicaragua v. Honduras*), *Judgment*, *I. C. J. Reports* 2007, p. 711, para. 169.

三、有效控制规则的法律地位

关于有效控制规则的法律地位，学者们持不同的观点。有部分学者将它表述为"有效控制原则"，认为"有效控制原则是国际法院解决国际领土争端经常适用的基本原则之一，它是指国际法院在权衡诉讼双方提出的进行了有效统治的证据之后，将有争议的领土判给相对来说进行统治更为有效的一方。"[1] 然而，该"原则"是否是指《国际法院规约》第38条第1款第3项所规定的一般法律原则，这是存在疑问的，也没有学者对这个问题进行澄清和进一步的阐述。部分学者认为有效控制已经逐渐发展成为了习惯国际法规则。[2] 还有学者认为应当将有效控制理解为一种裁判争议领土归属的分析方法。[3] 也有部分学者将它表述为有效控制理论。[4] 尽管存在纷繁多样的表述，学者们却很少明确说明和详细分析有效控制规则的法律地位。而明确有效控制规则的法律地位，一方面可以在理论上完善对有效控制的研究；另一方面，明确有效控制规则的法律地位也有助于理解它在领土争端解决中所发挥的作用。

为了解决该问题，有必要借助和参考《国际法院规约》第38条关于国际法渊源的规定。根据第38条第1款的规定，国际法院在裁判时应当适用的国际法包括："①不论普通或特别国际协约，确立诉讼当事国明白承认之规条者；②国际习惯，作为惯例之证明而经接受为法律者；③一般法律原则为文明各国所承认者；④在第59条规定之下，司法判例及各国权威最高之公法学家学说，作为确定法律原则之补助资料者。"下文将分析有效控制规则属于上述哪一种国际法

---

〔1〕 王秀梅：《白礁岛、中岩礁和南礁案的国际法解读》，载《东南亚研究》2009年第1期，第20页。还可以参见朱利江：《试论解决领土争端国际法的发展与问题——最新案例剖析》，载《现代国际关系》2003年第10期，第26~27页；李华：《论解决领土争端的有效控制原则——以国际法院的典型案例为例》，载《和田师范专科学校学报》2006年第26卷第3期，第43页等。See also Malcolm N. Shaw, *International Law*, 7th edn, Cambridge University Press, 2014, p. 769.

〔2〕 曾皓：《试论领土法的新发展——有效占领制度》，载《法学评论》2010年第3期，第72页。

〔3〕 曾皓：《论领土法的新发展——以国际司法判例为视角》，载《湘潭大学学报（哲学社会科学版）》2010年第34卷第3期，第46页。

〔4〕 王玫黎、谭畅：《论有效控制理论在南海岛屿主权争端中的运用——基于国际法院裁判案例的分析》，载《太平洋学刊》2014年第22卷，第5期，第78页；侯芳：《运用有效占领理论论中国对钓鱼岛的主权》，载《周口师范学院学报》2013年第30卷第3期；孙传香：《有效控制理论在国际法院的运用及我国的对策》，载《平顶山学报》2008年第23卷第6期，第17页。

渊源。

（一）有效控制规则来源于条约规定？

条约是重要的国际法渊源，是国家之间的明示合意，甚至可以作为国家进行国际法立法的形式之一。在表面上，国际条约与国内法中的合同较为类似，当事方通过条约或合同为其自身创设了具有法律拘束力的义务。尽管如此，条约也有其自身特征，它具有国际性等[1]根据条约是否创设了普遍的权利和义务，可以将其分为造法性条约和契约性条约[2]造法性条约所创设的法律义务，并不因一次的履行而免除，此种条约创设了一般性规定，其目的在于创立国家间必须遵守的行为准则，因而对众多国家有法律拘束力。根据参与国的数量以及非参与国对规则的接受程度，在特定条件下，造法性条约的某些条款可能具有重要的立法效力，[3]也可能因反映国家的普遍实践和法律确信而成为习惯国际法的组成部分。[4]例如《联合国宪章》《维也纳条约法公约》《联合国海洋法公约》等重要条约都属于此类条约。然而，关于领土争端的解决，尚不存在一般性国际条约，也缺乏对解决领土争端的国际法编纂，更不存在专门针对有效控制规则的一般性国际条约，因此，可以明确有效控制规则并不是来源于造法性条约的规定。

另一方面，契约性条约是指两国和几个国家为解决特定问题订立的条约。由于领土对于国家的重要意义，为了确定领土范围，实践中存在大量领土或划界条约。尽管如此，对于确定有效控制规则的法律地位，此类条约的意义却较为有限。主要原因是：在具体的领土或划界条约中，国家主要约定边界的走向或领土归属，在谈判过程中会考虑众多因素，很少明确解释达成此种合意的法律依据；相关条约也鲜有明确提及有效控制规则。因此，难以认定有效控制规则来源于契约性条约。除此之外，将领土争端提交国际司法或仲裁解决的《特别协定》（Special Agreement）也可以视为相关国家之间的合意。在部分《特别协定》中，当事国会约定解决争端的可适用法律，但一般较为模糊。例如，在 2002 年"利吉坦和西巴丹岛屿主权案"中，双方当事国在《特别协定》中约定："应当对本

---

〔1〕　Malcolm N. Shaw, *International Law*, 7th edn, Cambridge University Press, 2014, p. 234.

〔2〕　李浩培：《条约法概论》，法律出版社 2003 年版，第 28 页。

〔3〕　James Crawford, *Brownlie's Principles of Public International Law*, 8th edn, Oxford University Press, 2012, p. 31.

〔4〕　*North Sea Continental Shelf* (*Federal Republic of Germany/Denmark*; *Federal Republic of Germany/Netherlands*), *Judgment*, *I. C. J. Reports* 1969, p. 41, para. 71.

争端适用得到《国际法院规约》第 38 条认可的国际法原则和规则。"〔1〕 虽然在部分案件中，当事国明确约定适用某项具体条约〔2〕或保持占有原则（*Uti Possidetis Juris* Principle），〔3〕 但实践中并不存在当事国明确约定应当适用有效控制规则的情形。

（二）有效控制规则是国际习惯？

根据《国际法院规约》第 38（1）条的规定，国际习惯是指"作为通例之证明而经接受为法律者"。国际法院多次重申，相关的行为不仅必须成为确定实践，还必须证明存在某种信念，相信因法律规则要求因而有义务遵循此种实践。〔4〕这表明国际习惯应当具有两个要素：国家实践和法律确信（*opinio juris*）。关于第一个要素，也就是对国家实践的证明，国际法并没有规定形成国际习惯所需要的确切时间，长期的实践可能并不必要，例如关于空间和大陆架的规则的产生和发展都非常迅速，因此持续期间的长短并不是衡量国家实践的最重要标准。〔5〕 在1969 年"北海大陆架案"中，国际法院认为"尽管只是经过了短暂的期间并不必然或并不能阻碍形成新的习惯国际法规则，但必不可少的要求是，在尽管可能短暂的期间内，国家实践必须是广泛并且实质一致的，包括利益受到特别影响的国家的实践。"〔6〕 其次，国际司法和仲裁法庭也较为重视实践的一致性，虽然并不要求所有国家完全统一的实践，但是相关实践必须达到一定程度的一致性。例如，在 1951 年英国诉挪威"渔业案"中，英国主张存在习惯规则要求直线基线仅可以适用于封口线不超过 10 海里的海湾，但国际法院并没有接受英国的主张，指出相关国家的实践并不能证明创设了此种习惯。〔7〕

国际法院在 1969 年"北海大陆架案"中指出，法律确信是习惯国际法的证

---

〔1〕　See *Sovereignty over Pulau Ligitan and Pulau Sipadan*（*Indonesia/Malaysia*），*Judgment*，I. C. J. *Reports* 2002，p. 631.

〔2〕　See *Kasikili/Sedudu Island*（*Botswana/Namibia*），*Judgment*，I. C. J. *Reports* 1999，p. 1053，para. 11.

〔3〕　See *Frontier Dispute*（*Benin/Niger*），*Judgment*，I. C. J. *Reports* 2005，p. 96.

〔4〕　*North Sea Continental Shelf*（*Federal Republic of Germany/Denmark*；*Federal Republic of Germany/Netherlands*），*Judgment*，I. C. J. *Reports* 1969，p. 44，para. 77. See also *Jurisdictional Immunities of the State*（*Germany v. Italy*：*Greece intervening*），*Judgment*，I. C. J. *Reports* 2012，pp. 122 ~ 123，para. 55.

〔5〕　Malcolm N. Shaw，*International Law*，7th edn，Cambridge University Press，2014，p. 221.

〔6〕　*North Sea Continental Shelf*（*Federal Republic of Germany/Denmark*；*Federal Republic of Germany/Netherlands*），*Judgment*，I. C. J. *Reports* 1969，p. 43，para. 74.

〔7〕　*Fisheries case*（*United Kingdom v. Norway*），*Judgment*，I. C. J. *Reports* 1951，p. 131.

明要素之一，[1] 然而，在实践中难以确定国家行为的内在原因，只能通过国家行为的具体表现进行辨识，构成相关实践的行为和活动同样可以表明国家对于规则内容的态度以及对该规则具有法律拘束力的认可。因此，法律确信并不能完全独立于国家实践。[2] 正如田中（Judge Tanaka）法官在 1969 年"北海大陆架案"中的反对意见所言："没有其他方法能够确定存在法律确信，只能从特定习惯的外部存在和国际社会对其必要性的感受中得以确定，而不是寻求证据证明每个国家实践的主观动机。"[3]

　　通过上述对习惯国际法理论的分析可以发现，习惯国际法的判断标准较为抽象。在实践中，条约、条约的缔结过程（特别是多边条约）、国际组织和会议的决议对于形成和识别习惯国际法具有重要的实践意义。[4] 是否存在关于某一问题的一般性条约，国家的参与情况，缔约过程中的谈判，国家对国际法委员会（International Law Commission, ILC）起草文件的态度，[5] 关于国际组织决议的通过及表决情况，特别是联合国大会决议的态度等都可能较为客观具体地反映出是否存在习惯国际法规则。[6] 另一方面，国际法庭的实践对于确定和识别习惯国际法也发挥了一定的作用，特别是使用武力、海洋划界、领土权利等方面，[7] 国际法庭总结和归纳了国家实践，甚至在一定程度上超越国家实践，引导国家实

---

[1]　*North Sea Continental Shelf* (*Federal Republic of Germany/Denmark*; *Federal Republic of Germany/Netherlands*), *Judgment*, *I. C. J. Reports* 1969, p. 44, para. 77; *Military and Paramilitary Activities in and against Nicaragua* (*Nicaragua v. United States of America*), *Merits*, *Judgment*, *I. C. J. Reports* 1986, pp. 108 ~ 109, para. 207.

[2]　G. M. Danilenko, *Law - Making in the International Community*, Martinus Nijhoff Publishers, 1993, pp. 81 ~ 82. See also H. Thirlway, *The Sources of International Law*, Oxford University Press, 2014, p. 62.

[3]　*North Sea Continental Shelf* (*Federal Republic of Germany/Denmark*; *Federal Republic of Germany/Netherlands*), *Dissenting Opinion of Judge Tanaka*, *I. C. J. Reports* 1969, p. 176.

[4]　Michael Wood, "Third Report on Indentification of Customary International Law", A/CN. 4/682, p. 14, para. 27.

[5]　*Gabčíkovo - Nagymaros Project* (*Hungary/Slovakia*), *Judgment*, *I. C. J. Reports* 1997, pp. 38 ~ 41. See also Fernando Lusa Bordin, "Reflections of Customary International Law: the Authority of Codification Conventions and ILC Draft Articles in International Law", *International and Comparative Law Quarterly*, Vol. 63, 2014, p. 536.

[6]　*Legality of the Threat or Use of Nuclear Weapons*, *Advisory Opinion*, *I. C. J. Reports* 1996, pp. 254 ~ 255, para. 70.

[7]　Alberto Alvarez - Jiménez, "Methods for the Identification of Customary International Law in the International Court of Justice's Jurisprudence: 2000 – 2009", *International and Comparative Law Quarterly*, Vol. 60, 3, 2011, p. 681.

践。[1] 例如《联合国海洋法公约》第121条规定了岛屿制度，在2001年"海洋划界和领土问题案"中，国际法院认定第121条第1款规定的岛屿定义以及第2款规定的岛屿有权拥有的海域范围构成了习惯国际法。[2] 关于第3款所规定的岩礁，尽管国家实践相对有限，[3] 但在2012年"领土和海洋争端案"中，国际法院仍然认定第3款也已成为了习惯国际法，[4] 此种认定将具有相当高的权威性。

关于有效控制规则是否属于习惯国际法，虽然在实践中，部分争端当事国提出对争议领土实施的主权行为作为主张领土主权的依据，然而，如上文所述，关于解决领土争端的国际法规则的国家实践非常抽象和分散，也不存在类似于《联合国海洋法公约》的经过长期谈判并有多数国家普遍参与的条约，也没有国际组织对相关国家实践进行过总结和编纂。因此，缺乏多数国家表明其立场的机会和场合。国际法庭在司法和仲裁实践中也从未明确认可有效控制规则构成了习惯国际法规则。[5] 尽管如此，只分析争端当事国在诉讼过程中的主张就可以发现，并不是在每个案件中当事国都会主张应当适用有效控制规则，部分当事国会明确反对有效控制规则的适用，国际司法和仲裁机构也不是在每个案件中都重视有效控制规则的作用，[6] 这种情况表明，难以确定存在"广泛并且实质一致"的实践。

（三）有效控制规则是一般法律原则？

根据《国际法院规约》第38条第1款的规定，"一般法律原则为文明各国所

---

〔1〕 A. Mark Weisburd, "The International Court of Justice and the Concept of State Practice", *University of Pennsylvania Journal of International Law*, Vol. 31, 2009, pp. 320~322.

〔2〕 *Maritime Delimitation and Territorial Questions between Qatar and Bahrain (Qatar v. Bahrain)*, *Merits*, *Judgment*, I. C. J. Reports 2001, p. 91, para. 167; p. 99, para. 195; p. 97, para. 185.

〔3〕 目前只有墨西哥在其国内立法中明确规定了岩礁。See Federal Act relating to the Sea, 8 January 1986, "Article 51 Islands shall have an exclusive economic zone; however, rocks that cannot sustain human habitation or economic life of their own shall not. "

〔4〕 *Territorial and Maritime Dispute (Nicaragua v. Colombia)*, *Judgment*, I. C. J. Reports 2012, p. 674, para. 139.

〔5〕 在典型的领土案件中，国际法庭要面对两个当事国的冲突主张，因此，国际法庭并不重视详细阐述规制领土主权归属的一般法律原则，而是关注当事国提出证据的相对优势。尽管这是司法程序的通常特点，但同国家责任或战争与中立的法律规则相比，国际法庭更不愿意对领土争端作出一般适用的规则。See Georg Schwarzenberger, "Title to Territory: Response to a Challenge", *American Journal of International Law*, Vol. 51, 1957, p. 309.

〔6〕 参见本书第四章"合法权利依据对有效控制规则的限制"以及附表1："当事国的主张及国际法院的裁判依据"。

承认者"。规定该条款的主要原因在于弥补条约和习惯国际法的空白，避免并解决无法可依（*non liquet*）的问题。[1] 关于一般法律原则的具体内容，存在各种不同的观点：部分学者认为它再次确认了自然法的理念，自然法构成国际法体系的基础以及检验实在法合法性的方法；[2] 也有学者认为，一般法律原则是为了授权法庭适用国内法中的一般原则，特别是私法原则；[3] 也有前苏联学者认为一般法律原则重申了国际法的基本规则，例如已经规定在条约和习惯法中的和平共处原则；[4] 也存在其他折中的观点，认为一般法律原则构成单独的法律渊源，但是适用范围相当有限。[5] 国际法庭在司法和仲裁实践中认定和总结了部分一般法律原则，例如赔偿责任、禁止权利滥用和善意等，其中类推适用国内法最常见和最成功的规则是关于证据、程序和管辖权等问题，[6] 例如对禁止反言（estoppel）和既判力原则（*res judicata*）的借鉴和适用。[7]

　　首先，可以确定的是有效控制规则所发挥的作用并不是评价根据已有国际法规则作出裁决的合理性，它的主要作用在于弥补法律上绝对权利的空白。其次，从弥补法律空白的角度分析，有效控制规则与一般法律原则存在一定的共性，然而，如果认为一般法律原则来源于国内法，却难以确定有效控制规则对应何种具体的国内法规则。虽然有效控制规则与国内法中的占有和时效制度相关，但其核心在于通过权衡和比较当事国对争议领土所实施的主权行为将领土判予能够做出更具优势主张的一国，作为一种相对性规则，其与占有和时效制度还是存在显著差别的。除此之外，国际法庭在适用有效控制规则时，并没有考虑总结或比较相关的国内法理论与实践。

---

〔1〕　H. Thirlway, "The Law and Procedure of International Court of Justice: Part I", *British Yearbook of International Law*, Vol. 60, 1990, p. 76.

〔2〕　H. Waldock, "General Course on Public International Law", *Hague Academy of International Law*, Vol. 106, p. 54.

〔3〕　Robert Jennings and Arthur Watts, *Oppenheim's International Law*, 9ᵗʰ edn, Vol. I, part 2, Longman Limited, 1992, p. 37.

〔4〕　Tunkin, *Theory of International Law*, Chapter 7. In Malcolm N. Shaw, *International Law*, 7ᵗʰ edn, Cambridge University Press, 2014, p. 238.

〔5〕　Malcolm N. Shaw, *International Law*, 7ᵗʰ edn, Cambridge University Press, 2014, p. 238.

〔6〕　Rudolf B. Schlesinger, "Research on the General Principles of Law Recognized by Civilized Nations", *American Journal of International Law*, Vol. 51, 4, 1957, p. 736.

〔7〕　James Crawford, *Brownlie's Principles of Public International Law*, 8ᵗʰ edn, Oxford University Press, 2012, p. 36.

（四）判例的重要作用

根据《国际法院规约》第 38 条第 1 款，"在第 59 条规定之下，司法判例及各国权威最高之公法学家学说，作为确定法律原则之补助资料者。"所以，在严格意义上说，司法判例并不是正式的国际法渊源，在多数情况下，它被视为一种证明国际法存在的证据。《国际法院规约》第 59 条规定："法院之裁判除对于当事国及本案外，无拘束力。"该条款的目的在于防止法院在特定案件中接受的法律原则对其他国家或在其他争端中具有拘束力。[1] 这表明遵循先例（stare decisis）并不适用于国际法庭的司法和仲裁实践。[2] 然而该条款没有阻碍国际法院裁判在之后的司法实践中被作为论证逻辑而获得考虑，每当出现类似的问题时，国际法院可以回顾它之前对特定法律问题的立场和观点。[3] 在司法和仲裁实践中，国际法庭一般会保持其裁决的稳定性，很少更改之前的观点和意见。正如在 2002 年"陆地和海洋边界案"中，尼日利亚援引了《国际法院规约》第 59 条，主张之前的裁决对该案没有直接约束效力，国际法院承认第 59 条的规定，但是同时指出"实际问题在于是否存在理由不遵循先前裁决中的推理和结论。"[4]

考虑到国际法的特征，缺乏统一的立法机构以及具有强制管辖权的司法机构，在实践中，国际司法和仲裁实践是确定国际法规则和原则的最重要方式之一，[5] 特别是对于习惯国际法的识别和确定。[6] 除此之外，判例的意义要远超

---

〔1〕 *Case concerning certain German Interests in Polish Upper Silesia*, *Judgment of* 25 *May* 1926, *P. C. I. J.*, *Series A*, *No.* 7, p. 19.

〔2〕 A. Mark Weisburd, "The International Court of Justice and the Concept of State Practice", *University of Pennsylvania Journal of International Law*, Vol. 31, 2009, p. 299.

〔3〕 B. Cheng, *General Principles of Law as Applied by International Courts and Tribunals*, Cambridge University Press, 2006, pp. 341~342.

〔4〕 *Land and Maritime Boundary between Cameroon and Nigeria*, *Preliminary Objections*, *Judgment*, *I. C. J. Reports* 1998, p. 292, para. 28.

〔5〕 B. Cheng, *General Principles of Law as Applied by International Courts and Tribunals*, Cambridge University Press, 2006, p. 1.

〔6〕 Michael Wood, "Third Report on Indentification of Customary International Law", A/CN. 4/682, p. 43, paras. 60. Alberto Alvarez – Jiménez, "Methods for the Identification of Customary International Law in the International Court of Justice's Jurisprudence：2000 – 2009", *International and Comparative Law Quarterly*, Vol. 60, 3, 2011, p. 682.

过解决某个具体的争端，更重要的是这些判例总结和发展了国际法，[1] 并指明了国际法的未来发展方向。[2] 与英美法系法官在法律解释的同时创造法律的过程一致，国际法院法官的工作有时并不仅限于"确定"法律，典型的实践反映在 1951 年"渔业案"中，判决关于直线基线的认可及限制条件被规定在 1958 年《领海和毗连区公约》中。[3]

　　在领土争端解决中，国际法院和法庭在阐明实施规则方面发挥了比国家实践更大的作用。[4] 如前文所述，"由于缺乏涉及领土主权争端的国际法编纂，加之这类争端高度依赖于事实证据的特性，国际社会并未就解决领土争端的习惯国际法达成统一意见，因此国际法院解决领土主权争端的先例便具有了重要的地位。"[5] 有效控制规则作为一个尚处于发展和完善过程中的规则，即使根据目前的国家实践难以认定其是否构成习惯国际法或一般法律原则，国际法庭在众多领土案件中发展并逐步阐述了有效控制规则，从 1928 年"帕尔马斯岛案"至今，国际法庭对该规则的反复和持续适用都赋予了它在领土争端解决中特别的地位，这是不容置疑的。[6] 另一方面，国际法庭的司法和仲裁实践也会影响和引导国家实践。随着国际法庭，特别是国际法院依据有效控制规则审理案件的数量增多以及该规则的逐步完善与稳定，国家将更为关注其对领土的管理和控制，以有效控制为依据提出的主权主张也会增多，将进一步强化有效控制规则的法律地位。[7] 事实上，司法判例对于国家的法律确信具有重要影响，将有可能决定国

〔1〕 J. G. Merrills, "The International Court of Justice and the Adjudication of Territorial and Boundary Disputes", *Leiden Journal of International Law*, Vol. 13, 4, 2000, p. 901. See also Giovanni Distefano, "The Conceptualization (Construction) of Territorial Title in the Light of the International Court of Justice Case Law", *Leiden Journal of International Law*, Vol. 19, 4, 2006, p. 1075.

〔2〕 H. Waldock, "The International Court of Justice as Seen from the Bar and Bench", *British Yearbook of International Law*, Vol. 54, 1, 1983, p. 4.

〔3〕 Malcolm N. Shaw, *International Law*, 7th edn, Cambridge University Press, 2014, pp. 244 ~ 245.

〔4〕 Georg Schwarzenberger, "Title to Territory: Response to a Challenge", *American Journal of International Law*, Vol. 51, 1957, p. 308.

〔5〕 王玫黎、谭畅：《论有效控制理论在南海岛屿主权争端中的运用——基于国际法院裁判案例的分析》，载《太平洋学刊》2014 年第 22 卷第 5 期，第 78 页。

〔6〕 R. Higgins, *Problems and Process: International Law and How We Use It*, Clarendon Press, 1994, p. 202.

〔7〕 Alberto Alvarez – Jiménez, "Methods for the Identification of Customary International Law in the International Court of Justice's Jurisprudence: 2000 – 2009", *International and Comparative Law Quarterly*, Vol. 60, 3, 2011, p. 685.

际法规则的未来发展。[1] 尽管如此，在典型的领土争端中，国际法庭主要面对争端当事国相冲突的主张，因此，国际法庭并不特别重视详细阐述规制领土主权取得与变更的国际法规则，而是关注当事国提出证据的相对优势。尽管这是司法程序的特征之一，但同国家责任或战争与中立等领域相比，国际法庭更不愿意阐述适用于领土争端的一般规则。[2] 此种实践也受到了一定的批评，例如弗兰克法官（Judge Franck）在 2002 年"利吉坦和西巴丹岛屿主权案"中指出，国际法院的裁决没有阐明可适用的一般规则，如果法院不能针对法律问题而是侧重根据模糊证据裁决事实问题，对于法律的价值有限。[3] 尽管如此，随着司法和仲裁实践的增多，从国际法庭长期、持续和一致的判例中，仍然可以总结出部分关于有效控制规则的一般规律。

四、有效控制规则产生和适用的原因

（一）传统领土取得与变更理论存在的问题

领土的概念是一个发展变化的概念，在现代社会之前，一般认为领土是国家君主或者其他权威群体的私人财产，因此，封建的、君主的和世袭的领土性质对于领土的取得和变更理论具有一定影响。部分取得与变更方式现在已经基本消失了，例如，婚姻、继承和教皇命令等。[4] 仍然有较多的国际法教科书将领土的取得与变更分为五种方式：先占、时效、添附、割让和征服，[5] 这种分类主要来源于规制不动产私人取得的罗马法规则。[6] 例如，劳特派特（H. Lauterpacht）认为，在通过类推适用私法而发展的国际法规则中，关于不动产的罗马法与领土

---

〔1〕　Giovanni Distefano, "The Conceptualization (Construction) of Territorial Title in the Light of the International Court of Justice Case Law", *Leiden Journal of International Law*, Vol. 19, 4, 2006, pp. 1074~1075.

〔2〕　Georg Schwarzenberger, "Title to Territory: Response to a Challenge", *American Journal of International Law*, Vol. 51, 1957, p. 309.

〔3〕　*Sovereignty over Pulau Ligitan and Pulau Sipadan (Indonesia/Malaysia)*, *Dissenting Opinion of Judge Franck*, I. C. J. Reports 2002, p. 693, para. 8.

〔4〕　J. H. W. Verzijl, *International Law in Historical Perspective*, A. Sijthoff, 1969, p. 297.

〔5〕　Robert Jennings and Arthur Watts, *Oppenheim's International Law*, 9th edn, Vol. I, part 2, Longman Limited, 1992, p. 679.

〔6〕　Robert Jennings, *The Acquisition of Territory in International Law*, Manchester University Press, 1963, p. 3.

权利的关系最为密切。[1] 然而，此种分类在理论上存在较多不完善之处，并且实践价值也较为有限。

最为突出的问题就是先占与时效在实践中的具体区分标准。尽管在理论上两者的根本区别在于——适用对象是否是国家主权下的领土，也就是先占适用于无主地，而时效取得的对象上已经存在其他国家的主权。然而，在实践中，可能难以确定相关领土是否是无主地，取得权利的行为发生时间越久远，判断难度也随之增加。[2] 并且，虽然先占主要针对无主地，但对于先前属于某一国家而后来被放弃的领土，也有可能成为其他国家先占的对象。[3] 这种情况表明：某一地区的领土主权有可能丧失，就会产生原权利所有国是否可能因明示或默示的方式放弃了领土主权的问题，[4] 此时领土的法律地位是难以判断的。尽管可以为了理论探讨而对先占和时效进行区分，但是对于实际情况，区分标准可能较为模糊。在具体案件中，当事国可能同时主张先占和时效，将它们作为对相同事实的选择性甚至是补充性法律解释。[5] 关于无主地的判断标准问题，可以借鉴的国际司法和仲裁实践相对有限，仅在 2008 年 "白礁、中礁和南礁主权案" 中，国际法院对无主地的判断提出了若干标准。白礁岛是新加坡海峡中的一个小岛，19 世纪 40 年代末，新加坡的殖民国英国开始在其上建立灯塔，新加坡以此为依据主张英国取得了白礁岛主权。在另一方面，马来西亚则主张，它的前身柔佛苏丹在更早之前就已发现和管理白礁岛，白礁岛并不是可以通过先占而取得的无主地。[6] 所以，问题的关键在于判断修建灯塔之时白礁岛是否是无主地。国际法院主要考虑了三个因素：其一，白礁岛的地理位置，白礁岛位于新加坡海峡，而新加坡海峡位于柔佛苏丹国中部，其中的岛屿基本属于柔佛苏丹的统治范围；其二，白礁岛是新加坡海峡中的航行险地，而新加坡海峡是连接印度洋与南海的重要国际航道，因此，当地国家不可能不注意到白礁岛的存在；其三，从 16 世纪

---

〔1〕 H. Lauterpacht, *Private Law Sources and Analogies of International Law*, *with Special Reference to International Arbitration*, Longmans, Green and Co., 1927, p. 84.

〔2〕 I. C. MacGibbon, "The Scope of Acquiescence in International Law", *British Yearbook of International Law*, Vol. 31, 1954, p. 167.

〔3〕 Robert Jennings and Arthur Watts, *Oppenheim's International Law*, 9th edn, Vol. I, parts 2, Longman Limited, 1992, pp. 686~688.

〔4〕 Malcolm N. Shaw, *International Law*, 7th edn, Cambridge University Press, 2014, p. 759.

〔5〕 Robert Jennings, *The Acquisition of Territory in International Law*, Manchester University Press, 1963, p. 40.

〔6〕 *Sovereignty over Pedra Branca/Pulau Batu Puteh*, *Middle Rocks and South Ledge* (*Malaysia/Singapore*), *Judgment*, *I. C. J. Reports* 2008, pp. 29~30, paras. 37~40.

早期到 19 世纪中叶没有其他国家对白礁岛提出过主权主张。考虑到上述情况，对于这样一个面积有限、无人居住的小岛，柔佛苏丹的权力行使行为即使非常有限，也足以维持其主权。因此，法院认为白礁岛最初的权利属于柔佛，它在灯塔修建之时并不是无主地。[1] 尽管如此，在说明理由时，法院也多次指出应当根据案件的具体情况作出判断。[2] 因此，对无主地的判断，仍然缺乏统一明确的标准，需要结合个案的事实进行判断，先占和时效的实践判断标准仍然较为模糊。

其次，关于时效取得的法律地位也是存在争议的，学者们对时效的含义和法律地位进行了大量的理论探讨。[3] 时效是指"国家占有他国领土，通过长期和平地行使管辖权而取得领土主权的方式。"[4] 支持时效取得的理由主要是为了维持国际社会的秩序与稳定，[5] 时效取得的国家在必要的期间内通过对领土持续和未受干扰地行使主权，加之原主权所有国怠于行使主权并对他国的占有表示默认或承认，以至于国际社会建立了普遍的确信，认为目前的情况更符合国际秩序。[6] 也就是一国维护领土上的秩序与安全，它的权利要优先于忽视该领土的原主权所有国。[7] 时效的合理性来源于主权、同意以及善意原则的相互作用。[8] 另一方面，反对时效取得的主要原因是国际法上的时效与国内法中关于不动产时效取得的法律制度存在显著区别。[9] 首先，国际法上的时效并不要求善意，即

---

〔1〕　*Sovereignty over Pedra Branca/Pulau Batu Puteh*，*Middle Rocks and South Ledge*（*Malaysia/Singapore*），*Judgment*，*I. C. J. Reports* 2008，pp. 35 ~ 37，paras. 60 ~ 69.

〔2〕　*Sovereignty over Pedra Branca/Pulau Batu Puteh*，*Middle Rocks and South Ledge*（*Malaysia/Singapore*），*Judgment*，*I. C. J. Reports* 2008，pp. 36 ~ 37，para. 67. See also *Island of Palmas case*（*United States of America/The Netherlands*），*Award of the Tribunal*，4 April 1928，*R. I. A. A.*，*Vol. II*，p. 855.

〔3〕　See Surya P. Sharma，*Territorial Acquisition*，*Disputes and International Law*，Martinus Nijhoff Publishers，1997，pp. 108 ~ 109.

〔4〕　周忠海主编：《国际法》，中国政法大学出版社 2008 年版，第 186 页。

〔5〕　Matthew M. Ricciardi，"Title to the Aouzou Strip：A Legal and Historical Analysis"，*Yale Journal of International Law*，Vol. 17，2，1992，p. 413.

〔6〕　Robert Jennings and Arthur Watts，*Oppenheim's International Law*，9th edn，vol. I，parts 2，Longman Limited，1992，p. 706.

〔7〕　Jan Wouters，Sten Verhoeven，"Prescription"，para. 1，*Max Planck Encyclopedia of Public International Law*，Oxford University Press，http：//opil. ouplaw. com/view/10. 1093/law：epil/9780199231690/law – 9780199231690 – e862？rskey = AnUwvq&result = 1&prd = EPIL（Last visited on 30 December 2017）.

〔8〕　Georg Schwarzenberger，"Title to Territory：Response to a Challenge"，*American Journal of International Law*，Vol. 51，1957，p. 322.

〔9〕　Giovanni Distefano，"The Conceptualization（Construction）of Territorial Title in the Light of the International Court of Justice Case Law"，*Leiden Journal of International Law*，Vol. 19，4，2006，p. 1072.

使一国明知领土之上已经存在确切主权，仍然可以通过时效取得而取代原主权国，这可能侵犯国家主权和领土完整。此外，国内法中的时效一般会明确规定占有的持续期间，[1] 然而，国际法关于时效本身的构成要件并不明确，关于占有持续的期间，缺乏统一的标准。例如，在 1899 年"英属圭亚那殖民地与委内瑞拉边界仲裁案"中，双方在《仲裁协议》中约定非法占有或时效取得持续 50 年将获得权利，[2] 尽管如此，这仅限于当事双方在个案中的约定，没有证据表明 50 年得到了国家和国际法庭的普遍认可。再例如，在 1911 年美国和墨西哥"查米佐尔仲裁案"中，美国主张 43 年足以时效取得领土，但裁决认为时效取得没有固定的期限。[3] 尽管关于期间长短没有统一的观点，但是仍然需要经过一定期间的实践，这样才可以得到普遍认可。[4]

　　关于时效能否作为领土取得的方式，以及在缺乏原主权国明示同意的情况下，主张时效的国家能否取代原主权国，学者意见和国际判例长期持保留态度。[5] 国家也很少以时效为依据主张对领土的主权，因为该主张相当于承认另一国最初拥有领土主权。[6] 在国际司法和仲裁实践中，国际法庭会尽量避免直接分析时效的法律地位和具体构成要件，如果争端当事国提出时效，也一般会结合争端当事国对时效的主张进行分析，并且通常会认定当事国并没有满足自身所提出的条件。例如，在 1999 年"卡西基里/塞杜杜岛案"中，纳米比亚提出时效学说作为其权利依据，认为它对争议岛屿持续和排他地占有、使用以及行使主权管辖权，博茨瓦纳以及其独立前的英属贝专纳保护区（Bechuanaland）对此完全

〔1〕 例如《日本民法》第 162（2）条规定："以所有的意思，十年间平稳而公然占有他人不动产者，如果其占有之始系善意且无过失，则取得该不动产的所有权。"说明国内法关于不动产时效取得的规定在时间方面具体明确，同时要求善意，不同于国际法中的时效。

〔2〕 See *Award regarding the Boundary between the Colony of British Guiana and the United States of Venezuela*, *Decision of 3 October 1899*, *R. I. A. A.*, *Vol. XXVIII*, p. 335.

〔3〕 *Chamizal Case*（*Mexico*, *United States*）, *Decision of 15 June 1911*, *R. I. A. A.*, *Vol. XI*, p. 328.

〔4〕 See Jan Wouters, Sten Verhoeven, "Prescription", para. 5, *Max Planck Encyclopedia of Public International Law*, Oxford University Press, http：//opil. ouplaw. com/view/10. 1093/law：epil/9780199231690/law – 9780199231690 – e862? rskey = AnUwvq&result = 1&prd = EPIL（Last visited on 30 December 2017）.

〔5〕 *Sovereignty over Pedra Branca/Pulau Batu Puteh*, *Middle Rocks and South Ledge*（*Malaysia/Singapore*）, *Joint Dissenting Opinion of Judges Simma and Abraham*, *I. C. J. Reports* 2008, p. 121, para. 15.

〔6〕 Marcelo G. Kohen, Mamadou Hébié, "Territory, Acquisition", para. 21, *Max Planck Encyclopedia of Public International Law*, http：//opil. ouplaw. com/view/10. 1093/law：epil/9780199231690/law – 9780199231 690 – e1118? rskey = POhLEA&result = 1&prd = EPIL（Last visited on 30 December 2017）.

知情、接受并表示默认,[1] 纳米比亚因此而取得了时效权利。纳米比亚主张取得时效权利应当满足四个条件:其一,国家的占有必须是以主权者名义实施的;其二,占有必须是和平和不间断的;其三,占有必须是公开的;其四,占有必须经过了特定的期间。[2] 考虑到双方当事国均认可时效以及纳米比亚提出的具体标准,国际法院认为没有必要发表自身关于时效取得的法律地位或者具体条件的意见,而是分析了纳米比亚提出的证据。[3] 因为效忠纳米比亚的马苏比亚人(Masubia people)并没有以主权者名义占领岛屿;此外,贝专纳当局虽然明知马苏比亚人在岛上的农业活动,但是该活动与对岛屿的权利无关;当南非当局(1919 年到 1966 年纳米比亚处于南非的委任统治下)正式主张权利时,贝专纳当局也并没有接受该主张,因而没有构成默认。[4] 既然纳米比亚并没有满足自身提出的条件,所以没有得到法院的支持。类似的情形也发生在 1911 年美国和墨西哥"查米佐尔仲裁案"中,仲裁委员会没有支持美国的时效主张,因为美国没有满足其自身提出的条件。[5]

最后,关于领土取得与变更方式的五种划分,部分学者也提出了批评。[6] 主要原因在于:规制领土取得与变更的国际法不同于管理土地所有权的国内法。在国内法中,因为存在完善的登记制度和司法裁判制度,对于土地的所有权可以是抽象的。然而,在国际法体系中由于不存在任何超越国家的机构,对于领土的权利不可能表现为抽象的权利,必须具有实在的表现。[7] 除此之外,对于国内法中土地所有权的争议,可以根据详细的所有权法律制度确定绝对的权利归属,但对于国际领土争端,国际法庭更倾向于分析和衡量所有的证据,最终确定哪一

---

〔1〕 对于时效而言,原权利所有国的默认至关重要,特别是判断和平性。See Jan Wouters, Sten Verhoeven, "Prescription", para. 5, *Max Planck Encyclopedia of Public International Law*, Oxford University Press, http://opil. ouplaw. com/view/10. 1093/law: epil/9780199231690/law – 9780199231690 – e862? rskey = AnUwvq&result = 1&prd = EPIL(Last visited on 30 December 2017).

〔2〕 *Kasikili/Sedudu Island (Botswana/Namibia)*, Judgment, I. C. J. Reports 1999, p. 1103, para. 94.

〔3〕 有学者认为纳米比亚提出的标准基本反映了国际法关于时效的规定,法院也对此表示认可,否则法院将会指出其中的错误。See Malcolm N. Shaw and Malcolm D. Evans, "Case Concerning Kasikili/Sedudu Island (Botswana/Namibia)", *International and Comparative Law Quarterly*, Vol. 49, 4, 2000, p. 977.

〔4〕 *Kasikili/Sedudu Island (Botswana/Namibia)*, Judgment, I. C. J. Reports 1999, pp. 1105~1106, paras. 97~99.

〔5〕 *Chamizal Case (Mexico, United States)*, Decision of 15 June 1911, R. I. A. A., Vol. XI, pp. 328~329.

〔6〕 Marcelo G. Kohen, Mamadou Hébié, "Territory, Acquisition", para. 3, *Max Planck Encyclopedia of Public International Law*, http://opil. ouplaw. com/view/10. 1093/law: epil/9780199231690/law – 9780199231690 – e1118? rskey = POhLEA&result = 1&prd = EPIL(Last visited on 30 December 2017).

〔7〕 *Island of Palmas case (United States of America/The Netherlands)*, Award of the Tribunal, 4 April 1928, R. I. A. A., Vol. II, p. 839.

方争端当事国做出了具有相对优势的主张。[1] 因此，虽然此种分类可能有助于在理论上理解领土的取得与变更，然而，领土主权问题一般非常复杂，通常会涉及各种法律原则对事实的适用，较难将结果归因于某种单独的"取得与变更方式"，这种分类可能会使分析实际问题更为复杂化。[2] 在具体的领土主权争端中，国际司法和仲裁法庭一般不会遵循传统理论的分类，也不会在裁判中明确指出依据哪种具体方式作出裁决，[3] 而是将领土主权的取得与变更视为一个综合的过程，较少强调名义（例如先占、时效等），而是通过权衡和比较双方当事国所提出的相竞争主张和证据判断主权的归属。此外，当事国一般会提出多项权利依据，而不会拘泥于传统领土取得与变更方式中的某一种或几种，最为常见的权利依据包括：条约、保持占有原则和有效控制规则等。[4]

先占对象是否是国家主权下的领土构成先占与时效的本质区别，而持续和平地展示国家权力，正是传统理论中先占与时效的共同特征。[5] 在适用有效控制规则解决的案件中，国际司法和仲裁机构并不会着重分析争议领土的法律地位，而主要关注国家主权的和平与持续展示。[6] 在多数情况下，当无法确定领土主权确切归属时，会考虑适用有效控制规则，由于不强调争议领土的无主性，使其成功地克服了先占与时效在实践中难以区分的问题，这是有效控制规则产生和适用的主要原因之一。

（二）实践中缺乏确切证据建立绝对权利

在领土争端中，当事国一般会提出边界条约或其他条约以支持各自对争议领土的主权主张。条约对于解决领土争端的实践意义重大，是确定合法权利的重要

---

〔1〕　Anthony Aust, *Handbook of International Law*, Cambridge University Press, 2005, p. 36.

〔2〕　James Crawford, *Brownlie's Principles of Public International Law*, 8th edn, Oxford University Press, 2012, pp. 220 ~ 221. Robert Jennings, *The Acquisition of Territory in International Law*, Manchester University Press, 1963, pp. 6 ~ 7.

〔3〕　D. H. N. Johnson, "Consolidation as a Root of Title in International Law", *Cambridge Law Journal*, Vol. 13, 2, 1955, p. 217.

〔4〕　Surya P. Sharma, *Territorial Acquisition, Disputes and International Law*, Martinus Nijhoff Publishers, 1997, p. 171. Giovanni Distefano, "The Conceptualization (Construction) of Territorial Title in the Light of the International Court of Justice Case Law", *Leiden Journal of International Law*, Vol. 19, 4, 2006, pp. 1048 ~ 1049.

〔5〕　Jan Wouters, Sten Verhoeven, "Prescription", para. 3, *Max Planck Encyclopedia of Public International Law*, Oxford University Press, http://opil. ouplaw. com/view/10. 1093/law: epil/9780199231690/law - 978019 9231690 - e862? rskey = AnUwvq&result = 1&prd = EPIL (Last visited on 30 December 2017).

〔6〕　Malcolm N. Shaw, *International Law*, 7th edn, Cambridge University Press, 2014, pp. 760 ~ 761.

依据。[1] 尽管有学者认为，如果条约规定了边界线或领土的划分方式，在没有明确证据证明存在相反情况时，应当尽可能宽泛地解释条约，使其能够解决任何可能的冲突；[2] 但现实情况却是，完全根据争端当事国提出的条约，国际法庭有时并不能确切地判定争议领土的归属。

首先，可能存在条约无效的情形。1969 年《维也纳条约法公约》第 46 条到第 53 条具体列明了条约无效的情形，包括明显违反国内法关于缔约权限的重要规定、错误、诈欺、贿赂、强迫以及违反国际强行法等。例如，在 1959 年"某些边界土地主权案"中，荷兰以错误为由主张划定与比利时边界的《1843 年边界条约》无效；[3] 1962 中"柏威夏寺案"中，泰国主张附件 1 地图存在错误，没有正确反映《1904 年条约》规定的边界走向；[4] 在 2012 年"领土和海洋边界案"中，尼加拉瓜主张划定与哥伦比亚边界的《1928 年条约》是在美国军队干涉尼加拉瓜的情况下被迫签订的，因而无效。[5] 如果这些主张得到了国际法庭的支持，那么当事国主张的条约将无法解决领土争端。

其次，某些条约本身可能与领土问题无关，因此无法依据此类条约确定主权归属。例如，在 1953 年"明基埃和埃克荷斯案"中，法国主张 1839 年与英国签订的《渔业条约》建立了公共渔区，而存在争议的明基埃（Minquiers）和埃克荷斯（Ecrehos）两组岛屿位于公共渔区之中，对于确定它们的主权归属具有一定的影响。对此，国际法院认为，即使两组岛屿位于公共渔区之中，也不能认为在海域中建立公共渔区会涉及岛屿的主权问题，法国依据的条款只提及了渔业，没有涉及任何陆地领土的使用问题。[6]

除此之外，条约不得处置他国领土。当事国可以通过条约将属于本国的部分领土让与其他国家，这构成了割让；[7] 然而，不同于先占与添附，割让是一种派生的领土取得方式，受让国的权利范围要受到割让国权利的限制，权利转让的

---

〔1〕　本书在第四章"合法权利依据对有效控制规则的限制"中详细分析了条约在领土争端解决中的重要作用。

〔2〕　*Sovereignty over Pulau Ligitan and Pulau Sipadan*（*Indonesia/Malaysia*），*Dissenting Opinion of Judge Franck*，I. C. J. Reports 2002，p. 692，para. 6.

〔3〕　*Case concerning Sovereignty over certain Frontier Land*（*Belgium/Netherlands*），*Judgment*，I. C. J. Reports 1959，p. 217.

〔4〕　*Case concerning the Temple of Preah Vihear*（*Cambodia v. Thailand*），*Merits*，*Judgment*，I. C. J. Reports 1962，p. 26.

〔5〕　*Territorial and Maritime Dispute*（*Nicaragua v. Colombia*），*Preliminary Objections*，*Judgment*，I. C. J. Reports 2007，pp. 845 ~ 846，para. 28.

〔6〕　*The Minquiers and Ecrehos case*（*France/United Kingdom*），*Judgment*，I. C. J. Reports 1953，p. 58.

〔7〕　周忠海主编：《国际法》，中国政法大学出版社 2008 年版，第 187 页。

有效性取决于割让国拥有对相关领土的合法权利依据，[1] 如果割让国本身并不拥有对领土的主权，那么受让国则无权根据条约取得领土，对于此种情形将无法依据条约确定领土的归属。[2] 例如，在 1928 年"帕尔马斯岛案"中，美西战争结束后，两国于 1898 年签订了《巴黎条约》，将西班牙在菲律宾群岛地区的所有领土让与美国。问题的关键在于判断帕尔马斯岛在条约签订之时是否属于西班牙，如果不属于西班牙，那么美国不能依据《巴黎条约》主张主权，因为西班牙不能让与多于其本身所拥有的权利（*nemo dat quod non habet*）。[3]

条约无法解决领土争端的另一种常见可能性是，即使存在关于领土主权问题的有效条约，当事国也有权处置相关领土，但是仅仅提出条约并不足以解决争端，还必须证明条约与争议领土存在直接联系。为此目的，需要探究缔约当事国在签订条约时是否将争议领土纳入条约涵盖的范围之中。如果发现缔约当事国当时并没有考虑争议领土的归属问题或者根本就不知晓争议领土的存在，那么根据该条约将肯定无法确定领土主权的归属。在判断该问题时，最直接和最关键的证据就是考查条约是否明确提到争议领土，并且此种提及必须具有相当程度的具体性，不能仅在大致范围内提到较为广泛的地理区域。例如，在 2012 年"领土和海洋争端案"中，尼加拉瓜和哥伦比亚对于 1928 年 3 月 24 日签订的《哥伦比亚和尼加拉瓜关于争议领土问题的条约》（后简称"《1928 年条约》"）和 1930 年签订的《批准换文议定书》（后简称"《1930 年议定书》"）是否解决了两国位于加勒比海上的若干岛屿的归属问题存在争议。其中，《1928 年条约》第 1 条规定："……尼加拉瓜共和国承认哥伦比亚共和国对于圣安德烈岛（San Andrés）、普罗维登西亚岛（Providencia）和圣卡塔丽娜岛（Santa Catalina）以及其他构成圣安德烈群岛的岛屿、小岛和礁石的完全和全部主权。"《1930 年议定书》进一步明确："《1928 年条约》第 1 段提及的圣安德烈和普罗维登西亚群岛向西不超过西经 82°经线。"法院认为《1928 年条约》第 1 条并没有详细说明圣安德烈群岛的组成部分，并且《1930 年议定书》只是确定了该群岛的西部界限为西经 82°经线，而没有说明群岛在该经线以东的具体组成部分。所以，无法确定存在争议

---

〔1〕 Marcelo G. Kohen, Mamadou Hébié, "Territory, Acquisition", para. 8, *Max Planck Encyclopedia of Public International Law*, http：//opil. ouplaw. com/view/10. 1093/law：epil/9780199231690/law – 978019923 1690 – e1118? rskey = POhLEA&result = 1&prd = EPIL（Last visited on 30 December 2017）.

〔2〕 Georg Schwarzenberger, "Title to Territory：Response to a Challenge", *American Journal of International Law*, Vol. 51, 1957, p. 323. See also *Land and Maritime Boundary between Cameroon and Nigeria（Cameroon v. Nigeria：Equatorial Guinea intervening）*, *Judgment*, I. C. J. Reports 2002, p. 400, para. 194.

〔3〕 *Island of Palmas case（United States of America/The Netherlands）*, *Award of the Tribunal*, 4 April 1928, R. I. A. A., Vol. II, p. 842.

的岛屿是否属于圣安德烈群岛的组成部分，因此，仅仅凭借该条约和议定书的规定无法确切判断争议岛屿的归属。所以，法院必须考虑当事国提交的其他主张和证据[1]。国际法院对该问题的观点表明：如果条约只是粗略地规定了某一地理范围内领土的主权归属，而没有明确说明具体的范围和组成部分，将难以依据该条约确定某一具体组成部分领土的主权归属。对于偏远地区的岛屿，由于它们分布分散、远离陆地、面积较小、人口稀少、经济利益有限，这种情形尤为明显[2]。

如果案件情况较为复杂，当事国提出较多理由，国际法庭会主要结合1969年《维也纳条约法公约》第31条和第32条的规定，从条约的目的和宗旨、用语、嗣后实践和缔约准备材料等方面，对条约进行解释以探究当事国缔约时的意图。解释首先应当依据文本，作为补充的方法可以考虑条约的准备文件[3]。在2002年"利吉坦和西巴丹岛屿主权案"中，印度尼西亚对两个争议岛屿的主张主要依据1891年英国与荷兰签订的条约（后简称"《1891年条约》"），而马来西亚认为该条约并没有确定岛屿的归属[4]。《1891年条约》第4条规定："从北纬4°10′起，东海岸上的边界线应继续向东沿该纬线，穿过塞巴迪克岛（Sebitik）：该岛位于该纬线以北部分属于英国北婆罗洲公司，纬线以南部分属于荷兰。"[5] 由于两争议岛屿位于塞巴迪克岛东海岸以东，北纬4°10′以南，所以问题的关键在于判断边界线是否止于塞岛东海岸。法院首先考虑了用语，认为条约没有明确规定边界线是否向东延伸，不能忽略此种"沉默"。然后，法院结合上下文，主要是提交荷兰议会的《解释性备忘录》及其所附地图，注意到该备忘

---

〔1〕 *Territorial and Maritime Dispute* (*Nicaragua v. Colombia*), Judgment, I. C. J. Reports 2012, pp. 648 ~ 649, paras. 52 ~ 56.

〔2〕 此种情况还出现在1953年"明基埃和埃克荷斯案"中，争端主要涉及位于英吉利海峡中泽西岛与法国之间的两群小岛和礁石的主权归属问题。为了证明各自的主张，英国和法国均提出了许多中世纪的条约，包括1259年《巴黎条约》（Treaty of Paris）、1360年《加来条约》（Treaty of Calais）和1420年《特鲁瓦条约》（Treaty of Troyes）。国际法院通过分析，认为相关条约都没有明确列明英国国王和法国国王各自拥有的岛屿，例如1360年《加来条约》第6条规定："英国国王拥有他现在所拥有的岛屿"，而没有说明英国国王所有的具体岛屿，单独从该条规定本身无法推断出争议岛屿的主权归属，因此法院不能根据上述条约得出任何结论。See *The Minquiers and Ecrehos case* (*France/United Kingdom*), Judgment, I. C. J. Reports 1953, p. 54.

〔3〕 *Territorial Dispute* (*Libyan Arab Jamahiriya/Chad*), Judgment, I. C. J. Reports 1994, pp. 21 ~ 22, para. 41.

〔4〕 *Sovereignty over Pulau Ligitan and Pulau Sipadan* (*Indonesia/Malaysia*), Judgment, I. C. J. Reports 2002, p. 643, paras. 32 ~ 33.

〔5〕 *Sovereignty over Pulau Ligitan and Pulau Sipadan* (*Indonesia/Malaysia*), Judgment, I. C. J. Reports 2002, pp. 644 ~ 645, para. 36.

录中没有提到塞岛以东岛屿的处理方式，所附地图也没有绘制两个争议岛屿。随后，法院审查了该条约的目的和宗旨，认为没有证据表明当事国有确定婆罗洲和塞岛之外的其他岛屿主权归属的意图。因此，法院得出结论：《1891 年条约》没有解决塞岛以东岛屿的主权归属问题，也就是不能根据该条约解决利吉坦岛（Pulau Ligitan）和西巴丹岛（Pulau Sipadan）的主权争端，此种结论也得到了缔约准备文件和嗣后实践的证实。[1] 因此，问题的关键在于判断当事国在签订条约时是否有解决争议领土归属的意愿，此种意愿主要表现在条约的文本、目的和宗旨、上下文以及嗣后协议和嗣后实践等方面。如果解释的结果表明当事国根本没有此种意愿，则无法以条约为依据判断领土的确切归属状况。此时，需要考虑其他事实和证据选择替代性的解决方法。

前殖民地国家之间的争端是国际法庭审理的另一类主要领土案件，对于此类争端一般应当适用保持占有原则，继续沿用殖民时期的内部行政区划。[2] 然而适用保持占有原则的前提是明确独立前行政边界的位置，[3] 需要当事国提交相关证据证明，其中殖民国家确定行政区划的法律法规对于证明保持占有边界具有突出的证据效力。然而，如果在殖民时期没有划定边界或者边界位置不准确，那么新独立国家之间的边界就仍然没有解决，这种情况在实践中较为常见。[4] 殖民地多范围广阔，殖民国家更主要重视对殖民地的经济掠夺，而忽视行政管理，有可能没有准确划分殖民地内部的行政区划，特别是针对地处边远、人口稀少或者经济利益较为有限的地区。除此之外，殖民地独立时间较早，拉丁美洲国家主要从 19 世纪开始逐步独立，而非洲国家的独立运动也多发生在 20 世纪 60 到 70 年代，距离当事国将争端提交国际法庭的时间有一定相隔。上述因素都可能导致当事国无法提交证明殖民时期行政边界的权威法律文件，[5] 或者即使提交了相

〔1〕 *Sovereignty over Pulau Ligitan and Pulau Sipadan* (*Indonesia/Malaysia*) , *Judgment* , *I. C. J. Reports* 2002, p. 668, para. 92.

〔2〕 本书第四章"合法权利依据对有效控制规则的限制"详细分析了保持占有原则的含义、作用和具体适用。

〔3〕 *Territorial Sovereignty and Scope of the Dispute* (*Eritrea and Yemen*) , *Award of* 9 *October* 1998, *R. I. A. A.* , *Vol. XXII*, p. 236, para. 97.

〔4〕 Thomas W. Donovan, "Suriname – Guyana Maritime and Territorial Disputes: A Legal and Historical Analysis", *Journal of Transnational Law and Policy*, Vol. 13, 2003, p. 76.

〔5〕 Fabio Spadi, "The International Court of Justice Judgment in the Benin – Niger Border Dispute: The Interplay of the Titles and '*Effectivités*' under the *Uti Possidetis Juris* Principle", *Leiden Journal of International Law*, Vol. 18, 2005, p. 780.

关证据，也有可能存在瑕疵，因无法确切地证明行政边界的位置而不被认可〔1〕。在此种情况下，无法证明保持占有边界，则难以依据保持占有原则解决领土主权争端，因而需要考虑其他法律依据作为替代性解决方法。例如，在1992年"陆地、岛屿和海洋边界争端案"中，该案涉及萨尔瓦多和洪都拉斯对若干个位于福塞卡湾（Gulf of Fonseca）中岛屿的主权争端。国际法院分庭认为，为了确定争议岛屿的归属，必须以保持占有原则作为出发点，需要考虑的法律规则并不是国际法而是独立前殖民国家的宪法和行政法律，对于该案就是西班牙的殖民法律。尽管如此，殖民法律很可能没有清楚和确切地规定地处偏远、人口稀少和经济利益有限地区的行政归属〔2〕。当事国提交的殖民时期证据相当零散、含糊不清并且存在冲突，都没有明确提到争议岛屿，所以无法得出确切的结论。类似的情况也出现在国际法院审理的2007年"领土和海洋争端案"〔3〕以及2012年"领土和海洋争端案"〔4〕中。即使当事国提交的相关法律文件明确提到了边界，也有可能因缺乏准确性而不能确定边界的确切位置。例如，在2005年"边界争端案"中，尼日尔主张法属非洲总督1934年12月8日和1938年10月27日法令划定了两个殖民地之间的界线。相关法令都规定边界线应当是尼日尔河，因此尼日尔提出边界线应当位于尼日尔河中。对此，国际法院认为，仅凭上述法令的用语无法确定准确的界线，因为尼日尔河包括了一系列的可能性：河的两岸，或者河之中的某条边界。因此，这两个法令都没有准确说明保持占有边界的位置〔5〕。

在领土争端解决中，国际法庭会特别重视具体列明争议领土名称的书面证据，例如条约或行政立法文件，给予它们相当高的证明力。争端当事国也会提交大量类似的书面证据以支持各自的主权主张。在判断条约和保持占有原则能否解决领土主权争端时，国际司法和仲裁机构会借助解释的方法，审查证据的真实性、有效性，特别强调证据必须与争议领土直接相关，而不接受只具有一般普遍意义的证据。当前的领土争端主要集中于地处偏远、人口稀少的地区，特别是岛屿，由于此类地区在历史上经济价值和军事意义的相对有限，可能缺乏具体证据

〔1〕 *Honduras Borders (Guatemala, Honduras), Decision of 23 January 1933, R. I. A. A., Vol. II*, pp. 1324~1325.

〔2〕 *Case concerning the Land, Island and Maritime Frontier Dispute (El Salvador/Honduras: Nicaragua intervening), Judgment, I. C. J. Reports 1992*, pp. 558~559, para. 333

〔3〕 *Territorial and Maritime Dispute between Nicaragua and Honduras in the Caribbean Sea (Nicaragua v. Honduras), Judgment, I. C. J. Reports 2007*, pp. 708~709, paras. 160~162.

〔4〕 *Territorial and Maritime Dispute (Nicaragua v. Colombia), Judgment, I. C. J. Reports 2012*, p. 651, paras. 64~65.

〔5〕 *Frontier Dispute (Benin/Niger), Judgment, I. C. J. Reports 2005*, p. 126, paras. 71~72.

以证明相关领土的归属，尤其是书面证据。导致的结果就是，国际法庭有可能无法根据当事国提交的相关证据建立对争议领土不容置疑的权利。在缺乏绝对证据的情况下，国际司法和仲裁法庭将难以确切判断领土的归属，为了履行其职责，必须借助其他法律依据解决领土争端。通过上文对有效控制规则含义的分析可以发现，有效控制是一个相对概念，取决于哪一方当事国能对争议领土实施更多和更有效的主权行为。在绝大多数情况下，通过权衡和比较可以判断哪一方的主张更具优势，从而有效地弥补绝对权利的空白，成为解决领土争端实际、可行的方式。[1] 即使在特殊情况下，当事国对争议领土所实施的主权行为较为有限，结合争议领土的地理特征以及提出竞争主张的国家的反应（例如，承认或默认等），最终可以得出结论。同时，这也表明了只有当缺乏绝对权利依据时才可能借助有效控制规则解决争端，它的适用存在前提条件。

（三）有效控制规则本身的合理性

对于缺乏确切依据证明绝对权利的情况，必须选择其他替代性法律依据以弥补合法权利依据的空白。在国际司法和仲裁实践中，当事国会请求国际法庭考虑诸如邻近、公平、地理、经济、文化和人口等众多因素。[2] 领土主权反映了国家与领土之间的关系，[3] 国际法庭之所以选择适用有效控制规则而不是考虑上述其他因素，是因为有效控制规则可以更为客观、具体地反映出国家与领土之间的联系。如前文所述，在国际法中，由于缺乏类似国内法中系统全面的所有权登记制度，领土主权不可能仅仅表现为抽象的权利，而需要存在具体的展示行为以表明和巩固主权，对特定地区持续及和平地展示国家权力是领土主权的构成因

---

〔1〕 黄德明、黄赟琴：《从白礁岛案看领土取得的有效控制原则》，载《暨南学报（哲学社会科学版）》2009 年第 5 期，第 38 页。薛桂芳、毛延珍：《有效控制原则视角下的南海岛礁主权问题研究》，载《广西大学学报（哲学社会科学版）》2014 年第 36 卷第 5 期，第 95～96 页。See also David A. Colson, "Sovereignty over Pulau Ligitan and Pulau Sipadan (Indonesia/Malaysia)", *American Journal of International Law*, Vol. 97, 2, 2003, p. 405.

〔2〕 本书第四章"合法权利依据对有效控制规则的限制"将详细分析公平、邻近以及经济、文化和人口等主张，以及它们不能在领土争端解决中发挥重要作用的原因。

〔3〕 Giovanni Distefano, "The Conceptualization (Construction) of Territorial Title in the Light of the International Court of Justice Case Law", *Leiden Journal of International Law*, Vol. 19, 4, 2006, p. 1043.

素.[1] 无论对于权利的取得还是维护，对领土的有效占领都具有核心重要性.[2] 有效控制规则继承和发展了先占和时效的核心要素——强调对争议领土具体、和平、公开及持续地展示主权，此种主权展示能够更为客观和合理地反映出国家对领土主权归属的立场和观点。只有在当事国主观上认为拥有对争议领土的主权时，才会在实践中积极主动地对领土实施主权行为，反之，则不会采取任何措施维护领土主权。国际法院分庭在 1992 年"陆地、岛屿和海洋边界争端案"中指出，争议岛屿不是无主地，在法律理论上，每个岛屿都已经属于三个沿岸国之一，因此通过先占取得领土是不可能的，但沿岸国独立后对岛屿的有效控制可以表明对当时法律情势的认识。依据主权行使的占有可以作为证据确认保持占有权利。分庭认为没有必要裁决是否能够认可与权利相冲突的占有，但是岛屿殖民时期的历史材料混乱并且冲突，殖民地取得独立后也没有立刻实施明确的主权行为，事实上，此种占有已经成为表明法律上保持占有原则的唯一可行的方式.[3] 以取得和巩固领土主权为目的，对领土实施主权行为，特别是持续的行为，如果其他利益相关的国家没有对此提出抗议或反对，那么，这种情况就构成了一种事实状态，反映了一种值得保护的利益，代表了一种私法中表现为占有的法律关系.[4] 不同于国内法，国际社会缺乏有效的中央机构，无法立刻产生具有对世效力的绝对权利,[5] 在缺乏以条约和裁决为依据的权利时，在没有权利登记制度的法律体系中，实际占有就会具有重要作用，在这种情况下，占有的利益需要法律对其进行保护.[6] 类似于国内法，国际法具有保护各种法律利益共存的目

〔1〕　*Island of Palmas case* (*United States of America/The Netherlands*), *Award of the Tribunal*, 4 April 1928, *R. I. A. A.*, *Vol. II*, pp. 839~840. See also *Western Sahara*, *Advisory Opinion*, *I. C. J. Reports* 1975, pp. 43~44, para. 94.

〔2〕　Georg Schwarzenberger, "Title to Territory: Response to a Challenge", *American Journal of International Law*, Vol. 51, 1957, p. 315.

〔3〕　*Case concerning the Land*, *Island and Maritime Frontier Dispute* (*El Salvador/Honduras: Nicaragua intervening*), *Judgment*, *I. C. J. Reports* 1992, p. 566, para. 347. See also Malcolm D. Evans and Malcolm N. Shaw, "Case Concerning the Land, Island and Maritime Frontier Dispute (El Salvador/Honduras: Nicaragua Intervening), Judgment of 11 September 1992", *International and Comparative Law Quarterly*, Vol. 42, 4, 1993, p. 934.

〔4〕　W. E. Hall, *International Law*, 8th edn, Clarenton Press, 1924, p. 125. 需要注意的是，在国际法背景中，此种占有并不表现为实际占有，而是对领土展示和实施国家权力。

〔5〕　Georg Schwarzenberger, "Title to Territory: Response to a Challenge", *American Journal of International Law*, Vol. 51, 1957, p. 311.

〔6〕　James Crawford, *Brownlie's Principles of Public International Law*, 8th edn, Oxford University Press, 2012, p. 222.

标，然而，如果在两种冲突利益中只能有一种胜出时，例如领土主权，因为主权只能归属于当事国中的一方，那么维护事实状态的利益将胜出。领土主权不仅是主权者的权利，也蕴含着义务，在关键时期里保护领土上人民或其他国家的权利，将优于假设得为国际法认可但没有得到任何具体表现形式的利益。[1] 例如，在 1909 年挪威诉瑞典"Grisbådarna 仲裁案"中，仲裁法庭指出：已经确立的国际法原则表明，对于实际存在并且存在时间较长的事态，应当尽可能小地改变（*non quieta movere*）。[2] 在该案中，关于争议浅滩，瑞典政府根据该地区属于瑞典的确信实施了许多行为，包括：安装信号灯、海域调查、安装灯塔船，相关行为花费巨大，但瑞典不仅认为此类行为是在行使权利，更是在履行职责；而挪威政府承认更少关注该地区，亦没有采取任何与瑞典活动相匹配的措施，更没有提出过抗议，甚至积极响应。因此，法庭认为将争议浅滩划归瑞典完全符合基本事实。[3] 强调国家权力的展示，以有利于稳定性的方式解释事实并顾及无人居住、偏远领土的特征，反映了解决领土争端的国际法的变化。[4]

---

〔1〕 *Island of Palmas case* (*United States of America/The Netherlands*) , *Award of the Tribunal*, 4 April 1928, *R. I. A. A.* , *Vol. II*, p. 870. See also C. Waldock, "Disputed Sovereignty in the Falkland Islands Dependencies", *British Yearbook of International Law*, Vol. 25, 1948, p. 317. Georg Schwarzenberger, "Title to Territory: Response to a Challenge", *American Journal of International Law* , Vol. 51, 1957, p. 312.

〔2〕 The Grisbådarna case (Norway v. Sweden) , Award of the Tribunal, 23 October 1909, *American Jounral of International Law* , Vol. 4, 1910, p. 234.

〔3〕 The Grisbådarna case (Norway v. Sweden) , Award of the Tribunal, 23 October 1909, *American Jounral of International Law* , Vol. 4, 1910, pp. 234 ~ 235.

〔4〕 James Crawford, *Brownlie's Principles of Public International Law*, 8th edn, Oxford University Press, 2012, p. 225.

第二章　有效控制规则的适用（一）：
识别主权行为

在具体的领土主权争端中，当事国会提出各种行为证据支持各自的主张，然而，并不是所有的行为都会对争端解决具有法律意义，需要满足特定条件才可以得到国际法庭的认可，从而能够进入有效控制规则适用的下一阶段——作为权衡和比较的事实基础。常设国际法院在 1933 年"东格陵兰法律地位案"中指出："不依据具体的行为或权利（比如割让条约），而只是基于持续地主权展示而主张主权，必须表明存在两个相关要素：作为主权者行事的意图和愿望，以及对此种权威的实际行使或展示。"[1] 关于领土取得或归属的现代国际法一般要求证明：通过持续及和平地行使管辖权和国家职责，对领土有意图地展示权力和权威。[2] 因此，影响行为效力的因素包括两个方面：其一，实施该行为的主体；其二，所实施行为的具体性质。[3] 通过分析国际司法和仲裁实践，可以总结出得到国际法庭认可的主权行为的一般特征和具体表现。除此之外，国际法庭还会考虑时间要素，原则上只有发生在关键日期之前的行为才会得到认可。

---

〔1〕　*Legal Status of Eastern Greenland* (*Denmark v. Norway*) , *Judgment of* 5 April 1933 , *P. C. I. J.* , *Series A/B* , *No.* 53 , pp. 45 ~ 46.

〔2〕　*Territorial Sovereignty and Scope of the Dispute* (*Eritrea and Yemen*) , *Award of* 9 October 1998 , *R. I. A. A.* , *Vol. XXII* , p. 268 , para. 239.

〔3〕　Marcelo G. Kohen, Mamadou Hébié, "Territory, Acquisition", para. 25 , *Max Planck Encyclopedia of Public International Law* , http：//opil. ouplaw. com/view/10. 1093/law: epil/9780199231690/law – 978019923 1690 – e1118？rskey = POhLEA&result = 1&prd = EPIL (Last visited on 30 December 2017).

一、主权行为的一般特征

（一）主权性

在 1933 年"东格陵兰法律地位案"中，常设国际法院认为根据持续的主权展示而主张权利，关键要素之一就是"作为主权者行事的意图和愿望"，在随后的部分判例中，国际法庭强调相关行为应当构成以主权者名义的行为（activities à titre de souverain）。[1] 部分学者将"作为主权者行事的意图和愿望"理解为占有意图（animus occupandi 或 animus possidendi），[2] 也就是国家之所以实施主权行为，它们目的是为了取得领土主权。实践中，并不是所有国家对争议领土所实施的行为都能够支持它对领土的主权主张，也有可能一国虽然客观上对领土展示主权和进行管理，但主观上并不主张该领土的主权。一国可以将对特定领土的管理权让与另一国，但仍然保留主权，[3] 此时管理国实施的行为不能作为取得领土主权的证据，例如，国家作为保护国、委任统治国或者托管国统治或管理领土的情况。[4] 也有可能存在国家虽然管理领土并展示国家权力但明确否认目的是为了取得主权的情况。例如，在 1998 年厄立特里亚和也门"领土仲裁案"中，根据 1923 年《洛桑条约》第 16 条，土耳其放弃对红海岛屿的主权，留待利益相关方日后解决。之后，虽然意大利在部分岛屿上修建灯塔和军事设施、驻军、在法令

---

〔1〕 *Sovereignty over Pedra Branca/Pulau Batu Puteh, Middle Rocks and South Ledge*（*Malaysia/Singapore*）, *Judgment*, I. C. J. *Reports* 2008, p. 96, para. 276; *Territorial and Maritime Dispute*（*Nicaragua v. Colombia*）, *Judgment*, I. C. J. *Reports* 2012, p. 657, para. 84.

〔2〕 C. Waldock, "Disputed Sovereignty in the Falkland Islands Dependencies", *British Yearbook of International Law*, Vol. 25, 1948, p. 334; Gerald Fitzmaurice, "The Law and Procedure of the International Court of Justice, 1951 - 4: Points of Substantive Law, Part II", *British Yearbook of International Law*, Vol. 32, 1955 ~ 1956, pp. 55 ~ 58; *Case concerning Sovereignty over certain Frontier Land*（*Belgium/Netherlands*）, *Dissenting Opinion of Judge Moreno Quintana*, I. C. J. *Reports* 1959, p. 255.

〔3〕 Marcelo G. Kohen, Mamadou Hébié, "Territory, Acquisition", paras. 5, 32, *Max Planck Encyclopedia of Public International Law*, http://opil. ouplaw. com/view/10. 1093/law: epil/9780199231690/law - 978019923 1690 - e1118? rskey = POhLEA&result = 1&prd = EPIL（Last visited on 30 December 2017）.

〔4〕 Jan Wouters, Sten Verhoeven, "Prescription", para. 5, *Max Planck Encyclopedia of Public International Law*, Oxford University Press, http://opil. ouplaw. com/view/10. 1093/law: epil/9780199231690/law - 9780199 231690 - e862? rskey = AnUwvq&result = 1&prd = EPIL（Last visited on 30 December 2017）.

中将争议岛屿包括在它的行政区划内,[1] 但意大利一直向英国做出保证,表明目的不是为了取得岛屿主权,红海岛屿的主权问题仍然尚未解决,并在 1927 年罗马会谈和 1938 年协议和议定书中作出了明确的规定。[2] 因此,法庭认为,意大利实施行为的目的不是为了取得岛屿主权,因而对于解决领土争端没有效力。

　　要求证明取得领土主权的主观目的可以完善领土取得理论,然而在实践中却存在证明困难,因为判断是否存在占有意图缺乏客观的标准,难以推断国家行为的内在动机。部分学者认为国家竖立界标、升旗、在公开出版物上正式主张领土可以证明占有意图。[3] 因此出于客观明确的要求,一般通过分析客观行为推断主观意图。[4] 在 1998 年厄立特里亚和也门"领土仲裁案"中,仲裁法庭认为,证明以主权者名义主张岛屿的意图是权利巩固的关键因素,国家可以通过公开主张岛屿权利或主权以及公开管理岛上活动的立法行为来表明此种意图。[5] 国际法院在 2008 年"白礁、中礁和南礁主权案"中指出:"取得主权的意图可以通过当事国的行为表现,尤其是长时间的行为判断。"[6] 在 2002 年"陆地和海洋边界案"中,关于争议领土之一的巴卡西半岛(Bakassi),尼日利亚虽然实施了主权行为,但同时期尼日利亚还进行了其他行为,包括赞成将巴卡西半岛并入喀麦隆的 1961 年联合国公投结果,发布石油许可的范围也表明了对喀麦隆主权的支持,向喀麦隆政府请求访问巴卡西半岛上的尼日利亚国民等。上述行为表明,尼日利亚承认或支持了喀麦隆对巴卡西半岛的主权,表明它并不认为自身拥有领土主权,从而削弱了尼日利亚的主张。这一立场至少保持到 1975 年,所以国际法院认为在此之前尼日利亚对巴卡西半岛实施的行为对于证明主权归属都没有任何法律意义。[7] 因此,更多的案件都将重点放在考察国家主权行为的客观表现

---

〔1〕　*Territorial Sovereignty and Scope of the Dispute* (*Eritrea and Yemen*), *Award of 9 October* 1998, *R. I. A. A.*, *Vol. XXII*, pp. 254~256, paras. 174~180.

〔2〕　*Territorial Sovereignty and Scope of the Dispute* (*Eritrea and Yemen*), *Award of 9 October* 1998, *R. I. A. A.*, *Vol. XXII*, p. 258, para. 186.

〔3〕　Matthew M. Ricciardi, "Title to the Aouzou Strip: A Legal and Historical Analysis", *Yale Journal of Interntional Law*, Vol. 17, 2, 1992, p. 387.

〔4〕　Thomas W. Donovan, "Suriname – Guyana Maritime and Territorial Disputes: A Legal and Historical Analysis", *Journal of Transnational Law and Policy*, Vol. 13, 2003, p. 68.

〔5〕　*Territorial Sovereignty and Scope of the Dispute* (*Eritrea and Yemen*), *Award of 9 October* 1998, *R. I. A. A.*, *Vol. XXII*, p. 269, para. 241.

〔6〕　*Sovereignty over Pedra Branca/Pulau Batu Puteh*, *Middle Rocks and South Ledge* (*Malaysia/Singapore*), *Judgment*, *I. C. J. Reports* 2008, p. 61, para. 149.

〔7〕　*Land and Maritime Boundary between Cameroon and Nigeria* (*Cameroon v. Nigeria*: *Equatorial Guinea intervening*), *Judgment*, *I. C. J. Reports* 2002, pp. 415~416, para. 223.

方面，而不是重点分析国家是否具有占有意图。尽管如此，无论主观要素的确切作用是什么，国家所实施的行为与主权主张之间仍然需要存有一定的联系。[1]

在实践中，更为客观和实际的标准是：相关活动应当是国家实施的，或者是经过官方规定或授权的自然人或法人所实施的。[2]首先，国家机关及工作人员对领土实施的行为一般可以认定是展示主权的行为。然而，这并不意味着不同级别的国家机构实施的行为具有相同的法律效力，中央政府行为的效力一般要高于地方当局的行为，前者更能准确反映出国家的意图。[3]例如，在 1962 年"柏威夏寺案"中，泰国主张其曾对柏威夏寺地区实施了主权行为，而这一点足以否定泰国接受了将柏威夏寺划归柬埔寨的附件 1 地图。法院认为，除了少数例外，相关行为完全是当地省级政府的行为，地方当局的行为难以超越或者否定泰国中央政府对边界线长期、一致的立场。[4]类似的情况也出现在 1902 年奥地利和匈牙利"梅尔奥格湖（Meerauge）边界仲裁案"中，奥地利提出了 1785 年和 1789 年地方土地官员进行的调查，表明部分争议领土在税收方面属于奥地利。仲裁法庭认为，尽管调查是主权行使行为，但不能认为在法律上确定了国家边界，因为只是由奥地利土地官员单方进行的调查，匈牙利机关并没有参加，并且奥地利土地官员也没有权力确定国家边界，该权力属于国家最高统治者，因此，该调查不具有决定效力。[5]

在 1904 年巴西和英国"圭亚那边界仲裁案"中，仲裁员指出，国家的臣民以个人名义在不属于任何国家的地区发现新的贸易途径，本身并不能授予该国取

〔1〕 Malcolm N. Shaw, *International Law*, 7ᵗʰ edn, Cambridge University Press, 2014, p. 765.

〔2〕 *Sovereignty over Pulau Ligitan and Pulau Sipadan（Indonesia/Malaysia）*, Judgment, I. C. J. Reports 2002, p. 683, para. 140. See also *Dubai/Sharjah Border Arbitration*, Arbitral Award of 19 October 1981, *International Law Reports*, Vol. 91, p. 606. 有观点认为，在领土争端背景中，缺乏认定某一行为能够归因于国家的具体规则，在这种情况下，可以借鉴国家责任中判断某一行为是否可以归因于国家的一般规则。See Marcelo G. Kohen, Mamadou Hébié, "Territory, Acquisition", para. 26, *Max Planck Encyclopedia of Public International Law*, http: //opil. ouplaw. com/view/10. 1093/law：epil/9780199231690/law – 9780199231690 – e1118? rskey = POhLEA&result = 1&prd = EPIL（Last visited on 30 December 2017）.

〔3〕 Marcelo G. Kohen, Mamadou Hébié, "Territory, Acquisition", para. 27, *Max Planck Encyclopedia of Public International Law*, http: //opil. ouplaw. com/view/10. 1093/law：epil/9780199231690/law – 9780199231690 – e1118? rskey = POhLEA&result = 1&prd = EPIL（Last visited on 30 December 2017）.

〔4〕 *Case concerning the Temple of Preah Vihear（Cambodia v. Thailand）*, Merits, Judgment, I. C. J. Reports 1962, p. 30.

〔5〕 *Decision of the Arbitral Tribunal Established to Settle the Dispute concerning the Course of the Boundary between Austria and Hungary Near the Lake Called the "Meerauge"*, 13 September 1902, R. I. A. A., Vol. XXVIII, pp. 387 ~ 388.

得对该地区主权的有效权利；为了该地区的主权，必须以国家的名义进行占领。[1]这表明纯粹的私人活动并不能被视为主权行为，因而，在判断是否构成对领土的有效控制时，此种行为一般没有法律效力。例如，在2002年"利吉坦和西巴丹岛屿主权案"中，印度尼西亚提出，印度尼西亚渔民传统上使用利吉坦岛和西巴丹岛周围的水域。对此，国际法院认为，这是纯粹的私人活动，因而，没有将其认定为以主权者名义的行为。[2] 在1999年"卡西基里/塞杜杜岛案"中，争议岛屿以北的狭长领土属于纳米比亚，被称为卡普里维地带（Caprivi Strip），纳米比亚特别强调来自于卡普里维的马苏比亚人曾在岛上长期生活，他们使用和占领岛屿，卡普里维当局通过马苏比亚人首领对岛屿进行间接地统治。[3] 但国际法院认为，即使马苏比亚人和卡普里维当局存在效忠关系，也不能确定部落成员是以主权者名义占领岛屿，也就是代表当局行使国家权力职责。证据表明，马苏比亚人对岛屿的使用是间断的，完全是出于农业目的。此外，这种使用活动是在建立殖民管理机构之前就已开始，之后虽然继续进行，但与卡普里维管理当局的领土主张没有任何联系。[4] 在1998年厄立特里亚和也门"领土仲裁案"中，也门提出其国民在争议岛屿上建造和维护神龛的行为，但仲裁庭认为这是私人性质的行为，没有涉及政府活动。[5]

尽管如此，如果私人行为经过国家或政府的事先授权或事后承认，那么，此类行为对于判断领土主权归属可能具有法律意义。例如，在1933年"东格陵兰法律地位案"中，尽管丹麦部分对东格陵兰的探险活动是由非官方机构组织的，但其中涉及国家权力的行使，包括：派遣到东海岸执行监测任务的船舶归丹麦国家所有并且曾由海军官员负责指挥，丹麦政府当局根据1930年科学研究计划向进入格陵兰东海岸的人员颁布许可等。常设国际法院认为，这充分地表明了展示国家权力的意图和意愿。[6] 上述案件表明，如果私人活动涉及政府权力的行使，

---

〔1〕 *Guiana Boundary Case* (*Brazil, Great Britain*), *Decision of 6 June* 1904, *R. I. A. A.*, *Vol. XI*, p. 21.

〔2〕 *Sovereignty over Pulau Ligitan and Pulau Sipadan* (*Indonesia/Malaysia*), *Judgment*, *I. C. J. Reports* 2002, p. 683, para. 140.

〔3〕 *Kasikili/Sedudu Island* (*Botswana/Namibia*), *Judgment*, *I. C. J. Reports* 1999, pp. 1103 ~ 1104, para. 94.

〔4〕 *Kasikili/Sedudu Island* (*Botswana/Namibia*), *Judgment*, *I. C. J. Reports* 1999, pp. 1105 ~ 1106, para. 98.

〔5〕 *Territorial Sovereignty and Scope of the Dispute* (*Eritrea/ Yemen*), *Award of* 9 *October* 1998, *R. I. A. A.*, *Vol. XXII*, p. 286, para. 330.

〔6〕 *Legal Status of Eastern Greenland* (*Denmark v. Norway*), *Judgment of* 5 *April* 1933, *P. C. I. J.*, *Series A/B*, *No.* 53, p. 63.

则有可能构成得到国际法庭认可的主权行为。当今国家和政府活动涉及国民生活的各个领域，特别是登记和税收等常见行为，将更为容易建立起私人活动与政府权力之间的联系。

　　需要注意的是，从 16 世纪到 19 世纪，存在若干由个人成立的从事国际贸易活动的特许公司（Chartered Companies），国家授予其取得和管理殖民地的公共权力，这些公司所进行的领土管理行为因为授权而具有法律效力。[1] 例如，荷兰东印度公司就是其中广为人知的一家公司。1648 年西班牙承认荷兰为主权国家的《明斯特条约》第 5 条规定荷兰东印度公司和西印度公司有权创设得到国际法承认的领土情势。根据 1602 年荷兰颁布给东印度公司的特许状第 35 条的规定，缔结条约，即使是政治性条约，也属于该公司的权限之一。对于具体情形需要确定的问题是，公司所缔结的契约属于纯粹经济交易还是具有政治和公共管理性质。从航海发现时代开始，殖民国家经常通过与当地首领签订协议的方式取得领土，相关协议可能或多或少地保留了当地的既有组织，仅赋予殖民国家经济特权，例如垄断、航行和商业特权，还可能会包括处理与其他国家关系的排他性权力以及对国民和外国人行使公共管理的权力。因而，在 1928 年 "帕尔马斯岛案"中，仲裁员认为不应当排除考虑荷兰东印度公司与当地首领签订的协议。[2] 类似的情况还出现在 2002 年 "利吉坦和西巴丹岛屿主权案" 中，1877 年到 1878年，文莱苏丹（Sultan of Brunei）和苏禄苏丹（Sultan of Sulu）授予英国公司代表人邓特（Alfred Dent）和奥福贝克（Baron von Overbeck）北婆罗洲（North Borneo）东北海岸的部分领土，法院认可了授予领土的行为。1881 年邓特向英国政府申请了皇家特许状对领土进行管理并开发资源，1882 年 5 月正式成立了名为"英属北婆罗洲公司"（British North Borneo Company，BNBC）的特许公司。1888年英国政府与该公司签订协议，使北婆罗洲成为了英国保护地。1946 年英国政府又与该公司签订协议，接受所有关于北婆罗洲的利益、权力及权利，北婆罗洲成为英国殖民地。[3] 北婆罗洲公司在存续期间对当地实施的各种管理行为在该

---

〔1〕　Marcelo G. Kohen, Mamadou Hébié, "Territory, Acquisition", para. 30, *Max Planck Encyclopedia of Public International Law*, http://opil. ouplaw. com/view/10. 1093/law: epil/9780199231690/law – 978019923 1690 – e1118? rskey = POhLEA&result = 1&prd = EPIL（Last visited on 30 December 2017）.

〔2〕　*Island of Palmas case（United States of America/The Netherlands）*, *Award of the Tribunal*, 4 April 1928, *R. I. A. A.*, *Vol. II*, p. 858.

〔3〕　*Sovereignty over Pulau Ligitan and Pulau Sipadan（Indonesia/Malaysia）*, *Judgment*, I. C. J. Reports 2002, p. 639, para. 20；p. 640, para. 22；p. 642, para. 29.

案中得到了国际法院的考虑，例如，颁布法令管理收集海龟蛋的行为等。[1]

（二） 具体性

仲裁员休伯在 1928 年"帕尔马斯岛案"中认为，如果对主权的主张是基于持续和平地展示国家权力，必须证明展示事实与争议领土之间存在确切关系。[2] 国际法院在 2002 年"利吉坦和西巴丹岛屿主权案"中指出，只会认定那些明确具体提及争议岛屿的行为构成展示国家权力的行为。因此，只有当证明法律、法规或管理行为明显与利吉坦岛和西巴丹岛直接相关时，法院才会考虑具有一般性质的法律、法规或管理行为。[3] 也就是说，得到认可的主权行为，无论是立法、司法或是行政管理性质，都必须具体针对争议领土，而不能只是在大致范围内涉及到争议领土。[4] 例如，在 2008 年"白礁、中礁和南礁主权案"中，马来西亚通过 1969 年立法将领海宽度从 3 海里扩张至 12 海里，主张该立法将马来西亚领海延伸至白礁岛。国际法院对此的意见是：1969 年立法的宽泛性不能支持马来西亚的主张，因为立法没有指明适用地区，除了非常笼统地表示对整个马来西亚适用。[5] 甚至在一定程度上，对领土的主权展示需要在时间、地点和事实方面具体明确。[6]

原则上，得到认可的主权行为需要具体提到争议领土的名称，否则将较难认定与争议领土存在具体联系。例如，在 2007 年"领土和海洋争端案"中，洪都拉斯对争议岛屿的主张主要依据了它的《宪法》和 1936 年《土地法》。洪都拉斯在 3 部《宪法》（1957 年、1965 年和 1982 年）中列举了属于它的岛屿，提到了部分位于大西洋的岛屿以及"其他位于大西洋上，在历史上、法律上和地理上属于洪都拉斯的岛屿"，1982 年《宪法》还列举了部分岛屿的名称。1936 年洪都拉斯《土地法》在"国家权利"标题下列明了部分"属于洪都拉斯"的岛礁，

---

〔1〕 Sovereignty over Pulau Ligitan and Pulau Sipadan (Indonesia/Malaysia), Judgment, I. C. J. Reports 2002, pp. 683 ~ 684, paras. 142 ~ 143.

〔2〕 Island of Palmas case (United States of America/The Netherlands), 4 April 1928, R. I. A. A., Vol. II, p. 857.

〔3〕 Sovereignty over Pulau Ligitan and Pulau Sipadan (Indonesia/Malaysia), Judgment, I. C. J. Reports 2002, pp. 682 ~ 683, para. 136.

〔4〕 宋岩：《国际法院在领土争端中对有效控制规则的最新适用——评 2012 年尼加拉瓜诉哥伦比亚"领土和海洋争端案"》，载《国际论坛》2013 年第 15 卷第 2 期，第 52 页。

〔5〕 Sovereignty over Pedra Branca/Pulau Batu Puteh, Middle Rocks and South Ledge (Malaysia/Singapore), Judgment, I. C. J. Reports 2008, pp. 89 ~ 90, paras. 254 ~ 256.

〔6〕 Nuno Antunes, "The Eritrea – Yemen Arbitration: First Stage—The Law of Title to Territory Re – averred", International and Comparative Law Quarterly, Vol. 48, 1999, p. 374.

提到了"其他位于大西洋"的岛礁。然而，国际法院注意到，上述洪都拉斯宪法和土地法都没有具体提到该案中 4 个争议岛屿的名称，还注意到没有证据表明洪都拉斯对争议岛屿具体适用了上述法律文件。因此，法院认为：洪都拉斯所主张的对岛屿进行立法和行政控制没有说服力。[1] 类似情况还出现在 1998 年厄立特里亚和也门"领土仲裁案"中，双方当事国提交的相关文件中都没有明确提到争议岛屿名称。[2] 与之形成对比的是，在 2002 年"利吉坦和西巴丹岛屿主权案"中，马来西亚为了证明对两个争议岛屿的有效管理，马来西亚提出了北婆罗洲当局管理和控制岛上海龟蛋收集活动的措施，特别提到了 1917 年《海龟保护法令》，该法令规定了许可制度并且建立了若干保护区，西巴丹岛被列明在保护区之中。[3] 在 2012 年"领土和海洋争端案"中，尼加拉瓜质疑哥伦比亚实施的主权行为与争议岛屿之间没有具体联系，指出相关活动只具有一般性质，没有专门针对争议岛礁，因而不能构成与争议岛礁相关的主权证据。[4] 然而，国际法院并没有接受尼加拉瓜的反对意见，因为哥伦比亚的多项主权行为都具体提到了争议岛礁。例如，1920 年圣安德烈群岛总督向哥伦比亚政府提交了管理群岛的报告，报告中具体提到了隆卡多（Roncador）、基塔苏尼奥（Quitasueño）以及塞拉那（Serrana）属于哥伦比亚并且构成圣安德烈群岛（San Andrés Archipelago）的组成部分。[5] 上述案件表明，得到认可的主权行为一般需要具体提及争议领土的名称，否则将难以作为对领土的主权展示行为。这要求国家在管理和使用领土时应当明确、具体，相关立法、司法和行政行为应当明确适用范围，特别是与其他国家存在争端的领土。

在文件中提到争议岛屿是证明领土主权的直接和确定证据，但要求法律文件事无巨细地规定所有适用范围是不现实的，特别是具有一般性质的法律。主权行为除了立法之外，还包括了执法和司法等方面，因此，即使书面立法文件没有明确提到争议领土，但如果有证据表明国家对争议领土实际实施了相关法律，存在

〔1〕　*Territorial and Maritime Dispute between Nicaragua and Honduras in the Caribbean Sea（Nicaragua v. Honduras）*, Judgment, I. C. J. Reports 2007, pp. 713 ~ 714, paras. 177 ~ 181.

〔2〕　*Territorial Sovereignty and Scope of the Dispute（Eritrea and Yemen）*, Award of 9 October 1998, R. I. A. A., Vol. XXII, p. 269, paras. 242 ~ 243.

〔3〕　*Sovereignty over Pulau Ligitan and Pulau Sipadan（Indonesia/Malaysia）*, Judgment, I. C. J. Reports 2002, p. 684, para. 143.

〔4〕　*Territorial and Maritime Dispute（Nicaragua v. Colombia）*, Judgment, I. C. J. Reports 2012, pp. 654 ~ 655, para. 78.

〔5〕　*Territorial and Maritime Dispute（Nicaragua v. Colombia）*, Judgment, I. C. J. Reports 2012, pp. 655 ~ 656, para. 82.

具体的主权行为，仍然也可以满足具体性要求。例如，在 2002 年"利吉坦和西巴丹岛屿主权案"中，法院认为，关于具有一般性质的立法和管理行为，在用语中提到争议岛屿或者效力与争议岛屿相关，都可以被认定为相关的主权行为。[1]例如，在上文提到的 2007 年"领土和海洋争端案"中，尽管洪都拉斯宪法和土地法都没有提到争议岛屿的名称，法院仍然考虑了洪都拉斯有没有可能对争议岛屿具体实施过上述法律，在确定它确实没有实施之后，才认定洪都拉斯的行为不具有法律效力。[2]

此外，法庭在 2017 年克罗地亚和斯洛文尼亚"领土和海洋仲裁案"中指出，不能孤立地分析一国对特定地点实施的主权权力，因为部分行为不必然能证明对该地点拥有专属权力。例如，将某个争端提交特定法院，法院的管辖权可能是根据财产和诉讼当事人的所在地、相关法律文件的规定或者诉讼当事人的合意，法院审理争议领土上的人、物和行为，并不必然能够证明对该领土拥有主权。因此，应当特别审慎地寻求能够清楚表明对争议地点主张国家权力并排除其他国家权力的证据。所以，法庭认为，组织选举、实施法律等行为比送达信件、提供电信等服务更可能表明以主权者名义行使权力。[3]

需要注意的是，对于地处偏远且鲜有人烟的领土，可能难以将当事国主张的主权行为发生地与实际地点相对应，即使在书面法律文件中提到了争议领土，也不一定能满足具体性要求，在部分案件中，还要求证明对领土实际实施了主权行为。在 2002 年埃塞俄比亚和厄立特里亚"划界决定案"中，划界委员会注意到，当事国在许多方面不能确定行为地的准确位置。因为不存在双方均认可的可靠描述地名的地图，地名拼写也不一致，关于行为地的准确位置甚至是否存在相关地点，时常产生相当多的争议。但划界委员会仍然坚持：在确定具体事件的效力时，必须明确发生行为的准确地点，否则将不认可其效力。[4] 在 1992 年"陆地、岛屿和海洋边界争端案"中，为了支持对蒂格雷岛（El Tigre）的主张，萨尔瓦多提到了若干从 1625 年到 1820 年的文件。然而，国际法院分庭认为相关文

〔1〕 *Sovereignty over Pulau Ligitan and Pulau Sipadan（Indonesia/Malaysia）*, *Judgment*, *I. C. J. Reports* 2002, pp. 682～683, para. 136.

〔2〕 *Territorial and Maritime Dispute between Nicaragua and Honduras in the Caribbean Sea（Nicaragua v. Honduras）*, *Judgment*, *I. C. J. Reports* 2007, pp. 713～714, paras. 177～181.

〔3〕 *In the Matter of an Arbitration under the Arbitration Agreement between the Government of the Republic of Croatia and the Government of the Republic of Slovenia*, *Signed on* 4 *November* 2009, *Final Award*, 29 *June* 2017, https://pcacases.com/web/sendAttach/2172, pp. 110～111, paras. 342～343.

〔4〕 *Decision regarding Delimitation of the Border between Eritrea and Ethiopia*, 13 *April* 2002, *R. I. A. A.*, *Vol. XXV*, p. 133, para. 4.63.

件都没有提供充分的证据支持萨尔瓦多的主张，特别是经常出现在文件上的阿玛帕拉（Amapala）地名，不仅可以指代蒂格雷岛上的港口，还可能是萨尔瓦多陆地领土上的地点，因此，历史材料中提到的阿玛帕拉是存在歧义的。[1] 在这种情况下，为了确定相关行为与争议领土之间的关系，需要考虑对地名的通常理解，并且结合其他辅助材料进行判断。例如，在1933年"东格陵兰法律地位案"中，挪威认为作为丹麦主权实施证据的18世纪立法行政文件中，"格陵兰"一词并不是指的是地理意义上的格陵兰岛，而是指格陵兰岛西海岸上已经建立的殖民地。常设国际法院认为，挪威应当承担证明存在相反情况的举证责任。地理意义的格陵兰，也就是通常在地图上所指的整个岛屿，这必须作为该词的通常含义。如果一方认为存在其他非通常或者例外的含义，则应由该方负责证明其主张。法院认为挪威没有成功地证明存在相反的情况，没有充分证据表明相关立法或行政行为只针对西海岸殖民地适用。虽然，许多行为仅与殖民地内部发生的事项相关，并且殖民地均位于格陵兰西海岸，但该事实本身并不是充分的理由，不能证明实施相关行为的权力仅限于殖民地。除非存在明确限制性规定，否则没有理由对"格陵兰"采取限制性解释。相反，通过仔细分析1740年、1751年、1758年和1776年法令的用语，也可以发现它们并没有将"格陵兰"理解为殖民地区域，法令的目的也是对整个格陵兰岛适用。特别是，1740年和1751年法令中的贸易禁令并不限于殖民地，而是延伸至所有陆地领土以及距离海岸4海里以内的海域。此外，相关法令还规定禁止对格陵兰人使用暴力，在之前的法令中都是对整个格陵兰岛适用，而不是限于殖民地区域。[2]

还需要分析的问题是，在许多涉及岛屿的领土争端中，由于岛屿本身的利益可能较为有限，当事国会提交许多在岛屿周边水域中进行的活动，例如，颁布渔业许可、石油许可、搜救和巡航等，[3] 这些活动并没有发生在争议岛屿上，能否认为它们与争议岛屿直接相关？对于此种情况，应当综合考虑争议岛屿的地理位置以及其他证据以确定活动是否与领土存在一定的联系，探究当事国对海域实施的活动是否是基于对领土的主权主张。例如，在2007年"领土和海洋争端案"中，洪都拉斯主张颁发给渔民的捕鱼许可是根据政府权力的活动，提出许多在该

---

〔1〕 *Case concerning the Land, Island and Maritime Frontier Dispute* (*El Salvador/Honduras: Nicaragua intervening*), *Judgment, I. C. J. Reports* 1992, pp. 566~567, para. 349.

〔2〕 *Legal Status of Eastern Greenland* (*Denmark v. Norway*), *Judgment of 5 April* 1933, *P. C. I. J.*, *Series A/B*, *No.* 53, pp. 49~50.

〔3〕 本书将在第二章第二部分具体分析搜救和调查、海军巡航以及海上石油许可等具有较多争议的主权行为的效力。

地区捕鱼的渔民根据洪都拉斯的许可使用争议岛屿，部分渔民也居住在岛上，在萨瓦那岛（Savanna）上建造的建筑也得到了当局的授权、许可和登记。此外，根据当局的渔业许可，捕鱼设备也可以存放在部分争议岛屿上。对此，尼加拉瓜认为洪都拉斯"没有证据表明其渔业管理活动证明了对争议岛屿的权利"，洪都拉斯没有区分与海洋划界相关的活动和与岛屿权利相关的活动。国际法院注意到，洪都拉斯提交的所有有关于渔业活动的证据表明，这些根据洪都拉斯授权的行为发生在岛屿周边海域中，而不是发生在岛上。尽管如此，洪都拉斯还提交了证据证明它许可授权了发生在岛上的与捕鱼活动相关的行为，例如建造建筑或保管渔船等。整体看来，颁布渔业许可，尽管没有指定区域，但洪都拉斯当局认为目的在于管理岛屿周边的捕鱼活动，洪都拉斯授权在岛上建造房屋与捕鱼活动相关。法院认为洪都拉斯当局之所以发放捕鱼许可，是因为相信其对岛屿周边海域拥有权利，而该权利来源于洪都拉斯对岛屿的主权。[1]

（三）公开性

有效控制规则的核心在于，通过权衡和比较双方当事国对争议领土所实施的主权行为，确定相对优势的权利，因此，该过程并不仅仅考虑一方当事国的行为，还需要结合另一方的作为与不作为。在通常情况下，一国是否做出反应以及做出何种反应的前提是需要知晓其他国家的行为或主张，所以要求当事国实施的主权行为必须是公开的，对方能够获知，而不是秘密行为。公开性也是判断原权利所有国是否可能因没有反应而构成默认的必要条件之一。[2] 如果是秘密行为，一般不会得到国际法庭的认可。例如，在 2008 年"白礁、中礁和南礁主权案"中，马来西亚提交了一份内部保密文件，也就是一封 1968 年的海军信件，其后附有若干海图，标明了马来西亚领水的外部界限，一份海图显示白礁岛位于马来西亚领水之中。新加坡则提出了其海军 1975 年的《行动说明》，在白礁岛附近指定了巡航区。法院认为上述两份文件的做出都属于另一方无法获悉的行为，它们具有保密性，直到诉讼时才被提出，因而不具有证据效力。[3] 而同样在该案中，

---

〔1〕　*Territorial and Maritime Dispute between Nicaragua and Honduras in the Caribbean Sea* (*Nicaragua v. Honduras*), *Judgment*, I. C. J. *Reports* 2007, pp. 716~718, paras. 190~196.

〔2〕　*Sovereignty over Pedra Branca/Pulau Batu Puteh*, *Middle Rocks and South Ledge* (*Malaysia/Singapore*), *Joint Dissenting Opinion of Judges Simma and Abraham*, I. C. J. *Reports* 2008, p. 122, para. 17. 本书将在第三章中详细分析默认的构成条件。

〔3〕　*Sovereignty over Pedra Branca/Pulau Batu Puteh*, *Middle Rocks and South Ledge* (*Malaysia/Singapore*), *Judgment*, I. C. J. *Reports* 2008, p. 86, paras. 242~243.

新加坡港口当局曾于 1972 年、1973 年和 1974 年计划对白礁岛周围进行填海，并在报纸上刊登了招标广告，虽然有 3 家公司投标，但是工程最终没有进行。马来西亚强调该计划没有进一步实施，部分文件也是保密的，因而没有必要做出任何反应。国际法院注意到，尽管填海没有继续进行，部分文件也没有公开，但是公开了招标广告并且获得了回应。[1] 该案表明：国际法庭要求主权行为应当具有一定程度的公开性，不会接受秘密进行的活动。

　　与公开性相关的问题是，实施主权行为的当事国是否有正式通知他国的义务，对此学者们有各种不同的观点。部分学者主张，并不要求国家将进行的主权行为正式公告或通知其他国家，当然为了证明目的建议进行公告或者通知。也有学者认为，可以较为容易根据客观事实推断是否满足公开性的要求，特别是通过长期占有而取得权利的情形，甚至可以完全免除该要求。另一方面，也有学者坚持正式通知对于判断先占取得权利的合法性必不可少。[2] 特别是 1884 年到 1885 年，欧洲国家召开划分非洲各国势力范围的柏林会议，通过的《柏林条约》第 34 条规定，占领非洲土地必须通知其他国家，[3] 但此种要求仅限于对非洲领土的取得，[4] 在国际司法和仲裁实践中，国际法庭的一般观点是：国家没有义务通知其他国家对于争议领土所实施的主权行为，只要不故意掩盖或是秘密行为即可。例如，在 1903 年英国和美国"阿拉斯加边界案"中，对于美国根据自身对划界条约的理解所进行的行为，英国表示完全不知情。针对英国的辩解，美国认为它并没有通知英国的义务，英国应当知道美国采取的行为，因为美国并没有秘密地进行相关活动，相关行为具有公开性，主要国家政府都可以获得美国公开出版的文件。此外，美国国会也对《购买条约》进行了讨论，作为英国政府的代表，驻华盛顿的英国官员不可能对此毫不知情。[5] 1928 年"帕尔马斯岛"案也支持了对上述观点，仲裁员指出，"对于有人居住的领土，在相当长的时间内秘

---

〔1〕 *Sovereignty over Pedra Branca/Pulau Batu Puteh*, *Middle Rocks and South Ledge* (*Malaysia/Singapore*), *Judgment*, *I. C. J. Reports* 2008, pp. 88 ~ 89, paras. 249 ~ 250.

〔2〕 I. C. MacGibbon, "The Scope of Acquiescence in International Law", *British Yearbook of International Law*, Vol. 31, 1954, p. 178.

〔3〕 Antony Anghie, "Berlin West African Conference (1884 – 85)", *Max Plank Encyclopedia of Public Internationa Law*, http://opil. ouplaw. com/view/10. 1093/law: epil/9780199231690/law – 9780199231690 – e688? rskey = aFMdV3&result = 22&prd = EPIL (Last visited on 30 December 2017).

〔4〕 Matthew M. Ricciardi, "Title to the Aouzou Strip: A Legal and Historical Analysis", *Yale Journal of International Law*, Vol. 17, 2, 1992, p. 393.

〔5〕 *Proceedings of the Alaskan Boundary Tribunal*, Vol. VII, p. 916. In I. C. MacGibbon, "The Scope of Acquiescence in International Law", *British Yearbook of International Law*, Vol. 31, 1954, p. 179.

密行使国家权力似乎是不可能的。荷兰没有义务通知其他国家在桑吉岛（Sangi）上建立了宗主权或者对该领土展示主权……并且持续和平的主权展示已经存在了充分长的时间，以至于对任何认为自己拥有岛屿主权或主张主权的国家来说，根据当地的情况，足以使它们合理确定是否存与其实际拥有或主张权利相反的情势。"[1] 因此，根据案件的具体情况，特别是争议领土上的人口居住情况、国家的一贯立场和利益以及问题的敏感度，国家能够也应当关注和知晓与之存在竞争主张的其他国家对争议领土所实施的行为。[2] 特别是在媒体和互联网高度发达的今天，以某一行为是秘密进行作为辩护理由，将更难获得支持。[3]

（四）和平性

和平性要求一国主张主权不能侵犯他国已经存在的权利，并且不应存在与之相竞争的其他主权行为。[4] 确定主权行为是否满足和平性要求，最直接的标准就是考查在实施该行为之后，其他国家是否在合理期间内对此提出了抗议。[5] 在1928年"帕尔马斯岛案"中，仲裁员认为1666年西班牙人撤退摩鹿加群岛（Moluccas）之时，虽然曾声明将继续维护对岛屿的主权权利，然而关于荷兰对桑吉岛及其属地（包括帕尔马斯岛）行使的领土权利，没有引起西班牙的任何反对或抗议行为，这种状态一直持续到1906年，受让西班牙权利的美国才开始质疑荷兰，此种事实能够证明荷兰的主权展示具有和平性。[6] 其他国家的抗议可以使一国实施的主权行为丧失和平性，尽管如此，何种行为能够构成有效抗议仍然是一个需要继续研究的问题。[7]

另一个与此相关的问题是，和平性是否要求对争议领土所实施的主权行为都

---

〔1〕 *Island of Palmas case* (*United States of America v. The Netherlands*), *Award of the Tribunal*, 4 *April* 1928, *R. I. A. A.*, *Vol. II*, pp. 867~868.

〔2〕 推定知情的认定参见本书第三章关于默认构成要件的分析。

〔3〕 宋岩：《论领土争端解决中的默认》，载《亚太安全与海洋研究》2016年第1期，第65页。

〔4〕 C. Waldock, "Disputed Sovereignty in the Falkland Islands Dependencies", *British Yearbook of International Law*, Vol. 25, 1948, p. 335. Surya P. Sharma, *Territorial Acquisition*, *Disputes and International Law*, Martinus Nijhoff Publishers, 1997, p. 100.

〔5〕 Malcolm N. Shaw, *International Law*, 7th edn, Cambridge University Press, 2014, pp. 759~760. See also *Island of Palmas case* (*United States of America/The Netherlands*), *Award of the Tribunal*, 4 *April* 1928, *R. I. A. A.*, *Vol. II*, p. 868.

〔6〕 *Island of Palmas case* (*United States of America/The Netherlands*), *Award of the Tribunal*, 4 *April* 1928, *R. I. A. A.*, *Vol. II*, p. 868.

〔7〕 本书在该部分主要分析主张领土主权的一国所实施的主权行为，而抗议属于另一国对前者的反应，故将在第三章第三节"承认、默认和禁止反言"部分中具体分析抗议的概念和具体表现。

必须是和平的，而绝对排除涉及武力的活动。至少在一战之前，征服或侵略能否产生合法权利主要取决于当时的国际法规则、使用武力的国家是否有效控制了被占领土以及其他国家对此的态度等。[1] 然而，根据 1928 年《非战公约》、《联合国宪章》第 2 条第 4 款、联合国安理会第 242 号决议以及 1970 年《国际法原则宣言》的规定，使用威胁和武力取得领土是不可接受的。此外，根据 1969 年《维也纳条约法公约》第 52 条的规定，如果违反《联合国宪章》所规定的国际法原则威胁或使用武力缔结的条约无效。在实践中，如果一国使用武力占领争议领土，此种危急的情况一般会引起另一国的强烈抗议或谴责，导致双方对领土的权利主张明确化，因而确定了争端的关键日期，[2] 而关键日期原则上将排除发生在其后的行为，"冻结"当事国对争议领土的权利主张。例如，在 2007 年"领土和海洋争端案"中，1982 年 3 月 17 日一艘洪都拉斯渔船在尼加拉瓜管辖海域中捕鱼，被尼加拉瓜巡逻船开火后捕获，押送至尼加拉瓜港口；1982 年 3 月 21 日，两艘尼加拉瓜海岸警卫队船舶在争议岛屿周边海域中捕获了 4 艘洪都拉斯渔船。这两起事件随后引起了双方当事国之间的外交通信，照会中清楚地表明了当事国之间的对立主张，标志了关键日期的产生。[3] 此外，对于没有引起武装冲突的一般军事活动，国际法庭一般会认可其效力。例如，在 2008 年"白礁、中礁和南礁主权案"中，新加坡于 1977 年曾在白礁岛上安装军事通讯设备，并在安装过程中使用军用直升机运送设备，国际法院认为该行为表明新加坡在岛上的行为没有受到限制，具有一定的法律意义。[4] 在 2012 年"领土和海洋争端案"中，哥伦比亚海军曾于 1937 年、1949 年、1967 年到 1969 年登临塞拉那、基塔苏尼奥和隆卡多，1969 年在争议岛屿邻近地区进行救援活动，相关活动也得到了国际法院的认可，[5] 并没有因为涉及军事性质而将这些活动完全排除在外。

（五）持续性

持续性要求主权实施行为必须经过合理必要的期间，这是有效性的必然要

〔1〕　Anthony Aust, *Handbook of International Law*, Cambridge University Press, 2005, p. 36.

〔2〕　本书第二章第三节详细分析了关键日期的概念、法律意义和判断标准。

〔3〕　*Territorial and Maritime Dispute between Nicaragua and Honduras in the Caribbean Sea* (*Nicaragua v. Honduras*), Judgment, I. C. J. Reports 2007, pp. 700 ~ 701, para. 131.

〔4〕　*Sovereignty over Pedra Branca/Pulau Batu Puteh*, *Middle Rocks and South Ledge* (*Malaysia/Singapore*), Judgment, I. C. J. Reports 2008, pp. 87 ~ 88, paras. 247 ~ 248.

〔5〕　*Territorial and Maritime Dispute* (*Nicaragua v. Colombia*), Judgment, I. C. J. Reports 2012, p. 657, para. 82.

求。在 1928 年"帕尔马斯岛案"中，仲裁员认为，如果主张是基于实际行使主权，那么仅在某一时刻有效取得了领土主权并不足以确立当事国的权利，还必须表明领土主权持续存在，并且在争端解决的关键时刻实际存在。[1] 这表明已经建立的权利不仅可能因为自愿放弃而丧失，还可能因为没有根据具体情况持续展示主权而丧失。[2] 尽管如此，关于取得领土主权所需要的具体期间，尚不存在明确、统一的标准，无论是国际法学者还是国际司法和仲裁机构都没有给出确切的回答，该问题需要考虑案件的具体情况，特别是领土的自然地理特征，是否存在居住人口以及是否存在其他国家的竞争主张。[3]

例如，在 1928 年"帕尔马斯岛案"中，仲裁员主要考虑了帕尔马斯岛的地理位置和特征。荷兰对于帕尔马斯岛的直接或间接主权展示行为早期数量并不多，特别是在 18 世纪和 19 世纪时，并且在持续展示证据方面还存在相当多的空白。尽管如此，仲裁员主要考虑到主权展示的对象是面积较小并且偏远的岛屿，其上只有当地人民居住，因此不能苛求相关行为频繁发生，也没有必要要求主权展示应当追溯到更久远的时期。[4] 仲裁员指出，关于帕尔马斯岛，必须考虑到在领土主权的行使过程中必然会存在空白，例如，时间上的间断和空间上的不连续等。对于部分无人居住或者部分尚未被控制的殖民领土，此种现象尤为显著。一国不能证明对该部分领土行使主权，并不必然能将该事实解释为主权不存在。每一个案件都必须根据具体情况考虑。[5] 尽管原则上要求满足持续性，但主权在实践中不可能在每时每刻实施于每一寸领土之上，[6] 应当考虑时间和地点等因素，因地制宜、因时制宜地展示领土主权。

除此之外，在判断持续性时，还需要考虑是否存在其他国家相竞争的主张。如果不存在对立主张，那么对持续性的要求可能不会非常严格。在 2007 年"领

---

〔1〕　*Island of Palmas case* (*United States of America/The Netherlands*), *Award of the Tribunal*, 4 April 1928, *R. I. A. A.*, *Vol. II*, p. 839.

〔2〕　C. Waldock, "Disputed Sovereignty in the Falkland Islands Dependencies", *British Yearbook of International Law*, Vol. 25, 1948, p. 321.

〔3〕　Malcolm N. Shaw, *International Law*, 7th edn, Cambridge University Press, 2014, p. 760. *Territorial Sovereignty and Scope of the Dispute* (*Eritrea and Yemen*), *Award of* 9 *October* 1998, *R. I. A. A.*, *Vol. XXII*, p. 268, para. 239.

〔4〕　*Island of Palmas case* (*United States of America/The Netherlands*), *Award of the Tribunal*, 4 April 1928, *R. I. A. A.*, *Vol. II*, p. 867.

〔5〕　*Island of Palmas case* (*United States of America/The Netherlands*), *Award of the Tribunal*, 4 April 1928, *R. I. A. A.*, *Vol. II*, p. 855.

〔6〕　*Island of Palmas case* (*United States of America/The Netherlands*), *Award of the Tribunal*, 4 April 1928, *R. I. A. A.*, *Vol. II*, p. 840.

土和海洋争端案"中，洪都拉斯提出了关于争议岛屿上外国人信息的记录，例如，1999 年 3 月 31 日移民部门提交特古西加尔巴（Tegucigalpa，洪都拉斯首都）人口和移民政策官员的报告中记录了检查地点上棚屋的数量、人员的国籍（包括外国人的护照号码、生日及签证到期日）以及捕鱼许可的到期日，信息涵盖了博贝尔岛（Bobel）、萨瓦那岛、南岛（South Cay）以及古达岛（Gorda Cay）等该案涉及的争议岛屿。为了表明对移民事项行使了管理权力，洪都拉斯还提交了其他证据，包括 1999 年当局登临 4 个争议岛屿，并记录了岛上居住外国人的详细信息。此外，还提交了洪都拉斯移民官员的陈述，曾于 1997 年到 1999 年间访问了岛屿 3 至 4 次，陪同海军巡航岛屿周边海域，市政厅曾对牙买加和尼加拉瓜国民发放工作许可证书等。法院注意到，上述移民管理活动主要发生在 1999 年到 2000 年之间，1999 年之前不存在此类管理证据，持续时间跨度相当短暂。尽管如此，法院仍然认可了上述行为的法律效力，因为，在此期间只有洪都拉斯在该地区采取管理措施，而尼加拉瓜没有提出在 20 世纪 90 年代之前或之后对争议岛屿的任何移民管理活动，因此，洪都拉斯的行为可以视为以主权者名义而实施的活动。[1] 与之形成鲜明对比的是，如果存在相竞争的主张，那么对持续性的要求将会更为严格。例如，在 2002 年埃塞俄比亚和厄立特里亚"划界决定案"中，边界委员会通过解释 1902 年意大利、埃塞俄比亚和英国三方共同签订的边界条约（后简称"《1902 年条约》"），确定了埃塞俄比亚和厄立特里亚的西段边界，然后开始考虑埃塞俄比亚对厄立特里亚主张边界以西地区进行管理的相关证据。委员会认为在《1902 年条约》之后，埃塞俄比亚的活动仅持续了较短的期间，并且从 1929 年到 1932 年，双方当事国在相关地区仍然存在零星的冲突。除此之外，埃塞俄比亚实施的活动都发生在 1951 年之后，当时授予了一名埃塞俄比亚将军酋长的职位，但在说明具体范围时也仅表述为"将军希望开发的无人居住地区"，而没有提及具体位置。埃塞俄比亚提交的证据包括：1958 年到 1968 年的税收行为、1970 年的摧毁香樟树活动、1972 年到 1973 年的警察活动等，还有少量发生在 1991 年到 1994 年之间的政府行为。对此，委员会不认为在相关地区的管理证据地点明确、范围广阔并且持续时间长久，足以取代厄立特里亚根据《1902 年条约》确定的权利。[2] 通过比较上述两个案件可以发现，埃塞俄比亚活动涉及的期间要远长于洪都拉斯的移民管理行为（1999 年到 2000 年），却没

---

〔1〕 *Territorial and Maritime Dispute between Nicaragua and Honduras in the Caribbean Sea*（*Nicaragua v. Honduras*），*Judgment*，*I. C. J. Reports* 2007，pp. 715~716，paras. 186~189.

〔2〕 *Decision regarding Delimitation of the Border between Eritrea and Ethiopia*，13 April 2002，*R. I. A. A.*，*Vol. XXV*，pp. 163~164，paras. 5. 94~5. 95.

有得到国际法庭的认可，主要原因在于《1902 年条约》确定了边界位置，在这种情况下，对埃塞俄比亚实施主权行为的要求就会更为严格，除非在具体性和持续性方面达到相当高的程度，否则将无法取代条约所支持的厄立特里亚对争议领土的权利。[1]

二、主权行为的种类

主权行为有多种表现形式，在具体的领土争端中，当事国为了证明对争议领土的主权，会向国际司法和仲裁法庭提交各种各样对争议领土实施的主权行为证据。国际法院在 2007 年"领土和海洋争端案"中指出，构成以主权者名义实施的行为和活动特别包括但不限于：立法行为或行政控制行为、适用和执行刑法或民法的行为、移民管理行为、渔业或其他经济活动管理行为、海军巡航以及搜救等。[2] 国家以主权者名义进行的行为可以发挥一定的作用，无论这些行为是明示或者默示的，它们从立法、行政或司法等方面主张对争议地区的权力。[3] 因此，可以从立法、司法和行政三个方面总结和归纳国际法庭在司法和仲裁实践中曾经认可的主权行为的种类。[4] 此种总结对于评价和认定当事国的具体行为具有借鉴意义，但仍然需要特别指出，由于实践中主权行为的复杂性和多样性，列举和说明绝不可能穷尽所有类型的主权行为。某一具体行为能否获得认可，需要结合上文总结的主权行为的一般特征进行评价，关键是必须满足 1933 年"东格陵兰法律地位案"中提出的两个标准，即"作为主权者行事的意图和愿望，以及对此种权威的实际行使或展示。"[5]

---

〔1〕 参见本书第四章关于合法权利依据限制主权行为的分析。

〔2〕 *Territorial and Maritime Dispute between Nicaragua and Honduras in the Caribbean Sea（Nicaragua v. Honduras），Judgment，I. C. J. Reports* 2007，pp. 713～722，paras. 176～208.

〔3〕 *Decision regarding Delimitation of the Border between Eritrea and Ethiopia*，13 April 2002，R. I. A. A.，Vol. XXV，p. 116，para. 3. 29.

〔4〕 Marcelo G. Kohen, Mamadou Hébié, "Territory, Acquisition", para. 31, *Max Planck Encyclopedia of Public International Law*, http://opil. ouplaw. com/view/10. 1093/law：epil/9780199231690/law－978019923 1690－e1118？rskey＝POhLEA&result＝1&prd＝EPIL（Last visited on 30 December 2017）.

〔5〕 *Legal Status of Eastern Greenland（Denmark v. Norway），Judgment of* 5 April 1933，P. C. I. J.，*Series A/B，No.* 53，pp. 45～46.

（一）立法行为

在 1933 年"东格陵兰法律地位案"中，常设国际法院认为立法是最明显的主权实施形式。[1] 国家立法涉及各个方面，实践中存在各种类型的立法，难以一一列举，判断相关立法行为能否得到国际法庭认可的关键在于：无论是何种类型的立法，都必须满足上文提到的具体性要求，建立与争议地区的直接联系，否则将难以获得认可。

对领土的立法行为可以大致分为两类，一种是直接规定国家领土范围的法律，一般体现在宪法和土地立法当中。此种立法具有较高的权威性，但是鉴于目前的领土争端主要集中于地处偏远、历史上缺乏政治和经济价值的区域，国家的此种立法一般较为抽象，可能没有具体提到争议地区，因缺乏具体性而无法得到国际法庭的认可。例如，在 1998 年厄立特里亚和也门"领土仲裁案"中，根据厄立特里亚 1952 年《宪法》的规定，厄立特里亚的领土"包括岛屿"，但是没有明确列明具体岛屿。同样的情况也出现在 1955 年埃塞俄比亚宪法、1987 埃塞俄比亚宪法修正案以及 1997 年厄立特里亚宪法中。[2]

另外一种类型的立法是管理具体资源的立法，此种立法一般具有针对性，可能会具体提到，甚至专门针对争议领土。例如，在 2002 年"利吉坦和西巴丹岛屿主权案"中，作为对岛屿有效管理的证据，马来西亚提出了北婆罗洲当局采取的管理和控制收集利吉坦岛和西巴丹岛上海龟蛋的措施，特别提到了 1917 年《海龟保护法令》，该法令的目的是限制"在北婆罗洲境内或其领海中"捕获海龟和收集海龟蛋的行为。法院注意到，该法令规定了收集海龟蛋的许可制度并创设了若干自然保护区，西巴丹岛被列为保护区之一。马来西亚还提出，根据 1930 年《土地法令》第 28 节，1933 年在西巴丹岛上建立了鸟类自然保护区。[3] 在 1933 年"东格陵兰法律地位案"中，丹麦于 1925 年 4 月 1 日颁布关于格陵兰岛渔业和狩猎的法律，规定在格陵兰岛狩猎和捕鱼的权利完全属于岛上定居的丹麦人（包括爱斯基摩人）以及其他获得特别许可的人员。同年 4 月 18 日颁布关于格陵兰岛管理的法律，从行政管理方面，将格陵兰岛分为三个区域。此外，根据

---

〔1〕 *Legal Status of Eastern Greenland* (*Denmark v. Norway*), *Judgment of 5 April 1933*, *P. C. I. J.*, *Series A/B*, *No.* 53, p. 48.

〔2〕 *Territorial Sovereignty and Scope of the Dispute* (*Eritrea and Yemen*), *Award of 9 October 1998*, *R. I. A. A.*, *Vol. XXII*, p. 269, para. 242.

〔3〕 *Sovereignty over Pulau Ligitan and Pulau Sipadan* (*Indonesia/Malaysia*), *Judgment*, *I. C. J. Reports* 2002, p. 684, paras. 143 ~ 144.

丹麦内政部法令，丹麦控制和限制所有格陵兰岛上进行的商业活动。[1]

（二）司法行为

司法行为主要涉及民事和刑事司法管辖权的行使，涵盖整个司法过程，包括：调查案件事实、逮捕犯罪嫌疑人、起诉、审判和执行判决，具有多种表现形式。判断司法行为能否得到国际法庭认可的关键在于，需要证明行使司法管辖权的依据是源于对领土的主权，针对发生在争议领土上的行为行使管辖权，而不是因为国籍、当事人的约定等。[2]

在1953年"明基埃和埃克荷斯案"中，英国提交的证据之一是：泽西（Jersey）皇室法院在1826年审理了一起一名泽西人在埃克荷斯岛上射杀他人的刑事案件，1881年、1882年、1891年、1913年以及1921年还在泽西对发生在埃克荷斯岛上的犯罪活动进行了类似的司法程序。由于泽西法院对于发生在辖区之外的刑事案件没有管辖权，即使是泽西居民从事的犯罪活动，因此可以证明泽西法院之所以采取行为是因为埃克荷斯岛属于其管辖范围。因此，国际法院认为上述事实表明：在近一百年的时间内，泽西法院对埃克荷斯岛行使了刑事管辖权。[3] 还有证据表明，泽西法律要求对辖区内发现的死因不明的尸体进行尸检，在1859年、1917年和1948年对埃克荷斯岛上发现的尸体进行了尸检，1850年、1938年和1948年对明基埃岛上发现的尸体进行了尸检，进一步证明了英国对岛屿行使管辖权。[4] 与之形成对比的是，关于明基埃岛的主权，英国政府也援引了1811年和1817年泽西皇室法院的判决，关于两名泽西人对发生在明基埃岛附近的两艘船舶进行救助服务，但国际法院认为，案件只是普通的救助案件，没有证据表明如果救助发生在泽西领土之外，泽西皇家法院就缺乏管辖权。

在2007年"领土和海洋争端案"中，洪都拉斯提出了多种适用和执行其民法和刑法的行为，包括：向洪都拉斯当局报告潜水事故、法院审理劳动纠纷、审理发生在萨瓦那岛和博贝尔岛上的盗窃和伤害案件、法院裁决没收遗弃在半月岛

---

〔1〕　*Legal Status of Eastern Greenland* (*Denmark v. Norway*)，*Judgment of* 5 *April* 1933，P. C. I. J.，*Series A/B*，*No.* 53，pp. 40~41.

〔2〕　*In the Matter of an Arbitration under the Arbitration Agreement between the Government of the Republic of Croatia and the Government of the Republic of Slovenia*，*Signed on* 4 *November* 2009，*Final Award*，29 *June* 2017，https：//pcacases. com/web/sendAttach/2172，pp. 110~111，paras. 342~343.

〔3〕　*The Minquiers and Ecrehos case* (*France/United Kingdom*)，*Judgment*，1953，I. C. J. *Reports* 1953，p. 65.

〔4〕　*The Minquiers and Ecrehos case* (*France/United Kingdom*)，*Judgment*，1953，I. C. J. *Reports* 1953，p. 65；p. 69.

（Half Moon Cay）上的船舶、受理在南岛上发生的盗窃案报案以及讯问两名犯罪嫌疑人，主张法院之所以审理案件是认为事件发生在洪都拉斯领土上。而尼加拉瓜质疑洪都拉斯的主张，指出案件之所以提交洪都拉斯法院是因为涉及洪都拉斯国民，而不是因为发生在洪都拉斯领土上。法院认为洪都拉斯提供的适用和执行其刑法和民法的证据具有法律意义和相关性，因为犯罪活动发生在争议岛屿上。[1]

（三）行政管理行为

行政管理行为涉及经济、社会的各个方面，种类繁多，根据国际法庭已有的司法和仲裁实践，得到认可的行政管理行为主要包括以下七类：

1. 行政许可

实践中，行政许可涉及国民生活的各个方面，存在各种行政许可行为。在1933年"东格陵兰法律地位案"中，1863年丹麦政府授予一名英国人为期30年的专属许可，允许他在格陵兰岛东海岸上建立驻地并与当地人进行贸易、狩猎、捕鱼、开矿以及其他活动，任何在北纬65°以南或以北建立的此种驻地都归属丹麦国王的主权之下。[2] 在1959年"某些边界土地主权案"中，荷兰提出了授予建造铁路许可的行为，部分铁路经过争议土地。在2002年"利吉坦和西巴丹岛屿主权案"中，马来西亚提出了若干证据，表明1917年《海龟保护法令》至少实施至20世纪50年代，例如，1954年4月28日斗湖市（Tawau）官员根据法令第2节发布了捕获海龟的许可，许可涵盖的地区包括"西巴丹岛、利吉坦岛、卡帕拉特岛（Kapalat）、马布尔岛（Mabul）等。"[3] 在2008年"白礁、中礁和南礁主权案"中，新加坡提出控制白礁岛的访问，授权许可外国官员进入白礁岛，其中包括了部分马来西亚官员。新加坡特别强调，对于希望进行科学调查的马来西亚官员的访问，新加坡要求这些官员申请许可，然而，马来西亚从未对此表示过抗议。[4]

〔1〕 *Territorial and Maritime Dispute between Nicaragua and Honduras in the Caribbean Sea（Nicaragua v. Honduras）*, Judgment, I. C. J. Reports 2007, pp. 714 ~ 715, paras. 182 ~ 185.

〔2〕 *Legal Status of Eastern Greenland（Denmark v. Norway）*, Judgment of 5 April 1933, P. C. I. J., Series A/B, No. 53, pp. 31 ~ 32.

〔3〕 *Sovereignty over Pulau Ligitan and Pulau Sipadan（Indonesia/Malaysia）*, Judgment, I. C. J. Reports 2002, p. 684, para. 143.

〔4〕 *Sovereignty over Pedra Branca/Pulau Batu Puteh, Middle Rocks and South Ledge（Malaysia/Singapore）*, Judgment, I. C. J. Reports 2008, pp. 83 ~ 84, para. 235.

2. 经济活动管理

在 2007 年"领土和海洋争端案"中，为了证明对争议岛礁的主权，哥伦比亚提出了大量经济管理活动的证据，主要包括：1871 年 4 月哥伦比亚国会发布法律允许行政机构授权收集在阿尔伯克基（Alburquerque）、隆卡多和基塔苏尼奥上的鸟粪和椰子；1871 年 9 月，圣安德烈和普罗维登西亚官员发布法令禁止在阿尔伯克基、隆卡多和基塔苏尼奥上收集鸟粪；1971 年 12 月，圣安德烈和普罗维登西亚官员批准关于阿尔伯克基上椰子树的合同；1893 年总督发布许可，开发塞拉那上的鸟粪与磷酸盐；1893 年、1896 年、1915 年、1916 年和 1918 年哥伦比亚当局订立或终止关于塞拉那、塞拉尼拉（Serrana）、隆卡多、基塔苏尼奥、阿尔伯克基上的鸟粪开发合同；1914 年和 1924 年，开曼群岛总督发布政府通知，告知渔船非经哥伦比亚政府许可禁止在圣安德烈群岛捕鱼、收集鸟粪或磷酸盐，通知中列明了"哥伦比亚主张领土管辖权"的岛礁，包括该案中涉及的多个争议岛礁。[1]

3. 登记行为

主要包括对不动产转让、户籍、婚姻、移民的登记行为。在 1953 年"明基埃和埃克荷斯案"中，从 19 世纪初开始，泽西人在埃克荷斯岛和明基埃岛上建造和维护部分房屋和棚屋以供渔期居住，埃克荷斯岛上建造的房屋纳入了泽西圣马丁（St. Martin）教区的记录中，明基埃岛上建立的房屋纳入了泽西格鲁维拉（Grouville）教区的记录中；泽西港的渔船登记表中记录了一艘位于"埃克荷斯岩礁"的渔船；关于埃克荷斯岛和明基埃岛上不动产的买卖合同也提交泽西当局进行登记。[2] 在 1959 年"某些边界土地主权案"中，荷兰对两块争议土地实施的主权行为包括：1906 年之前，巴埃勒－纳索区（Baarle－Nassau）办公室登记了两块土地的若干转让记录；1906 年在一块土地上建造了若干房屋之后，在巴埃勒－纳索区登记处开始登记房屋内居民的出生、死亡、婚姻记录。[3] 在 1992 年"陆地、岛屿和海洋边界争端案"中，萨尔瓦多提出的证据包括：1890 年、1891 年、1917 年、1943 年和 1960 年明古尔拉岛（Meanguera）上的人口出生和死亡登记以及 1948 年、1960 年、1967 年和 1986 年明古尔拉岛上土地的买卖合

〔1〕 *Territorial and Maritime Dispute* (*Nicaragua v. Colombia*), *Judgment*, I. C. J. Reports 2012, p. 656, para. 82.

〔2〕 *The Minquiers and Ecrehos case* (*France/United Kingdom*), *Judgment*, 1953, I. C. J. Reports 1953, p. 65; p. 69.

〔3〕 *Case concerning Sovereignty over certain Frontier Land* (*Belgium/Netherlands*), *Judgment*, I. C. J. Reports 1959, pp. 227~228.

同登记。[1]

4. 征税

1953 年"明基埃和埃克荷斯案"中，英国对明基埃岛和埃克荷斯岛实施的主权行为之一就是对两岛上建造的房屋和棚屋进行记录并征收财产税。[2] 在 1959 年"某些边界土地主权案"中，荷兰提出的主权行为之一就是对两块争议土地征收荷兰土地税。[3] 在 2002 年"陆地和海洋边界案"中，喀麦隆也提交了少量征税证据，从 1983 年到 1985 年对位于争议领土上的若干村庄实施征税活动。[4]

5. 勘探调查

在 1959 年"某些边界土地主权案"中，1847 年到 1852 年两块争议土地被包括在比利时的调查记录中，其中一个地点因为某些原因被删除，但 1890 年又被恢复，之后一直都出现在记录中。[5] 在 1992 年"陆地、岛屿和海洋边界争端案"中，萨尔瓦多的证据之一就是资料和人口普查办公室发布的人口普查证明，关于 1930 年到 1971 年对明古尔拉岛连续进行人口普查的具体信息，记录人口的性别以及城乡人口居住情况。[6] 在 2002 年"陆地和海洋边界案"中，喀麦隆提交的主权实施行为证据之一就是 1984 年进行的人口普查，包括了 18 个村庄，其中有位于争议领土上的达拉卡（Darak）村。[7]

6. 任命官员和选举

在 1992 年"陆地、岛屿和海洋边界争端案"中，为了证明萨尔瓦多对明古尔拉岛的主权，它提出了许多官员任命和选举方面的证据，包括 1922 年、1941 年、1961 年和 1990 年最高法院任命市政厅治安官，1918 年到 1980 年军事机构

〔1〕　*Case concerning the Land, Island and Maritime Frontier Dispute (El Salvador/Honduras: Nicaragua intervening), Judgment, I. C. J. Reports* 1992, p. 573, para. 359.

〔2〕　*The Minquiers and Ecrehos case (France/United Kingdom), Judgment, 1953, I. C. J. Reports* 1953, p. 65, p. 69.

〔3〕　*Case concerning Sovereignty over certain Frontier Land (Belgium/Netherlands), Judgment, I. C. J. Reports* 1959, p. 228.

〔4〕　*Land and Maritime Boundary between Cameroon and Nigeria (Cameroon v. Nigeria: Equatorial Guinea intervening), Judgment, I. C. J. Reports* 2002, p. 354, para. 68.

〔5〕　*Case concerning Sovereignty over certain Frontier Land (Belgium/Netherlands), Judgment, I. C. J. Reports* 1959, p. 227.

〔6〕　*Case concerning the Land, Island and Maritime Frontier Dispute (El Salvador/Honduras: Nicaragua intervening), Judgment, I. C. J. Reports* 1992, p. 572, para. 359.

〔7〕　*Land and Maritime Boundary between Cameroon and Nigeria (Cameroon v. Nigeria: Equatorial Guinea intervening), Judgment, I. C. J. Reports* 2002, p. 354, para. 68.

颁布关于市政厅的军事任命状等。[1] 在选举方面，1991 年 1 月 23 日，洪都拉斯首次通过外交照会向萨尔瓦多政府提出抗议，抗议的对象之一就是萨尔瓦多媒体公布举行大选，选区中包括了明古尔拉岛，洪都拉斯认为该岛主权是两国已经提交国际法院审理的争端之一。1991 年 1 月 31 日，萨尔瓦多外交部长通过照会表示其政府拒绝接受洪都拉斯的抗议，理由是萨尔瓦多早在 1916 年就在明古尔拉岛上建立了市政厅，并在同年 7 月 27 日官方公告中发布，之后一直定期举行选举，萨尔瓦多国民可以选举市政议会以及最高权力当局的成员，包括国家主席和副主席以及立法议会的代表，选举完全符合萨尔瓦多国家宪法的规定。特别是，从两国签订的《和平条约》生效至今，已经举行了 6 次全国选举，公布的选区都包括了明古尔拉岛，而洪都拉斯政府从未对此提出过任何抗议。[2] 在 2002 年"陆地和海洋边界案"中，喀麦隆的主权实施行为包括：争议地区上若干村庄参加了喀麦隆总统选举；村长的任命也经过了喀麦隆官员的批准等。[3]

7. 提供公共服务及建设公共设施

政府向争议领土上的人民提供教育、文化、卫生等公共服务以及在争议领土上建造公共设施也属于得到国际法庭认可的主权行为。在 1992 年"陆地、岛屿和海洋边界争端案"中，萨尔瓦多提出了大量关于公共服务和公共设施建设的证据，包括：1966 年开始为争议岛屿供电；1967 年建设了市政厅；维护岛上的 5 所公立学校，1968 年与美国政府合作建立公立学校；1964 年在明古尔拉岛上实施"卫生项目"，同年实施"医疗救助项目"；1893 年、1966 年和 1967 年在岛屿上建立学校并选聘教师；1963 年和 1988 年保留学籍记录等。[4] 在 1953 年"明基埃和埃克荷斯案"中，英国也提交了这方面的证据，泽西当局从 1885 年起定期对埃克荷斯岛进行官方访问和建造工程项目，例如 1895 年建造了船台，1910 年建造了信号杆，1939 年安放了系泊浮筒。从 1888 年开始对明基埃岛定期进行官方访问和建造工程项目，例如 1907 年建造了船台，1931 年及之后安装了

〔1〕 *Case concerning the Land, Island and Maritime Frontier Dispute* (*El Salvador/Honduras*: *Nicaragua intervening*), *Judgment*, *I. C. J. Reports* 1992, p. 572, para. 359.

〔2〕 *Case concerning the Land, Island and Maritime Frontier Dispute* (*El Salvador/Honduras*: *Nicaragua intervening*), *Judgment*, *I. C. J. Reports* 1992, pp. 575 ~ 577, paras. 362 ~ 363.

〔3〕 *Land and Maritime Boundary between Cameroon and Nigeria* (*Cameroon v. Nigeria*: *Equatorial Guinea intervening*), *Judgment*, *I. C. J. Reports* 2002, p. 354, para. 68.

〔4〕 *Case concerning the Land, Island and Maritime Frontier Dispute* (*El Salvador/Honduras*: *Nicaragua intervening*), *Judgment*, *I. C. J. Reports* 1992, pp. 573 ~ 574, para. 359.

灯塔和浮标，1933 年安装了绞车等。[1]

（四）存在争议的行为

尽管上文总结了主权实施的一般特征和具体种类，但是领土争端的案件事实表现多样并且可能纷繁复杂，因此，只能在整体上总结主权行为的判断标准。许多因素可能与领土权利相关，但是哪些因素具体相关则需要取决于案件的具体情况以及法院的判断取舍。[2] 这种情况突出反映在主权行为的一般特征中，在一般标准中经常会出现例外情形，并且缺乏客观确切的判断标准，例如，持续性需要结合案件的具体情况，综合考虑争议领土的特征以及其他当事国的主张和态度。主权行为判断标准的灵活性具有两方面影响：一方面，可以根据案件具体的情况进行适当调整，从而得出更公平和更适当的结论；但另一方面，国际司法和仲裁法庭享有较大的自由裁量权，可能导致裁判缺乏一致性和说服力。在具体案件中，对于部分当事国经常提出的主权行为，国际法庭的态度会根据案件的具体情况而发生变化，有时甚至会出现不一致和冲突，突出表现在国际法庭关于建造和运行灯塔和其他助航设施、海难搜救调查、海军巡航以及石油许可等行为效力的认定方面。

1. 建造和运行灯塔和其他助航设施

在多数关于岛屿的争端中，当事国会提出建造和运行灯塔以及其他助航设施作为对主权展示的证据，其他助航设施一般包括浮标和指示灯等，此类行为能否构成主权实施行为需要结合案件的具体情况分析。[3]

国际法庭在部分案件中并没有肯定这类行为的法律效力，仲裁庭在 1998 年厄立特里亚和也门"领土仲裁案"中指出：由于灯塔在 19 世纪和 20 世纪初对航行非常重要，可以要求政府承担对灯塔的责任，甚至部分国家政府自愿承担这种责任，然而，管理和运行灯塔并不必然能够取得灯塔所在地的主权。实际问题可能与领土主权无关，而是哪国政府主动或者被说服愿意永久或在一定时期内承担关于灯塔的责任或费用。[4] 需要指出的是，如果取得领土所有国的同意，灯塔

〔1〕 *The Minquiers and Ecrehos case*（*France/United Kingdom*），*Judgment*，1953，*I. C. J. Reports* 1953，p. 66；p. 69.

〔2〕 J. G. Merrills，"The International Court of Justice and the Adjudication of Territorial and Boundary Disputes"，*Leiden Journal of International Law*，Vol. 13，4，2000，pp. 882~883.

〔3〕 Nico J. Schrijver，Vid Prislan，"Cases Concerning Sovereignty over Islands before the International Court of Justice and the Dokdo/Takeshima Issue"，*Ocean Development & International Law*，Vol. 46，4，2015，p. 293.

〔4〕 *Territorial Sovereignty and Scope of the Dispute*（*Eritrea and Yemen*），*Award of 9 October* 1998，*R. I. A. A.*，*Vol. XXII*，p. 327，para. 510.

可以建在一国领土之上而由另一国负责管理，例如，历史上的中东助航设备服务公司是在英国注册的非盈利公司，该公司曾经所有和管理中东地区的灯塔及其他助航设备。[1] 在这种情况下，建造和运行灯塔不影响灯塔所在地的领土主权。因此，有必要区分管理和运行灯塔的行为以及以主权者名义对领土行使国家权力的行为。例如，在 2008 年"白礁、中礁和南礁主权案"中，双方当事国关于白礁岛上霍士堡灯塔（Horsburgh）的法律意义进行了激烈的讨论。马来西亚的核心观点是，因为霍士堡灯塔建在柔佛苏丹拥有主权的白礁岛上，所有英国和新加坡的行为都只是在正常运行灯塔；而另一方面，新加坡则主张，部分行为并不仅仅构成管理和运行灯塔的行为，而在整体或部分上构成了以主权者名义管理领土的行为。[2] 为了确定英国和新加坡行为的性质，国际法院首先分析了霍士堡灯塔的选址过程，因为双方没有缔结书面协议，所以法院不能确定柔佛苏丹是向英国割让了灯塔所在岛屿的主权还是仅许可英国建造、维护和运行岛上的灯塔。[3] 然后，法院分析了修建和启动灯塔的证据，同样不能得出关于主权的确切结论。但法院认为相关事件对于分析柔佛和新加坡当局关于白礁岛主权不断发展的立场具有意义，因为在整个灯塔修建过程中，柔佛当局只有天猛公（Temenggong，柔佛高级官员）在 1850 年访问过灯塔一次。[4] 最后，法院分析了霍士堡灯塔建造完毕后双方当事国的行为：尽管英国和新加坡在许多方面的行为只是运行和管理霍士堡灯塔，但它们也进行了只有主权所有国才能够从事的活动，例如，调查海难事故、安装通讯设施、悬挂标志、管理和限制对白礁岛和灯塔的访问以及填海计划，构成了以主权者名义而行事的活动。[5] 尽管柔佛和马来西亚注意到了绝大多数的行为，但从未提出过抗议或反对。因此，法院认为，英国和新加坡对灯塔实施的上述行为对于判断白礁岛的主权归属具有意义。

此外，国际法庭认为，纯粹为了航行便利而修建的灯塔，实际与当事国的主权主张无关的情况，也不能影响领土主权归属。例如，在 1953 年"明基埃和埃

---

〔1〕 *Sovereignty over Pedra Branca/Pulau Batu Puteh, Middle Rocks and South Ledge (Malaysia/Singapore)*, *Judgment*, I. C. J. *Reports* 2008, p. 66, para. 166.

〔2〕 *Sovereignty over Pedra Branca/Pulau Batu Puteh, Middle Rocks and South Ledge (Malaysia/Singapore)*, *Judgment*, I. C. J. *Reports* 2008, p. 66, para. 167.

〔3〕 *Sovereignty over Pedra Branca/Pulau Batu Puteh, Middle Rocks and South Ledge (Malaysia/Singapore)*, *Judgment*, I. C. J. *Reports* 2008, p. 59, para. 145; p. 60, para. 148.

〔4〕 *Sovereignty over Pedra Branca/Pulau Batu Puteh, Middle Rocks and South Ledge (Malaysia/Singapore)*, *Judgment*, I. C. J. *Reports* 2008, p. 65, para. 162.

〔5〕 *Sovereignty over Pedra Branca/Pulau Batu Puteh, Middle Rocks and South Ledge (Malaysia/Singapore)*, *Judgment*, I. C. J. *Reports* 2008, pp. 82~83, para. 233; p. 85, para. 239; p. 88, para. 248.

克荷斯案"中，关于明基埃岛的主权，法国政府提出的证据之一就是从 1861 年起在超过 75 年的时间里，单独负责明基埃岛上的灯塔和浮标，英国政府从未对此表示过抗议。法国还提出，为了检查浮标，1938 年法国总理和官员曾访问过明基埃岛。国际法院对此的态度是：法国政府提出的事实不足以证明对明基埃岛具有有效权利，难以认为安放浮标的行为足以证明政府作为岛屿主权者行事的意图，也不能认为此种行为具有对岛屿展示国家权力的性质。[1] 因为浮标被安放在岛屿暗礁之外，目的是为了协助进出法国港口的船舶航行，保护船舶避开航行险地，法国没有证明建造灯塔或浮标的目标与它的主权主张直接相关。此外，在 2001 年"海洋划界和领土问题案"中，巴林主张其国民使用贾南岛（Janan），国家也对岛屿行使权力，特别是 1939 年在贾南岛上修建了灯塔。对此，卡塔尔认为，巴林的此类活动本身不能视为主权展示，一般只能作为辅助因素考虑，"根据已经确定的国际法理，与国家行使职责相关的活动具有证据效力，包括：立法、行政和司法。不能从安装灯塔、信号灯或浮标等活动推断出国家作为领土主权者而行事。"[2]

尽管如此，国际法庭在部分判例中仍然认可了建造和运行灯塔等助航设施的效力，主要考虑了争议地区的地理特征。例如，在 2012 年"领土和海洋争端案"中，哥伦比亚提出，从 1946 年起维护阿尔伯克基和东南礁（East – Southeast Cays）上的灯塔，1963 年哥伦比亚采取措施维护东南礁上的灯塔，1968 年采取进一步措施检查和维护东南礁、隆卡多、基塔苏尼奥以及塞拉那上的灯塔。[3] 法院在该案中并没有详细分析此类行为的效力，只是在整体上认定哥伦比亚实施的各种行为强有力地支持了对争议岛礁的主权主张。法院在 2001 年"海洋划界和领土问题案"中对修建灯塔行为进行了更为详细的分析。双方当事国关于贾拉达岛（Qit'at Jaradah）的法律地位及主权归属存在争议。法院认为贾拉达岛是位于两国 12 海里界限内面积较小的岛屿，根据巴林委任专家的报告，在高潮时露出水面的面积为 48 平方米，露出水面的高度为 0.4 米。对于巴林提出的主权行为，法院认为"部分巴林提出的活动，例如钻探自流井，就活动本身而言，将它

---

〔1〕 *The Minquiers and Ecrehos case（France/United Kingdom）*，Judgment，1953，I. C. J. Reports 1953，pp. 70 ~ 71. See also *Sovereignty over Pulau Ligitan and Pulau Sipadan（Indonesia/Malaysia）*，Judgment，I. C. J. Reports 2002，p. 685，para. 147.

〔2〕 *Maritime Delimitation and Territorial Questions between Qatar and Bahrain（Qatar v. Bahrain）*，Merits，Judgment，I. C. J. Reports 2001，p. 87，para. 156.

〔3〕 *Territorial and Maritime Dispute（Nicaragua v. Colombia）*，Judgment，I. C. J. Reports 2012，p. 656，para. 82.

作为以主权者名义而实施的活动是存在争议的。但是，在较小的岛屿上安装助航设备，可能具有法律相关性……考虑到贾拉达岛的面积，必须认为巴林在岛上进行的活动足以支持它对岛屿的主权主张。"[1] 这种观点也得到了 2002 年 "利吉坦和西巴丹岛屿主权案" 以及 2007 年 "领土和海洋争端案" 的认可。[2] 在 2002 年 "利吉坦和西巴丹岛屿主权案" 中，北婆罗洲殖民地当局于 1962 年在西巴丹岛上建立了灯塔，1963 年在利吉坦岛上建立了灯塔，马来西亚当局独立后一直进行维护，这些灯塔存续至今。法院首先指出，建造和运作灯塔及助航设备一般不被认为是国家权力展示行为，但是考虑到利吉坦岛和西巴丹岛都是面积非常小的岛屿，西巴丹岛的面积约为 0.13 平方千米，利吉坦岛比西巴丹岛面积更小，[3] 国际法院认为 2001 年 "海洋划界和领土问题案" 中的观点应当适用于这两个争议岛屿。[4]

　　虽然国际法庭没有完全认可或否认修建和运行灯塔对于确定领土主权归属的效力，但仍然根据案件具体情况，特别是是否存在其他法律依据以及相关国家对灯塔的态度，在部分案件中认为修建灯塔能够确认主权或者反映相关国家的立场观点。例如，在 1998 年厄立特里亚和也门 "领土仲裁案" 中，仲裁庭首先指出，红海灯塔的历史显然说明政府维护灯塔通常对于领土主权没有意义，[5] 但是在该地区，也门建造并维护了 4 个灯塔，并提供了照片作为证据，灯塔上也有写有也门共和国的提示牌。仲裁庭认为，难以否定这些作为永久设施的灯塔是证明也门存在的有力证据。[6] 特别是，关于贾巴尔阿尔泰尔群岛（Jabal al – Tayr）和祖巴尔群岛（Zubayr），仲裁庭基本上完全根据建造和维护灯塔的行为判断了它

　　[1]　*Maritime Delimitation and Territorial Questions between Qatar and Bahrain*, (*Qatar v. Bahrain*), *Merits*, *Judgment*, *I. C. J. Reports* 2001, pp. 99~100, para. 197.

　　[2]　*Territorial and Maritime Dispute between Nicaragua and Honduras in the Caribbean Sea* (*Nicaragua v. Honduras*), *Judgment*, *I. C. J. Reports* 2007, pp. 720~721, para. 206.

　　[3]　*Sovereignty over Pulau Ligitan and Pulau Sipadan* (*Indonesia/Malaysia*), *Judgment*, *I. C. J. Reports* 2002, p. 634, para. 14.

　　[4]　*Sovereignty over Pulau Ligitan and Pulau Sipadan* (*Indonesia/Malaysia*), *Judgment*, *I. C. J. Reports* 2002, pp. 684~685, paras. 146~147.

　　[5]　因为在于第一次世界大战结束后，根据 1923 年《洛桑条约》第 16 条，土耳其放弃对岛屿的主权，除非另有约定，该问题留待相关当事方将来解决。意大利和英国在该地区具有重要利益和影响，双方多次约定对岛屿采取的行为不得视为主权主张。关于红海灯塔的《1930 年条约》和《1962 年协定》都规定继续遵守《洛桑条约》第 16 条的规定，因此，建立和管理灯塔与主权主张无关。See *Territorial Sovereignty and Scope of the Dispute* (*Eritrea and Yemen*), *Award of 9 October* 1998, *R. I. A. A.*, *Vol. XXII*, p. 258, para. 186.

　　[6]　*Territorial Sovereignty and Scope of the Dispute* (*Eritrea and Yemen*), *Award of 9 October* 1998, *R. I. A. A.*, *Vol. XXII*, p. 322, para. 492.

们的归属。首先是因为两个群岛的地理情况，它们距离周围其他岛屿以及两者之间的距离都较远，也不靠近红海两岸，因此，双方提交的国家职责以及政府权力行使方面的证据都非常有限。其次，因为两个群岛一直作为灯塔岛屿而使用，从20世纪30年代到90年代，灯塔由英国和意大利更迭管理和维护，直至1989年召开的伦敦灯塔会议。这次会议的目标是结束之前关于灯塔管理和费用分担的国际安排，达成未来关于该问题的永久性安排。英国政府邀请也门作为观察员参加会议，因为英国认为灯塔"位于也门阿拉伯共和国的专属经济区中"，也门政府也愿意承担责任维护和运行灯塔，此外，也门也在两个地点上安装了新的灯塔。虽然主权问题并不是1989年伦敦会议的议题，也没有对此进行相关讨论，然而，会议决定接受也门的提议，反映了会员国政府信任和期待也门将来继续在灯塔岛屿上的存在。法庭认为，此种承认和认可对于确定也门的权利非常重要[1] 与之形成对比的是，当时代表厄立特里亚的埃塞俄比亚没有要求参加会议，对会议的安排以及也门修建灯塔的行为也没有提出抗议，[2] 进一步支持了法庭的观点。该案表明，在缺乏其他有效证据的情况下，一国修建和维护灯塔，结合其他国家的态度，特别是持有竞争的主张国家的反应，对于判断领土主权归属可能会发挥重要作用。此外，在2002年"利吉坦和西巴丹岛屿主权案"中，国际法院注意到，北婆罗洲殖民地或马来西亚当局于1962年和1963年在两个争议岛屿上建立了灯塔，但印度尼西亚对此从未提出过抗议。法院认为，即使认为灯塔只是为了航行安全，印度尼西亚的行为也是异常的，[3] 印度尼西亚对在争议岛屿上建造灯塔保持默认，进一步证实了法院认为两个争议岛屿应当属于马来西亚的结论。

2. 搜救和调查

在部分领土案件中，特别是岛屿争端，当事国会提出对周边水域中发生的船舶失事事件进行搜救和调查的行为，将其作为主权展示的证据。国际法庭对于此类证据的态度存在一定程度的冲突。

国际法庭在部分案件中重点考查了此类行为的管辖权依据，判断国家是否根

---

〔1〕 *Territorial Sovereignty and Scope of the Dispute* (*Eritrea and Yemen*), 9 *October* 1998, *R. I. A. A.* , *Vol. XXII*, pp. 327～328, paras. 509～515.

〔2〕 *Territorial Sovereignty and Scope of the Dispute* (*Eritrea and Yemen*), 9 *October* 1998, *R. I. A. A.* , *Vol. XXII*, p. 267, para. 231; p. 268, para. 238.

〔3〕 *Sovereignty over Pulau Ligitan and Pulau Sipadan* (*Indonesia/Malaysia*), *Judgment*, *I. C. J. Reports* 2002, p. 685, para. 148.

据对领土的主权而实施行为。[1] 例如，在 1953 年"明基埃和埃克荷斯案"中，英国提出泽西岛港口委员会于 1779 年颁布法令给予一艘船舶的船主补助，因为该船主和船员在明基埃岛附近海域中救助失事事故人员。国际法院认为，不能将该行为视为对岛屿行使权力的措施，也不能认为委员会给予补助是因为明基埃岛附属于泽西岛。英国政府还援引了 1811 年和 1817 年泽西皇室法院作出的判决，事关泽西人在明基埃岛附近向失事船舶提供救助服务。国际法院认为，案件是普通的救助案件，没有表明如果救助发生在泽西岛领土之外，泽西皇家法院就缺乏管辖权。[2] 该案表明，除非救助是基于属地管辖权，否则将难以认定该行为与当事国对争议领土的主权主张存在必要联系。相同的观点也体现在 1998 年厄立特里亚和也门"领土仲裁案"中，法庭认为，根据海洋法，任何个人或船舶有义务对遇险的船舶提供援助，所以无法从这些事件中得出法律结论。[3]

在 2008 年"白礁、中礁和南礁主权案"中，法院更细致地区分了新加坡的搜救、调查行为。新加坡主张通过调查和报告白礁岛领海中的航行险地和船舶失事事件，它和被继承国英国对白礁岛行使了主权权力，并且一直到 2003 年马来西亚才首次提出抗议。此外，新加坡还提到了 1981 年和 1983 年发布的航海通知。马来西亚则主张，《联合国海洋法公约》和《海上人命安全公约》规定了调查和公布威胁航行安全危险的义务，新加坡的调查和报告只是最佳实践，而不是以主权者名义的行为；其次，灯塔管理国对于相关事项也应负有特定义务；最后，某些调查的情况表明新加坡的调查并不是依据对岛屿的主权。国际法院逐一分析了新加坡调查行为的依据。1920 年英国与荷兰船舶在白礁岛 2 海里范围内发生碰撞，调查报告并没有说明进行调查的管辖权依据，法院认为该事件的意义在于，是新加坡而不是柔佛当局进行了调查。1963 年英国船舶在白礁岛附近礁石搁浅，当时新加坡是马来西亚联邦的组成部分，新加坡主张进行调查的管辖权依据是《商事航运法令》，该法令规定新加坡对于发生在沿岸及附近的船舶事故具有管辖权，所以调查表明新加坡认为白礁岛属于其领土，而马来西亚认为法令也规定了其他的管辖权依据。尽管当事国对管辖权依据存在争议，但是法院同样注

---

〔1〕 *In the Matter of an Arbitration under the Arbitration Agreement between the Government of the Republic of Croatia and the Government of the Republic of Slovenia*, Signed on 4 November 2009, *Final Award*, 29 June 2017, https://pcacases.com/web/sendAttach/2172, pp. 110~111, paras. 342~343.

〔2〕 *The Minquiers and Ecrehos case* (France/United Kingdom), *Judgment*, 1953, I. C. J. Reports 1953, p. 68.

〔3〕 *Territorial Sovereignty and Scope of the Dispute* (Eritrea and Yemen), *Award of 9 October 1998*, R. I. A. A., Vol. XXII, p. 278, para. 286.

意到是新加坡当局而不是柔佛当局进行了调查。1980 年（本案关键日期）之前发生的最后一起事件是 1979 年一艘巴拿马籍船舶在白礁岛附近搁浅，国际法院认为该调查有力地支持了新加坡以主权者名义实施行为的主张，[1] 但是法院并没有深入分析新加坡调查的依据。此外，法院也没有分析马来西亚根据《联合国海洋法公约》和《海上人命安全公约》提出的抗辩。而在 2012 年"领土和海洋争端案"中，哥伦比亚主张 1969 年在阿尔伯克基和基塔苏尼奥的邻近地区进行救援活动，法院完全没有分析此类行为的管辖权依据，只是最终认为哥伦比亚的各种主权行为强有力地支持了其对于争议岛礁的主权主张。[2]

3. 海军巡航

海军作为国家的军事机构，对领土实施的行为原则上可以作为主权行为，[3] 例如，在 2012 年"领土和海洋争端案"中，国际法院认可了哥伦比亚海军在争议岛礁附近的活动。尽管如此，在部分当事国提出海军巡航证据的案件中，国际法庭并没有认可其效力，主要原因在于：相关海军巡航活动缺乏与争议领土的具体、确定联系，军舰仅仅经过争议领土附近并不足以支持主权，关键要表明巡航的主要目的是为了向争议领土展示和行使主权。

例如，在 2002 年"利吉坦和西巴丹岛屿主权案"中，印度尼西亚首先提出荷兰和印度尼西亚海军在利吉坦岛和西巴丹岛周围水域中的持续存在，特别是 1921 年 11 月荷兰"林克斯号"（Lynx）驱逐舰的航程，当时英国和荷兰海军正采取联合行动打击婆罗洲以东水域中的海盗。根据"林克斯号"指挥官的报告，曾经指派过一艘武装单桅帆船到西巴丹岛收集海盗活动信息，一架水上飞机曾飞越西巴丹和利吉坦岛进行侦查。印度尼西亚主张，相关活动表明荷兰认为岛屿应当属于它。然而，国际法院认为，无论是指挥官的报告，还是印度尼西亚提交的其他海军监视和巡航活动的证据，都不能表明海军部门认为利吉坦岛和西巴丹岛以及周围水域处于荷兰或印度尼西亚主权之下。[4] 在 2007 年"领土和海洋争端案"中，国际法院详细阐述了不认可部分海军巡航证据的原因。为了保证国家安全并且执行国内法律、法规，特别是渔业法律和移民法律，洪都拉斯海军从

---

〔1〕 *Sovereignty over Pedra Branca/Pulau Batu Puteh*, *Middle Rocks and South Ledge* (*Malaysia/Singapore*), *Judgment*, *I. C. J. Reports* 2008, pp. 82~83, paras. 231~234.

〔2〕 *Territorial and Maritime Dispute* (*Nicaragua v. Colombia*), *Judgment*, *I. C. J. Reports* 2012, pp. 657~658, para. 82, para. 84.

〔3〕 Nico J. Schrijver, Vid Prislan, "Cases Concerning Sovereignty over Islands before the International Court of Justice and the Dokdo/Takeshima Issue", *Ocean Development & International Law*, Vol. 46, 4, 2015, p. 293.

〔4〕 *Sovereignty over Pulau Ligitan and Pulau Sipadan* (*Indonesia/Malaysia*), *Judgment*, *I. C. J. Reports* 2002, p. 683, paras. 138~139.

1976 年开始对北纬 15°以北岛礁的周边海域进行巡航，派出两艘巡航船专门进行日常操作，负责登临岛屿以及沙洲。另一方面，尼加拉瓜也提出了对争议岛屿周边海域进行海军巡航的相关证据。国际法院认为：双方提交的海军巡航证据有限，并且不能明确说明尼加拉瓜或洪都拉斯与争议岛屿存在直接关联，因此，不能认定任何一方提供的海军巡航证据能够确定对岛屿的有效控制，不能从此类证据中推断出尼加拉瓜或洪都拉斯当局认为争议岛屿处于其主权之下。[1] 在 2008 年"白礁、中礁和南礁主权案"中，法院根据该案的具体情况，进一步证实了上述观点。双方当事国均主张，在建立各自海军之后，曾在白礁岛附近进行巡航和演习，但法院没有认可这些活动的意义。首先，法院注意到，从新加坡港出发的海军船舶只是因为地理需要，会经常经过白礁岛附近。其次，进行巡航的法律依据主要包括：其一，1957 年《英国和马来亚协议》，根据该协议马来亚有责任保护新加坡；其二，1965 年《关于新加坡从马来西亚分离的协议》，根据该协议，马来西亚将为新加坡外部防务提供合理和充分的协助，新加坡给予马来西亚使用位于新加坡的海军基地的权利；其三，马来西亚、新加坡、英国、澳大利亚和新西兰的五国安排，根据该安排新加坡和马来西亚声明两国的防务是不可分割的，需要紧密和持续地合作。因此，国际法院认为，两国的海军巡航只具有一般性质，无助于支持各方的立场。[2]

4. 海上石油许可

国家授予许可或签订协议，授权本国人或外国人勘探开发领土上的自然资源，毫无疑问属于国家对领土进行管理和展示主权的行为。然而，存在争议的情形是，对岛屿周边海域中资源的许可是否可以作为国家对岛屿实施的主权行为，从而对岛屿的主权归属具有意义。国际法庭对此一般持较为审慎的态度，需要证明对海域中资源的权利与对岛屿的主权存在联系，否则将不会认可此种行为的效力。

对该问题进行深入探讨的是 1998 年厄立特里亚和也门"领土仲裁案"。在该案中，当事方提交了大量从 20 世纪 70 年代开始的石油许可协议，仲裁法庭逐一进行了分析。法庭认为，在整体上这些协议对于解决领土问题没有意义，因为这些协议只涉及海洋，与岛屿主权无关，当事方确定许可范围的主要依据是可开发海床的深度范围或者是海岸中间线，例如，也门 1977 年大陆架立法曾以中间线

---

[1] *Territorial and Maritime Dispute between Nicaragua and Honduras in the Caribbean Sea* (*Nicaragua v. Honduras*), *Judgment*, I. C. J. *Reports* 2007, p. 719, paras. 199～201.

[2] *Sovereignty over Pedra Branca/Pulau Batu Puteh*, *Middle Rocks and South Ledge* (*Malaysia/Singapore*), *Judgment*, I. C. J. *Reports* 2008, pp. 85～86, paras. 240～241.

作为临时边界；[1] 根据多个协议的文本规定或所附地图，协议区块的界线沿海岸中间线并且穿过部分岛屿中部，[2] 如果授权许可与岛屿主权相关，则应当包括整个岛屿，当事方不可能只主张岛屿的某一部分，这表明相关协议只与开发海洋资源相关，不能证明对岛屿的主权。

也有部分海上石油许可协议明确排除对岛屿主权的影响，此种许可一般不具有法律效力。例如，在 2008 年"白礁、中礁和南礁主权案"中，马来西亚提出了 1968 年与本国石油公司的协议，授权勘探部分海域中的石油资源，但是排除了柔佛州、彭亨州（Pahang）以及丁加奴州（Trengganu）的岛屿以及岛屿 3 海里以内的区域。考虑到许可中的领土限制和条件，并且没有公布准确的坐标，法院不认为该许可对解决岛屿主权争端具有法律效力。[3] 此外，埃塞俄比亚的许可通常会规定，许可区域的东侧边界并不必然代表国际边界，不得影响或损害政府对岛屿或者海床和底土的权利。因此，仲裁法庭认为，尽管部分埃塞俄比亚的许可没有包括争议岛屿，但不认为这些许可承认了也门的权利或者损害了埃塞俄比亚的主张。[4]

根据陆地统治海洋的原则，如果能够确定对海域的权利是来源于岛屿主权，即使石油许可是针对海洋，仍然可以支持对陆地的主张。例如，在 2002 年"陆地和海洋边界案"中，尼日利亚于 1962 年 3 月 27 日在致喀麦隆的第 570 号照会中，提到了部分石油许可区块，并且，照会所附草图显示提到的 N 区位于巴卡西半岛正南，该区块被描述为喀麦隆近海。[5] 虽然石油许可并不能割让领土，但是法院认为许可的地理范围符合当事方的共同理解，也就是喀麦隆对巴卡西半岛拥有主权，这得到了 1991 年之前多个许可的确认。法院认为，这种明显的一致性表明，当事方的石油许可与领土权利相关。[6] 然而，在 1998 年"领土仲裁案"中，也门提出的多数许可一般只提到也门对大陆架的管辖权，但是没有明确

〔1〕 Territorial Sovereignty and Scope of the Dispute（Eritrea and Yemen），Award of 9 October 1998，R. I. A. A.，Vol. XXII，p. 309，paras. 437~438.

〔2〕 Territorial Sovereignty and Scope of the Dispute（Eritrea and Yemen），Award of 9 October 1998，R. I. A. A.，Vol. XXII，pp. 324~325，para. 497.

〔3〕 Sovereignty over Pedra Branca/Pulau Batu Puteh，Middle Rocks and South Ledge（Malaysia/Singapore），Judgment，I. C. J. Reports 2008，p. 89，para. 253.

〔4〕 Territorial Sovereignty and Scope of the Dispute（Eritrea and Yemen），Award of 9 October 1998，R. I. A. A.，Vol. XXII，p. 306，para. 423.

〔5〕 Land and Maritime Boundary between Cameroon and Nigeria（Cameroon v. Nigeria：Equatorial Guinea intervening），Judgment，I. C. J. Reports 2002，p. 410，para. 214.

〔6〕 Land and Maritime Boundary between Cameroon and Nigeria（Cameroon v. Nigeria：Equatorial Guinea intervening），Judgment，I. C. J. Reports 2002，pp. 411~412，para. 215.

指出此种权利是根据也门大陆还是根据岛屿而产生[1]。也鲜有证据表明，也门对争议岛屿或其领海进行过勘探、开发，因为岛屿的地质构成是火山岩，石油公司对它们毫无兴趣[2]，并且岛屿周围存在危害航行的浅滩，难以靠近[3]。在这种情况下，如果无法确定对海洋的权利确实是来源于争议领土，海上石油许可可能不具有法律效力，这需要结合争议领土所处的地理背景进行分析。

虽然部分海上石油许可本身难以证明对岛屿的主权，但是如果在实施该许可的过程中，在岛屿上或其领海中进行了其他附带活动，此种活动可以作为主权行为而具有法律效力。例如，在1998年"领土仲裁案"中，仲裁法庭特别重视1985年也门与道达尔公司签订的石油协议，尽管该协议并没有提到争议岛屿，只认可了也门对海床和底土的管辖权。但是在勘探、测试的过程中，道达尔公司赞助科学人员到争议岛屿之一——大哈尼什岛（Greater Hanish）上进行考察，为了运送设施，向也门请求在岛上建立了飞机跑道，在科考结束后完成了"也门共和国哈尼什群岛"报告，之后为了接送道达尔工作人员到大哈尼什岛，再次申请并获得了也门政府的许可，对飞机跑道进行改善。对此，仲裁法庭认为作为石油协议的附属活动，上述行为是重要的主权行为，表明了也门对大哈尼什岛行使管辖权，并且此种管辖权得到了道达尔公司的承认[4]，对于确定岛屿的主权归属具有非常重要的意义。类似的情况出现在2007年"领土和海洋争端案"中，洪都拉斯最初主张，它发布的石油许可证据可以证明对争议岛屿的权利，国际法院认为海上石油勘探活动的证据与争议岛屿无关[5]。之后，洪都拉斯改变了主张，认为岛屿用于支持石油勘探，从20世纪60年代起作为石油勘探活动的基地，为了辅助钻井活动，在博贝尔岛上安装了天线，属于洪都拉斯授权进行的石油勘探活动的组成部分，此外，石油公司定期向洪都拉斯当局报告此类活动，其中有说明曾支付过的相应税款。国际法院接受了洪都拉斯的意见，认为安装天线是在授

[1] *Territorial Sovereignty and Scope of the Dispute (Eritrea and Yemen)*, *Award of 9 October* 1998, *R. I. A. A.*, *Vol. XXII*, p. 299, para. 399; pp. 300~301, para. 406; p. 304, para. 416.

[2] *Territorial Sovereignty and Scope of the Dispute (Eritrea and Yemen)*, *Award of 9 October* 1998, *R. I. A. A.*, *Vol. XXII*, p. 324, paras. 499~500.

[3] *Territorial Sovereignty and Scope of the Dispute (Eritrea and Yemen)*, *Award of 9 October* 1998, *R. I. A. A.*, *Vol. XXII*, p. 301, para. 408.

[4] *Territorial Sovereignty and Scope of the Dispute (Eritrea and Yemen)*, *Award of 9 October* 1998, *R. I. A. A.*, *Vol. XXII*, pp. 303~304, paras. 416~419.

[5] *Territorial and Maritime Dispute between Nicaragua and Honduras in the Caribbean Sea (Nicaragua v. Honduras)*, *Judgment*, *I. C. J. Reports* 2007, p. 720, para. 204.

权进行的石油勘探活动背景下进行的。[1] 因此，海上石油许可本身可能与确定领土主权无关，但在勘探开发的背景中，如果使用了岛屿，将建立起与岛屿的联系，相关活动将具有法律意义。

三、关键日期

（一）关键日期的含义

领土争端通常涉及复杂的事实，当事国可能会提出多年前甚至几个世纪前对争议领土所实施的主权行为，但是国际法庭并不会考虑任何时期发生的行为，原则上会排除发生在关键日期之后的大部分主权行为。学者们关于关键日期的含义持有各种不同的观点。部分学者从关键日期意义的角度进行分析，指出国际法庭根据案件具体事实会认定某个日期具有关键性，裁决将主要依据该日期时存在的情势。[2] 在特定情况下，可能存在一个决定性的时刻，可以推定当事国的权利在该时刻已经明确化，发生在该时刻之后的行为不能改变当时的法律情势。[3] 关键日期理论是指，无论关键日期之时的情况如何，现在仍然是这种情况，无论当事国的权利归属当时如何，现在当事国的权利仍然保持不变。如果一方拥有主权，那么现在仍然拥有，或者应当推定其继续拥有。[4] 也有学者分析了关键日期的具体时间，指出关键日期是指国际法上的一个时间点，处于争端主要事实发生期间的最后阶段，该日期之后，争端当事国的行为将无法影响争议问题。[5] 关键日期很难确定，通常是指争端产生的日期。[6] "在审判机关通过受理某一案

---

〔1〕 *Territorial and Maritime Dispute between Nicaragua and Honduras in the Caribbean Sea* (*Nicaragua v. Honduras*) , *Judgment* , I. C. J. *Reports* 2007 , p. 721 , para. 207.

〔2〕 Robert Jennings, *The Acquisition of Territory in International Law* , Manchester University Press, 1963 , p. 31.

〔3〕 Malcolm N. Shaw, *International Law* , 7th edn, Cambridge University Press, 2014 , p. 762. Anthony Aust, *Handbook of International Law* , Cambridge University Press, 2005 , p. 35.

〔4〕 Gerald Fitzmaurice, "The Law and Procedure of the International Court of Justice, 1951 – 4: Points of Substantive Law, Part II," *British Yearbook of International Law* , Vol. 32 , 1955 ~ 1956 , pp. 20 ~ 21.

〔5〕 L. F. Goldie, "The Critical Date", *International and Comparative Law Quarterly* , Vol. 12 , 1963 , p. 1251.

〔6〕 D. H. Johnson, "The Minquiers and Ecrehos case", *International and Comparative Law Quarterly* , Vol. 3 , 1954 , p. 211.

件表明某一法律争端已然产生并且仍然存在的情况下，该法律争端诞生的那一时刻就是关键日期。"[1] 也有学者认为，"可能存在着法律争端诞生的关键时刻，通过当事方提供的证据以推断当事方的权利已经明确化，以至于其后的行为不能改变此时的法律地位。"[2]

国际法庭在解决领土争端的实践中创造并发展了关键日期的概念，因此，应当立足司法和仲裁实践研究关键日期。在 1928 年"帕尔马斯岛案"中，仲裁员休伯首次提出了关键日期的概念，"（如果主张）是依据实际展示主权的事实，那么仅仅证明在某个特定时期有效取得了领土主权还不足以确定当事国的权利，还必须表明领土主权持续存在，并且在争端解决中的关键时刻实际存在。"[3] 在该案中，美国主要根据了 1898 年 12 月 10 日与西班牙签订的《巴黎条约》来主张对帕尔马斯岛的权利，美国主张的有效性取决于西班牙在该条约签订时拥有帕尔马斯岛主权，因此，仲裁员认为条约的签订日期是关键的时刻[4] 之后，在 1933 年"东格陵兰法律地位案"中也提到了关键日期，常设国际法院认为，挪威于 1931 年 7 月 10 日向丹麦送达照会，正式表明占领了东格陵兰的部分地区，主张领土主权，该日期构成了关键日期[5] 然而，这两个案件都没有具体说明关键日期的含义以及具体判断标准。在 1953 年"明基埃和埃克荷斯案"中，尽管英国和法国关于关键日期进行了激烈的讨论，然而，国际法院并没有采取两国的观点，也没有明确确定该案的关键日期。只是指出，主权争端直到 1886 年和 1888 年才产生，也就是法国首次主张埃克荷斯岛和明基埃岛主权的时刻。然而，法院主要考虑了该案的特殊情况，认为也应当考虑发生在上述日期之后的行为，除非采取的措施是为了提升相关当事国的法律地位而为之[6] 一直到 1966 年阿根廷和智利"边界仲裁案"，仲裁法庭才首次明确指出关键日期的概念，认为关

---

〔1〕　张新军：《法律适用中的时间要素——中日东海争端关键日期和时际法问题考察》，载《法学研究》2009 年第 4 期，第 163 页。

〔2〕　张卫彬：《国际法院解决领土争端中的关键日期问题——中日钓鱼岛列屿争端关键日期确定的考察》，载《现代法学》2012 年第 34 卷第 3 期，第 121 页。

〔3〕　*Island of Palmas case* (*United States of America/The Netherlands*), *Award of the Tribunal*, 4 April 1928, *R. I. A. A.* , *Vol. II*, p. 893.

〔4〕　*Island of Palmas case* (*United States of America/The Netherlands*), *Award of the Tribunal*, 4 April 1928, *R. I. A. A.* , *Vol. II*, p. 845.

〔5〕　*Legal Status of Eastern Greenland* (*Denmark v. Norway*), *Judgment of 5 April 1933*, *P. C. I. J.* , *Series A/B*, *No. 53*, pp. 44～45.

〔6〕　*The Minquiers and Ecrehos case* (*France/United Kingdom*), *Judgment*, 1953, *I. C. J. Reports 1953*, pp. 59～60.

键日期是指特定的日期，对于发生在它之后的行为证据，法庭不予接受。[1] 在 2002 年"利吉坦和西巴丹岛屿主权案"中，国际法院指出，"不会考虑当事国在争端已经明确化之后实施的行为，除非该行为是先前行为的正常延续，而且不是为了提升依赖该行为的当事国的法律地位而为之。"[2] 此种观点得到了随后司法和仲裁实践的认可和沿用。

通过分析关于关键日期的学者观点以及司法和仲裁实践，可以将关键日期理解为特定的日期，当事国在该日期关于领土的争端已经明确化，因而排除之后对争议领土所实施的主权行为，这些行为不能影响该日期时领土主权的归属状况。

（二）关键日期的意义

在任何争端中，都会存在一个或几个日期对于权衡案件事实非常重要，[3] 尽管如此，关键日期的概念最主要出现在领土争端解决中并发挥了突出的作用。[4] 关键日期的含义本身也说明了确定关键日期的意义，也就是在原则上排除关键日期之后对争议领土所实施的主权行为，主要与证据事项相关。[5] 在 2007 年"领土和边界争端案"中，国际法院指出，在领土争端中，争端明确化的日期具有意义，意义在于区分两类行为：一方面是，争端明确化日期之前以主权者名义实施的行为，在确立或确认主权时应该考虑这些行为；另一方面是，发生在该日期之后的行为，对于确立或确认主权一般没有意义，已经对争议领土做出主张的国家再实施这些行为，只是为了借助相关行为强化其主张。[6]

领土争端可能会涉及几十年甚至几个世纪的历史，如果考虑当事国在争端明确化之后对争议领土所实施的主权行为，有可能损害已经明确确立的主权归属。此外，当事国为了改善和提升主权主张，必定会竭尽全力地对领土实施主权行

---

〔1〕 *Argentine – Chile Frontier Case*, Decision of 9 December 1966, *R. I. A. A.*, *Vol. XVI*, p. 166.

〔2〕 *Sovereignty over Pulau Ligitan and Pulau Sipadan* (*Indonesia/Malaysia*), *Judgment*, I. C. J. *Reports* 2002, p. 682, para. 135.

〔3〕 James Crawford, *Brownlie's Principles of Public International Law*, 8th edn, Oxford University Press, 2012, p. 219.

〔4〕 Gerald Fitzmaurice, "The Law and Procedure of the International Court of Justice, 1951 – 4: Points of Substantive Law", Part II, *British Yearbook of International Law*, Vol. 32, 1955 ~ 1956, p. 21.

〔5〕 Malcolm N. Shaw and Malcolm D. Evans, "Case Concerning Kasikili/Sedudu Island (Botswana/Namibia)", *International and Comparative Law Quarterly*, Vol. 49, 4, 2000, pp. 968 ~ 969.

〔6〕 *Territorial and Maritime Dispute between Nicaragua and Honduras in the Caribbean Sea* (*Nicaragua v. Honduras*), *Judgment*, I. C. J. *Reports* 2007, pp. 697 ~ 698, para. 117. See also *Territorial and Maritime Dispute* (*Nicaragua v. Colombia*), *Judgment*, I. C. J. *Reports* 2012, p. 652, para. 67.

为，考虑关键日期之后的行为，不仅无助于争端的解决，还会激化矛盾，从而使争端更加复杂。因此，"确定关键日期，并以关键日期时的情势作为裁判案件的依据，对于维持现状，避免争端进一步激化，鼓励争端当事方诉诸法律手段解决争端具有重要意义。"[1] 例如，在2002年"利吉坦和西巴丹岛屿主权案"中，国际法院认为，关键日期是1969年，当时双方当事国正对大陆架划界进行谈判，在谈判过程中首次提出了关于利吉坦岛和西巴丹岛的冲突主权主张。虽然在关键日期之后，马来西亚也对两个争议岛屿实施了部分主权行为，例如，发布地图将争议岛屿标识为马来西亚领土以及在西巴丹岛上建造旅游设施等。对此，法院在之后衡量和比较当事国的主权行为时，并没有考虑马来西亚提出的上述行为[2]。

在领土争端中通常会涉及一个或多个重要的日期或期间，对于解决领土主权归属是关键的，选择哪个日期作为关键日期可能会使一方当事国获利，这使得关键日期的选择成为一种诉讼技巧[3]。有学者总结了关键日期存在的六种可能性，包括：①争端开始的日期；②反对方或申请国首次对领土做出确定主张的时间，如果该日期与争端开始的日期不同；③争端明确化成为当事方之间关于领土主权确定问题的日期；④一方建议并且采取积极措施启动争端解决程序的日期，例如谈判、调停、调解、提交或使用国际组织机制或者其他非仲裁或司法解决的方式；⑤实际诉诸或者使用这些争端解决程序的日期；⑥建议或将问题提交仲裁或司法解决的日期[4]。如果一国对领土的主张主要根据取得时效或其他类似方式，那么关键日期越推后，以此为基础建立权利的机会就越高；相反，在这种情况下，对于主要依据先前权利的另一国，关键日期越提前，可能对该国更有利。如果关键日期并不明显，关键日期的选择很可能成为主要争议问题，因为各方都希望选择一个日期，能够使国际法庭尽可能多地认可有利于己方的事实，同时排除有利于对方的事实[5]。例如，在2007年"领土和海洋争端案"中，尼加拉瓜主张关键日期为1977年，而洪都拉斯认为关键日期为2001年，国际法院最终确定

---

〔1〕　王军敏：《国际法上的关键日期》，载《政法论坛》2012年第30卷第4期，第164页。

〔2〕　*Sovereignty over Pulau Ligitan and Pulau Sipadan* (Indonesia/Malaysia), Judgment, I. C. J. Reports 2002, p. 682, para. 135.

〔3〕　Robert Jennings, *The Acquisition of Territory in International Law*, Manchester University Press, 1963, p. 34.

〔4〕　Gerald Fitzmaurice, "The Law and Procedure of the International Court of Justice, 1951 – 4: Points of Substantive Law, Part II", British *Yearbook of International Law*, Vol. 32, 1955 ~ 1956, pp. 23 ~ 24.

〔5〕　Gerald Fitzmaurice, "The Law and Procedure of the International Court of Justice, 1951 – 4: Points of Substantive Law, Part II", British *Yearbook of International Law*, Vol. 32, 1955 ~ 1956, p. 21.

2001 年是关键日期，因为尼加拉瓜在 2001 年提交的诉状中才首次主张岛礁权利。[1] 该案最终主要通过权衡和比较双方当事国对争议岛礁实施的主权行为确定主权归属，法院认可了多数洪都拉斯对争议岛礁进行的活动，包括：适用和执行民法和刑法、移民管理、渔业活动管理以及修建公共工程等，尼加拉瓜提出的主权实施行为证据较少并且全部都没有得到法院的认可。在判断哪些主权行为可以得到认可时，尼加拉瓜多次质疑洪都拉斯行为的有效性，理由之一就是多数行为发生在它主张的关键日期（1977 年）之后，例如，洪都拉斯适用和执行民法和刑法的行为主要开始于 20 世纪 90 年代，移民管理活动甚至发生在 1999 年以后。[2] 然而，因为法院确定的关键日期是 2001 年，所以很多洪都拉斯在较晚时期实施的主权行为也得到了认可，有力支持了洪都拉斯的主权主张，这是洪都拉斯最终能够赢得诉讼的最主要原因之一。因此，关键日期对于解决领土争端可能会发挥相对重要的作用，特别是对于适用有效控制规则解决的领土案件。

虽然在原则上排除关键日期之后的主权行为，但仍然存在例外情形，国际法院认为，如果"行为是先前行为的正常延续，而且不是为了提高依赖该行为的当事国的法律地位而为之，那么将仍然考虑这些行为。"[3] 这表明可以考虑发生在关键日期之后的行为，如果该行为不是出于自利目的，例如，一国做出有违自身利益的承认等，[4] 例如，在 2002 年厄立特里亚和埃塞俄比亚"划界决定案"中，双方承认的关键日期是 1993 年厄立特里亚独立之时，但委员会仍然考虑了埃塞俄比亚在其答辩状中承认部分领土属于厄立特里亚的事实。[5] 也有学者认为，发生在关键日期之前的事件是能够产生权利的事实；发生在关键日期之后的

---

〔1〕 *Territorial and Maritime Dispute between Nicaragua and Honduras in the Caribbean Sea (Nicaragua v. Honduras)*, *Judgment*, *I. C. J. Reports* 2007, pp. 699 ~ 700, paras. 127 ~ 129.

〔2〕 *Territorial and Maritime Dispute between Nicaragua and Honduras in the Caribbean Sea (Nicaragua v. Honduras)*, *Judgment*, *I. C. J. Reports* 2007, pp. 711 ~ 722, paras. 168 ~ 208.

〔3〕 See *Sovereignty over Pulau Ligitan and Pulau Sipadan (Indonesia/Malaysia)*, *Judgment*, *I. C. J. Reports* 2002, p. 682, para. 135. See also *Argentine – Chile Frontier Case*, *Decision of 9 December* 1966, *R. I. A. A.*, Vol. XVI, p. 166; *Territorial and Maritime Dispute between Nicaragua and Honduras in the Caribbean Sea (Nicaragua v. Honduras)*, *Judgment*, *I. C. J. Reports* 2007, pp. 697 ~ 698, para. 117.

〔4〕 James Crawford, *Brownlie's Principles of Public International Law*, 8th edn, Oxford University Press, 2012, p. 219.

〔5〕 *Decision regarding Delimitation of the Border between Eritrea and Ethiopia*, 13 April 2002, *R. I. A. A.*, Vol. XXV, pp. 134 ~ 136, paras. 4. 69 ~ 4. 78.

事件只具有证据和证明价值，意义非常有限并具有从属性质，不能作为独立的依据，[1] 它们的作用主要取决于是否构成关键日期之前主要事件的持续，是否可以有效阐明之前的主要事件。根据这种观点，可以接受关键日期之后的事实，但它们只具有从属性质，不能产生或者完善权利，也不可以直接证明权利，只能间接地证实发生在关键日期之前的事件。[2] 也有部分当事国支持此种观点，例如，在 2002 年"利吉坦和西巴丹岛屿主权案"中，马来西亚提出，关键日期的意义不在于证据的可接受性而是在于证据的效力。[3] 然而，在具体的案件中，国际法院并没有区分关键日期前后行为的证据效力差别，只是指出，如果发生在关键日期之后的行为符合条件，就会考虑，否则将完全排除。

　　问题的关键在于判断什么样的行为可以构成"先前行为的正常延续"。国际法庭在部分领土案件中考虑了关键日期之后的行为，但是并没有详细说明理由，甚至完全没有做出解释。例如，在 2012 年"领土和海洋争端案"中，法院确定的关键日期是 1969 年。尼加拉瓜质疑哥伦比亚在关键日期之后行为的相关性，例如，哥伦比亚海军驻兵活动开始于 1975 年，1977 年哥伦比亚更换了美国在隆卡多和塞拉那岛上的灯塔并在塞拉尼拉岛上新建立了灯塔。尼加拉瓜认为，这些行为不能被视为对先前行为的正常延续，实施它们的目的是为了提升哥伦比亚相对于尼加拉瓜的法律地位，法院不应予以考虑。[4] 国际法院首先认可了哥伦比亚对于争议岛礁所实施的主权行为，特别是领土立法、渔业活动管理和相关执行措施、灯塔和浮标维护以及海军登临，指出这些行为一直持续到关键日期之后。法院认为上述行为是对先前主权行为的正常延续，因此可以考虑这些行为。[5] 然而，国际法院在该案中并没有专门分析尼加拉瓜的反对意见，也没有详细说明"先前行为正常延续"的判断标准。

　　在部分案件中，国际法庭对该问题进行了一定的说明。例如，在 1928 年

---

　　[1]　Marcelo G. Kohen, Mamadou Hébié, "Territory, Acquisition", para. 51, *Max Planck Encyclopedia of Public International Law*, http：//opil. ouplaw. com/view/10. 1093/law：epil/9780199231690/law‐978019923 1690‐e1118？rskey＝POhLEA&result＝1&prd＝EPIL（Last visited on 30 December 2017）.

　　[2]　L. F. Goldie, "The Critical Date", *International and Comparative Law Quarterly*, Vol. 12, 1963, p. 1254. See also *Case concerning the Location of Boundary Markers in Taba between Egypt and Israel*, *Decision of 29 September 1988*, *R. I. A. A.*, Vol. XX, p. 45, para. 175.

　　[3]　*Sovereignty over Pulau Ligitan and Pulau Sipadan（Indonesia/Malaysia）*, Judgment, *I. C. J. Reports* 2002, p. 679, para. 129.

　　[4]　*Territorial and Maritime Dispute（Nicaragua v. Colombia）*, Judgment, *I. C. J. Reports* 2012, p. 654, para. 77.

　　[5]　*Territorial and Maritime Dispute（Nicaragua v. Colombia）*, Judgment, *I. C. J. Reports* 2012, p. 657, para. 83.

"帕尔马斯岛案"中，该案确定的关键时刻是 1898 年 12 月 10 日美国和西班牙《巴黎条约》签订和生效之时，而该争端源于 1906 年一名美国将军访问帕尔马斯岛后，美国向荷兰提出抗议，主张对岛屿的主权。关于 20 世纪之后的行为，美国与荷兰在仲裁程序的一般原则以及 1915 年通过的谅解文件中约定，不考虑 1906 年之后的事件。仲裁员认为，在 1898 年 12 月 10 日《巴黎条约》签订与 1906 年争端产生之间发生的事件本身并不能说明关键时刻岛屿的法律状态，但是它们可能具有间接关系，因为它们可能说明之前较近时期里的情况。仲裁员注意到，荷兰当局与帕尔马斯岛之间的关系在《巴黎条约》签订前后并没有实质差别，因此，不能因为可能受到条约影响而完全排除 1898 年到 1906 年之间荷兰实施的主权行为。例如，1899 年荷兰与当地首领签订的协议同之前 1885 年签订的协议基本一致，并且在 1898 年之前就已开始缔约的准备工作；根据 1904 年和 1905 年的征税表，税收制度也与 1895 年的设置完全相同。[1]　在 1953 年"明基埃和埃克荷斯案"中，国际法院认为，法国于 1886 年和 1888 年首次分别对埃克荷斯岛和明基埃岛提出主权主张，所以关于两组岛屿的争端直到那时才产生。然而，考虑到该案的特殊情况，法院认为也应当考虑上述日期之后的行为，除非采取的措施是为了提升相关当事方的法律地位而为之。在许多方面，在主权争端产生之前，关于岛屿的活动就已经长期逐步发展，并以相同的方式一直持续而没有间断。在这种情况下，没有理由排除所有发生在 1886 年和 1888 年之后的正处于持续发展中的事件。[2]　在 2008 年"白礁、中礁和南礁主权案"中，关于白礁岛，国际法院认为关键日期应当是 1980 年。新加坡主张，通过调查白礁岛领海中的海难和船舶失事事件，它和被继承国英国对白礁岛行使了主权权利。发生在关键日期 1980 年之前的调查事件包括：1920 年英国与荷兰船舶在距离白礁岛 2 海里处发生碰撞，1963 年英国船舶在白礁岛附近礁石搁浅，1979 年一艘巴拿马籍船舶搁浅。此外，新加坡还提出了另外 5 起发生在 1980 年之后的调查，主张相同的政府机构延续了关键日期之前的调查行为。[3]　法院支持了新加坡的主张，考虑了关键日期之后的调查行为。[4]　通过总结上述 3 个案例可以发现，虽然部

---

　　〔1〕　*Island of Palmas case* (*United States of America/The Netherlands*), *Award of the Tribunal*, 4 April 1928, *R. I. A. A.*, *Vol. II*, p. 866.

　　〔2〕　*The Minquiers and Ecrehos case* (*France/United Kingdom*), *Judgment*, 1953, *I. C. J. Reports* 1953, pp. 59 ~ 60.

　　〔3〕　*Sovereignty over Pedra Branca/Pulau Batu Puteh*, *Middle Rocks and South Ledge* (*Malaysia/Singapore*), *Reply of Singapore*, p. 165, para. 4. 172.

　　〔4〕　*Sovereignty over Pedra Branca/Pulau Batu Puteh*, *Middle Rocks and South Ledge* (*Malaysia/Singapore*), *Judgment*, *I. C. J. Reports* 2008, pp. 82 ~ 83, paras. 231 ~ 233.

分行为发生在关键日期之后，但是在行为主体、内容、地点以及实施方式等方面与之前的行为一致，并不存在实质性差别，因此构成了先前行为的正常延续，否则将难以得到认可。

　　同样在 2008 年"白礁、中礁和南礁主权案"中，关于白礁岛及其上霍士堡灯塔的立法，新加坡主要提到了 1852 年《灯塔税法案》、1854 年《灯塔税法案》（取代 1852 年立法）、1912 年《灯塔法令》（废止和修改了 1854 年立法）、1957 年《灯塔税法令》以及 1973 年《废除灯塔税法案》（废止了 1957 年立法）。[1] 此外，新加坡还提到了 1991 年《保护地法令》，根据该法令，如果没有许可将禁止进入白礁岛。新加坡认为 1991 年法令正常延续了之前的立法行为，因为该行为只是长期对白礁岛行使政府权力的一个要素。然而，马来西亚主张，该行为发生在关键日期之后，不是"先前行为的正常延续。"对此，国际法院指出，发生在关键日期之后的行为必须与之前的行为相同或者属于同种类型。1991 年法令显然不同于新加坡所依赖的发生在关键日期之前的立法行为。因此，法院认为 1991 年法令没有证据效力。[2] 这进一步界定了"先前行为的正常延续"，要求前后行为应该相同或属于同种类型，新加坡关键日期之前的立法主要针对灯塔税，而 1991 年立法则是关于进出白礁岛的管制问题，两者并非相同类型的立法。

　　也有学者认为关键日期不仅限制其后实施的行为证据，还限制解决争端适用的法律，应当适用关键日期当时或之前的法律。"关键日期在案件审理中有着重要的意义，这是由于就争端发生时为止的法律关系的判断而言，既无须考虑争端发生日期（关键日期）之后的反映了该法律关系的事实或当事者的行为，也无须考虑争端发生日期（关键日期）之后与该法律关系相关的法律变动。"[3] 这实际将关键日期与时际法结合起来，认为关键日期是为了确定和适用时际法规则，关键日期表明了适用何时的时际法。[4] 这种观点虽然在理论上具有新意，但是实践价值相对有限，因为在司法和仲裁实践中，无法找到支持该观点的相关实践，适用何时的法律更主要是时际法问题，而关键日期主要与前后证据的可接受性相关。

---

〔1〕　*Sovereignty over Pedra Branca/Pulau Batu Puteh*, *Middle Rocks and South Ledge*（*Malaysia/Singapore*），*Judgment*, I. C. J. Reports 2008, p. 67, para. 170.

〔2〕　*Sovereignty over Pedra Branca/Pulau Batu Puteh*, *Middle Rocks and South Ledge*（*Malaysia/Singapore*），*Judgment*, I. C. J. Reports 2008, p. 70, paras. 179～180.

〔3〕　张新军：《法律适用中的时间要素——中日东海争端关键日期和时际法问题考察》，载《法学研究》2009 年第 4 期，第 162 页。

〔4〕　熊沛彪、张逦：《国际法上关键日期适用问题研究》，载《云南大学学报（法学版）》2014 年第 27 卷第 2 期，第 124 页。

（三）确定关键日期的必要性

尽管关键日期意义重大，但同样也可以发现，在部分领土争端案件中，并没有考虑关键日期，甚至否定关键日期的作用。特别是在通过仲裁方法解决的领土争端中，国际法庭对关键日期并不是特别重视。在众多的领土仲裁案件中，只有7个案件考虑过关键日期，而在这7个案件中，关键日期在大多数情况下并没有发挥出重要作用。[1] 例如，在1966年"边界仲裁案"中，法庭认为，关于争端当事国的不同诉求，存在多个不同的关键日期，一直到提交仲裁的日期为止，因此关键日期的价值有限，法庭将考虑所有行为，不管它们的实际发生日期。[2] 1998年厄立特里亚和也门"领土仲裁案"中，法庭认为虽然案件涉及大量事实和证据，但是由于当事国都没有对案件实体问题提出关键日期的主张，因而将不考虑关键日期。[3] 在1988年以色列和埃及"塔巴界标仲裁案"中，采用了"关键时期"（critical period）的表述，将巴勒斯坦处于托管的整个时期作为关键时期，但是法庭表示会考虑关键时期之前的条约和事实，原则上也会考虑部分关键时期之后的事实。[4] 在2017年克罗地亚和斯洛文尼亚"领土和海洋仲裁案"中，双方在《仲裁协议》中约定，该案的关键日期是1991年6月25日，也就是两国取得独立的日期，发生在之后的单方行为不具有法律效力，[5] 这是关键日期发挥重要作用的少数领土仲裁案件之一。

与仲裁案件形成对比的是，在多数国际法院审理的领土案件中考虑了关键日期问题，但也可以注意到：在不同类型的案件中，关键日期的作用有所不同。根据解决领土争端的主要依据，可以将国际法院审理的领土案件大致分为三种类型：根据条约解决的领土争端、根据保持占有原则解决的领土争端以及根据有效控制规则解决的领土争端。[6]

首先，在根据条约解决的领土案件中，条约缔结或生效的日期一般较为重要，因为这是权利产生的日期。尽管如此，该日期与争端明确化的关键日期缺乏

〔1〕　参见附表4："仲裁案件中的关键日期"。

〔2〕　*Argentine – Chile Frontier Case*, Decision of 9 December 1966, R. I. A. A. , Vol. XVI, p. 167.

〔3〕　*Territorial Sovereignty and Scope of the Dispute* (Eritrea and Yemen), Award of 9 October 1998, R. I. A. A. , Vol. XXII, p. 236, para. 95.

〔4〕　*Case concerning the Location of Boundary Markers in Taba between Egypt and Israel*, Decision of 29 September 1988, R. I. A. A. , Vol. XX, p. 45, paras. 172 ~ 175.

〔5〕　Article 5, Arbitration Agreement between the Government of the Repbulic of Croatia and the Government of the Republic of Slovenia, https：//pcacases. com/web/sendAttach/2165.

〔6〕　参见附表1："当事国的主张及国际法院的裁判依据"。

直接联系，实际上，即使没有争端产生，条约缔结或生效的日期对于建立权利仍然很重要。[1] 此外，对于根据条约确定领土主权的案件，关键问题是对条约进行解释，国际法庭主要依据 1969 年《维也纳条约法公约》第 31 条和第 32 条规定的方法进行解释。根据国际司法和仲裁实践，第 31 条和第 32 条已经成为了条约解释方面的国际习惯法。[2] 第 31 条第 3 款规定，条约解释时应当结合上下文，应考虑到条约以外的某些事项，包括当事国嗣后订立的关于该条约解释或适用的协议，当事国在条约适用方面的嗣后惯例，适用于各个当事方之间关系的有关国际法规则。该规定表明可以考虑当事国在条约订立之后的行为，因此，没有必要设置关键日期排除其后的行为。在国际法院的司法实践方面，1959 年"某些边界土地主权案"、1994 年"领土争端案"、1999 年"卡西基里/塞杜杜岛案"以及 2002 年"陆地和海洋边界案"以及 2015 年"边界地区活动案"是主要依据条约和其他类似文件解决的领土争端，然而在这些案件中，国际法院都没有考虑关键日期，[3] 说明对于根据条约解决的领土争端，关键日期一般不会发挥重要作用。

对于第二类主要根据保持占有原则解决的领土争端，保持占有原则（uti possidetis）要求新独立的国家延续殖民时期的行政区划不变，[4] 因此，当事国的独立日期对于判断边界位置至关重要。在大部分此类案件中，当事国一般认可独立日期为关键日期，例如，2005 年"边界争端案"的关键日期是贝宁和尼日尔各自的独立日期，即 1960 年 8 月 1 日和 3 日；2013 年布基纳法索和尼日尔"边界争端案"的关键日期也是各方的独立日期，即 1960 年 8 月 5 日和 3 日。然而，如果将关键日期理解为争端明确化的日期，当事国在独立之时并不存在关于边界位置的明确和具体对立意见，实际上，关于边界的争端一般在若干年后才逐渐显现，特别是关于岛屿的争端。此外，并不能绝对排除领土归属状况或权利在更早的时期就已确定，并且在之后没有发生过改变。[5] 例如，在 1986 年"边界争端

---

〔1〕　Robert Jennings, *The Acquisition of Territory in International Law*, Manchester University Press, 1963, p. 34.

〔2〕　*Sovereignty over Pulau Ligitan and Pulau Sipadan* (Indonesia/Malaysia), Judgment, I. C. J. Reports 2002, p. 645, para. 37; *Kasikili/Sedudu Island* (Botswana/Namibia), Judgment, I. C. J. Reports 1999, p. 1059, para. 18; *Maritime Delimitation and Territorial Questions* (Qatar/Bahrain), Jurisdiction and Admissibility, I. C. J. Reports 1995, p. 18, para. 33; *Territorial Dispute* (Libyan Arab Jamahiriya/Chad), Judgment, I. C. J. Reports 1994, pp. 21~22, para. 41.

〔3〕　参见附表 3："国际法院审理领土案件中的关键日期"。

〔4〕　本书在第四章中将详细论述保持占有原则的含义、意义及具体适用。

〔5〕　Malcolm N. Shaw, *International Law*, 7th edn, Cambridge University Press, 2014, p. 762.

案"中，布基纳法索前身是上沃尔特（Upper Volta）殖民地，根据法国 1919 年 3 月 1 日法令而建立，是法属西非的组成部分。根据法国 1932 年 9 月 5 日法令，上沃尔特殖民地解散，组成部分并入尼日尔、法属苏丹和科特迪瓦等殖民地。1947 年 9 月 4 日法律又重新建立了上沃尔特殖民地，规定殖民地边界是 1932 年 9 月 5 日时上沃尔特殖民地的边界。之后，殖民当局没有再修改争端涉及部分的边界，因此，1960 年布基纳法索独立之时的边界仍然是 1932 年 9 月 5 日时的边界[1] 另一方面，在该类案件中，也并不必然完全排除独立之后的行为和证据。例如，在 1992 年"陆地、岛屿和海洋边界争端案"中，国际法院分庭认为，有时对保持占有原则的表述过于绝对，认为独立日期总是具有决定性，不可能产生其他关键日期，然而并非如此，独立之后仍然可能产生新的关键日期，例如因为领土裁决或边界条约。特别是 1980 年萨尔瓦多和洪都拉斯签订《和平条约》确定了两国之间的部分边界，因此，1980 年就可能成为新的关键日期[2] 除此之外，分庭认为没有必要排除独立后的主权实施行为，在特定情况下需要考虑独立之后的证据，它们可以证明独立时的保持占有边界，如果相关主权实施行为与划界存在联系[3] 在 2005 年"边界争端案"中，国际法院分庭也采取了与该案相同的意见，[4]但是分庭同时指出，因为保持占有原则冻结了领土权利，对独立后证据的分析不能改变关键日期时的领土状况，除非该证据明确表明当事国同意此种改变[5] 当事国也可以明确约定排除独立之后的行为，例如，在 1986 年"边界争端案"中，布基纳法索和马里请求国际法院分庭确定 1959 年到 1960 年法国海外领土苏丹（马里独立前的行政区域）与上沃尔特殖民地之间的边界。尽管分庭多次指出，可能不存在能够完全确定边界的殖民时期立法，但是当事国仍然坚持：独立时存在确定边界，双方还承认边界在独立之后没有发生变化，一国在另一国领土上实施的管理行为不具有法律效力[6]

---

〔1〕　*Frontier Dispute* (*Burkina Faso/Republic of Mali*)，*Judgment*，*I. C. J. Reports* 1986，p. 580，para. 51.

〔2〕　*Case concerning the Land*, *Island and Maritime Frontier Dispute* (*El Salvador/Honduras*：*Nicaragua intervening*)，*Judgment*，*I. C. J. Reports* 1992，p. 401，para. 67. See also *Dispute between Argentina and Chile concerning the Beagle Channel*, 18 *February* 1977，*R. I. A. A.*，*Vol. XXI*，pp. 82 ～ 83；*Decision regarding Delimitation of the Border between Eritrea and Ethiopia*, 13 *April* 2002，*R. I. A. A.*，*Vol. XXV*，p. 118，para. 3. 36.

〔3〕　*Case concerning the Land*, *Island and Maritime Frontier Dispute* (*El Salvador/Honduras*：*Nicaragua intervening*)，*Judgment*，*I. C. J. Reports* 1992，pp. 398 ～ 399，para. 62.

〔4〕　*Frontier Dispute* (*Benin/Niger*)，*Judgment*，*I. C. J. Reports* 2005，pp. 109 ～ 110，para. 27.

〔5〕　*Frontier Dispute* (*Benin/Niger*)，*Judgment*，*I. C. J. Reports* 2005，p. 109，para. 26.

〔6〕　*Frontier Dispute* (*Burkina Faso/Republic of Mali*)，*Judgment*，*I. C. J. Reports* 1986，p. 570，paras. 33 ～ 34.

国际法院根据有效控制规则解决的领土争端主要包括：1953 年"明基埃和埃克荷斯案"、2002 年"利吉坦和西巴丹岛屿主权案"、2007 年"领土和海洋争端案"、2008 年"白礁、中礁和南礁主权案"以及 2012 年"领土和海洋争端案"。在这些案件中，国际法院都结合案件的具体情况确定了关键日期，原则上排除考虑关键日期之后的主权实施行为，除非满足上文分析的条件。[1] 这表明，关键日期在根据有效控制规则解决的领土争端中发挥了相对重要的作用，核心问题是如何根据这些案件的具体情况确定关键日期。

综上所述，通过分析国际法院审理的案件可以发现，在根据条约解决的领土案件中，基本上不会考虑关键日期问题；在依据保持占有原则解决的领土案件中，虽然一般认为关键日期是独立日期，但国际法院也会根据案件具体情况，考虑发生在独立日期之后的与争议领土相关的行为；对于适用有效控制规则解决的案件，关键日期会发挥更为重要的作用。这主要是因为，有效控制规则是一个相对规则，通过权衡和比较当事国对争议领土所实施的主权行为来确定主权的归属，如果不确定一个权利已经明确化的日期进行限制，那么可能将促使当事国通过实施行为损害已经明确确定的权利。

（四）关键日期的确定方法

英国在 1953 年"明基埃和埃克荷斯案"的诉讼文书中最早详细阐述了关键日期的确定方法。英国主要依据了对 1928 年"帕尔马斯岛案"和 1933 年"东格陵兰法律地位案"中关键日期的理解，指出关键日期并不是争端产生的日期，而应该是发生明确聚焦争端的事件的日期（the precise event that focuses upon the dispute）。英国认为，在许多情况下，关于主权的争端会因为某些事实和事件的发生而变得清楚和明显，例如，一方颁布法律或法令声明主权，而另一方表示反对，关键日期就是颁布该法律或法令的日期。[2] 关于明基埃岛和埃克荷斯岛的领土争端，英国认为关键日期应当是 1950 年 12 月 29 日，也就是英法两国签订《特别协议》将争端提交国际法院审理的日期。因为在本案中，英法两国都没有借助公告（如 1933 年"东格陵兰法律地位案"）或条约（如 1928 年"帕尔马斯岛案"）主张主权，因此，除了《特别协议》之外没有其他文件或事件与争端直

---

〔1〕　参见附表3："国际法院审理领土案件中的关键日期"。

〔2〕　*The Minquiers and Ecrehos case*（*France/United Kingdom*），*Reply of the United Kingdom*，pp. 540 ~ 542，paras. 202 ~ 205.

接相关。[1]　即使法院支持了法国的主张,认定 1869 年和 1876 年是关键日期,英国认为,法国随后的态度也使这两个日期丧失了作为关键日期的性质,因为英国一直到 1950 年曾多次对争议岛屿展示主权,法国不仅没有主张主权,而且从未提出过抗议。英国认为,一国不能通过只做出一定程度的主张而人为地创造出一个关键日期,之后却放弃或者经历了很长的间隔才重新恢复该主张,特别是做出主张的同时并没有提出最终解决争端的建议,例如,提交国际裁判。[2]　随后,在口头辩论中,英国提出关键日期应当是法律形势明确化(crystallization)的日期。[3]　明确化的判断标准是,当事方之间的对立意见在该日期已经明确化为确定问题,产生了正式的争端。英国认为,大多数争端在明确化之前都存在一定期间,根据不同情况或长或短,在此期间内当事方可能进行了外交换文、抗议和协商,然而,在这个初始阶段并不会也不应该产生关键日期,因为当事方并没有做出最终立场。尽管如此,如果分歧一直没有解决,最终将到达一定时刻,则可以认为至此具体问题已经确切产生了,当事方不会再试图谈判、抗议或者说服另一方。它们已经表明了立场并且坚持各自的权利,当这些都已发生时,必须根据当时存在的事实判定当事方的主张。英国主张关键日期不应过早,也不应过晚:过晚推迟关键日期,将有利于通过单方行为提升其法律地位的一方;而过早提前关键日期,将有助于只提出大致主张却没有继续坚持主张的一方,或者只是偶尔间断坚持主张,但没有试图通过国际裁判终结争端。两者都会导致不公平的后果。[4]　因此,英国最终主张,尽管两国对明基埃岛和埃克荷斯岛主权长期存在分歧,但是争端直到缔结 1950 年《特别协议》时才"明确化",该日期应该作为关键日期,法院应当考虑该日期之前进行的所有行为。另一方面,法国政府主张 1839 年两国签订《渔业协议》的日期是关键日期,但没有得到国际法院的支持,因为 1839 年《渔业协议》签订之时,并没有出现任何关于埃克荷斯岛和明基埃岛的主权争端,当事方虽然对捕捞牡蛎的专属权利长期存在分歧,但是它们并没有将该问题与主权问题相联系,在这种情况下,没有理由认为 1839 年条约具有考虑或排除主权证据的效力。在该案中,国际法院没有深入分析英国提出的争端明确化的主张,只是指出主权争端直到 1886 年和 1888 年才产生,当时法国

---

〔1〕　*The Minquiers and Ecrehos case* (*France/United Kingdom*), *Reply of the United Kingdom*, pp. 548 ~ 549, para. 222.

〔2〕　*The Minquiers and Ecrehos case* (*France/United Kingdom*), *Reply of the United Kingdom*, pp. 550 ~ 552, paras. 225 ~ 227.

〔3〕　*The Minquiers and Ecrehos case* (*France/United Kingdom*), *I. C. J. Pleadings*, p. 61.

〔4〕　*The Minquiers and Ecrehos case* (*France/United Kingdom*), *I. C. J. Pleadings*, pp. 67 ~ 69.

首次分别主张埃克荷斯岛和明基埃岛的主权。但是考虑到本案的特殊情况，法院认为也应当考虑之后的行为，除非采取的措施是为了提升相关当事方的法律地位。[1] 尽管国际法院在该案中并没有明确指出关键日期，但显然重点突出了1886 年和 1888 年法国首次正式分别主张两组争议岛屿主权的日期，虽然实际上考虑了 1950 年《特别协议》签订之前当事方对两组争议岛屿实施的所有主权行为，但是主要原因并不在于法院认可 1950 年为关键日期，而是 1886 年和 1888年到 1950 年之间的行为多数是先前行为的正常延续，两国的法律地位没有发生实质上的变化。

　　虽然在 1953 年"明基埃和埃克荷斯案"中，国际法院并没有采取英国提出的争端明确化作为确定关键日期的标准，但是随后的许多司法和仲裁判例都沿用了争端明确化的表述，特别是近来适用有效控制规则解决的领土争端，具体包括：2002 年"利吉坦和西巴丹岛屿主权案"、[2] 2007 年"领土和海洋争端案"、[3] 2008 年"白礁、中礁和南礁主权案"[4] 以及 2012 年"领土和海洋争端案"，[5] 在这些案件中，均采取争端明确化作为判断关键日期的标准。在判断争端是否明确化方面，通过分析上文提到的英国在 1953 年"明基埃和埃克荷斯案"中的主张可以发现，英国为了尽量推迟关键日期，以便使其对争议领土实施的主权行为尽可能多地得到考虑，提出了相对较高要求的争端明确化标准，即使争端当事国进行了换文、抗议和协商也不足以产生关键日期，[6] 主张签订将争端提交法院解决的《特别协议》的日期为关键日期。在具体判断标准方面，英国没有提出较为明确的规则，更加剧了判断关键日期的难度。[7]此外，在国际法院审理的其他领土案件中，很少将案件提交法院审理的日期作为关键日期。在之后的司法实践中，随着审理领土案件的增多，国际法院逐步阐述了争端明确化的判断

---

〔1〕 *The Minquiers and Ecrehos case（France/United Kingdom）, Judgment*, 1953, *I. C. J. Reports* 1953, pp. 59~60.

〔2〕 *Sovereignty over Pulau Ligitan and Pulau Sipadan（Indonesia/Malaysia）, Judgment, I. C. J. Reports* 2002, p. 682, para. 135.

〔3〕 *Territorial and Maritime Dispute between Nicaragua and Honduras in the Caribbean Sea（Nicaragua v. Honduras）*, pp. 697~698, para. 117.

〔4〕 *Sovereignty over Pedra Branca/Pulau Batu Puteh, Middle Rocks and South Ledge（Malaysia/Singapore）, Judgment, I. C. J. Reports* 2008, p. 27, para. 32.

〔5〕 *Territorial and Maritime Dispute（Nicaragua v. Colombia）, Judgment, I. C. J. Reports* 2012, p. 652, para. 67.

〔6〕 *The Minquiers and Ecrehos case（France/United Kingdom）, I. C. J. Pleadings*, pp. 67~69.

〔7〕 熊沛彪、张逦：《国际法上关键日期适用问题研究》，载《云南大学学报（法学版）》2014 年第27 卷第 2 期，第 126 页。

标准，并形成了较为一致的实践。

首先，通过分析相关判决可以发现，在部分案件中，双方当事国对关键日期的确定并不存在显著分歧。例如，在 1986 年"边界争端案"中，布基纳法索和马里都同意需要确定的问题是从法国当局继承的边界，也就是独立时的边界。然而，关于确定边界的准确日期，当事国的观点存在一定程度的分歧：布基纳法索认为，需要考虑的日期是各方独立的日期，而马里则认为，有必要追溯到"法国殖民当局对行政区划最后实施管辖权的日期"。尽管双方当事国都坚持各自主张，但最终同意该问题对于案件没有实际影响，它们最终请求分庭确定 1959 年到 1960 年法属苏丹和上沃尔特殖民地之间的边界。[1] 在 2012 年"领土和海洋边界案"中，尼加拉瓜认为关键日期是 1969 年，1967 年到 1968 年尼加拉瓜发布石油许可，1969 年 7 月哥伦比亚对此提出抗议，主张西经 82°经线是边界线；而哥伦比亚主张关键日期是 1971 年，因为同年美国和哥伦比亚开始谈判解决《1928 年条约》排除岛屿的归属，尼加拉瓜提出抗议，但哥伦比亚并不强烈反对尼加拉瓜主张的关键日期。最终法院认为关键日期是 1969 年。[2] 类似情况还出现在 2002 年厄立特里亚和埃塞俄比亚"划界决定案"、[3] 2002 年"利吉坦和西巴丹岛屿主权案"、[4] 2005 年"边界争端案"、[5] 2008 年"白礁、中礁和南礁主权案"中关于白礁岛的争端[6] 以及 2012 年"领土和海洋争端案"中。[7] 因此，如果双方当事国提出的关键日期并无显著的差别，或者共同认可某一日期，国际法院一般不会进行深入分析，直接将选择该日期作为关键日期。[8]

如果双方当事国对于关键日期存在明显分歧，国际法院更倾向于选择能够反映当事国对具体争议领土存在明确对立主张的时间作为关键日期。不同意见一般可能反映在外交换文或照会中，突出的表现是一方明确或通过行为主张对争议领

〔1〕 *Frontier Dispute* (*Burkina Faso/Republic of Mali*), *Judgment*, *I. C. J. Reports* 1986, p. 570, para. 33.

〔2〕 *Territorial and Maritime Dispute* (*Nicaragua v. Colombia*), *Judgment*, *I. C. J. Reports* 2012, p. 653, para. 71.

〔3〕 *Decision regarding Delimitation of the Border between Eritrea and Ethiopia*, 13 April 2002, *R. I. A. A.*, Vol. XXV, p. 118, para. 3. 36.

〔4〕 *Sovereignty over Pulau Ligitan and Pulau Sipadan* (*Indonesia/Malaysia*), *Judgment*, *I. C. J. Reports* 2002, p. 679, paras. 128 ~ 129.

〔5〕 *Frontier Dispute* (*Benin/Niger*), *Judgment*, *I. C. J. Reports* 2005, p. 120, para. 46.

〔6〕 *Sovereignty over Pedra Branca/Pulau Batu Puteh, Middle Rocks and South Ledge* (*Malaysia/Singapore*), *Judgment*, *I. C. J. Reports* 2008, p. 28, para. 33.

〔7〕 *Territorial and Maritime Dispute* (*Nicaragua v. Colombia*), *Judgment*, *I. C. J. Reports* 2012, p. 653, para. 71.

〔8〕 参见附表 3："国际法院审理领土案件中的关键日期"。

土主权，另一方对此表示反对。常设国际法院将争端定义为"双方在法律或事实方面存有分歧，在法律观点或利益上发生冲突。"[1] 主张权利以及表示抗议可以表明当事国对主权归属存在不同的意见，这反映出当事国关于主权问题已经形成了对立的主张。例如，在 2007 年"领土和海洋争端案"中，1977 年尼加拉瓜和洪都拉斯开始对海洋划界问题进行谈判，之后两国开始通信，尼加拉瓜认为这应当作为海洋划界问题的关键日期。而洪都拉斯则认为 1977 年通信和谈判并不标志任何争端明确化，因为当时没有提出相冲突的主张。对此，国际法院同意了洪都拉斯的主张，理由是双方当事国谈判时都没有明确表达各自的主张或者反对意见，并且建议的谈判过程也以失败告终。为了确定海洋划界争端的关键日期，法院注意到 1982 年 3 月 17 日尼加拉瓜巡逻船开火并扣留了一艘洪都拉斯渔船，1982 年 3 月 21 日，尼加拉瓜海岸警卫队在争议岛礁附近捕获了 4 艘洪都拉斯渔船。关于上述事件，1982 年 3 月 23 日，洪都拉斯正式提出抗议，指责尼加拉瓜巡逻船进入北纬 15°纬线以北的岛屿地区，认为北纬 15°纬线传统上是两国承认的分界线。1982 年 4 月 14 日，尼加拉瓜照会否认存在传统分界线。洪都拉斯强调，尽管尚未在法律上划定边界，但是尼加拉瓜不能否认存在或者曾经存在双方传统认可的边界，也就是北纬 15°纬线，洪都拉斯还补充，正是因为存在此条边界线，才保证了两国的长期稳定关系，只是在近期才开始发生边界冲突。法院认为，从这两起事件的发生时间起，海洋划界争端开始存在。[2] 因为通过分析双方的外交文件，可以清楚地发现两国关于边界是否存在显然对立的主张。类似情况是，在 2008 年"白礁、中礁和南礁主权案"中，1979 年 12 月 21 日马来西亚发布名为"马来西亚领海和大陆架边界"的地图，标明了马来西亚主张的领海和大陆架外部界限的坐标，该地图显示白礁岛位于马来西亚领海之中。1980 年 2 月 14 日新加坡通过外交照会表示对该地图的反对，导致两国开始对该问题进行通信以及之后 1993 年到 1994 年召开的一系列政府间会谈。法院认为，1980 年 2 月 14 日，也就是新加坡抗议马来西亚 1979 年地图之时，关于白礁岛的主权争端已经明确化。[3] 在 2012 年"领土和海洋争端案"中，尼加拉瓜于 1967 年到 1968 年发布在基塔苏埃尼奥地区的石油勘探许可，导致哥伦比亚 1969 年 6 月 4

---

〔1〕 *Mavrommatis Palestine Concessions* (*Greece v. Great Britain*), *Objection to the Jurisdiction of the Court*, *Judgment of 30 August 1924*, *P. C. I. J.*, *Series A*, *No. 2*, p. 11.

〔2〕 *Territorial and Maritime Dispute between Nicaragua and Honduras in the Caribbean Sea* (*Nicaragua v. Honduras*), *Judgment*, *I. C. J. Reports* 2007, pp. 700~701, paras. 130~131.

〔3〕 *Sovereignty over Pedra Branca/Pulau Batu Puteh*, *Middle Rocks and South Ledge* (*Malaysia/Singapore*), *Judgment*, *I. C. J. Reports* 2008, p. 27, paras. 30~31; p. 28, paras. 33~34.

日向尼加拉瓜送达抗议照会，1969 年 6 月 12 日尼加拉瓜对此进行回复，否认哥伦比亚的主张。国际法院认为没有证据表明双方当事国在 1969 年照会往来之前存在领土争端，照会确实表明了当事国关于特定海洋地物的主权归属持有不同意见。因此，法院认为尼加拉瓜通过照会回复哥伦比亚照会的日期是关键日期[1]。

需要注意的是，在确定关键日期时，当事国所持的不同意见必须与具体争议领土直接相关，而不能笼统概括[2]。在 2008 年"白礁、中礁和南礁主权案"中，马来西亚和新加坡关于中礁岛和南礁的关键日期存有争议。马来西亚认为，新加坡未对中礁岛和南礁提出过正式主张，直到 1993 年两国举行第一回合磋商；另一方面，新加坡则主张一直坚持中礁岛、南礁与白礁岛构成不可分割的整体，所以它在 1980 年提出关于白礁岛的外交抗议应当同样适用于中礁岛和南礁，所以 3 个争议岛礁的关键日期都应当是 1980 年。国际法院的观点是，1980 年新加坡在外交照会中仅针对白礁岛问题，没有证据表明它认为外交照会同样适用于中礁岛和南礁，因此，中礁岛和南礁的主权在 1993 年双方第一回合磋商时才明确化[3]。在 2007 年"领土和海洋争端案"中，尼加拉瓜和洪都拉斯对于争议岛屿主权问题的关键日期存在不同意见。尼加拉瓜认为关键日期应当是 1977 年，当时两国开始对海洋划界进行谈判，之后两国政府互通信件。尼加拉瓜主张海洋划界争端暗示了对相关海域内岛屿的主权争端，因此，两类争端的关键日期应当重合。洪都拉斯反对尼加拉瓜的主张，因为两国的外交通信并没有提到争议海洋地物[4]。国际法院认为，尼加拉瓜在提交案件申请时并没有向法院提出任何关于北纬 15°纬线以北岛屿的权利主张，直到 2001 年 3 月 21 日的诉状中，尼加拉瓜才首次提到了岛屿，但也没有提出主张的依据，只是表明，如果法院没有采用等距离线划界，尼加拉瓜保留对其主张的所有岛礁的主权权利。在诉状文书中，尼加拉瓜也没提出对争议岛屿的具体主张，直到庭审之后提交的最终意见中，尼加拉瓜才首次要求法院决定位于争议地区的岛礁的主权问题。因此，法院认为 2001年应当是关键日期，因为尼加拉瓜直到 2001 年提交的诉状中才明确保留对所主

---

〔1〕 *Territorial and Maritime Dispute（Nicaragua v. Colombia）*, Judgment, I. C. J. Reports 2012, p. 653, para. 71.

〔2〕 具体性标准可以参考本书在第二章第一节对主权行为一般特征的分析。

〔3〕 *Sovereignty over Pedra Branca/Pulau Batu Puteh*, Middle Rocks and South Ledge（Malaysia/Singapore）, Judgment, I. C. J. Reports 2008, p. 28, paras. 35 ~ 36.

〔4〕 *Territorial and Maritime Dispute between Nicaragua and Honduras in the Caribbean Sea（Nicaragua v. Honduras）*, Judgment, I. C. J. Reports 2007, pp. 698 ~ 699, paras. 121 ~ 122.

张岛礁的主权权利。[1] 根据上述判例，如果表明存在对立意见的文件或行为没有具体针对争议地区，那么不能作为确定争端具体化的证据，证据需要满足具体明确的标准。

　　通过上述对国际法院相关案例的分析，可以发现关键日期并不是某个固定的日期，例如权利产生的日期、争端产生的日期或者是诉诸争端解决的日期，而应该是争端明确化的日期。争端明确化的判断标准是当事国对具体争议领土存在明确冲突的主张，此种冲突的主张一般可以反映在外交通信和照会中，通常表现为一国明确或通过行为主张争议领土主权，而另一国对此表示反对或抗议。争端明确化的日期根据案件具体事实而不同，可能在争端发展的较早阶段，当事国关于争议领土的冲突主张就已清楚显现，也可能一直到争端提交司法或仲裁机构审理时，当事国才首次提出了冲突的主张。

---

〔1〕 *Territorial and Maritime Dispute between Nicaragua and Honduras in the Caribbean Sea（Nicaragua v. Honduras）, Judgment, I. C. J. Reports* 2007, pp. 699 ~ 700, paras. 127 ~ 129.

第三章　有效控制规则的适用（二）：
对相关情况的权衡

　　在确定了具有法律效力的主权行为之后，需要对相关主权行为进行权衡和比较，从而判断出哪一方当事国的主张更具优势。通过分析司法和仲裁实践可以发现，国际法庭进行判断时主要考虑两个方面：其一，当事国是否积极主动地对争议领土实施主权行为，主要参考的标准是所实施主权行为的数量和种类；其二，当事国是否有效地应对了其他国家实施的主权行为或主张，这需要结合承认、默认和禁止反言等学说和理论进行判断。

一、比较双方的主权行为

　　在比较当事方对争议领土所实施的各种行为证据时，国际法庭在多数案件中可以较为明显地从数量和种类等方面判断出双方当事国之间的差距：一方面，一国对争议领土具体、公开、和平以及持续地展示国家主权；而另一方却鲜有能够得到国际法庭认可的主权行为，直到关键日期双方当事国的争端明确化为止。[1]在这种情况下，可以较为容易地判断出哪一方当事国对争议领土做出了更具优势的主张。

　　在 1953 年"明基埃和埃克荷斯案"中，关于明基埃和埃克荷斯两组小岛，英国政府提交了行使刑事管辖权、地方行政管理权以及立法权等多方面的行为，它们的效力得到了国际法院的认可。关于埃克荷斯岛，法院认为，从 13 世纪开始，埃克荷斯岛就属于英国国王所有的海峡群岛封地中不可分割的部分；14 世纪初，英国国王对埃克荷斯岛行使管辖权；19 世纪到 20 世纪的大部分时间里，英国当局对埃克荷斯岛行使国家职权。而另一方面，法国政府提交的证据都没有

---

〔1〕　参见附表 2："当事国主张的主权行为及国际法庭的态度"。

得到法院的认可，从而不能够证明它拥有对埃克荷斯岛的有效权利。在这种情况下，必须认定埃克荷斯岛主权属于英国。[1] 关于明基埃岛，法院认为英国政府提交的证据表明：明基埃岛在 17 世纪初就是英国泽西诺伊尔蒙特（Noirmont）封地的组成部分；在 19 世纪和 20 世纪的大部分时间里，英国当局对明基埃岛行使了国家职权。而法国政府提出的事实无法证明其对明基埃岛具有有效权利，例如，法国在暗礁之外安放浮标，法院认为此种行为难以充分证明法国政府作为岛屿主权者而行事的意图，不具有对岛屿展示国家权力的性质。[2] 因此，明基埃岛的主权也属于英国。英国对两组岛屿的多数行为得到了法院的认可，而法国提交的证据基本没有得到认可，两者形成了鲜明的对比，证据显然支持了英国的主张。

在 2007 年 "领土和海洋争端案" 中，洪都拉斯提出了多种关于争议岛屿的主权行为，包括：立法和行政控制、适用和执行民法及刑法、移民管理、渔业活动管理、海军巡航、石油许可以及公共工程建设等。其中，因为立法没有具体提及争议岛礁，海军巡航证据稀少并且不能证明与争议岛礁存在直接关系，石油勘探活动的证据也与争议岛礁无关，国际法院没有认可这三个方面的证据，但认可了其他证据。尼加拉瓜方面，它只是提出了与英国关于捕获海龟的谈判以及海军巡航方面的行为证据。然而，法院认为，与英国谈判中使用的地图不能明确证明争议岛礁的归属，该地图也不是根据英国政府的指令而绘制的，相关谈判更不能证明尼加拉瓜对争议岛礁的主权；尼加拉瓜的海军巡航证据稀少并且不能明确证明与争议岛礁存在直接联系，所以，国际法院没有认可尼加拉瓜对争议岛礁实施的任何行为。鉴于双方当事国提出的主张和证据，法院最终得出结论：洪都拉斯提出的主权行为证明了 "作为主权者而行事的意图和愿望"，对四个岛屿有限但是实际展示了权威。关于尼加拉瓜，法院认为：它并没有证明以主权者名义而行事的意图，也没有提交任何对争议岛礁具体行使或展示权威的证据。因此，尼加拉瓜没有满足常设国际法院在 1933 年 "东格陵兰法律地位案" 中确立的标准。[3]

更为明显的情况出现在 2012 年 "领土和海洋争端案" 中。关于争议岛礁，

〔1〕 *The Minquiers and Ecrehos case* (*France/United Kingdom*), *Judgment*, 1953, *I. C. J. Reports* 1953, p. 67.

〔2〕 *The Minquiers and Ecrehos case* (*France/United Kingdom*), *Judgment*, 1953, *I. C. J. Reports* 1953, pp. 70~71.

〔3〕 *Territorial and Maritime Dispute between Nicaragua and Honduras in the Caribbean Sea* (*Nicaragua v. Honduras*), *Judgment*, *I. C. J. Reports* 2007, pp. 721~722, para. 208.

哥伦比亚主张，它对隆卡多、基塔苏埃尼奥、塞拉那、塞拉尼拉、巴杰纽沃、阿尔伯克基以及东－东南岛作为一个整体在一百八十多年里公开、和平和持续地展示主权。特别是，它对于群岛的渔业、经济活动、移民、搜救、公共工事和环境事项制订法律法规；对整个群岛实施刑事立法；从 17 世纪中叶起，监测和控制整个群岛上的活动；授权第三方在圣安德烈群岛海域勘探石油；进行科学研究以保护和负责任地利用圣安德烈群岛的自然资源等。哥伦比亚还提出，政府在群岛的岛礁上建造和维护了公共工事，包括：灯塔、海军驻地和设施、渔民使用的设施以及无线电台装置等。然而，在另一方面，尼加拉瓜并没有提出它对相关争议岛礁的任何主权行为，只是主张哥伦比亚实施的主权行为发生在关键日期之后并且缺乏与争议岛礁的具体联系，质疑哥伦比亚主张的有效性。[1] 对于此种情况，国际法院认为，尽管多数哥伦比亚提出的以主权者名义实施的行为是针对包括所有争议海洋地物在内的整个海域，但其中部分行为是具体针对某一或某些争议海洋地物本身实施的。通过逐一分析哥伦比亚所实施的主权行为，法院最终支持了哥伦比亚的主张，认为哥伦比亚数十年来持续和一致地对争议海洋地物实施了以主权者名义的行为，具体行为包括：公开的管理和立法行为、经济活动管理、建造和维护工事、实施法律、海军登临和搜救活动以及承认外国领事代表权等。法院认为，这种主权行使是公开的，关键日期之前没有受到尼加拉瓜的任何抗议。此外，哥伦比亚对于争议岛礁的众多管理行为证据与尼加拉瓜没有提出任何主权实施证据形成了鲜明的对比。上述事实强有力地支持了哥伦比亚对争议海洋地物的主权主张。[2]

需要注意的是，数量和种类的标准在具体适用时还需要结合争议领土的具体情况作出判断，对于某些地处偏远、无人或少有人居住、经济利益相对有限的地区，特别是面积较小的岛屿，考虑到它们的经济意义和战略价值，对此类地区所实施的主权行为在数量和种类方面可能较为有限。国际法庭指出，无需在每时每刻对每一寸领土都展示国家主权，这种要求既不可能也不现实。[3] 例如，在 1931 年法国诉墨西哥"克利伯顿岛案"中，法庭认为，如果领土上完全无人居住，从占领国首次出现之时起，该领土就已经完全和无争议地归该国处置，从那

---

〔1〕 *Territorial and Maritime Dispute (Nicaragua v. Colombia)* , *Judgment* , *I. C. J. Reports* 2012, pp. 653 ~ 655, paras. 71 ~ 79.

〔2〕 *Territorial and Maritime Dispute (Nicaragua v. Colombia)* , *Judgment* , *I. C. J. Reports* 2012, p. 657, para. 84.

〔3〕 *Island of Palmas case (United States of America/The Netherlands)* , *Award of the Tribunal* , 4 April 1928, *R. I. A. A.* , *Vol. II* , p. 840

时起占领就已经完成了。[1] 除非法国之后明确放弃岛屿主权，此种有限的行为足以取得和维持主权。[2] 在 1998 年厄立特里亚和也门"领土仲裁案"中，在分析双方当事国提交的行使国家职责和政府权力相关证据之前，仲裁庭首先指出，虽然有效控制证据的数量较多，然而有用的内容却很少，这主要是由于争议岛屿不适宜人类居住以及人类活动的历史相对有限。[3] 在这种情况下，仲裁庭认为对面积较小海洋地物的主权……可以依据在数量或质量方面相对有限的国家权力展示确立。[4] 尽管如此，对于有人居住的较大岛屿可能无法适用上述规则。

　　还应该考虑的另一个重要因素是存在竞争主张的其他国家对争议领土所实施的主权行为达到的程度。正如常设国际法院在 1933 年"东格陵兰法律地位案"中所言："阅读领土主权案件的裁决可以发现，法庭只需很少的主权实际行使行为就可以认定主权归属，只要其他国家不能做出更具优势的主张。对于人口稀少或无人居住区域的领土主张，尤其如此。"[5] 巴德望法官（Judge Basdevant）在 1953 年"明基埃和埃克荷斯案"的单独意见中也指出，行使有效的军事控制并不必然意味着在无人居住或不适宜人类居住的地点修筑要塞，能够控制该地区并且阻止其他国家占领就足够了。[6] 因此，国家可以根据领土的实际情况在必要时行使国家权力以及承担管理责任。[7]

　　这种情况可以突出反映在 2002 年"利吉坦和西巴丹岛屿主权案"中，关于利吉坦岛和西巴丹岛有效管理的证据，马来西亚提出了北婆罗洲当局采取的管理和控制收集利吉坦岛和西巴丹岛上海龟蛋的措施，当时收集海龟蛋在该地区具有一定的经济意义。特别提到了 1917 年《海龟保护法令》，制定该法令的宗旨是限

---

　　[1]　Clipperton Island Case（French v. Mexico），Decision of 28 January 1931，*American Journal of International Law*，Vol. 26，1932，pp. 393～394.

　　[2]　Georg Schwarzenberger，"Title to Territory：Response to a Challenge"，*American Journal of International Law*，Vol. 51，1957，p. 316.

　　[3]　*Territorial Sovereignty and Scope of the Dispute（Eritrea and Yemen）*，Award of 9 October 1998，*R. I. A. A.*，Vol. XXII，p. 268，para. 239.

　　[4]　*Sovereignty over Pulau Ligitan and Pulau Sipadan（Indonesia/Malaysia）*，Judgment，I. C. J. Reports 2002，p. 682，para. 134. See also *Territorial and Maritime Dispute between Nicaragua and Honduras in the Caribbean Sea（Nicaragua v. Honduras）*，Judgment，I. C. J. Reports 2007，p. 712，para. 174.

　　[5]　*Legal Status of Eastern Greenland（Denmark v. Norway）*，Judgment of 5 April 1933，P. C. I. J.，Series A/B，No. 53，p. 46.

　　[6]　*The Minquiers and Ecrehos case（France/United Kingdom）*，Individual Opinion of Judge Basdevant，I. C. J. Reports 1953，pp. 77～78.

　　[7]　C. Waldock，"Disputed Sovereignty in the Falkland Islands Dependencies"，*British Yearbook of International Law*，Vol. 25，1948，p. 336. See also Matthew M. Ricciardi，"Title to the Aouzou Strip：A Legal and Historical Analysis"，*Yale Journal of International Law*，Vol. 17，2，1992，p. 389.

制"在北婆罗洲境内或其领海中"捕获海龟和收集海龟蛋的行为。该法令规定了收集海龟蛋的许可制度并建立了若干自然保护区，西巴丹岛被列为保护区之一。马来西亚还提出了若干文件，证明对1917年《海龟保护法令》的实施至少持续到20世纪50年代，例如，1954年4月28日马来西亚斗湖（Tawau）官员曾根据该法令第2节颁布捕获海龟的许可，该许可涵盖的地区包括了"西巴丹岛、利吉坦岛、卡帕拉特岛（Kapalat）、马布尔岛（Mabul）等。"此外，1930年前后审理的特定案件也表明马来西亚行政当局解决了涉及在西巴丹岛上收集海龟蛋的争端。除此之外，根据1930年《土地法令》第28节，马来西亚于1933年宣布西巴丹岛成为鸟类自然保护区。最后，北婆罗洲当局于1962年在西巴丹岛上建立了灯塔，1963年在利吉坦岛上建立了另一个灯塔，这些灯塔一直存在至今，马来西亚当局从独立起一直对其进行维护。[1] 国际法院认可了上述马来西亚及其被继承国实施的主权行为。在印度尼西亚方面，它主要依据荷兰和印度尼西亚海军的巡航活动以及印度尼西亚渔民传统上对利吉坦岛和西巴丹岛周围水域的利用。然而，法院认为，上述证据无法证明海军当局认为利吉坦岛和西巴丹岛属于印度尼西亚或其被继承国荷兰；私人活动也不能被视为主权实施行为，除非得到政府的事先授权或事后追认，因此，印度尼西亚所依据的活动没有构成以主权者名义实施的行为。[2] 在该案中，马来西亚对两个争议岛屿的主权活动主要是围绕收集海龟蛋进行，数量非常有限，但国际法院认为马来西亚自身或作为英国继承国所依据的行为涉及多个种类，包括立法、行政和准司法行为。它们持续了相当长的时期，表明了马来西亚在管理范围更广泛岛屿的背景下，对两个争议岛屿行使国家职能的意图。[3] 如果单独分析马来西亚的行为，可能难以认为管理收集海龟蛋的活动和建立鸟类保护区足以建立起领土主权，正如弗兰克法官在本案反对意见中的观点，"就像是在比较一把羽毛和一把稻草的重量，虽然可以进行，但缺乏确定性。"[4] 然而，现实中只有印度尼西亚对两个争议岛屿提出了与马来西亚相竞争的主张，只要马来西亚的主张优于印度尼西亚就足够了，该案充分反映了有效控制规则相对性的特征。诚如小田法官在声明中所指出的那样，该案是

---

〔1〕 *Sovereignty over Pulau Ligitan and Pulau Sipadan*（*Indonesia/Malaysia*），*Judgment*，*I. C. J. Reports* 2002，pp. 684~685，paras. 143~147.

〔2〕 *Sovereignty over Pulau Ligitan and Pulau Sipadan*（*Indonesia/Malaysia*），*Judgment*，*I. C. J. Reports* 2002，p. 683，paras. 137~141.

〔3〕 *Sovereignty over Pulau Ligitan and Pulau Sipadan*（*Indonesia/Malaysia*），*Judgment*，*I. C. J. Reports* 2002，p. 685，para. 148.

〔4〕 *Sovereignty over Pulau Ligitan and Pulau Sipadan*（*Indonesia/Malaysia*），*Dissenting Opinion of Judge Franck*，*I. C. J. Repors* 2002，p. 696，para. 17.

一个比较"弱"（weak）的案件，当事国都不能提出有力的证据以支持对岛屿的权利主张。尽管马来西亚依据主权行为提出了更具说服力的主张，但该主张仍然不具有绝对性。然而，法院被请求在当事国之间做出选择，鉴于这种选择，法院还是作出了合理的判决。[1]

在国际司法和仲裁裁决中，很少出现双方当事国都对争议领土实施了大量的主权行为以至于难以判断领土主权归属的情况。[2] 如上文所述，在2002年"利吉坦和西巴丹岛屿主权案"中，印度尼西亚提出的所有行为都没有得到国际法院的认可；在2007年"领土和海洋争端案"中尼加拉瓜提出的所有行为都没有得到国际法院的认可；在2012年"领土和海洋争端案"中，尼加拉瓜没有提出过任何对争议岛礁实施的行为。并且，败诉的一方通常也没有对另一方实施的行为进行及时、有效的抗议，在这种情况下，可以相对明显地辨别出哪一方的主张更具优势。这一方面是因为争议领土的特征，当今的领土争端更主要集中于人口稀少、地处偏远、历史上缺乏经济和政治价值的地区，特别是岛屿。在相当长的历史时期中，相关当事国很少会关注此类争议领土，以至于对领土实施的主权行为可能较为有限。如果一国能够建立起对领土排他性的控制，那么产生争端的可能性就会比较低。在当前的领土争端中，国际法庭面临的更常见情形是双方当事国对争议领土的管理和控制都较为有限，如何判断哪一国的主张具有相对优势。[3]另一方面，较少出现双方当事国都对争议领土实施大量主权行为的事实也可以归因于关键日期的限制。如果当事国在现实中都对争议领土实施了大量的主权行为，并且相关行为是公开的，那么两国就很可能在争端更早期的阶段就已经意识到彼此持有相互冲突的主张，从而导致关键日期的产生，而根据上文对关键日期的分析，国际法庭原则上将排除考虑关键日期之后的行为。最后，如本书第二章的分析，在识别和认定主权行为阶段，部分行为的效力在很大程度上取决于国际法庭自由裁量权的发挥。为了使裁决更具说服力，国际法庭会排除部分当事国的行为，造成一国主权行为较多而另一国没有得到认可的主权行为或主权行为较为有限的局面，因此，基本上没有出现过无法通过权衡和比较从而判断出哪一方主张更具优势的情形。

---

〔1〕　*Sovereignty over Pulau Ligitan and Pulau Sipadan*（*Indonesia/Malaysia*），*Declaration of Judge Oda*, *I. C. J. Repors* 2002, p. 687, para. 1.

〔2〕　Nico J. Schrijver, Vid Prislan, "Cases Concerning Sovereignty over Islands before the International Court of Justice and the Dokdo/Takeshima Issue", *Ocean Development & International Law*, Vol. 46, 4, 2015, p. 295.

〔3〕　Nuno Antunes, "The Eritrea – Yemen Arbitration: First Stage—The Law of Title to Territory Re – averred", *International and Comparative Law Quarterly*, Vol. 48, 1999, p. 382.

　　在国际法庭审理的涉及有效控制规则的案件中，需要注意的是 1904 年巴西和英国"圭亚那边界仲裁案"，因为在该案中，仲裁员认为通过权衡和比较当事双方实施的主权行为，无法确切地判定领土归属。1901 年 11 月 6 日英国和巴西签订条约，邀请意大利国王解决英属圭亚那与巴西之间的边界争端。仲裁员指出，有效占有某一地区的一部分，有可能将取得构成单一整体的整个地区的主权，然而，如果该地区的范围或物理构造在事实上不能视为单一整体，那么仅仅有效占有了其中的一部分，并不足以取得对整个地区的主权。在该案中，葡萄牙及其继承国巴西提交的证据没有证明有效占有了所有争议领土，仅仅证明占有了部分地区并行使主权权利。[1]在另一方面，作为荷兰权利的继承国，英国权利主要依据荷兰西印度公司根据荷兰政府的授权，例如，对部分争议地区实施主权行为，管理贸易活动，实施殖民地总督的命令，并获得了部分当地土著居民的承认。在英国占有原属于荷兰的殖民地之后，也开始以英国的名义继续对贸易者和当地部落行使权力和管辖权，并逐渐得到了居住在该地区的独立土著部落的接受，所以，不能认为葡萄牙以及之后的巴西有效统治了这些部落。[2]然而，在权衡和考虑双方提交的证据之后，仲裁员认为没有证据支持任何当事国对整个争议地区的确定主权权利，只能证明对部分领土的主权权利。甚至无法准确确定当事双方各自拥有主权权利的领土范围，也不能确定无疑地裁定巴西和英国的权利哪一个更强。鉴于此种情况，为了履行划定两国领土边界的职责，仲裁员的结论是：考虑到目前对该地区的地理认识情况，无法将争议领土划分为在面积和价值方面对等的两部分，可以根据自然界线，优先考虑能够清楚确定的边界，实现对争议领土的公平裁决。[3]该案表明，通过权衡和比较双方当事国实施的主权行为仍然可能无法准确确定争议领土的主权归属。然而，由于该案的发生时间较早，尚缺乏关于有效控制规则的实践积累与理论完善，并且裁决本身也没有详细说明案件的具体事实情况，因此，该案对于目前领土争端解决的意义可能相对有限。

---

　　[1]　*Guiana Boundary Case（Brazil，Great Britain），Decision of 6 June* 1904，*R. I. A. A.* ，*Vol. XI*，pp. 21 ~ 22.

　　[2]　*Guiana Boundary Case（Brazil，Great Britain），Decision of 6 June* 1904，*R. I. A. A.* ，*Vol. XI*，p. 22.

　　[3]　*Guiana Boundary Case（Brazil，Great Britain），Decision of 6 June* 1904，*R. I. A. A.* ，*Vol. XI*，pp. 22 ~ 23.

二、承认、默认和禁止反言

　　根据国际司法和仲裁实践，国际法庭在解决争端时不仅会考虑当事国对争议领土积极主动实施的主权行为，还会结合另一国对此的态度进行考量。[1] 权利同样依赖于其他国家和国际法主体（特别是国际组织和区域性国际组织）的参与及态度，如果一国的权利能够获得越多的承认或认可，那么此种权利就会更加完善，反之则相反。[2] 国际法的基础之一就是"行为—反应模式"（action - reaction），一国对另一国实施的行为以及后者的反应，对于确定它们之间的关系至关重要。[3] 因此，国家是否做出反应、能否及时做出反应以及做出何种反应，对于解决领土争端同样具有重要价值。[4] 国家关于争议领土的行为很少能够完全保持持续、一致，有可能会忽视、过晚反对甚至承认对方的主张，有时表明了态度之后却又反悔，在这种情况下，承认、默认和禁止反言等学说和理论将赋予这种前后不一致的行为法律意义，它们在领土争端解决中发挥了突出作用。[5] 特别是，面对竞争国对领土所提出的主张，拥有或主张主权的一国却保持沉默或表示承认，将有可能削弱该国的主张，甚至使已经取得的主权丧失。因此，在判断争议领土主权归属时，还需要结合承认、默认或禁止反言等学说和理论进行分析。

　　这三种理论和学说都具有相同的法律基础——它们都或多或少地与同意

---

〔1〕　Marcelo G. Kohen, Mamadou Hébié, "Territory, Acquisition", para. 39, *Max Planck Encyclopedia of Public International Law*, http：//opil. ouplaw. com/view/10. 1093/law：epil/9780199231690/law - 978019923 1690 - e1118? rskey = POhLEA&result = 1&prd = EPIL (Last visited on 30 December 2017). See also Nico J. Schrijver, Vid Prislan, "Cases Concerning Sovereignty over Islands before the International Court of Justice and the Dokdo/Takeshima Issue", *Ocean Development & International Law*, Vol. 46, 4, 2015, p. 296.

〔2〕　Giovanni Distefano, "The Conceptualization (Construction) of Territorial Title in the Light of the International Court of Justice Case Law", *Leiden Journal of International Law*, Vol. 19, 4, 2006, pp. 1050 ~ 1051.

〔3〕　Nuno Antunes, "Acquiescence", para. 1, Max Planck Encyclopedia of Public International Law, Oxford University Press, http：//opil. ouplaw. com/view/10. 1093/law：epil/9780199231690/law - 9780199231690 - e1373? rskey = DdVkaG&result = 2&prd = EPIL (Last visited on 30 December 2017).

〔4〕　宋岩：《论领土争端解决中的默认》，载《亚太安全与海洋研究》2016 年第 1 期，第 62 页。

〔5〕　J. G. Merrills, "The International Court of Justice and the Adjudication of Territorial and Boundary Disputes", *Leiden Journal of International Law*, Vol. 13, 4, 2000, pp. 891 ~ 892.

(consent) 的概念相关，[1] 明示或默示地反映了国家被推定的意图，此种意图在特定情况下可能对于证明领土主权归属非常重要。[2] 一国积极主动地对争议领土实施主权行为，结合另一国做出的认为自身并不是主权者的明示或默示的同意，这两个方面证明了对争议领土的有效控制。

（一）承认

1. 承认的含义

承认是指一国对特定情势表示接受的积极行为，尽管也有可能是根据所有的相关情况推断该国的行为构成了承认，但仍然肯定了特定事实状态的存在。[3] 在领土争端中，当事国缔结领土或边界条约的行为可以反映出双方对领土归属的承认，但承认更主要表现为对违背自身利益的情形表示同意。[4] 例如，国际法院在 1986 年"军事和准军事活动案"中指出，对于一国代表人承认的不利于该国的事实或行为，法院将特别重视此种证据。[5] 承认可以表现为一国明确认可另一国对争议领土的主权，也可以根据当事国的行为进行推断，例如，接受其他国家的管辖等。

一般而言，争端当事国的承认对于确定领土主权归属具有重要的证据价值，第三国承认的法律效力较为有限。[6] 然而，对于两国存在竞争性主张的情况，第三国承认的作用将会有所提高。[7] 例如，在 1933 年"东格陵兰法律地位案"中，丹麦积极寻求第三国承认它对整个格陵兰岛的主权，常设国际法院也重点考虑了其他国家的承认。[8] 除此之外，联合国的承认也具有一定的意义，特别是

---

〔1〕 Thomas W. Donovan, "Suriname – Guyana Maritime and Territorial Disputes: A Legal and Historical Analysis", *Journal of Transnational Law and Policy*, Vol. 13, 2003, p. 82.

〔2〕 Malcolm N. Shaw, *International Law*, 7th edn, Cambridge University Press, 2014, p. 766.

〔3〕 Malcolm N. Shaw, *International Law*, 7th edn, Cambridge University Press, 2014, p. 767.

〔4〕 Ian Brownlie, "Recognition in Theory and Practice", *British Yearbook of International Law*, Vol. 53, 1982, p. 197.

〔5〕 *Military and Paramilitary Activities in and against Nicaragua (Nicaragua v. United States of America)*, *Merits*, *Judgment*, *I. C. J. Reports* 1986, p. 41, para. 64. See also *Armed Activities on the Territory of the Congo (Democratic Republic of the Congo v. Uganda)*, *Judgment*, *I. C. J. Reports* 2005, p. 201, para. 61.

〔6〕 Robert Jennings, *The Acquisition of Territory in International Law*, Manchester University Press, 1963, pp. 38 ~ 39.

〔7〕 Malcolm N. Shaw, *International Law*, 7th edn, Cambridge University Press, 2014, p. 767.

〔8〕 *Legal Status of Eastern Greenland (Denmark v. Norway)*, *Judgment of 5 April 1933*, *P. C. I. J.*, *Series A/B*, *No. 53*, pp. 37, 54 ~ 62.

联合国安理会可以通过有拘束力的决议，确定争议边界，终止领土争端。[1] 例如，联合国安理会第 687（1991）号决议要求伊拉克和科威特尊重 1963 年 10 月 4 日两国在巴格达签订的《科威特和伊拉克关于恢复友好关系、承认和相关事项的协议记录》中规定的国际边界和岛屿归属情况，请联合国秘书长进行协助，会同伊拉克和科威特做出安排，对两国边界进行标界，并向安理会提交报告，并且还决定根据《联合国宪章》酌情采取必要措施保证该边界的不可侵犯性。[2] 最后，承认的意义还体现在，如果多数国家拒绝承认某种领土主张，则有可能改变领土取得或变更的规则。[3] 例如，18 世纪多数国家拒绝承认发现能够产生对领土的权利，提出了实际定居和管理的更高标准。

2. 承认的具体表现

（1）绘制、发布或批准地图。

在领土争端中，当事国较为重视地图证据，基本在每个案件中都会提交大量的地图证据。[4] 然而，对于地图证据，国际法庭一般采取谨慎的态度，如国际法院分庭在 1986 年"边界争端案"中的意见："在领土争端中，地图只能构成准确性依个案而确定的信息。地图仅凭其存在，不能构成领土的权利依据，领土的权利依据是指获得国际法认可的文件，具有确定领土权利的固有法律效力。"[5] 国际法庭之所以采取较为审慎的态度对待地图具有一定的合理性。首先，许多地图缺乏准确性和技术可靠性，尤其是年代较为久远的地图，以及绘制

---

　　〔1〕　Malcolm N. Shaw, *International Law*, 7th edn, Cambridge University Press, 2014, p. 770.

　　〔2〕　See Resolution 687（1991）of 3 April 1991, http：//www. un. org/en/ga/search/view_ doc. asp? symbol = S/RES/687（1991）&referer = http：//www. un. org/en/sc/documents/resolutions/1991. shtml&Lang = E（Last visited on 30 December 2017）.

　　〔3〕　Georg Schwarzenberger, "Title to Territory：Response to a Challenge", *American Journal of International Law*, Vol. 51, 1957, p. 318.

　　〔4〕　当事方会出于各种目的提交地图证据，主要目的可以归纳为以下五类：其一，直观反映争议领土的地理状况或表明各自主张，通过地图可以鲜明地了解到双方主张的差别，掌握争端的主要问题，然而，该目的主要是出于技术需要，而与法律问题无关；其二，将地图作为上下文、嗣后协定或惯例或者准备材料，用于对领土或边界条约的解释，或者支持对条约文本解释的结论；其三，部分当事方将绘制或出版地图作为对争议领土实施主权行为的证据，表明其对领土展示和行使主权；其四，部分当事方将地图与默认、承认或禁止反言等规则相结合，支持对领土主权的主张；其五，也有当事方将地图作为直接证明领土主权归属的权利依据而提出。当然，当事方提出地图可能是出于多方面目的，例如，在 1998 年厄立特里亚和也门"领土仲裁案中"，也门认为至少有四个理由可以证明其对地图的使用：可以作为反映一般观点或立场的证据、反映政府态度的证据、反映国家对领土的管理以及构成与当事国利益相悖的默示或承认。See *Territorial Sovereignty and Scope of the Dispute*（*Eritrea and Yemen*）, *Award of 9 October* 1998, R. I. A. A., Vol. XXII, p. 292, para. 368.

　　〔5〕　*Frontier Dispute*（*Burkina Faso/Republic of Mali*）, *Judgment*, I. C. J. Reports 1986, p. 582, para. 54.

对象是人烟稀少并且缺乏有效管理的地区，特别是岛屿。在 1928 年"帕尔马斯岛案"中，仲裁员指出"在裁决领土主权问题时，只有非常谨慎才能考虑地图，至少是对于如帕尔马斯这样的岛屿。任何不能准确说明领土政治归属的地图，特别是没有清楚标示帕尔马斯岛归属的，都必须立即驳回，除非地图具有准确性，能够帮助确定地理名称的位置。"[1] 虽然从 20 世纪 50 年代起，由于航空和卫星遥感技术的进步，地图的技术可靠性得到显著提高，但是与人类活动相关的信息仍然制约着地图的效力，例如，文本规定的模糊性，无法将地图上绘制的地点或地名与实际地理情况相对应，部分地理情况发生了变化等[2]。其次，部分地图缺乏中立性，在绘制边界走向和领土归属时，政治因素可能发挥主导作用。如果地图体现的领土归属状况完全符合绘制地图一方的利益时，地图可能是出于自利目的，不能客观公正地反映领土在历史上或实践中的归属情况[3]。如小田法官在 1999 年"卡西基里/塞杜杜岛案"中指出："政府绘制的地图上可能反映该国政府对争议地区或岛屿主权归属的观点。然而，该事实本身对于确定争议地区或岛屿的法律地位并不具有决定性。此种地图上绘制的边界线可能代表了相关国家的最大化主张，但并不必然能够证明该主张的合理性。"[4] 在考虑地图证据时，法庭会重视地图制作的背景和说明文字，分析地图的绘制主体、参考资料、绘制目的、是否进行实地调查，结合这些资料判断地图是否准确、一致和中立[5]。

　　然而，即使满足了上述要求，地图仍不会取得高于补充证据的法律效力，它的作用一般仅限于支持法庭通过其他法律依据得出的结论。因此，地图一般不能作为确定领土归属的绝对和直接证据，通常只具有辅助或确认价值[6]。除了例外情况，地图只是外来证据，是否可信并不确定，需要结合其他间接证据确立或

---

〔1〕 *Island of Palmas case*（*United States of America/The Netherlands*），*Award of the Tribunal*, 4 April 1928, *R. I. A. A.*, *Vol. II*, p. 852.

〔2〕 张卫彬：《论地图在国际法院解决领土争端中的证明价值——析地图证据之于钓鱼岛列岛争端》，载《太平洋学报》2012 年第 20 卷第 4 期，第 13 页。

〔3〕 *Decision regarding Delimitation of the Border between Eritrea and Ethiopia*, 13 April 2002, *R. I. A. A.*, *Vol. XXV*, p. 114, para. 3. 19.

〔4〕 *Kasikili/Sedudu Island*（*Botswana/Namibia*），*Separate Opinion of Judge Oda*, *I. C. J. Reports* 1999, p. 1133, para. 40.

〔5〕 Dennis Rushworth, "Mapping in Support of Frontier Arbitration: Maps as Evidence", *Boundary and Security Bulletin*, 1997 ~ 1998, p. 52.

〔6〕 *Frontier Dispute*（*Burkina Faso/Republic of Mali*），*Judgment*, *I. C. J. Reports* 1986, pp. 582 ~ 583, paras. 55 ~ 56. See also *Frontier Dispute*（*Benin/Niger*），*Judgment*, *I. C. J. Reports* 2005, p. 119, para. 44; *Territorial and Maritime Dispute between Nicaragua and Honduras in the Caribbean Sea*（*Nicaragua v. Honduras*），*Judgment*, *I. C. J. Reports* 2007, pp. 723 ~ 724, paras. 216 ~ 217.

复原真实的情况。[1] 尽管如此，在例外情况下，地图仍然可能具有一定的证据价值，特别是一国出版、发行或批准的地图可能构成对他国领土主张的承认，因而不利于该国的主张，这也是承认的较为常见的表现形式之一。

国际法院分庭在 1986 年"边界争端案"中指出："在特定情况下，地图可以取得法律效力，然而此种法律效力并不仅仅因为该地图本身的优劣，而是由于该地图客观反映了相关国家的意志。例如，地图附于官方文本之后而成为组成部分。"[2] 当事国在缔结条约之后，可能将边界绘制于地图之上，并将该地图附于条约之后，此时地图构成了条约的一部分，客观反映了双方当事国的合意，也可以将此种情形理解为当事国通过合意承认了地图的法律效力。例如，在 2002 年"陆地和海洋边界案"中，关于喀麦隆和尼日利亚乍得湖地区的边界，1919 年划分英国和法国委任统治地范围的《米尔纳 - 西蒙宣言》（Milner - Simon Declaration）规定"边界始于英法德三条旧边界线位于乍得湖的交点，即北纬 13°05′和东经约 14°05′，然后边界沿直线到达伊贝基（Ebeji）河口……"根据该宣言的文本规定本身，并不能准确确定边界的各个拐点，法院需要确定英法德边界三交点以及伊贝基河口的准确位置。此外，从 1931 年开始，乍得湖水位下降，伊贝基河目前到乍得湖不止一个河口，而是分为东西两个河道，也就是存在两个河口。法院主要参考了 1919 年英国和法国划分殖民地的《米尔纳 - 西蒙宣言》后附莫塞尔（Moisel）地图以及收录《米尔纳 - 西蒙宣言》的 1931 年《亨德森 - 弗奥利奥换文》（Henderson - Fleuriau Exchange of Notes）所附地图，发现两张地图确认的三交点和伊贝基河口坐标值基本一致，并且与后来乍得湖流域委员会所使用的坐标值也大致相同，最终根据莫塞尔地图确定了三交点以及河口的位置。[3]

即使地图没有附于官方文本之后，当事国也可以通过其他明示的约定赋予地图特定证据效力。例如，在 2013 年"边界争端案"中，布基纳法索和尼日尔在将争端提交国际法院审理的《特别协议》中约定：解决争端所应当适用的法律之一就是两国于 1987 年 3 月 28 日签订的协定（后简称"《1987 年协定》"）。而

〔1〕 *Frontier Dispute*（*Burkina Faso/Republic of Mali*），*Judgment*，*I. C. J. Reports* 1986，p. 582，para. 54.

〔2〕 *Frontier Dispute*（*Burkina Faso/Republic of Mali*），*Judgment*，*I. C. J. Reports* 1986，p. 582，para. 54. See also *Kasikili/Sedudu Island*（*Botswana/Namibia*），*Judgment*，*I. C. J. Reports* 1999，p. 1098，para. 84；*Frontier Dispute*（*Benin/Niger*），*Judgment*，*I. C. J. Reports* 2005，p. 119，para. 44；*Sovereignty over Pulau Ligitan and Pulau Sipadan*（*Indonesia/Malaysia*），*Judgment*，*I. C. J. Reports* 2002，p. 667，para. 88；*Decision regarding Delimitation of the Border between Eritrea and Ethiopia*，13 April 2002，*R. I. A. A.*，*Vol. XXV*，p. 113，para. 3. 18.

〔3〕 *Land and Maritime Boundary between Cameroon and Nigeria*（*Cameroon v. Nigeria*；*Equatorial Guinea intervening*），*Judgment*，*I. C. J. Reports* 2002，pp. 345 ~ 346，paras. 57 ~ 61.

《1987 年协议》第 1 条规定，边界应该根据 1927 年 8 月 31 日法令以及 1927 年 10 月 5 日勘误确定；第 2 条规定，如果法令和勘误不够充分，则应按照 1960 年法国国家地理协会发布的 1：200000 地图或者其他双方同意的相关文件确定。[1] 在该案中，除了 1960 年地图之外，没有其他当事方同意的文件。因此，根据当事方的承认，如果法令不充分，1960 年地图上的边界线将具有决定性价值。[2]

　　除了明确在文件中约定地图的法律效力之外，也可以通过当事国行为推断它们承认地图具有拘束力。正如国际法院在 2008 年 "白礁、中礁和南礁主权案" 中指出的那样，国际法并没有规定共同意志的形式，也可以根据当事国的行为进行推断，关键在于判断当事方的意图。[3] 例如，在 1962 年 "柏威夏寺案" 中，代表柬埔寨的法国与泰国（当时称暹罗）建立联合划界委员会确定两国边界，并于 1904 年签订了划界条约（后简称 "《1904 年条约》"）。后经泰国请求，法国方面绘制了若干张地图，其中之一绘制了柏威夏寺地区的边界，案件中称其为 "附件 1 地图"。该地图并没有附于《1904 年条约》之后，也没有得到联合划界委员会的批准。尽管如此，国际法院认为，当事国通过行为承认了附件 1 地图及其所示边界线反映了划界工作的结果，因而具有拘束力。尤其是泰国的众多行为，包括：向驻各国使领馆和各级地方政府分发地图，向法方索要更多的地图等，[4] 表明泰国实际上接受了附件 1 地图，从而承认了该地图所示界线为边界线。法院指出，通过整体考虑，泰国的随后行为确认和证实了它最初的接受，泰国的行为无法对此表示否认。[5]

　　如果地图不能明示或默示地反映出当事方的共同意志，它的效力取决于来源、比例和绘图质量、与其他地图的一致性、当事方对地图的适用、公开程度、受到不利影响的当事方承认或默认地图的程度以及与地图绘制方利益的相悖程度。[6] 例如，在 1999 年 "卡西基里/塞杜杜岛案" 中，根据划定英德殖民地边界的《1890 年条约》，边界应当是河流主河道，边界位置大致根据 1889 年地图

〔1〕　*Frontier Dispute* (*Burkina Faso/Niger*), *Judgment*, *I. C. J. Reports* 2013, p. 74, para. 64.

〔2〕　*Frontier Dispute* (*Burkina Faso/Niger*), *Judgment*, *I. C. J. Reports* 2013, p. 76, para. 68.

〔3〕　*Sovereignty over Pedra Branca/Pulau Batu Puteh*, *Middle Rocks and South Ledge* (*Malaysia/Singapore*), *Judgment*, *I. C. J. Reports* 2008, p. 50, para. 120.

〔4〕　*Case concerning the Temple of Preah Vihear* (*Cambodia v. Thailand*), *Merits*, *Judgment*, *I. C. J. Reports* 1962, pp. 22 ~ 23.

〔5〕　*Case concerning the Temple of Preah Vihear* (*Cambodia v. Thailand*), *Merits*, *Judgment*, *I. C. J. Reports* 1962, pp. 32 ~ 33.

〔6〕　*Decision regarding Delimitation of the Border between Eritrea and Ethiopia*, 13 April 2002, *R. I. A. A.*, *Vol. XXV*, p. 114, para. 3. 21.

确定。然而，现在河流分为南、北两个河道，关键是判断哪条是 1890 年缔约时的主河道。但在 1889 年地图上并没有绘制争议地区的边界线，该地图也没有附于《1890 年条约》之后。1890 年之后发布的地图，有一段时间将边界线绘制在岛屿南部的河道。1947 年到 1948 年该地区的边界问题开始显现，卡普里维当局（即纳米比亚独立前英国的管理机构）和贝专纳当局（博茨瓦纳独立前为英属贝专纳保护地）的当地官员同意："'主河道'并不是……通常在地图上显示为边界的河道。"1948 年 1 月 26 日致贝专纳当局秘书长的信件中，官员认为根据《1890 年条约》，边界应当沿北部河道，显示边界位于南部河道的地图是"不准确的……可能是由没有调查河流以确定主河道的人员绘制的。"两地政府之后的通信也清楚地表明，它们关于争议岛屿的地位以及边界位置持不同的观点。[1]考虑到没有地图正式反映了《1890 年条约》缔约国的意图，当事国或其被继承国关于地图所示边界线的有效性都没有达成明示或默示的合意，并且，地图资料本身具有不确定性和不一致性，法院认为不能根据地图证据得出结论。[2] 因此，该证据不能支持法院通过与地图无关的方法得出的结论，也不能改变法院之前解释《1890 年条约》的结论。

　　如果一国绘制或出版的地图，将争议领土标为己方领土，那么可能由于缺乏中立性，该地图不会获得较高的证据效力。然而，如果该国绘制或出版的地图将争议领土标记为对方领土，那么该地图可能因承认而具有较高的证据效力。[3]在这种情况下，地图能够客观地表明当事国的立场，构成了不利于己方利益的承认。诚如 2002 年厄立特里亚和埃塞俄比亚"划界决定案"中边界委员会的观点，地图仍然可能说明了地理事实，特别是受其不利影响的国家自己绘制或出版地图，而该地图有悖于该国的利益。[4] 此种观点突出反映在 2008 年"白礁、中礁和南礁主权案"中，新加坡非常重视马来亚和马来西亚在 1962 年、1965 年、1970 年、1974 年和 1975 年发布的 6 张地图，因为地图对白礁岛有类似的注释："灯塔 28，白礁岛，霍士堡，新加坡"。地图上相同的注释也出现在其他毫无争议地属于新加坡的岛屿上，而属于马来西亚的香蕉岛（Pisang）上却没有类似的

---

〔1〕 *Kasikili/Sedudu Island* (*Botswana/Namibia*), *Judgment*, *I. C. J. Reports* 1999, pp. 1098 ~ 1100, paras. 84 ~ 85.

〔2〕 *Kasikili/Sedudu Island* (*Botswana/Namibia*), *Judgment*, *I. C. J. Reports* 1999, p. 1100, para. 87.

〔3〕 *Island of Palmas case* (*United States of America/The Netherlands*), *Award of the Tribunal*, 4 April 1928, *R. I. A. A.*, *Vol. II*, p. 853. See also Romulo R. Ubay Jr, "Evidence in International Adjudication: Map Evidence in Territorial Sovereignty Dispute Cases", *Aegean Review of the Law of the Sea and Maritime Law*, 1, 2011, p. 297.

〔4〕 *Decision regarding Delimitation of the Border between Eritrea and Ethiopia*, 13 April 2002, *R. I. A. A.*, *Vol. XXV*, p. 116, para. 3. 28.

注释，虽然该岛上也建有新加坡管理的灯塔，这表明注释与灯塔的所有权和管理无关。新加坡主张，这 6 张地图构成了不利于马来西亚的承认；而马来西亚的抗辩理由是，地图并不能确定权利，地图不能等同于承认，除非包含在条约中或用于国际谈判，存在问题的地图都附有免责声明。对此，国际法院认为，新加坡只是主张地图反映了马来西亚的官方观点而不是创设权利，承认也有可能发生在其他情况中，即使存在免责声明，马来西亚仍然需要进行抗议。因此，法院最终的结论是：尽管新加坡直到 1995 年才首次发布地图将白礁岛标记为新加坡领土，但与马来亚和马来西亚在 1962 年到 1975 年出版的地图相比，新加坡行为的证据效力相当有限，相关地图倾向于证实马来西亚认为白礁岛主权应当属于新加坡。[1] 在 2012 年"领土和海洋争端案"中，哥伦比亚提交了大量本国、尼加拉瓜和第三国绘制的地图。国际法院首先指出，根据一贯的司法实践，地图作为主权证据的效力一般有限。然而，尼加拉瓜于 1980 年之前发布的地图没有标明争议岛礁属于尼加拉瓜，而哥伦比亚的地图，甚至部分尼加拉瓜发布的地图显示，至少部分争议岛礁属于哥伦比亚，但没有一个争议岛礁属于尼加拉瓜。法院因此认为，尽管本案中地图的证据价值相对有限，但仍然支持了哥伦比亚的主张。[2] 类似的情况还出现在 2015 年"边界地区活动案"中。[3] 上述国际司法和仲裁实践表明，如果一国绘制、出版或批准的地图将争议领土标记为己方领土，那么可能因缺乏中立性而不具有重要的证明力；然而，如果一国绘制、出版或批准的地图将争议领土标记为对方领土，则有可能构成不利于己方主张的承认，因而具有重要的证据效力。

（2）在条约和其他文件中承认对方的领土主权。

相关当事国可以在划界或领土条约中明确规定主权归属，在一定程度上，可以认为一方当事国承认了对方的主张，这种条约对于解决领土争端可能具有决定性效力。[4] 除了专门解决领土主权归属问题的条约之外，当事国也可以在其他类型的条约中承认他国的领土主权。例如，在商事条约中，可能并不会直接规定

〔1〕 *Sovereignty over Pedra Branca/Pulau Batu Puteh*, *Middle Rocks and South Ledge* (*Malaysia/Singapore*), *Judgment*, I. C. J. *Reports* 2008, pp. 94 ~ 95, paras. 269 ~ 272.

〔2〕 *Territorial and Maritime Dispute* (*Nicaragua v. Colombia*), *Judgment*, I. C. J. *Reports* 2012, pp. 661 ~ 662, paras. 100 ~ 102.

〔3〕 *Certain Activities carried out by Nicaragua in the Border Area* (*Costa Rica v. Nicaragua*) *and Construction of a Road in Costa Rica along the San Juan River* (*Nicaragua v. Costa Rica*), *Judgment*, I. C. J. *Reports* 2015, p. 702, para. 85.

〔4〕 Georg Schwarzenberger, "Title to Territory: Response to a Challenge", *American Journal of International Law*, Vol. 51, 1957, p. 318.

各自领土的范围，然而，部分商事条约的目的是为了给予其他国家在一国领土范围内特定的贸易和航行便利，因此，是否给予某一区域此种便利构成了相关的问题。[1] 例如，在 1933 年"东格陵兰法律地位案"中，常设国际法院认为挪威和丹麦缔结的各种双边条约可以证明挪威承认了丹麦对整个格陵兰岛的主权，包括 1826 年 11 月 2 日丹麦与瑞典和挪威联合王国缔结的商事条约，其中第 5 条规定该条约只对丹麦王国适用，而不对格陵兰岛、冰岛和法罗群岛等丹麦殖民地适用；1920 年、1924 年和 1929 年《万国邮政公约》规定作为丹麦组成部分的法罗群岛和格陵兰岛属于万国邮政联盟，挪威接受了这些具有拘束力的双边或多边条约，表明它承认整个格陵兰岛属于丹麦。[2]

　　除了在条约中承认对方领土主权之外，当事国也有可能在其他文件中表示承认，例如外交换文或通信。在 1953 年"明基埃和埃克荷斯案"中，1820 年 6 月 12 日，法国驻伦敦大使送交英国外交办公室照会，转交了一封 1819 年 9 月 14 日法国海军部长致法国外交部长的信件，其中明确提到明基埃岛是"英国领土"，在一幅附带的海图中也将明基埃岛标记为英国领土。国际法院认为该表述证明了当时法国的官方意见。[3] 在 2008 年"白礁、中礁和南礁主权案"中，1953 年 6 月 12 日新加坡殖民地秘书致信柔佛苏丹英国顾问，寻求证明柔佛是否已将白礁岛出租或割让的相关信息，英国顾问将该信件转交柔佛政府。柔佛代理州秘书于 1953 年 9 月 21 日的回信表示不主张白礁岛所有权。国际法院认为，1953 年信件对于确定当事国关于白礁岛主权不断发展的理解至关重要。柔佛的回复表明，它当时不认为拥有白礁岛主权，而鉴于柔佛的回复，新加坡当局没有理由质疑自身对白礁岛的主权。[4]

　　（3）接受其他国家的管辖。

　　一国对争议领土实施管辖权可以表明它的主权主张，如果另一国对此表示配合，甚至积极响应，则有可能构成不利于己方主张的承认。例如，在 2008 年"白礁、中礁和南礁主权案"中，1974 年来自印度尼西亚、日本、马来西亚和新加坡的人员组成小组进行潮汐调查，新加坡官员致信马来西亚官员，要求提供将

---

〔1〕　*Legal Status of Eastern Greenland* (Denmark v. Norway), *Judgment of 5 April* 1933, *P. C. I. J.* , *Series A/B* , *No.* 53, p. 52.

〔2〕　*Legal Status of Eastern Greenland* (Denmark v. Norway), *Judgment of 5 April* 1933, *P. C. I. J.* , *Series A/B* , *No.* 53, pp. 68～69.

〔3〕　*The Minquiers and Ecrehos case* (France/United Kingdom), *Judgment*, 1953, *I. C. J. Reports* 1953, p. 71.

〔4〕　*Sovereignty over Pedra Branca/Pulau Batu Puteh* , *Middle Rocks and South Ledge* (Malaysia/Singapore), *Judgment*, *I. C. J. Reports* 2008, p. 80, para. 223.

在霍士堡灯塔停留的马来西亚成员的名单及相关信息，马来西亚官员提供了详细信息。1978 年，马来西亚向新加坡请求许可马来西亚政府船舶进入新加坡领海并检查仪器，指定的地点之一就是霍士堡灯塔，新加坡外交部同意了该请求。[1]这些行为表明马来西亚认为白礁岛属于新加坡。在 2002 年"陆地和海洋边界案"中，20 世纪 80 年代之前，尼日利亚驻雅温得（Yaoundé）大使馆或领事馆官员访问居住在巴卡西半岛的尼日利亚国民之前，都向喀麦隆当局提出了正式请求，该事实表明尼日利亚承认喀麦隆对于巴卡西半岛的主权。[2]

（二）默认

1. 默认的含义

默认是一个消极的概念，是指默示同意（tacit recognization），对于另一国的行为，需要做出反应以表示不同意或反对的情况，而一国单方面地沉默或不作为，由此推断出该国表示了同意（consent）。[3]默认的通常表现是，国家面临权利受到危及或侵犯的情形，一般应当积极反应以表示反对，但国家却表现为沉默或不抗议，[4]在这种情况下，另一国可以将其理解为同意。[5]正如国际法院在1962 年"柏威夏寺案"中的观点："必须并且能够做出表达，沉默意味着同意（*Qui tacet consentire videtur si loqui debuisset ac potuisset*）"。[6]在领土争端解决的背景中，虽然一国实际拥有或者主张领土主权，但对于另一国的相竞争主张，无论表现为何种形式，包括明确的声明或以主权者名义对领土展示主权等，该国保持

---

〔1〕　*Sovereignty over Pedra Branca/Pulau Batu Puteh，Middle Rocks and South Ledge（Malaysia/Singapore），Judgment，I. C. J. Reports* 2008，p. 84，paras. 237 ~ 238.

〔2〕　*Land and Maritime Boundary between Cameroon and Nigeria（Cameroon v. Nigeria：Equatorial Guinea intervening），Judgment，I. C. J. Reports* 2002，p. 412，para. 216.

〔3〕　Nuno Antunes，"Acquiescence"，para. 2，Max Planck Encyclopedia of Public International Law，Oxford University Press，http：//opil. ouplaw. com/view/10. 1093/law：epil/9780199231690/law – 9780199231690 – e1373？rskey = DdVkaG&result = 2&prd = EPIL（Last visited on 30 December 2017）.

〔4〕　I. C. MacGibbon，"The Scope of Acquiescence in International Law"，*British Yearbook of International Law*，Vol. 31，1954，p. 143.

〔5〕　*Delimitation of the Maritime Boundary in the Gulf of Maine Area（Canada/United States of America），Judgment，I. C. J. Reports* 1984，p. 305，para. 130.

〔6〕　*Case concerning the Temple of Preah Vihear（Cambodia v. Thailand），Merits，Judgment，I. C. J. Reports* 1962，p. 23. 类似的观点反映在国际法院在 2008 年"白礁、中礁和南礁主权案"中的观点："沉默意味着表示（silence may also speak），如果另一方的行为要求回应。" See *Sovereignty over Pedra Branca/Pulau Batu Puteh，Middle Rocks and South Ledge（Malaysia/Singapore），Judgment，I. C. J. Reports* 2008，pp. 50 ~ 51，para. 121.

沉默，没能及时提出抗议或采取进一步措施，则有可能构成默认。[1] 默认的效力主要来源于善意和公平，由于在国际法体系中缺乏立法者和实施者，国际法主体之间的互动将非常重要，国家做出同意的表示对于维护国际关系的稳定性和可预期性至关重要。[2] 赋予默认法律效力主要是出于公平的考虑，保护其他国家的信赖利益免受损害，在一定条件下，表示默认的国家之后不能再提出质疑。[3]

默认不同于承认，承认通常表现为积极认可，而默认的主要表现形式是消极不作为。尽管两者在理论上存在显著区别，然而在实践中却并不容易进行区分，尤其是当事国并没有明确表示承认特定事实或主张而是根据当事国其他行为推定其做出承认的情况。尽管如此，承认即使是推定的，也是根据一国采取的积极行为，而默认一般限于需要抗议却没有表示抗议的情况，更多表现为不作为。承认和默认的共同之处在于，两者都是国家做出同意的意思表示。在国际司法和仲裁实践中，国家对事实或法律表示同意的意图，无论是明示的还是默示的，对于解决领土主权归属都具有重要的证据效力。[4]

有必要区分相关国家的默认和国际社会的普遍默认。在领土争端解决中，一个或几个与领土存在关联的国家的默认是证明主权归属的重要证据，而国际社会的普遍默认对于判断和认定国际法的新发展具有意义。普遍默认可能使来源存在争议的实践合法化，一系列的默认甚至可能赋予违法的领土取得合法性。[5] 国家的普遍默认使之前违反国际法或缺乏国际法规制的情形合法化，从而产生新的国际法规范，有学者将其称之为"国际法的立法过程"，默认的价值在于承认合法性和赦免不法性，从而提供更为客观和实际的判断标准。[6] 1951 年英国诉挪威"渔业案"可以反映出这个过程，国际法院认为挪威 1869 年和 1889 年划界法令的颁布和实施都没有引起其他国家的任何反对。此外，这些法令实施了明确和

---

〔1〕　宋岩：《论领土争端解决中的默认》，载《亚太安全与海洋研究》2016 年第 1 期，第 77 页。

〔2〕　Nuno Antunes, "Acquiescence", paras. 26~27, *Max Planck Encyclopedia of Public International Law*, http://opil.ouplaw.com/view/10.1093/law：epil/9780199231690/law-9780199231690-e1373? rskey=DdVkaG&result=2&prd=EPIL（Last visited on 30 December 2017）.

〔3〕　I. C. MacGibbon, "The Scope of Acquiescence in International Law", *British Yearbook of International Law*, Vol. 31, 1954, p. 147.

〔4〕　Robert Jennings, *The Acquisition of Territory in International Law*, Manchester University Press, 1963, p. 38.

〔5〕　Malcolm N. Shaw, *Title to Territory in Africa：International Legal Issues*, Oxford：Clarendon Press, 1986, p. 23.

〔6〕　I. C. MacGibbon, "The Scope of Acquiescence in International Law", *British Yearbook of International Law*, Vol. 31, 1954, p. 145. Sea also Donald W. Greig, "Sovereignty, Territory and the International Lawyer's Dilemma", *Osgoode Hall Law Journal*, Vol. 26, No. 1, 1988, p. 134.

统一的制度，该制度本身获得了普遍容忍的利益，这构成历史性巩固的基础，使相关法令对其他国家具有强制力。挪威所实施的直线基线制度是由于海岸特殊的地理情况；在争端产生之前，持续和持久的实践已经巩固了此种方法，各国政府的态度表明它们不认为该方法违反了国际法。[1] 因为国际社会的普遍默认，赋予了新的直线基线制度合法性，后来的 1958 年《领海和毗连区公约》以及 1982 年《联合国海洋法公约》都以国际法院在"渔业案"中的意见为基础规定了直线基线制度。

　　除此之外，对于取得无主地主权的情形，如果先占发生的时间过于久远，关于领土的法律地位可能存在争议，在这种情况下，默认可以提供帮助以确定先占发生之时领土的真实法律地位。[2] 在 2008 年"白礁、中礁和南礁主权案"中，当事双方关于白礁岛是否是无主地存在争议，国际法院认为白礁岛不是无主地，应当属于马来西亚的被继承国柔佛。理由之一就是在整个柔佛古国的历史中，没有证据表明存在对新加坡海峡中岛屿的竞争主张，从 16 世纪初到 19 世纪中期，没有其他国家曾主张过白礁岛的主权。[3]

　　2. 默认的构成要件

　　（1）知道或者应当知道对方的领土主张。

　　面对他国对领土的主张，无论表现为明确的声明或是对争议领土实施主权行为，一国保持沉默或不作为则有可能构成默认。尽管如此，并非在所有的情况下，国家都应当做出反应，因为当事国只有在明确知道或应当知道他国的主张时，才有可能决定是否做出反应。[4] 如果其他国家秘密采取或者故意掩盖其主张或行为，当事国没有及时做出反应也是可以理解的，因而不能被推定为默认。因此，知情是判断是否构成默认的前提条件，这也符合公平及合理标准。[5] 例如，在 1962 年"柏威夏寺案"中，1934 年到 1935 年泰国进行了自己的调查，调查范围包括了柏威夏寺地区。泰国认为，该调查已经发现法国绘制的附件 1 地

---

〔1〕 *Fisheries case* (*United Kingdom v. Norway*), *Judgment*, *I. C. J. Reports* 1951, pp. 138~139.

〔2〕 I. C. MacGibbon, "The Scope of Acquiescence in International Law", *British Yearbook of International Law*, Vol. 31, 1954, p. 168.

〔3〕 *Sovereignty over Pedra Branca/Pulau Batu Puteh*, *Middle Rocks and South Ledge* (*Malaysia/Singapore*), *Judgment*, *I. C. J. Reports* 2008, pp. 35~36, paras. 62~66.

〔4〕 Marcelo G Kohen, Mamadou Hébié, "Territory, Acquisition", para. 14, *Max Planck Encyclopedia of Public International Law*, http://opil. ouplaw. com/view/10. 1093/law: epil/9780199231690/law - 9780199231690 - e1118? rskey = POhLEA&result = 1&prd = EPIL (Last visited on 30 December 2017).

〔5〕 I. C. MacGibbon, "The Scope of Acquiescence in International Law", *British Yearbook of International Law*, Vol. 31, 1954, p. 183.

图线和泰国主张的分水线存在不同，导致地图显示寺庙位于柬埔寨一侧。在该日期之后，虽然泰国最终出版了部分地图表明柏威夏寺属于泰国，但仍继续使用附件 1 地图或者其他显示柏威夏寺属于柬埔寨的地图，甚至是为了公共或官方目的而使用相关地图。更加无法忽视的相关事实是：在完成自己的调查仅仅两年之后，也就是 1937 年，泰国与法国签订了新的条约，再次确认了双方已经划定了的共同边界，泰国皇家调查部门甚至发布了一幅地图，显示柏威夏寺位于柬埔寨。国际法院对此的意见是：如果泰国真的认为地图标明的柏威夏地区边界是不正确的，它能够并且应当提出该问题。然而，它不仅没有这样做，甚至还在 1937 年自己出版的地图中标明柏威夏寺位于柬埔寨。那么结论只可能是：泰国接受了附件 1 地图及其所示边界，虽然它明确知道那是不正确的，即使是在 1934 年到 1935 年泰国调查之后，已经明确知晓该地图与其主张相反。[1]

对于一国秘密地对争议领土做出的主张或实施的主权行为，即使另一国没有表示反对或抗议，也不能推定它构成了默认。例如，在 2008 年"白礁、中礁和南礁主权案"中，对于马来西亚和新加坡提出的内部保密文件，因为另一方无法获知，所以国际法院不认可相关文件的效力。[2] 本书在第二章中分析了主权行为需要满足的一般标准，其中之一就是公开性要求，公开性对于确定默认意义重大。[3] 尽管如此，如上文所述，公开性并不要求实施主权行为的一国积极主动地通知其他国家，只要不故意掩盖其行为即可。

在国际诉讼中，一国常以不知情为由对抗默认，然而通常难以获得国际法庭的支持，对此国际法庭将分析案件的具体情况，采取较为严格的标准进行审查，甚至推定该国知情。[4] 这是因为，对于权利，尤其是对国家而言至关重要的领土主权，为了保留或维持此种权利，国家一般会采取一切可能的措施对其进行保护。难以想象，面对他国损害此种权利的主张或行为，国家会保持沉默而不采取任何措施，除非该国认为自身不拥有此种权利或对此表示了放弃。因此，在国际司法和仲裁实践中，国家以不知情为由将很难说服国际法庭，难度与国家保护其权利应当表现出的责任感和警惕性是相对应的，这种情况使法庭通常持怀疑的态

---

〔1〕　*Case concerning the Temple of Preah Vihear（Cambodia v. Thailand）*，*Merits*，*Judgment*，I. C. J. *Reports* 1962，pp. 27～28.

〔2〕　*Sovereignty over Pedra Branca/Pulau Batu Puteh*，*Middle Rocks and South Ledge*（*Malaysia/Singapore*），*Judgment*，I. C. J. *Reports* 2008，p. 86，paras. 242～243.

〔3〕　D. H. N. Johnson，"Acquisitive Prescription in International Law"，*British Yearbook of International Law*，Vol. 27，1950，p. 347.

〔4〕　宋岩：《论领土争端解决中的默认》，载《亚太安全与海洋研究》2016 年第 1 期，第 65 页。

度对相关事实进行仔细的分析。[1] 例如，在 1951 年"渔业案"中，关于挪威实施的直线基线制度，英国政府提出的抗辩理由之一就是对此毫不知情。国际法院并没有支持英国的主张，主要考虑了北海渔业资源对英国的重要意义、挪威长期反复的立法和实践以及英国采取措施要求挪威遵守 1882 年《北海渔业公约》等事实，上述事实表明：英国不可能不了解挪威实施的直线基线制度，法院推定英国知道或应当知道挪威的主张，所以挪威的制度可以对英国适用。[2] 关于他国对领土的主张或行为，则更有可能推定实际拥有或主张该领土主权的国家知情，因为难以想象恶意进行的占有能够长期秘密进行而不为人知；此外，领土对于国家至关重要，一般涉及高度敏感性，国家为了维护领土主权和国家安全，会特别关注其他国家对领土的行为和态度，尤其是存在领土争端时。[3] 在这种情况下，国家不可能不注意到其他国家的相关活动。因此，国际法庭会推定知情，更重视国家行使主权的公开性，而不是其他国家是否实际知晓相关活动。[4]

　　尽管如此，推定知情也存在例外情况，需要结合争议领土的地理特征以及具体案情进行判断。如果争议领土地处偏远且无人居住，在这种情况下，国家可能无法获知对方的主权主张或发觉自身权利受到损害，即使没有做出适当的反应并不一定构成默认。[5] 例如，在 1998 年厄立特里亚和也门"领土仲裁案"中，关于当时管理厄立特里亚的埃塞俄比亚所进行的海军活动，北也门和之后的也门共和国除了 1976 年曾向联合国安理会提出过抗议之外，没有其他对埃塞俄比亚表示抗议的行为。对此，仲裁法庭认为，尽管缺乏抗议通常表明了一定程度的默认，然而，法庭在考虑证据时需要权衡四个因素，包括：其一，争议岛屿的位置，岛上无人居住并且缺乏岛上人员与大陆的正常联系；其二，埃塞俄比亚的多数巡航是在晚上进行的；其三，部分巡航活动快速进行的事实；其四，当时存在

　　〔1〕 I. C. MacGibbon, "The Scope of Acquiescence in International Law", *British Yearbook of International Law*, Vol. 31, 1954, p. 181.

　　〔2〕 *Fisheries case* (*United Kingdom v. Norway*), *Judgment I. C. J. Reports* 1951, pp. 138 ~ 139.

　　〔3〕 宋岩：《论领土争端解决中的默认》，载《亚太安全与海洋研究》2016 年第 1 期，第 66 页。

　　〔4〕 *Juridical Regime of Historic Waters, Including Historic Bays, Study prepared by the Secretariat*, A/CN. 4/143, *Yearbook of International Law Commission*, 1962, Vol. II, p. 130.

　　〔5〕 宋岩：《论领土争端解决中的默认》，载《亚太安全与海洋研究》2016 年第 1 期，第 65 页。

内战敌对状态的事实等[1] 因此，仲裁法庭并没有给予埃塞俄比亚的海军巡航活动较高的证明力。类似的情况发生在1959年"某些边界土地主权案"中，比利时与荷兰签订的《1843年边界条约》确定了两块争议领土属于比利时。尽管如此，荷兰提出它对争议领土实施的主权行为足以取代比利时根据条约的权利，并且提出了多项证据证明其对争议领土的管理。对此，国际法院的观点是：荷兰的行为应当结合争议领土的地理特征进行评价，争议领土是被荷兰领土包围的飞地，因此，对于荷兰实施的行为，比利时没有发现并做出及时反对是可以理解的，不能推定比利时默认了荷兰的行为而放弃根据条约取得的权利。[2]

（2）应当并且能够抗议。

并不是所有的沉默都能构成默认，首先必须明确在什么情况下应当有所反应。有学者认为，在获知某一情形或者该情形已经普遍公开后，如果根据特别协议或者普遍实践，对于该情形，国家本能够或者应当做出抗议，一国保持沉默可以被合理地解释为默认或者放弃主张。[3] 如果一国实际拥有或主张领土主权，但另一国对该领土实施主权展示行为，在这种情况下，如果前者仍然希望维持和保护其领土主权则应当对此提出抗议，此时保持沉默则有可能构成不利于自身权利的默认。[4] 例如，在1962年"柏威夏寺案"中，1930年暹罗前内政部长、时任暹罗皇家研究院主席的丹龙亲王（Damrong）访问柏威夏寺，这次访问得到了暹罗国王的同意，因而具有半官方性质。当亲王到达寺庙时，受到了法国代表的正式接待，并且当场还悬挂有法国国旗。国际法院认为，亲王不可能无法理解具有此种性质接待的含义，无法想象还存在能够更清楚地确认柬埔寨权利的方式。

---

[1] *Territorial Sovereignty and Scope of the Dispute* (*Eritrea and Yemen*), *Award of* 9 *October* 1998, *R. I. A. A.*, *Vol. XXII*, p. 282, para. 306. 类似的情况还包括埃塞俄比亚（厄立特里亚当时属于埃塞俄比亚）对也门石油许可的态度，对于也门1974年壳牌石油协议、1974年地震许可、1984年石油许可协议以及1990年英国石油公司石油许可协议，埃塞俄比亚政府都没有做出抗议，尽管上述协议的合同区域中包含了部分争议岛屿，并且进行了公布。仲裁法庭认为应该考虑埃塞俄比亚正处于内战之中，特别是对于1990年协议，此时埃塞俄比亚深陷内战的后期，政府接近崩溃，没有注意到协议并做出抗议是可以理解的。See *Territorial Sovereignty and Scope of the Dispute* (*Eritrea and Yemen*), *Award of* 9 *October* 1998, *R. I. A. A.*, *Vol. XXII*, pp. 303 ~ 304, para. 415.

[2] *Case concerning Sovereignty over certain Frontier Land* (*Belgium/Netherlands*), *Judgment*, *I. C. J. Reports* 1959, p. 229.

[3] Anzilotti, *Cours de Droit International* (French translation by Gidel, 1929), p. 344. In I. C. MacGibbon, "The Scope of Acquiescence in International Law", *British Yearbook of International Law*, Vol. 31, 1954, p. 170.

[4] Georg Schwarzenberger, "Title to Territory: Response to a Challenge", *American Journal of International Law*, Vol. 51, 1957, p. 321. See also Artur Kozlowski, "The Legal Construct of Historic Title to Territory in International Law", *Polish Yearbook of International Law*, Vol. 30, 2010, p. 76.

对于这种情形，需要有所反应，但泰国却没有做任何事情。整体分析该事件，法院认为泰国默示承认了柬埔寨的主权。面对明显竞争的主张，此种场合要求做出反应以确认或保留权利，泰国却没有以任何方式做出反应。这清楚地表明泰国事实上不认为其具有任何权利——这完全符合它长期关于附件 1 地图及所示界线的态度，也表明了它不打算主张权利，再次证明泰国接受了法国的主张，或者接受了地图边界线。[1]

尽管如此，如果一方并没有对争议领土做出明确和具体的主权主张，或者该主张与领土主权问题无关，对于这种情况，相关国家并没有必要做出反应，即使保持沉默也不一定构成默认，需要结合当事国的具体主张以及做出主张的背景进行分析。[2] 例如，在 2002 年"利吉坦和西巴丹岛屿主权案"中，为了确定英国和荷兰《1891 年条约》所确定的边界线是否超过了塞巴迪克岛东海岸并向以东海域延伸，印度尼西亚提出，荷兰政府曾向议会提交了关于该条约的《解释性备忘录》并附有一张地图，在该地图上有一直线延伸至塞巴迪克岛以东海域，英国驻海牙公使将该地图提交了英国政府，但是没有引起任何反应。因此，印度尼西亚主张英国默认了该地图。国际法院认为《解释性备忘录》并没有提到对东部海域中岛屿的处置方式，特别是没有提到利吉坦岛和西巴丹岛。《解释性备忘录》没有对所绘直线进行说明，荷兰议会也没有对此进行过讨论。此外，所附地图没有显示两个争议岛屿。案件的诉讼文件中也没有表明利吉坦岛和西巴丹岛在条约缔结之时是英国与荷兰之间的争议领土。因此，法院不认为该线之所以延长是为了解决塞巴迪克岛以东海域内的领土争端，从而导致利吉坦岛和西巴丹岛划归荷兰。荷兰政府从未将《解释性备忘录》和地图正式转交英国政府。在这种情况下，对备忘录所附地图上的直线没有反应不能视为对该线的默认。[3] 在该案中，之所以没有构成默认最主要的原因在于荷兰的主张不清楚，《解释性备忘录》和所附地图以及其他诉讼文件都没有具体提到利吉坦岛和西巴丹岛，这表明两国在签订划界条约时并不知道两个争议岛屿的存在，更谈不上对其做出明确的主权主张。此外，在 1998 年厄立特里亚和也门"领土仲裁案"中，也门主张与外国石油公司签订的勘探开发许可协议证明了对岛屿的主权主张，埃塞俄比亚或独立后的厄立特里亚没有进行抗议，这构成了默认。仲裁法庭对这些协议进行了

---

〔1〕　*Case concerning the Temple of Preah Vihear* (*Cambodia v. Thailand*), Merits, Judgment, I. C. J. Reports 1962, pp. 30 ~ 31.

〔2〕　宋岩：《论领土争端解决中的默认》，载《亚太安全与海洋研究》2016 年第 1 期，第 66 页。

〔3〕　*Sovereignty over Pulau Ligitan and Pulau Sipadan* (*Indonesia/Malaysia*), Judgment, I. C. J. Reports 2002, pp. 648 ~ 650, paras. 44 ~ 48.

分析，发现大部分协议只是承认了也门对大陆架的管辖权，此种权利很可能是源于也门对大陆海岸的主权，没有明确表明也门对岛屿的主权，并且也没有证据表明也门在岛屿上或其领海中进行了勘探和开发活动。因此，仲裁法庭认为，在这种情况下没有抗议不构成默认。[1] 在 2008 年 "白礁、中礁和南礁主权案" 中，新加坡提出了 1971 年印度尼西亚、马来西亚和新加坡通过的《关于在马六甲海峡和新加坡海峡中合作的联合声明》以及 1977 年政府间海事咨询组织大会通过的新制度，主张马来西亚在通过相关文件之时，都没有明确或保留对白礁岛的主张。然而，国际法院并没有支持新加坡的主张，理由是相关文件与领土无关，只是关于航行便利和安全，主要是为了实施航行分道制度、进行联合水文调查、促进环境保护，并不是关于领土权利，对于本案没有意义。[2] 因此，即使马来西亚没有对相关文件提出保留或抗议，也不能认为其默认放弃对争议领土的权利。

除了需要证明存在应当抗议的事实或主张外，还需要表明当事国实际有能力也有机会提出抗议。[3] 在 1962 年 "柏威夏寺案" 中，法国送交泰国的附件 1 地图将柏威夏寺标记在柬埔寨一侧，泰国有多次机会向法国当局提出关于附件 1 地图的问题。首先是 1925 年和 1937 年法国代表印度支那与暹罗对《友好、通商和航行条约》进行谈判。在许多条款中，双方确认了已有边界。特别是 1937 年谈判，仅仅发生在 1935 年泰国对其边界地区进行自主调查两年之后，如果泰国认为附件 1 地图存在问题，是能够在谈判中提出的。二战结束后，法国同意建立法国 – 暹罗调解委员会，委员会的主要工作是处理泰国修改 1904 年和 1907 年边界条约的投诉和意见、进行调查并提供建议。1947 年，委员会召开会议，对于泰国而言，这是一个非常好的机会提出修改柏威夏寺地区边界的要求。但事实上，虽然泰国对多个地区的边界提出意见，但唯独没有提到柏威夏寺地区，甚至还向委员会提交了一张标明柏威夏寺位于柬埔寨的地图。国际法院认为，对于泰国提出其他问题而忽略柏威夏寺问题的事实，唯一的解释就是泰国已经接受了附件 1 地图所示边界线，无论该边界线是否与《1904 年条约》规定的分水线一致。[4] 在 1994 年 "领土争端案" 中，1955 年利比亚王国与当时代表乍得的法国政府签

　　[1]　Territorial Sovereignty and Scope of the Dispute（Eritrea and Yemen），Award of 9 October 1998，R. I. A. A.，Vol. XXII，pp. 301～302，para. 407.

　　[2]　Sovereignty over Pedra Branca/Pulau Batu Puteh，Middle Rocks and South Ledge（Malaysia/Singapore），Judgment，I. C. J. Reports 2008，p. 91，para. 260.

　　[3]　宋岩：《论领土争端解决中的默认》，载《亚太安全与海洋研究》2016 年第 1 期，第 67 页。

　　[4]　Case concerning the Temple of Preah Vihear（Cambodia v. Thailand），Merits，Judgment，I. C. J. Reports 1962，pp. 27～29.

订划界条约（后简称"《1955 年条约》"），但利比亚认为该条约并没有划定争议地区的边界。对此，国际法院并没有支持利比亚的主张，除了通过对《1955 年条约》的文本、目的和宗旨以及上下文进行解释确定条约有效并且已经确定两国之间的边界外，法院还考虑了《1955 年条约》签订之后利比亚、法国以及独立后乍得的态度和实践。法院发现，在《1955 年条约》签订后，当事国在 1966 年、1972 年、1974 年以及 1981 年还签订了其他类似的边界和睦邻友好条约，但利比亚从未在上述条约中或缔约过程中质疑《1955 年条约》的效力。例如，在 1974 年两国达成了新的协议，当时该案的争议问题已经上升至国际层面，因为乍得向联合国谴责利比亚侵占其领土。尽管如此，1974 年条约仍然强调两国之间的睦邻友好关系，条约第 2 条涉及边界问题，但利比亚没有提出过任何异议。[1] 如果利比亚确实认为《1955 年条约》没有解决两国之间的边界问题，在随后签订的类似条约中，利比亚有多次机会提出反对意见，它保持沉默则意味着接受了不利于己方的主张或事实。

（3）没有抗议或没有及时抗议。

抗议的含义是指，一国做出的正式表示，表明该国反对另一国已经进行或者计划进行的行为，通过做出抗议，表明不承认另一国行为的有效性，没有默认该行为已经造成或者威胁造成的情势，并且表明该国并没有放弃权利的意图。[2] 在领土争端解决中，对领土和平和持续地占有需要考虑两个方面，但过多的注意力放在了衡量国家提供的主张权利的证据方面，而较少关注其他国家必须采取何种措施以避免权利的丧失，抗议与第二个方面非常相关。[3] 抗议的法律意义体现在判断一国是否默认其他国家的领土主张，对于需要做出反应以表达反对意见的情形，及时做出抗议将保护抗议国的权利，防止因默认而丧失权利。简言之，对需要抗议的情况保持沉默，将可能被推定为默认，而提出抗议将对抗默认。[4] 除此之外，抗议的意义还体现在对有效控制的判断方面，有效控制强调对争议领土持续及和平地展示国家主权，而判断和平性最直接的标准就是考察在实施主权行为后是否在合理期间内受到抗议。[5] 尽管如此，抗议仍然应当满足特定条件，

〔1〕　Territorial Dispute (Libyan Arab Jamahiriya/Chad), Judgment, I. C. J. Reports 1994, p. 35, para. 67.

〔2〕　I. C. MacGibbon, "Some Observations on the Part of Protest in International Law", British Yearbook of International Law, Vol. 30, 1953, p. 294; p. 298.

〔3〕　I. C. MacGibbon, "Some Observations on the Part of Protest in International Law", British Yearbook of International Law, Vol. 30, 1953, p. 306

〔4〕　宋岩：《论领土争端解决中的默认》，载《亚太安全与海洋研究》2016 年第 1 期，第 68 页。

〔5〕　Island of Palmas case (United States of America/The Netherlands), Award of the Tribunal, 4 April 1928, R. I. A. A., Vol. II, p. 868.

才具有有效对抗默认的效力，否则仍然可能会被推定为默认。

首先，抗议的主体应当是国家或者有权代表国家的主体。"因为抗议的目的在于保护做出抗议国家的利益，因此，抗议行为同样应当符合国家取得权利的条件，对于不是官方做出的、事先没有国家授权、事后也没有取得国家追认的抗议，一般不会承认它的法律效力。[1] 这种观点可以反映在 1904 年"阿拉斯加边界案"中，美国和英国对于一封信件的效力存在不同意见。两国指派各自官员进行地理调查，其中加拿大官员对边界问题提出质疑，并提交了一封信件。英国认为该信件反映了官方意见，而美国表示质疑，因为"对于重要的领土问题，英国没有通过外交途径，而是通过没有得到授权的个人提出不同意见，政府不应当通过这种非正式的方式来处理如此重要的领土问题。"[2]

其次，抗议还应当清楚明确，与争议问题直接相关，不能仅仅使用一般和模糊的用语。例如，在 1953 年"明基埃和埃克荷斯案"中，1869 年 11 月 12 日，英国驻巴黎大使馆在致法国外交部部长的照会中，谴责法国渔民在明基埃群岛附近偷渔，指出明基埃岛是英国海峡群岛的附属地。1870 年 3 月 11 日，法国外交部长进行回复，驳斥了对其渔民的指控，但是没有针对明基埃岛是英国海峡群岛附属地的表述做出任何反应，因此，法院认为，法国没有对英国的主权主张进行有效的抗议。[3]

再次，在抗议的时间方面，权利受到侵害的国家应当在合理期间内及时做出反应，否则，也可能因抗议过晚而丧失抗议的效力，从而构成对他国主张的默认。[4] 关于应当提出抗议的合理期间，根据国际法庭的实践，目前并无确切的标准。例如，在 1960 年"1906 年仲裁裁决案"中，西班牙国王 1906 年作出仲裁裁决，在 1912 年之前，尼加拉瓜表示接受该裁决，甚至对西班牙国王表示感谢，向洪都拉斯表示祝贺并愿意维护两国友好关系，从未质疑过该裁决。然而，在 1912 年 3 月 19 日，尼加拉瓜外交部长首次表示抗议，否定 1906 年裁决的效力并质疑裁决的可执行性。[5] 在 1962 年"柏威夏寺案"中，将柏威夏寺标记在

---

〔1〕 I. C. MacGibbon, "Some Observations on the Part of Protest in International Law", *British Yearbook of International Law*, Vol. 30, 1953, p. 294.

〔2〕 Proceedings of the Alaskan Boundary Tribunal, United States, Senate Documents, No. 162, 58th Congress, 2nd Session, 7 vols., 1904, Vol. v, p. 183; Vol. vii, p. 900.

〔3〕 *The Minquiers and Ecrehos case* (*France/United Kingdom*), *Judgment*, 1953, *I. C. J. Reports* 1953, p. 71.

〔4〕 宋岩：《论领土争端解决中的默认》，载《亚太安全与海洋研究》2016 年第 1 期，第 69 页。

〔5〕 *Case concerning the Arbitral Award Made by the King of Spain on* 23 *December* 1906 (*Honduras v. Nicaragua*), *Judgment of* 18 *November* 1960, *I. C. J. Reports* 1960, pp. 212 ~ 213.

柬埔寨一侧的地图是法方工作人员于 1907 年绘制的, 1908 年送交泰国政府, 而泰国政府在 1958 年才首次提出地图上绘制的分水线与泰国实际主张的分水线不一致。[1] 在 2008 年"白礁、中礁和南礁主权案"中, 新加坡及英国曾于 1920 年、1963 年、1979 年、1985 年到 1993 年调查白礁岛附近海域中的船舶失事事件。马来西亚一直到 2003 年 6 月才首次对新加坡的调查行为提出抗议。[2] 在这 3 个案件中, 从发生应当抗议的事件到当事国实际提出抗议的时间间隔分别为 6 年、50 年以及 83 年, 这表明国际司法和仲裁实践对于抗议不及时缺乏明确的标准。尽管如此, 与通过实施主权行为逐步完善领土主权的方式相比, 当事国根据仲裁裁决和地图能够更为明确和直观地判断领土主权的归属状况, 因此需要尽快提出抗议, 所以在 1960 年 "1906 年仲裁裁决案" 中, 6 年之后提出抗议就过晚。同理, 如果面临非常危急的情形, 例如使用武力或以武力威胁, 国家则应当尽快甚至立刻做出抗议。当今社会的媒体和通讯非常发达, 国家可以非常便捷和迅速地获知其他国家对于相关领土的行为和态度, 这就要求更加及时地对不利主张和行为做出反应, 否则将有可能面临默认他国主张的风险。[3]

最后, 在抗议形式方面, 关于外交抗议是否能够阻止默认, 存在各种不同的观点。部分学者认为, 如果一国在某段期间内持续提出外交抗议, 并且侵犯权利的国家没有反驳, 则可能构成有效的抗议。[4] 也有部分学者指出, 纯粹的书面抗议不足以维护一国对领土的权利, 如果该领土被其他国家占领, 根据《联合国宪章》第 2 条第 3 款, 国家有和平解决国际争端的义务;[5] 对于重复进行的侵犯行为或者继续维持行为造成的情势, 一国只进行分散地抗议而没有采取进一步措施对抗侵犯行为, 除非之后能够解决该问题, 否则此种抗议可能丧失效力,[6]

---

〔1〕 *Case concerning the Temple of Preah Vihear* (*Cambodia v. Thailand*), *Merits*, *Judgment*, *I. C. J. Reports* 1962, p. 29.

〔2〕 *Sovereignty over Pedra Branca/Pulau Batu Puteh*, *Middle Rocks and South Ledge* (*Malaysia/Singapore*), *Judgment*, *I. C. J. Reports* 2008, pp. 82 ~ 83, paras. 231 ~ 234.

〔3〕 宋岩:《论领土争端解决中的默认》, 载《亚太安全与海洋研究》2016 年第 1 期, 第 69 ~ 70 页。

〔4〕 Surya P. Sharma, *Territorial Acquisition*, *Disputes and International Law*, Martinus Nijhoff Publishers, 1997, p. 100.

〔5〕 Georg Schwarzenberger, "Title to Territory: Response to a Challenge", *American Journal of International Law*, Vol. 51, 1957, pp. 322 ~ 323. Giovanni Distefano, "The Conceptualization (Construction) of Territorial Title in the Light of the International Court of Justice Case Law", *Leiden Journal of International Law*, Vol. 19, 4, 2006, p. 1061.

〔6〕 I. C. MacGibbon, "Some Observations on the Part of Protest in International Law", *British Yearbook of International Law*, Vol. 30, 1953, p. 310.

也就是仍然需要采取其他措施，否则只能暂时阻止默认。[1] 关于国家需要进一步采取的措施可能包括：进行外交谈判、制定临时措施的安排以及提交国际机制解决等。国际社会和国际法的两个发展对外交抗议的效力具有一定的影响：第一个发展是 1928 年《非战公约》禁止将战争作为推行国家政策的手段，《联合国宪章》第 2.4 条禁止在国际关系中威胁或使用武力，所以使用武力或发动战争不能作为抗议的合法手段；第二个发展是国际机构的产生和建立，常设仲裁法院、国际联盟、常设国际法院、之后的联合国、国际法院以及各种国际法庭的建立，表明存在类似于国内法的必要机制以中断不法的权利取得。[2] 例如，在 1953 年"明基埃和埃克荷斯案"中，法国主要根据了 1911 年美国和墨西哥"查米佐尔仲裁案"的裁决，主张因为诉诸武力或断绝外交关系将有可能加剧两国关系紧张，因而书面抗议足以阻止英国取得对争议岛屿的权利。[3] 对此，卡内罗法官（Judge Carneiro）在该案的单独意见中指出：法国本应将争端提交仲裁，特别是两国都受《和平解决国际争端公约》的约束，该公约明确规定由常设仲裁法院审理所有法律争端或涉及条约解释的争端。1911 年"查米佐尔仲裁案"是关于美国和墨西哥在 1848 年到 1895 年之间的争端，由于当时并不存在国际法庭，所以墨西哥的外交抗议足以对抗美国。然而，现在此种法庭已存在了多年，卡内罗法官质疑法国在长达半个世纪的间断和无果的谈判之后，为何不设想将争端提交国际法庭。不诉诸国际机制将剥夺法国主张的多数效力，甚至使其完全无效。[4]

尽管国家一般除了受约定的限制，没有义务一定要将争端提交国际组织或国际法庭解决，但诉诸国际机制可以清楚地表明国家的态度，最大程度地避免构成默认的风险。例如，在 1994 年"领土争端案"中，1977 年利比亚占领奥祖地带（Aouzou），乍得向非洲统一组织（OAU）提出申诉，建立了特别委员会解决该争端，这表明早在将领土问题提交国际法院 12 年之前，乍得就已经提出过抗议。1971 年乍得向联合国大会抗议利比亚干涉其内政外交；1977 年抗议利比亚对奥祖地带的侵占；1977 年、1978 年以及 1982 年到 1987 年，乍得反复向联合国大会抗议利比亚入侵其领土。1978 年乍得国家元首通知安理会，利比亚未向非洲统一组织提交过任何文件说明其对奥祖地带的主张并且没有参加专家委员会。乍

---

〔1〕　D. H. N. Johnson, "Acquisitive Prescription in International Law", *British Yearbook of International Law*, Vol. 27, 1950, p. 346, pp. 353～354.

〔2〕　Malcolm N. Shaw, *International Law*, 7th edn, Cambridge University Press, 2014, p. 760.

〔3〕　*The Minquiers and Ecrehos case (France/United Kingdom)*, *Oral Pleadings*, *Vol. III*, p. 384.

〔4〕　*The Minquiers and Ecrehos case (France/United Kingdom)*, *Individual Opinion of Judge Levi Carneiro*, *I. C. J. Reports* 1953, pp. 107～108.

得常驻代表请求安理会主席召开紧急会议，考虑当时存在的极其严重的情形。1983 年、1985 年以及 1986 年，乍得反复向安理会提出申诉。国际法院认为，所有的情况都表明乍得关于边界的立场是一致的。[1]

（三）禁止反言

1. 禁止反言的含义

禁止反言是指"一国做出或者同意某种表示，另一国在随后的行为中因依赖该表示而导致自身利益受到损害或使对方获益，那么做出表示的一国不能随意改变其立场。"[2] 国际法中的禁止反言原则主要来源于普通法和大陆法，与之类似的概念是排除规则（preclusion）。[3] 然而，国际法中的禁止反言与国内法中的禁止反言并非完全一致。[4] 国际法庭在实践中认可了禁止反言规则，但没有明确它属于《国际法院规约》第 38 条规定的哪一种国际法渊源，有学者认为禁止反言已经成为一般法律原则，[5] 也有学者认为它是一般法律原则、先例和学说的结合体，是法院根据善意和平等原则确立和发展出的规则。[6] 禁止反言规则的基础是善意原则，目的是为了防止国家在法庭前争辩某种情况，与之前它向另一国做出的清楚和明确的表示存在冲突，无论该表示是明示还是默示的，另一国有权依赖并实际依赖了该表示而导致自身利益受到损害，或者做出表示的国家维护了自身的利益或优势。[7] 适用禁止反言规则反映了前后矛盾的证言不可听信

---

〔1〕　*Territorial Dispute（Libyan Arab Jamahiriya/Chad），Judgment，I. C. J. Reports* 1994，pp. 36 ~ 37，paras. 68 ~ 71.

〔2〕　A. D. McNair，*The Law of Treaties*，Clarendon Press，1961，p. 485. See also Robert Jennings，*The Acquisition of Territory in International Law*，Manchester University Press，1963，p. 4.

〔3〕　A. P. Rubin，"The International Legal Effects of Unilateral Declarations"，*American Journal of International Law*，Vol. 71，1977，p. 16.

〔4〕　*Case concerning the Temple of Preah Vihear（Cambodia v. Thailand），Separate Opinion of Vice – President Alfaro，I. C. J. Reports* 1962，pp. 39 ~40.

〔5〕　I. C. MacGibbon，"The Scope of Acquiescence in International Law"，*British Yearbook of International Law*，Vol. 31，1954，pp. 147 ~ 148.

〔6〕　Thomas Cottier，Jörg Paul Müller，"Estoppel"，in *Max Planck Encyclopedia of Public International Law*，para. 10. http：//opil. ouplaw. com/view/10. 1093/law：epil/9780199231690/law – 9780199231690 – e1401（Last visited on 30 December 2017）.

〔7〕　*Case concerning the Temple of Preah Vihear（Cambodia v. Thailand），Dissenting Opinion of Judge Spender，I. C. J. Reports* 1962，pp. 143 ~ 144.

（*allegans contraria non audiendus est*），排除一方从前后不一致的言行中获益,[1] 保护一国依赖另一国表示而行为的合理预期。[2] 在国际法背景中，由于缺乏超国家实体保障国际法的实施，强调国家前后行为的一致性有助于维护国际关系的运行和稳定。[3]

2. 适用禁止反言的条件

多个国际司法和仲裁案件涉及了禁止反言规则的适用，通过分析和裁判当事方的主张，国际法庭逐渐阐述了禁止反言规则的概念，形成了较为稳定一致的实践，对禁止反言规则的适用规定了较为严格的条件。在 1969 年 "北海大陆架案" 中，丹麦与荷兰主张应当适用 1958 年《大陆架公约》第 6 条规定的等距离划界方法，但德国仅签署而没有批准该条约，所以仍然不受公约拘束。荷兰和丹麦认为，结合德国之前的行为和声明，根据禁止反言规则，德国之后不能否认应当适用公约规定的等距离划界方法。对此，国际法院认为，适用禁止反言应当满足以下条件：德国的行为或声明清楚和一致地表明德国接受了该制度，并且丹麦与荷兰因为信赖该表示而不利地改变它们的立场或受到损害。[4] 国际法院的此种意见也得到了之后 1984 年尼加拉瓜诉美国 "军事和准军事活动案"[5] 以及 1984 年加拿大和美国 "缅因湾划界案" 的支持。[6] 在 2015 年毛里求斯诉英国 "查戈斯海洋保护区仲裁案" 中，仲裁法庭详细归纳并阐述了适用禁止反言的条件：其一，国家通过言辞、行为或沉默做出了明确和一致的表示；其二，表示是由获得授权能够对争议问题代表国家的人员所做出的；其三，主张适用禁止反言的国家因依赖该表示而进行了对其不利的行为，因此受到了损害或者向表示国让与了利

---

〔1〕 A. D. McNair, "The Legality of the Occupation of the Ruhr", *British Yearbook of International Law*, Vol. 5, 1924, p. 35. See also D. W. Bowett, "Estoppel before International Tribunals and its Relation to Acquiescence", *British Yearbook of International Law*, Vol. 33, 1957, pp. 176 ~ 177.

〔2〕 *Chagos Marine Protected Area Arbitration* (*Mauritius v. United Kingdom*), *Award* of 18 March 2015, p. 172, para. 435. http: //www. pca – cpa. org/MU – UK%2020150318%20Awardd4b1. pdf? fil_ id = 2899.

〔3〕 M. L. Wagner, "Jurisdiction by Estoppel in the International Court of Justice", *California Law Review*, Vol. 74, 5, 1986, p. 1779.

〔4〕 *North Sea Continental Shelf* (*Federal Republic of Germany/Denmark*; *Federal Republic of Germany/Netherlands*), *Judgment*, I. C. J. *Reports* 1969, p. 26, para. 30.

〔5〕 *Military and Paramilitary Activities in and against Nicaragua* (*Nicaragua v. United States of America*), *Jurisdiction and Admissibility*, *Judgment*, I. C. J. *Reports* 1984, pp. 414 ~ 415, para. 51.

〔6〕 *Delimitation of the Maritime Boundary in the Gulf of Maine Area* (*Canada/United States of America*), *Judgment*, I. C. J. *Reports* 1984, p. 309, para. 145.

益；其四，国家有权并合法地依赖了该表示。[1] 此外，也有学者总结了适用禁止反言的必要条件：其一，表示的含义必须清楚明确；其二，陈述和表示必须是自愿、无条件和经过授权的；其三，对于一方做出的表示，另一方善意依赖该表示而受到损害（或者有利于做出表示的一方）。[2] 上述观点虽然在表述方面存在差别，但是实质要求基本相同，结合其他适用或者考虑适用禁止反言的国际判例，禁止反言规则的适用条件如下：

（1）国家通过言辞、行为或沉默做出了明确和一致的表示（representations）。

适用禁止反言的前提条件是明确什么样的表示能够导致其适用。在 2015 年"查戈斯海洋保护区仲裁案"中，仲裁法庭认为国际法并没有严格定义能够导致禁止反言适用的表示的具体形式。[3] 导致适用禁止反言的表示可能表现为条约、仲裁协议、换文或其他书面承诺。

一国可能通过条约做出某种表示，例如，在 1933 年"东格陵兰法律地位案"中，在 1814 年到 1819 年挪威和丹麦联盟终结的期间里，挪威多次承诺不会质疑丹麦对格陵兰岛的主权。根据 1814 年瑞典和丹麦签订的《基尔条约》（Treaty of Kiel）第 4 条，丹麦向瑞典割让挪威，但不包括格陵兰岛、法罗群岛和冰岛。在具体执行过程中，虽然挪威曾要求归还格陵兰岛，但是之后又撤回了该主张。瑞典和挪威外交大臣多次向负责调解挪威和丹麦分离问题的英国公使表示，放弃对格陵兰岛的主张。1819 年 9 月 1 日，两国最终达成了条约，根据该条约第 9 条的规定，与《基尔条约》有关的所有一般事项均已完全解决，表明该条约也同样解决了《基尔条约》第 4 条规定的领土问题，也就是格陵兰岛属于丹麦。因此，常设国际法院认为，因挪威做出的各种承诺以及 1819 年 9 月 1 日条约第 9 条的规定，挪威已经承认了丹麦对整个格陵兰岛的主权，因此之后不能再占领格陵兰岛的任何部分。[4]

此外，也可能根据当事国的某一行为推断它做出了能够适用禁止反言规则的表示。对事实状态的表示可以是明示也可以是默示的，通过对一方行为的合理解

---

〔1〕　*Chagos Marine Protected Area Arbitration*（*Mauritius v. United Kingdom*）, *Award of* 18 *March* 2015, p. 174, para. 438. http：//www. pca – cpa. org/MU – UK％2020150318％20Awardd4b1. pdf？fil_ id = 2899.

〔2〕　D. W. Bowett, "Estoppel before International Tribunals and Its Relation to Acquiescence", *British Yearbook of International Law*, Vol. 33, 1957, pp. 188 ~ 194.

〔3〕　*Chagos Marine Protected Area Arbitration*（*Mauritius v. United Kingdom*）, *Award of* 18 *March* 2015, pp. 173 ~ 174, para. 437. http：//www. pca – cpa. org/MU – UK％2020150318％20Awardd4b1. pdf？fil_ id = 2899.

〔4〕　*Legal Status of Eastern Greenland*（*Denmark v. Norway*）, *Judgment of* 5 *April* 1933, *P. C. I. J.*, *Series A/B*, *No.* 53, pp. 64 ~ 68.

读可以推定特定事实状态的存在。[1] 在特定情况下，默认也可能引起禁止反言规则的适用，例如，一方有义务表达反对意见或作为时，沉默将暗示着同意或者弃权，从而产生禁止反言的效力。[2] 在 1960 年"1906 年仲裁裁决案"中，尼加拉瓜主张指定西班牙国王作为仲裁员不符合争端解决条约的规定。但实际上，1904 年 10 月 4 日，西班牙公使致电洪都拉斯和尼加拉瓜总统，表示西班牙国王同意担任仲裁员，尼加拉瓜总统回复非常满意国王愿意担任仲裁员；尼加拉瓜外交部长致西班牙公使的照会中，也对此表示感谢；提交尼加拉瓜立法议会的报告中，也提及了西班牙国王将担任仲裁员，并表示感谢。除此之外，在整个仲裁过程中，尼加拉瓜从未质疑过指定西班牙国王作为仲裁员及其管辖权的有效性，当事国遵循了约定的程序并提交了各自的观点。事实上，一直到 1912 年 3 月 19 日尼加拉瓜外交部长在照会中才首次质疑指定西班牙国王作为仲裁员的有效性。国际法院认为，在这种情况下，法院不能支持尼加拉瓜的主张。[3] 因此，当事国之前表示的承认或默认可能会导致禁止反言规则的适用，[4] 但是并非所有的承认和默认都具有此种效力，还需要满足下文将论述的适用禁止反言的其他条件。

虽然国际法没有规定表示的具体形式，但是要求表示必须是明确和一致的，否则也不会具有禁止反言的法律效力。在 1929 年"塞尔维亚贷款案"中，常设国际法院需要解决的争端是塞尔维亚—克罗地亚—斯洛文尼亚政府应当使用金法郎还是法国法郎支付债券持有人的问题。在一战之前，债务国使用法国法郎向债券持有人支付利息和本金，在此期间，法国法郎与黄金的对价稳定。战争时期，仍然延续相同的支付惯例，法国法郎对黄金的价值也只有细微变化。然而，战后法国法郎发生剧烈贬值，直到 1928 年才得到稳定，但价值仅为战前黄金价值的五分之一。在贬值期间，债务国也一直使用法国法郎支付贷款。[5] 问题的关键在于，法国债券持有人是否通过行为表示接受使用法国法郎而不是金法郎支付贷款和利息，而最终因禁止反言而不能主张按金法郎支付。对此，常设国际法院认为，贷款合同清楚和明确地规定应当使用金法郎支付本金和利息，没有支付金法

---

〔1〕　D. W. Bowett, "Estoppel before International Tribunals and Its Relation to Acquiescence", *British Yearbook of International Law*, Vol. 33, 1957, p. 183.

〔2〕　*Case concerning the Temple of Preah Vihear* (*Cambodia v. Thailand*), *Separate Opinion of Sir Gerald Fitzmaurice*, I. C. J. *Reports* 1962, p. 62.

〔3〕　*Case concerning the Arbitral Award Made by the King of Spain on 23 December 1906* (*Honduras v. Nicaragua*), *Judgment of 18 November 1960*, I. C. J. *Reports* 1960, pp. 206~207.

〔4〕　Malcolm N. Shaw, *International Law*, 7th edn, Cambridge University Press, 2014, pp. 767~768.

〔5〕　*Case Concerning the Payment of Various Serbian Loads Issued in France* (*French Republic v. Kingdom of Serbs, Croats and Slovenes*), *Judgment of July 12*, 1929, P. C. I. J., *Series A*, Nos 20/21, p. 37.

郎的事实并不能表明没有做出约定。常设国际法院在考虑适用禁止反言规则的条件时指出，本案显然不具有适用该规则的充分依据，因为债券持有人没有做出清楚和明确的表示，对此债务国有权依赖并已经依赖。[1] 该案表明，如果存在明确的约定，虽然具体实施行为有所不同，但必须证明实施行为满足相当程度的明确性，表明当事方之后通过行为达成了新的约定，修改了原有的约定，[2] 否则将难以构成明确和一致的表示，从而具有禁止反言的效力。

在 1969 年"北海大陆架案"中，丹麦与荷兰提出了德国的部分行为，表明德国接受了 1958 年《大陆架公约》第 6 条所规定的等距离划界规则，例如，德国在日内瓦会议上没有对第 6 条提出过正式反对，最终签署条约时也没有对该条款做出保留；德国曾经表示过愿意批准条约的意图；在关于大陆架权利的声明中，德国似乎依赖或者至少援引了 1958 年公约的特定条款，特别是 1964 年 8 月 4 日德国与荷兰在波恩签署的联合备忘录。然而，国际法院并没有支持丹麦和荷兰的上述主张，因为 1964 年备忘录只是表明德国希望通过协议进行划界，特别提及了 1958 年公约第 6 条第 1 段和第 2 段的第 1 句话，但这些规定完全是关于协议划界，与使用等距离划界方法没有任何关系。因此，法院认为丹麦和荷兰主张的事实都没有决定性，最终都是否定或者不确定的，都可能存在各种不同的解释或说明。虽然德国的声明表明它接受沿海国关于大陆架权利的基本概念，但是不能等同于它接受公约规定的划界方法。整体分析德国的声明，只能表明德国没有明确反对公约第 6 条规定的等距离划界规则。但是从此种否定的结论中无法得出肯定的推论，也就是，尽管德国不是公约的成员国，但是接受了第 6 条规定的划界制度对其具有拘束力。[3] 国际法院认为明确、持续的表示应当类似挪威在 1951 年"渔业案"中长达 70 年的实践，类似尼加拉瓜在 1960 年"1906 年仲裁裁决案"中做出的明确声明。[4] 这表明，必须证明国家做出的表示是清楚明确

〔1〕　*Case Concerning the Payment of Various Serbian Loads Issued in France* (*French Republic v. Kingdom of Serbs, Croats and Slovenes*), *Judgment of July 12, 1929*, P. C. I. J., *Series A*, *Nos* 20/21, p. 39.

〔2〕　*Case concerning the Temple of Preah Vihear* (*Cambodia v. Thailand*), *Separate Opinion of Judge Sir Gerald Fitzmaurice*, I. C. J. *Reports* 1962, p. 56.

〔3〕　*North Sea Continental Shelf* (*Federal Republic of Germany/Denmark*; *Federal Republic of Germany/Netherlands*), *Judgment*, I. C. J. *Reports* 1969, pp. 26 ~ 27, paras. 31 ~ 32.

〔4〕　*Delimitation of the Maritime Boundary in the Gulf of Maine Area* (*Canada/United States of America*), *Judgment*, I. C. J. *Reports* 1984, pp. 309 ~ 310, paras. 143 ~ 148.

和持续的，甚至轻微的不一致都可能影响禁止反言规则的适用，[1] 国际法庭设置了较为严格的条件，以至于在多个当事方主张适用禁止反言规则的案件中，都因为无法满足这些条件而没有得到国际法庭的支持。

（2）表示必须是自愿和经过授权的。

具有禁止反言效力的表示必须是自愿做出的，使用强迫或者欺诈等方式将使禁止反言主张无效。例如，在"萨尔瓦多商业公司案"中，萨尔瓦多主张公司并没有履行许可条款，仲裁员认为"显然应当对萨尔瓦多政府适用禁止反言规则，无需审查其官员关于该问题的报告，也不能否定报告的准确性，因为萨尔瓦多并没有补充证据说明这些报告存在错误或者受到欺诈或不正当影响。"[2] 与欺诈和胁迫类似的情况是，如果一方因为客观原因而不能自愿表示时，也可能影响禁止反言规则的适用。[3] 在1929年"塞尔维亚贷款案"中，常设法院不支持债券所有人因禁止反言而不能主张按原合同规定要求支付金法郎，理由之一就是债券所有人只能接受塞尔维亚支付的法国法郎。法国债券所有人1919年到1925年之间接受了法国法郎，争端当事国1928年才签署了《特别协议》将争端提交国际法院，在此之前两国一直都在进行外交谈判。关键问题是：这种延迟是否能够表明法国债券所有人放弃了权利，因禁止反言而无法再主张权利？常设国际法院认为，由于债券所有人人数众多，需要时间协调安排统一行为、引起法国政府的关注，法国政府也需要考虑该问题并决定是否代表债券所有人进行外交谈判。考虑到政府活动中的各种事件，此种延迟并不是异常的，所以不能否认债券所有人

---

〔1〕　在1984年美国和加拿大"缅因湾划界案"中，国际法院分庭认为，直到20世纪60年代末，美国政府关于海洋边界的态度具有相当程度的不确定性和不一致性，加拿大主张的事实不能证明美国彻底承认了中间线作为大陆架边界，也不能证明从1964年到签订1969年11月5日备忘录期间，美国没有回应加拿大的开发许可将阻止它继续主张沿东北航线的边界。此外，尽管法庭认为美国的行为表现了一定程度的不谨慎，例如，在加拿大1964年首次颁布乔治沙洲（Georges Bank）开发许可后仍然保持沉默，但是如果认为这种短暂的沉默将引起禁止反言的法律后果，似乎有些过分。因为从1965年开始，美国也开始对乔治沙洲东北部颁布勘探许可，也就是加拿大主张的区域。See *Delimitation of the Maritime Boundary in the Gulf of Maine Area (Canada/United States of America)*, *Judgment*, *I. C. J. Reports* 1984, p. 307, para. 138; p. 308, para. 140. 同样，美国本应当谨慎地通知加拿大它在相关地区从事的活动，但法庭认为即使没有通知也不能因此而导致加拿大可以认为美国接受了它的立场，并导致了法律后果。同样，美国对于加拿大的态度仍然是不清楚或者模糊的，没有达到使加拿大有权主张禁止反言的程度。See *Delimitation of the Maritime Boundary in the Gulf of Maine Area (Canada/United States of America)*, *Judgment*, *I. C. J. Reports* 1984, pp. 307 ~ 308, paras. 138~141.

〔2〕　United States Foreign Relations (1902), p. 867. In B. Cheng, *General Principles of Law as Applied by International Courts and Tribunals*, Cambridge University Press, 2006, p. 147.

〔3〕　D. W. Bowett, "Estoppel before International Tribunals and Its Relation to Acquiescence", *British Yearbook of International Law*, Vol. 33, 1957, p. 191.

的权利。并且，债券所有人也不可能更早地有效主张他们的权利，所以没有理由认为他们故意放弃了权利。[1]

此外，做出表示的个人必须得到国家授权，能够对相关问题做出表示，此种表示才可能具有禁止反言的效力。例如，在 1933 年"东格陵兰法律地位案"中，1919 年 7 月 12 日，丹麦驻奥斯陆公使向挪威外交大臣表示，将不会反对挪威对施匹次卑尔根（Spitzbergen）的主张，同时指出，丹麦政府多年来希望利益相关国家承认丹麦对整个格陵兰岛的主权，希望挪威政府不会对该问题的解决提出异议。1919 年 7 月 22 日，挪威外交大臣通知丹麦公使，挪威政府将不会对该问题的解决提出异议。常设法院认为，该回复毫无疑问由外交大臣代表其政府做出，回复了外国外交代表的请求，并且涉及的问题也属于他的职权范围，那么该回复对于外交大臣所属的国家具有拘束力。[2] 相反，如果做出表示的人员没有相应的权限，那么可能将无法导致禁止反言规则的适用。在 1984 年"缅因湾划界案"中，加拿大认为"霍夫曼信件"（Hoffman letter）表明美国明示或暗示地默认了其主张。1965 年 4 月 1 日，美国内政部土地管理局致信加拿大北方事务和国家资源部，询问加拿大两份海上许可的位置，这两份许可参照了《大陆架公约》第 6 条规定的中间线。加拿大部门回复了表明许可区域的文件。通过 1965 年 5 月 14 日署有签字人姓名的"霍夫曼信件"，美国土地管理局确认收到了文件，并特别提出了中间线准确位置的问题。1965 年 6 月 16 日，加拿大北方事务部回复使用的中间线是根据《大陆架公约》第 6 条确定的。对此，美国认为，1965 年信件由中级政府官员书写，该官员没有权力确定国际边界或者代表政府对他国主张发表立场。霍夫曼先生也在信件中说明，他没有权力代表美国政府对中间线的位置做出承诺。[3] 分庭没有支持"霍夫曼信件"可以适用于美国，诚如霍夫曼先生做出的保留，他并没有得到代表政府的授权，是否使用中间线作为划界方法也不是信中讨论的问题，没有证据表明在政府层面上采取了此种划界方法。霍夫曼先生与加拿大同事一样，只是在他们的技术职责范围内行事，并不清楚信件主题所暗示的原则问题尚未解决，与加拿大收信人所达成的技术性安排不能预判国家在之后政府间谈判中的立场。因此，加拿大无权依赖内政部土地管理官员信件的内

---

[1] *Case Concerning the Payment of Various Serbian Loads Issued in France* (*French Republic v. Kingdom of Serbs, Croats and Slovenes*), Judgment of July 12, 1929, P. C. I. J., Series A, Nos 20/21, pp. 38~39.

[2] *Legal Status of Eastern Greenland* (*Denmark v. Norway*), Judgment of 5 April 1933, P. C. I. J., Series A/B, No. 53, p. 71.

[3] *Delimitation of the Maritime Boundary in the Gulf of Maine Area* (*Canada/United States of America*), Judgment, I. C. J. Reports 1984, pp. 305~306, paras. 132~133.

容，不能将其作为美国政府关于国际海洋边界的官方声明。[1]

如果案件涉及复杂的情况，则需要考虑做出表示的人员的身份以及具体行为的背景。在2008年"白礁、中礁和南礁主权案"中，1953年6月12日新加坡殖民地秘书致信柔佛苏丹英国顾问询问白礁岛的法律地位，柔佛苏丹英国顾问之后将该信件转交柔佛当局，1953年9月21日柔佛州代理秘书回信"柔佛州政府不主张白礁岛的所有权"。马来西亚主张柔佛州代理秘书完全没有得到授权，不具有书写1953年信件或者声明放弃、否认或者确认柔佛任何部分领土权利的法律能力。马来西亚的理由是，根据英国和柔佛苏丹签订的《柔佛协议》以及英国和9个马来亚邦（包括柔佛）签订的《马来亚联合邦协议》，柔佛将所有关于防务和外交事务的权利、权力和管辖权让与英国，该权力属于英国任命的高级专员而不是州秘书。对此，国际法院认为，马来西亚主张的协议与该问题无关，因为第一封信件是英国政府代表所写，当时并不能将英国视为外国，此外，柔佛苏丹英国顾问将第一封信转交柔佛州秘书，回复信息请求也不是行使行政权。并且在与新加坡的整个双边谈判过程中以及口头诉讼阶段之前，马来西亚一直没有提出此种主张，更加支持了新加坡援引该信件的正当性推定。因此，法院不支持马来西亚的主张。[2]

（3）主张禁止反言的一方因善意依赖表示而受到损害或者让与表示国利益。

该要件表明善意原则是禁止反言正当性的根源，做出表示的一方保证了特定利益，或者依赖该表示的一方因此而受到了损害，导致了当事国之间的地位变化（the change of position），为了维护善意，一方必须继续维持表示。[3] 对于该问题，在1962年"柏威夏寺案"中，菲茨莫里斯法官（Judge Fitzmaurice）认为"适用阻止或禁止反言规则的基本条件是，主张该规则的一方必须'依赖'另一方的表示或行为，或者因此受到了不利的损害，或者是为了对方的利益。这暗示了一种必要性，主张阻止或禁止反言的一方的地位因此发生了变化。关于该问题，常见的误解是将地位变化假定为主张阻止或禁止反言的一方必须因另一方的表示或行为，通过自身采取的行为改变了其地位。虽然情况肯定被包含在内，但是地位变化实际上是指表示或行为必须导致了当事方相对地位的变化，恶化了一

---

〔1〕 *Delimitation of the Maritime Boundary in the Gulf of Maine Area* (*Canada/United States of America*), *Judgment*, *I. C. J. Reports* 1984, pp. 307~308, para. 139.

〔2〕 *Sovereignty over Pedra Branca/Pulau Batu Puteh*, *Middle Rocks and South Ledge* (*Malaysia/Singapore*), *Judgment*, *I. C. J. Reports* 2008, pp. 77~79, paras. 211~220.

〔3〕 D. W. Bowett, "Estoppel before International Tribunals and Its Relation to Acquiescence", *British Year-book of International Law*, Vol. 33, 1957, p. 193.

方的地位，或者提升了另一方的地位，或者两种情况都包括。"[1]

大部分司法和仲裁判例要求主张适用禁止反言的一方证明，因信赖表示而受到损害，或者向表示方让与了利益，否则将无法引起禁止反言的效果。在1929年"塞尔维亚贷款案"中，常设国际法院认为债务国塞尔维亚的地位并没有发生变化，其债务仍然如初，债务国进行的唯一行为就是支付少于根据贷款合同约定而应支付的数额。[2] 在1964年比利时诉西班牙"巴塞罗那电力公司案"中，比利时曾中止了对西班牙的第一次诉讼，对于比利时再次提起的诉讼，西班牙认为国际法院没有管辖权，理由之一就是禁止反言原则。西班牙认为申请国的行为误导了被告国中止诉讼的意义，被告国本可以不同意中止诉讼，因为同意而受到了损害。但是西班牙的主张并没有得到国际法院的支持，主要原因在于没有证据表明西班牙受到了真实的损害。[3] 在1969年"北海大陆架案"中，国际法院也要求丹麦和荷兰证明因为信赖联邦德国的行为或声明而不利地改变了立场或者受到损害，但是没有证据表明存在损害。[4] 国际法院在1984年"缅因湾划界案"以及1984年"军事和准军事活动案"中都重复了1969年"北海大陆架案"中的标准，但在这两个案件中，都因不存在清楚和一致的表示而无法适用禁止反言规则，所以法院并没有对是否存在损害的问题进行深入的分析。[5] 在2002年"陆地和海洋边界案"中，国际法院强调，只有当喀麦隆通过行为或表示一致清楚地表明其同意只通过双边途径将边界争端提交法院解决，才可以适用禁止反言规则。还需要满足的条件是，尼日利亚依赖此种态度，做出了不利于其利益的立场改变，或者遭受了损害。[6] 在2008年"白礁、中礁和南礁主权案"中，新加坡主张马来西亚因为1953年柔佛信件而应当禁止反言，但是国际法院指出，根

〔1〕 *Case concerning the Temple of Preah Vihear* (*Cambodia v. Thailand*)，*Separate Opinion of Sir Gerald Fitzmaurice*，I. C. J. Reports 1962，p. 63.

〔2〕 *Case Concerning the Payment of Various Serbian Loads Issued in France* (*French Republic v. Kingdom of Serbs，Croats and Slovenes*)，*Judgment of July 12，1929，P. C. I. J.*，*Series A，Nos 20/21*，p. 39.

〔3〕 *Barcelona Traction，Light and Power Company，Limited* (*New Application：1962*) (*Belgium v. Spain*)，*Preliminary Objections，Judgment*，I. C. J. Reports 1964，pp. 24～25.

〔4〕 *North Sea Continental Shelf* (*Federal Republic of Germany/Denmark；Federal Republic of Germany/Netherlands*)，*Judgment*，I. C. J. Reports 1969，p. 26，para. 30.

〔5〕 *Military and Paramilitary Activities in and against Nicaragua* (*Nicaragua v. United States of America*)，*Jurisdiction and Admissibility，Judgment*，I. C. J. Reports 1984，pp. 414～415，para. 51；*Delimitation of the Maritime Boundary in the Gulf of Maine Area* (*Canada/United States of America*)，*Judgment*，I. C. J. Reports 1984，p. 309，para. 145.

〔6〕 *Land and Maritime Boundary between Cameroon and Nigeria*，*Preliminary Objections，Judgment*，I. C. J. Reports 1998，pp. 303～304，para. 57.

据禁止反言的一方必须表明其依赖另一方的表示而采取了不同的行为。法院认为新加坡并没有实施任何不同行为。相反，新加坡承认在收到信件后没有理由改变行为，1953 年之后的行为延续和发展了之前已经采取的行为。尽管 20 世纪 70 年代的一些行为具有不同性质，但新加坡不主张相关行为是根据柔佛 1953 年的回复进行的。因此，法院没有必要考虑禁止反言的其他条件是否满足。[1]

在考虑禁止反言的案件中，国际法庭在 2015 年"查戈斯海洋保护区仲裁案"中详细分析了该条件，并且最终认可了毛里求斯因为信赖英国做出的兰卡斯特宫承诺（Lancaster House Undertakings）而受到了损害，[2] 并且让与了英国利益。因为毛里求斯放弃了英国将该承诺正式化为条约的提议，认为兰卡斯特宫承诺已经非常充分。从独立到 1980 年，毛里求斯没有质疑过查戈斯群岛（Chagos）脱离的合法性。从 1980 年开始，尽管主权争端在两国双边关系中持续突出，毛里求斯和英国在其他问题上仍然维持了富有成效和友好的关系。法庭认为，毛里求斯最初的沉默以及之后相对克制的主权主张都是因为信赖英国做出的承诺。因为如此依赖，毛里求斯放弃了更强硬地主张领土主权的机会，特别是在独立后不久，在英国建立英属印度洋海外领土［The British Indian Ocean Territory（BIOT）］之前，以及当部分 BIOT 领土返还塞舌尔之时，毛里求斯国内支持非殖民化运动的情绪非常高涨。如果没有信赖英国做出的承诺，法庭认为毛里求斯将毫无疑问地更早和更直接地主张领土主权，限制在两国双边关系的其他领域进行合作。[3]

关于主张禁止反言的国家是否必须证明因信赖表示而受到损害或让与利益的问题，也存在其他不同的观点。有学者讨论了国际法中禁止反言的概念是否必须与普通法中的概念完全一致，虽然普通法要求信赖表示的一方因此受到了不利损害，但在国际法中是否也应存在此种要求具有争议。例如，在 1933 年"东格陵兰法律地位案"中并没有分析该要求，但常设国际法院仍然认为将格陵兰岛表述

---

〔1〕 *Sovereignty over Pedra Branca/Pulau Batu Puteh*, *Middle Rocks and South Ledge*（*Malaysia/Singapore*），*Judgment*，I. C. J. Reports 2008，p. 81，para. 228.

〔2〕 毛里求斯在历史上曾是英国的殖民地，由若干个群岛组成，查戈斯群岛之前一直作为毛里求斯的属地进行管理，1968 年毛里求斯取得独立成为主权国家。在毛里求斯取得独立之前，英国建议查戈斯群岛从毛里求斯分离出来，继续保留对它的控制。最终在 1965 年的兰卡斯特宫会议上，达成了一项临时协议，毛里求斯领导人原则上同意查戈斯群岛分离，英国做出一系列承诺，关于防务协议、赔偿、渔业权利、矿产石油权利以及没有防务目的后归还群岛等问题，被称为"兰卡斯特宫承诺"。*Chagos Marine Protected Area Arbitration*（*Mauritius v. United Kingdom*），*Award of* 18 *March* 2015，pp. 24 ~ 30. http：//www. pca - cpa. org/MU - UK%2020150318%20Awardd4b1. pdf？fil_ id = 2899.

〔3〕 *Chagos Marine Protected Area Arbitration*（*Mauritius v. United Kingdom*），*Award of* 18 *March* 2015，pp. 175 ~ 177，paras. 440 ~ 444. http：//www. pca - cpa. org/MU - UK%2020150318%20Awardd4b1. pdf？fil_ id = 2899.

为丹麦领土的条约能够阻止挪威提出相反的主张，尽管很难认为丹麦因相关条约而受到了不利损害。有学者指出，如果常设国际法院在在该案中没有适用禁止反言规则，那么必须找到其他术语来描述这种情况。[1] 类似的观点也反映在部分法官和学者对 1962 年"柏威夏寺案"的评价中，他们认为国际法院在判决中并没有详细分析法国或柬埔寨因信赖附件 1 地图而受到的损害，或者使泰国获得利益。并且，法国或柬埔寨确实没有受到损害，甚至可以认为它们因附件 1 地图获得了柏威夏寺，而泰国实际上受到了损害。[2] 即使认为维持领土关系的稳定性，免于战乱本身就是一种获利，但根据《1904 年条约》和联合边界委员会的工作，泰国本就有权利享有此种利益，而不是源于法国或柬埔寨的对泰国表示的信赖。[3] 尽管如此，禁止反言规则的初衷是为了保护合法并且确定的预期，仅仅承认或默认特定事实和法律主张并不必然会具有禁止反言效力，应当强调信赖的意义。此外，因信赖导致的损害也不局限于物质损害，可以表现为多种形式和不同程度。[4]

（四）承认、默认和禁止反言的作用

1. 不能作为确定领土主权归属的独立权利依据

在领土争端中，当事国会提交大量证据证明对方存在承认或默认的情形，应当被禁止反言，然而在实践中，却鲜有案件完全依据这三者判断领土主权归属，在大多数情况下，它们的适用还需要结合其他法律依据。特别是承认和默认，在许多情况下只能作为证据，而不是直接的权利依据。[5] 承认和默认的具体作用要取决于表示或沉默的背景、与领土问题的相关性等因素，例如，在谈判过程中做出的承认，如果双方之后没有对此达成协议，那么对当事方就没有约束力。[6]

---

〔1〕 A. D. McNair, *The Law of Treaties*, Clarendon Press, 1961, p. 487.

〔2〕 Phil C. W. Chan, "Acquiescence/Estoppel in International Boundaries: Temple of Preah Vihear Revisited", *Chinese Journal of International Law*, Vol. 3, 2, 2004, pp. 427~428.

〔3〕 See *Case concerning the Temple of Preah Vihear* (*Cambodia v. Thailand*), *Dissenting Opinion of Judge Wellington Koo*, I. C. J. Reports 1962, p. 97, para. 47.

〔4〕 Thomas Cottier, Jörg Paul Müller, "Estoppel", in *Max Planck Encyclopedia of Public International Law*, para. 3. http://opil. ouplaw. com/view/10. 1093/law: epil/9780199231690/law – 9780199231690 – e1401 (Last visited on 30 December 2017).

〔5〕 James Crawford, *Brownlie's Principles of Public International Law*, 8th edn, Oxford University Press, 2012, p. 234. See also Robert Jennings, *The Acquisition of Territory in International Law*, Manchester University Press, 1963, p. 38.

〔6〕 *The Minquiers and Ecrehos case* (*France/United Kingdom*), *Judgment*, 1953, I. C. J. Reports 1953, p. 71.

　　尽管默认或承认可能导致适用具有法律拘束力的禁止反言规则，但是并不是所有的默认或承认都具有此种效力，除非满足了上文所论述的适用条件。[1] 特别是，禁止反言规则的适用条件之一要求一国因信赖另一国做出的表示而受到损害，而承认和默认并不考虑损害的问题，这是它们之间最主要的区别。[2] 如果不存在表示方获益或另一方利益受损的情形，承认或默认的效力是作为证据，因前后不一致的实践而弱化当事国的主张，不会导致适用有拘束力的禁止反言规则。[3] 例如，在 2008 年"白礁、中礁和南礁主权案"中，国际法院认为 1953 年柔佛州代理秘书的信件不能引起禁止反言，因为新加坡没有依赖该信件而采取不同的行为。但是该信件仍然具有法律意义，法院认为柔佛的回复含义清楚：柔佛不主张白礁岛所有权，该回复是关于岛屿整体，而不仅仅针对岛上的灯塔。新加坡请求关于白礁岛法律地位的信息，应当结合该案背景理解柔佛信件，显然信件针对的是岛屿的主权问题。法院认为柔佛的回复表明，在 1953 年柔佛不拥有对白礁岛的主权，新加坡不需要质疑自身对岛屿的主权。[4] 因此，即使一国做出了明示或默示的表示，也并不一定必然导致禁止反言规则的适用，必须对此持谨慎的态度。[5]

　　适用禁止反言将使一国做出的表示具有拘束力，阻止表示方采取前后不一致

---

〔1〕　宋岩：《论领土争端解决中的默认》，载《亚太安全与海洋研究》2016 年第 1 期，第 71 页。

〔2〕　*Delimitation of the Maritime Boundary in the Gulf of Maine Area*（*Canada/United States of America*），*Judgment*，*I. C. J. Reports* 1984，p. 309，para. 145. 在该案中，分庭认为在许多情况下，默认和禁止反言的概念都是来源于善意和公平的基本原则。但是，它们有不同的法律依据，默认相当于单方行为表现的默示承认，另一方可以将此解释为同意，而禁止反言则与阻止理论相关……相同的事实可能与默认和禁止反言都相关，除了是否存在损害，所以可以将这两个概念作为同一制度的不同方面进行考虑。See *Delimitation of the Maritime Boundary in the Gulf of Maine Area*（*Canada/United States of America*），*Judgment*，*I. C. J. Reports* 1984，pp. 304 ~ 305，paras. 129 ~ 130.

〔3〕　D. W. Bowett，"Estoppel before International Tribunals and Its Relation to Acquiescence"，*British Yearbook of International Law*，Vol. 33，1957，p. 194.

〔4〕　*Sovereignty over Pedra Branca/Pulau Batu Puteh*，*Middle Rocks and South Ledge*（*Malaysia/Singapore*），*Judgment*，*I. C. J. Reports* 2008，pp. 80 ~ 82，paras. 223 ~ 230.

〔5〕　菲茨莫里斯法官在 1962 年"柏威夏寺案"的单独意见中提出不应当过分依赖禁止反言规则，"如果一方已经通过行为或者其他方式承担了义务或接受义务约束，对于这种情况，没有必要或者不应当援引阻止或禁止反言规则，尽管在实践中经常使用该原则来描述此种情况。如果 A 国已经承担了某一义务或受某一文件的拘束，那么它现在不能否认该事实，不可出尔反尔。这意味着 A 国不能因否认义务而逃避履行。换言之，如果能够证明 A 国的否认是错误的，就没有必要考虑阻止或禁止反言主张。主张该规则实质是为了排除可能是正确的否认，但不管是否真的正确。因此，应当适用该规则的情形是有限的，也就是相关当事方没有做出承诺或没有接受义务（或者它是否这样做存在疑问），但是该当事方之后行为及其后果使它不能否认存在此种承诺或应当受到约束。"See *Case concerning the Temple of Preah Vihear*（*Cambodia v. Thailand*），*Separate Opinion of Sir Gerald Fitzmaurice*，*I. C. J. Reports* 1962，p. 63.

的态度或行为，实践中主要用于确定法律文件或行为的效力，而该文件或行为通常对于确定当事方的权利至关重要。例如，在 2015 年 "查戈斯海洋保护区仲裁案" 中，仲裁法庭认为，在 1968 年独立之后毛里求斯有权并实际信赖了英国做出的 "兰卡斯特宫承诺"，因为禁止反言，英国不得否认承诺的拘束力，考虑到英国在 1968 年后对承诺的反复确认，法庭认为兰卡斯特宫承诺对英国有拘束力。[1] 然而，关于禁止反言能否作为独立的权利依据，学者对此存在争议。有学者认为，不同于默认和承认，如果满足了禁止反言的条件，将足以确定主权。[2] 然而，也有学者认为禁止反言不能产生权利，但具有证据效力，并且经常具有实质重要性。[3] 在国际司法和仲裁实践中，因为禁止反言规则的适用条件较为严格，少有支持禁止反言的裁决，因此难以得出充分和确定的结论。适用禁止反言规则最为经典的判例是国际法院审理的 1962 年 "柏威夏寺案"。根据当时代表柬埔寨的法国和泰国签订的《1904 年条约》规定，柏威夏寺所处扁担山东段的边界为分水线。泰国主张的分水线应该沿悬崖边缘，因此柏威夏寺应当位于泰国一侧。而根据条约签订后泰国委托法国单方绘制的附件 1 地图，分水线与泰国的主张不一致，柏威夏寺位于柬埔寨一侧。在该地图绘制完成后，当时的泰国政府接受了附件 1 地图并索要了更多的复本分发驻各国使领馆以及主要政府机构。虽然泰国在其后有多次机会质疑附件 1 地图的准确性，但从未提出反对，包括 1934 年到 1935 年泰国自身的调查、1925 年和 1937 年法国和泰国对《友好、通商和航海条约》的谈判以及 1947 年召开的调解委员会会议。甚至 1930 年泰国亲王访问寺庙，当时受到了法国代表的正式接待，当场还悬挂了法国国旗，却没有做出任何反应。这些事件使国际法院得出结论：即使对泰国在 1908 年接受附件 1 地图存在疑问，考虑到随后事件的发展，泰国的行为使其不能主张没有接受附件 1 地图。泰国享受了《1904 年条约》的利益，即使该利益是稳定的边界，并且法国和之后的柬埔寨对此表示信赖。泰国不能同时继续主张或享受条约安排的利益，却又否定对附件 1 地图线的认可。然而，法院认为泰国在 1908 年到 1909 年的行为表明它确实接受了附件 1 地图反映的划界结果，从而承认了地图上的界线是边界线。法院还认为，整体考虑，泰国的随后行为确认和证实了它最初的接受，泰国的行为不足以使其否认该事实。根据双方当事国的行为，它们承认

---

〔1〕 *Marine Protected Area Arbitration*（*Mauritius v. United Kingdom*），*Award of* 18 *March* 2015，pp. 178 ~ 179，para. 448. http：//www. pca － cpa. org/MU － UK%2020150318%20Awardd4b1. pdf？fil_ id ＝2899.

〔2〕 James Crawford，*Brownlie's Principles of Public International Law*，8th edn，Oxford University Press，2012，p. 234.

〔3〕 Malcolm N. Shaw，*International Law*，7th edn，Cambridge University Press，2014，p. 767.

了附件 1 地图线，因此实际上同意将其作为边界线。[1] 根据 1962 年“柏威夏寺案”，当事国不能出尔反尔（blow hot and cold），因为禁止反言，泰国的行为使其不能从前后不一致的主张中获益，无论该主张是否反映了真实情况。虽然国际法院特别重视禁止反言，但是判决并没有表明禁止反言规则是解决该案领土争端的独立依据，可能只是辅助对相关事实和法律文件的解释。虽然禁止反言可能将协助，甚至可能在解释部分与权利归属有关的事实、文件和承认方面发挥决定性作用，但仍然难以认为禁止反言构成了权利的来源。[2] 在该案中，禁止反言之所以能够发挥重要作用的根本原因是：《1904 年条约》和之后的记录并不能明确说明边界线的准确位置，所以，难以仅凭该案就认定禁止反言规则能够独立和完全确定领土主权归属，仍然需要结合案件的具体情况确定它的法律效力。[3]

2. 确认和强化领土主权归属结论

如上文所述，承认、默认和禁止反言本身不能作为解决领土争端的独立法律依据，尽管如此，当事国对法律或事实的同意，特别是不利于己方的同意，对于确定领土主权归属仍然具有法律意义。一国不能否决它曾经同意过的规则和原则，即使此种规则和原则的适用将不利于该国。[4] 此种同意的表示可以反映出当事国关于争议法律问题的态度和立场，能够确认或者强化国际法庭依据其他法律依据得出的领土主权归属结论。[5]

承认、默认和禁止反言的确认和强化作用可以体现在条约解释方面，它们可以构成条约解释时连同上下文一同考虑的嗣后协定或嗣后惯例。[6] 无论条约文

---

〔1〕 *Case concerning the Temple of Preah Vihear* (*Cambodia v. Thailand*)，*Merits*，*Judgment*，*I. C. J. Reports* 1962，pp. 32 ~ 33.

〔2〕 Robert Jennings，*The Acquisition of Territory in International Law*，Manchester University Press，1963，pp. 49 ~ 51.

〔3〕 与该问题相关的另一个问题是禁止反言规则是实体规则、程序规则还是证据规则。根据部分法官在 1962 年“柏威夏寺案”中的单独和反对意见，禁止反言应当属于实体规则。See *Case concerning the Temple of Preah Vihear* (*Cambodia v. Thailand*)，*Separate Opinion of Vice – President Affaro*，*I. C. J. Reports* 1962，p. 41. 也有部分学者认为，区分该问题的意义在于：如果禁止反言是附属规则，只与证据问题相关，那么它仅能在法庭审理的特定争端的背景中影响权利问题；但是，如果禁止反言是实体规则，它将从绝对意义上影响权利，无论是否是法庭审理的问题。Robert Jennings，*The Acquisition of Territory in International Law*，Manchester University Press，1963，p. 50.

〔4〕 *Frontier Dispute* (*Burkina Faso/Republic of Mali*)，*Judgment*，*I. C. J. Reports* 1986，pp. 574 ~ 575，para. 41.

〔5〕 J. G. Merrills，“The International Court of Justice and the Adjudication of Territorial and Boundary Disputes”，*Leiden Journal of International Law*，Vol. 13，4，2000，p. 893.

〔6〕 参见 1969 年《维也纳条约法公约》第 31 条，see also Malcolm N. Shaw，*International Law*，7th edn，Cambridge University Press，2014，p. 766.

本规定得多么准确，当事方对条约的实际实施方式通常可以说明它们关于用语含义的理解，只要条约各方明示或默示地接受了这种解释。[1] 当事国缔结条约之后，它们的作为与不作为，以及对其他缔约国采取行为的反应，可以用于阐明条约用语，反映当事国对条约项下权利和义务的理解。特别是，一方对条约的用语做出了特别的解释，而另一方却没有表示抗议，对于确定条约的含义具有法律意义。[2] 例如，在 2002 年"陆地和海洋边界案"中，当事国之间的争议领土之一就是巴卡西半岛。喀麦隆主张，根据 1913 年 3 月 11 日签订的《英德协议》第 18 条到第 22 条，巴卡西半岛属于德国。一战后，德国战败，根据 1919 年英法两国签订的《米尔纳 - 西蒙宣言》，巴卡西半岛划归英属喀麦隆。1946 年英国颁布枢密院法令，将英属喀麦隆分为南北两部分，巴卡西半岛属于南喀麦隆。1960 年法属喀麦隆独立成为喀麦隆共和国，1961 年在联合国的指导下英属南北喀麦隆进行公投，南喀麦隆加入喀麦隆共和国，因此，巴卡西半岛应当属于喀麦隆。[3] 尼日利亚主张 1913 年《英德协议》无效，巴卡西半岛所有权一直属于其原权利所有者，也就是老卡拉巴（Old Calabar）国王和当地领主，因此，英国无权处置。尼日利亚独立后从老卡拉巴国王和领主继承了对巴卡西半岛的主权。国际法院首先分析了英国的殖民过程以及 1913 年《英德协议》的缔结情况，认为该协议有效。之后，法院分析了尼日利亚独立后对《英德协议》的态度。1961 年在南喀麦隆地区举行全民公投时，没有证据表明尼日利亚认为公投范围不包括巴卡西半岛，尼日利亚投票赞成结束托管和批准全民公投结果的联合国大会第 1608（XV）号决议，表明其承认了《英德协议》确定的边界线；尼日利亚的石油许可也表明它认为巴卡西半岛应当属于喀麦隆；20 世纪 70 年代，喀麦隆和尼日利亚进行海洋划界谈判，也是在《英德协议》规定的陆地边界终点的基础上划定了部分边界；20 世纪 80 年代之前，尼日利亚驻雅温得大使馆或其领事馆官员访问居住在巴卡西半岛上的尼日利亚国民之前，也向喀麦隆政府提出了正式请求。[4] 尼日利亚独立后的活动表明它承认 1913 年《英德协议》的效力并且承认根据该协议划定的边界，这与它在案件审理时提出的主张存在冲突，进一步印证

---

〔1〕　Anthony Aust, *Modern Treaty Law and Practice*, 3rd edn, Cambridge University Press, 2013, p. 365.

〔2〕　I. C. MacGibbon, "The Scope of Acquiescence in International Law", *British Yearbook of International Law*, Vol. 31, 1954, p. 182.

〔3〕　*Land and Maritime Boundary between Cameroon and Nigeria*（*Cameroon v. Nigeria: Equatorial Guinea intervening*）, *Judgment*, *I. C. J. Reports* 2002, pp. 331 ~ 332, paras. 33 ~ 35; p. 409, para. 212.

〔4〕　*Land and Maritime Boundary between Cameroon and Nigeria*（*Cameroon v. Nigeria: Equatorial Guinea intervening*）, *Judgment*, *I. C. J. Reports* 2002, pp. 410 ~ 412, paras. 213 ~ 217.

了法院根据条约解释得出的结论。类似的情况还出现在 2002 年厄立特里亚和埃塞俄比亚"边界仲裁案"中，《1908 年条约》确定了东段边界，边界与海岸相平行。划界委员会注意到当事方在条约签订后实施的主权行为基本上符合条约边界，[1] 进一步支持了委员会对条约解释的结论。

除此之外，承认、默认和禁止反言的重要作用还突出反映在有效控制规则的适用过程中。相关当事国的承认或默认是判断有效控制的重要证据，对于确定有效性具有重要意义。[2] 诚如在 1933 年"东格陵兰法律地位案"中，丹麦主张"依据取得领土的国际法规则，缺乏抗议与公开、和平及长期的主权展示相结合，将构成完善而充分的权利。"[3] 一国对争议领土持续和平地展示国家主权，结合另一国对相关行为的承认或默认，可以有效地证明争议领土的主权归属，这两个方面的结合最终实现了有效控制规则的适用。在国际法庭适用有效控制规则解决的案件中，也主要从这两个方面进行分析。[4] 主权、同意和善意的相互作用逐渐完善了权利。[5]

在 1953 年"明基埃和埃克荷斯案"中，国际法院首先权衡和比较了英国和法国对两组争议岛屿实施的主权行为，认为英国做出了相对优势的主张。之后，法院还考虑了法国的默认和承认行为，包括在照会和海图中表示明基埃岛属于英国以及埃克荷斯岛是无主地，没有反对英国认为明基埃岛属于海峡群岛的主张，因英国反对而停止法国国民在争议岛礁上的房屋建造行为等。[6] 法院认为上述行为表明了法国政府的官方意见，证实了法院考虑主权行为的结论，也就是明基埃岛和埃克荷斯岛应当属于英国。在 1992 年"陆地、岛屿和海洋边界争端案"中，关于明古尔拉岛，国际法院分庭考虑了双方当事国对该岛实施的主权行为，认可了萨尔瓦多在岛上的存在，与之形成鲜明对比的是，洪都拉斯虽然提交了大量材料表明对整个争议地区进行了有效控制，但没有提出在明古尔拉岛上存在的任何证据。除此之外，分庭还考虑了洪都拉斯的态度，对于萨尔瓦多的众多行

〔1〕 *Decision regarding Delimitation of the Border between Eritrea and Ethiopia*, 13 April 2002, *R. I. A. A.*, Vol. *XXV*, p. 169, para. 6. 25.

〔2〕 Malcolm N. Shaw, *International Law*, 7th edn, Cambridge University Press, 2014, p. 767.

〔3〕 *Legal Status of Eastern Greenland* (*Denmark v. Norway*), *Memorial of the Danish Government*, *P. C. I. J.*, *Series C*, *No.* 62, p. 101.

〔4〕 宋岩：《论领土争端解决中的默认》，载《亚太安全与海洋研究》2016 年第 1 期，第 73 页。

〔5〕 Georg Schwarzenberger, "Title to Territory: Response to a Challenge", *American Journal of International Law*, Vol. 51, 1957, p. 324.

〔6〕 *The Minquiers and Ecrehos case* (*France/United Kingdom*), *Judgment*, 1953, *I. C. J. Reports* 1953, pp. 66 ~ 67; pp. 71 ~ 72.

为，洪都拉斯都没有反应或抗议，一直到 1991 年才首次提出抗议。以此为依据，分庭认为洪都拉斯对萨尔瓦多早期有效控制的反应表明了它对相关情形的接受、承认、默认或某种形式的默示同意。1854 年萨尔瓦多提出对明古尔拉岛的主张，之后有效占有和控制了该岛，证明了萨尔瓦多是岛屿的主权者。如果仍然存在疑问，从 19 世纪后期开始，萨尔瓦多对岛屿行使主权，洪都拉斯对此的默认确认了萨尔瓦多对明古尔拉岛的主权。萨尔瓦多对明古尔拉岛的占有和控制以及主权展示和行使的证据，结合洪都拉斯的态度，分庭认为清楚地表明了萨尔瓦多继承了西班牙对于明古尔拉的权利。[1] 在国际法院审理的其他适用有效控制规则案件中，也大致遵循了相同的裁判方法，也就是首先分析当事国对争议领土实施的主权行为，然后结合另一方对相关行为的态度，从这两个方面判断哪方当事国做出了更具优势的主张，包括 2002 年"利吉坦和西巴丹岛屿主权案"、[2] 2007 年"领土和海洋争端案"[3] 以及 2012 年"领土和海洋争端案"。[4]

3. 例外情况下变更领土主权

在领土争端中，承认、默认和禁止反言不仅能起到确认和强化根据其他法律依据得出的领土主权归属结论，更具影响力的作用是在特定情况下能够导致领土主权的变更。这是当事国主张或抗辩承认、默认和禁止反言的最主要原因[5]。也就是说，即使一国已经建立了对部分领土的主权，如果之后承认或默认了他国对该领土的主张，那么仍然存在原权利所有国丧失主权的可能性。这是因为国家不仅可以取得领土主权，也可能通过与取得领土主权类似的方式丧失主权，包括：通过明示的行为或声明向其他国家割让部分领土、因自然活动而丧失领土以及因时效而丧失领土等。[6] 根据 1928 年"帕尔马斯岛案"阐述的条件，从 19 世纪开始，有效性对于维护权利非常有必要，如果没有对公开的竞争主权行为提出抗议，可能足以表明尚未达到维护权利所必需的有效性程度。司法和国家实践都充分表明了抗议对于维护争议权利的必要性，原权利所有国知道或应当知道不

〔1〕 *Case concerning the Land，Island and Maritime Frontier Dispute（El Salvador/Honduras：Nicaragua intervening）*，*Judgment*，*I. C. J. Reports* 1992，p. 577，para. 364；p. 579，paras. 367～368.

〔2〕 *Sovereignty over Pulau Ligitan and Pulau Sipadan（Indonesia/Malaysia）*，*Judgment*，*I. C. J. Reports* 2002，pp. 685～686，paras. 148～149.

〔3〕 *Territorial and Maritime Dispute between Nicaragua and Honduras in the Caribbean Sea（Nicaragua v. Honduras）*，*Judgment*，*I. C. J. Reports* 2007，p. 721，para. 208.

〔4〕 *Territorial and Maritime Dispute（Nicaragua v. Colombia）*，*Judgment*，*I. C. J. Reports* 2012，p. 657，para. 84.

〔5〕 宋岩：《论领土争端解决中的默认》，载《亚太安全与海洋研究》2016 年第 1 期，第 73 页。

〔6〕 Malcolm N. Shaw，*International Law*，7th edn，Cambridge University Press，2014，p. 770.

利的主权主张却没有反应，此种不抗议暗示了放弃权利的意图。[1] 在 2008 年"白礁、中礁和南礁主权案"中，国际法院进一步阐述了该原则，指出在特定情况下，领土主权可能发生转移，因为拥有主权的国家没有回应其他国家以主权者名义的行为，或者如 1928 年"帕尔马斯岛案"中仲裁员休伯指出的那样，没有回应其他国家对领土主权的具体展示。但此种主权展示要求有所回应，没有反应很可能相当于默认。[2]

尽管因原权利所有国的默认或承认而丧失领土主权的情形类似于时效，[3]然而关于时效取得的法律地位以及其构成要件，国际法庭的实践和学者观点存在较大分歧，所以当事国和国际法庭在实践中都会尽可能避免主张或分析时效学说。[4] 但也有部分学者认为，国家无论是通过与原主权国的默示合意或者推定的默认而取得领土主权，还是通过时效取得领土主权，使用何种名称并不重要，关键问题是——在何种条件下可以认定国家达成了此种合意、建立了默认或者构成了时效。也就是说，最重要的是确认国际法上国家行为的效力，而不是选择哪种表述来描述此种法律过程。[5] 尽管如此，国际法庭更关注的是分析争端双方的行为，确定是否存在放弃权利并认可他国主权的情况，[6] 而根据国际司法和仲裁实践，也确实存在原权利所有国因承认或默认其他国家实施的主权行为而丧失领土的可能性，国际法庭在多个案件中分析或认可了这种可能性。

在 1933 年危地马拉和洪都拉斯"洪都拉斯边界仲裁案"中，关于蒙塔古（Motague）河与英属洪都拉斯之间的边界，仲裁法庭认为国家不能仅仅通过自身

---

〔1〕 I. C. MacGibbon, "The Scope of Acquiescence in International Law", *British Yearbook of International Law*, Vol. 31, 1954, p. 168.

〔2〕 *Sovereignty over Pedra Branca/Pulau Batu Puteh*, *Middle Rocks and South Ledge* (*Malaysia/Singapore*), *Judgment*, I. C. J. *Reports* 2008, pp. 50~51, para. 121. See also *Dubai/Sharjah Border Arbitration* (*Dubai/Sharjah*), *Award of* 19 *October* 1981, *International Law Reports*, Vol. 91, p. 622.

〔3〕 Jan Wouters, Sten Verhoeven, "Prescription", para. 1, *Max Planck Encyclopedia of Public International Law*, Oxford University Press, http://opil. ouplaw. com/view/10. 1093/law: epil/9780199231690/law-9780199231690 – e862? rskey = AnUwvq&result = 1&prd = EPIL (Last visited on 30 December 2017).

〔4〕 James Crawford, *Brownlie's Principles of Public International Law*, 8th edn, Oxford University Press, 2012, p. 230.

〔5〕 Robert Jennings and Arthur Watts, *Oppenheim's International Law*, 9th edn, Vol. I, parts 2, Longman Limited, 1992, p. 708. See *Sovereignty over Pedra Branca/Pulau Batu Puteh*, *Middle Rocks and South Ledge* (*Malaysia/Singapore*), *Joint Dissenting Opinion of Judges Simma and Abraham*, I. C. J. *Reports* 2008, p. 121, para. 16.

〔6〕 Marcelo G. Kohen, Mamadou Hébié, "Territory, Acquisition", para. 21, *Max Planck Encyclopedia of Public International Law*, http://opil. ouplaw. com/view/10. 1093/law: epil/9780199231690/law-9780199231690 – e1118? rskey = POhLEA&result = 1&prd = EPIL (Last visited on 30 December 2017).

的宣告而取得对另一国领土的管辖权，还需要分析另一国对该宣告的反应[1]。在 1821 年独立后不久，危地马拉主张蒙塔古河以北和以西的领土，包括沿海地区，这些主张是公开和正式的，可以清楚地表明危地马拉认为这些地区属于其领土。另一方面，洪都拉斯不仅没有提出具体的主张主权，也没有反对危地马拉的主张，甚至其总统还批准了一份授权，授权中的地图显示争议地区属于危地马拉。因此，仲裁法庭认为，如果认为洪都拉斯被剥夺了领土主权，特别是危地马拉所主张的领土在独立之前处于洪都拉斯省的管理控制之下，那么毫无疑问危地马拉的主张将立刻引起洪都拉斯的敌意，之后洪都拉斯定会对此表示抗议或反对。当时存在的紧张局势以及新国家对其领土主权的天生戒备将引起迅速的反应[2]。结合双方当事国的相关行为和态度，仲裁法庭认为争议领土属于危地马拉。虽然该案只是假设争议领土在独立之前属于洪都拉斯省，但事实上明确指出，面对其他国家的竞争权利主张，权利所有国的承认、默认以及彻底不作为将导致权利的丧失。

在 1992 年"陆地、岛屿和海洋边界争端中"，分庭认为根据保持占有原则确定的边界线可以因为独立之后的裁决和条约而发生改变，就会产生边界线是否可能因其他方式而发生变化的问题，例如承认和默认。分庭的意见是，在原则上没有理由认为这些因素不能适用，如果存在充分证据表明当事方实际上明确接受了变更保持占有边界线的位置或者至少是接受了关于边界线位置的某种解释[3]。这表明之后的行为是有可能改变根据合法权利依据确定的边界线。法庭不认为适用保持占有原则将永久冻结内部行政边界。国家可以通过协议改变边界，也可以通过作为或者不作为默认不同于 1821 年独立时的边界[4]。法庭在该案中试图说明，独立后的实践一方面能够说明保持占有边界的位置，另一方面，在一定程度上也可以帮助确定是否存在默认的其他边界[5]。

在 2002 年"陆地和海洋边界案"中，根据 1913 年英国和德国签订的划界条

　〔1〕　*Honduras Borders*（*Guatemala*, *Honduras*）, *Decision of 23 January 1933*, *R. I. A. A.*, *Vol. II*, p. 1327.

　〔2〕　*Honduras Borders*（*Guatemala*, *Honduras*）, *Decision of 23 January 1933*, *R. I. A. A.*, *Vol. II*, pp. 1325 ~ 1327.

　〔3〕　*Case concerning the Land*, *Island and Maritime Frontier Dispute*（*El Salvador/Honduras*：*Nicaragua intervening*）, *Judgment*, *I. C. J. Reports 1992*, p. 401, para. 67.

　〔4〕　*Case concerning the Land*, *Island and Maritime Frontier Dispute*（*El Salvador/Honduras*：*Nicaragua intervening*）, *Judgment*, *I. C. J. Reports 1992*, pp. 408 ~ 409, para. 80.

　〔5〕　Malcolm D. Evans and Malcolm N. Shaw, "Case Concerning the Land, Island and Maritime Frontier Dispute（El Salvador/Honduras：Nicaragua Intervening）, Judgment of 11 September 1992", *International and Comparative Law Quarterly*, Vol. 42, 4, 1993, p. 932.

约，巴卡西半岛属于喀麦隆。尽管如此，尼日利亚提出了对巴卡西半岛实施了大量的主权行为，包括提供公共服务和征税等，主张相关行为构成了以主权者名义而行使的行为。对此，国际法院认为："根据有效控制规则判断领土主权归属的法律问题，不同于有效控制能否取代已经确定条约权利的问题"，所以案件的关键在于判断，喀麦隆是否因默认尼日利亚的行为而丧失了根据 1913 年《英德条约》而取得的领土主权。[1] 这表明即使存在条约确定的权利，当事国也可能因承认或默认其他国家的主张而丧失该权利，但需要进一步分析的问题是：原权利所有国丧失权利的具体判断标准。尽管国际法院在实践中并没有明确指出权利转移的具体条件，[2] 通过分析 2002 年"陆地和海洋边界案"可以发现，法院主要考虑两方面因素：一方面，喀麦隆对巴卡西半岛实施的主权行为尽管非常有限，但包括了征税和许可活动；另一方面，法院分析了喀麦隆对尼日利亚活动的反应，对于尼日利亚的军事活动，喀麦隆曾提出过抗议。[3] 虽然从数量、种类和持续时间方面比较双方当事国实施的主权行为，喀麦隆的活动相对有限，远不及尼日利亚。但喀麦隆拥有得到条约支持的领土主权，只要进行有限的活动就足以表明喀麦隆并没有放弃自身权利。而与之形成对比的是，法院在该案中对萨佩奥地区（Sapeo）的裁判，双方在乍得湖地区的绝大部分争议边界都依据了英法《汤姆森－马尔尚宣言》确定，仅变更了萨佩奥地区的条约边界。法院发现，英法两国官员之后的议事记录变更了条约的规定，并且《汤姆森－马尔尚宣言》所附的 1931 年地图也反映了议事记录规定的边界。此外，该地区实际被认为属于尼日利亚领土，特别是 1959 年和 1961 年进行的全民公决。喀麦隆并没有对此提出强烈抗议，也没有主张对该地区进行过任何形式的管理，甚至其官员明确知道尼日利亚管理该地区。因此，法院认定该地区应当属于尼日利亚。[4] 该案表明，尽管权利所有国的承认或默认可能导致领土主权的变更，然而构成承认或默

---

〔1〕　*Land and Maritime Boundary between Cameroon and Nigeria*（*Cameroon v. Nigeria：Equatorial Guinea intervening*），*Judgment*，*I. C. J. Reports* 2002，pp. 414 ~ 415，paras. 222 ~ 223. 类似的情况也出现在 1959 年"某些边界土地主权案"中，荷兰主张其实施的主权行为已经取代了比利时根据《1843 年边界条约》取得的权利。国际法院并没有直接驳斥荷兰的这种主张，而是指出，需要解决的问题是比利时是否因未主张其权利并且默认荷兰的主权行为而丧失主权。*Case concerning Sovereignty over certain Frontier Land*（*Belgium/ Netherlands*），*Judgment*，*I. C. J. Reports* 1959，p. 227.

〔2〕　Nico J. Schrijver，Vid Prislan，"Cases Concerning Sovereignty over Islands before the International Court of Justice and the Dokdo/Takeshima Issue"，*Ocean Development & International Law*，Vol. 46，4，2015，p. 298.

〔3〕　*Land and Maritime Boundary between Cameroon and Nigeria*（*Cameroon v. Nigeria：Equatorial Guinea intervening*），*Judgment*，*I. C. J. Reports* 2002，pp. 415 ~ 416，paras. 223 ~ 225.

〔4〕　*Land and Maritime Boundary between Cameroon and Nigeria*（*Cameroon v. Nigeria：Equatorial Guinea intervening*），*Judgment*，*I. C. J. Reports* 2002，p. 383，para. 144.

认的判断标准十分严格，需要证明当事国存在放弃权利的意图，但只要原权利所有国仍对争议领土实施主权行为或者抗议其他国家实施的行为，即使主权行为十分有限，就不能认定它放弃了权利。[1] 但如果原权利所有国没有任何主权展示，并且不抗议其他国家的主权行为，甚至表示承认，则有可能丧失领土主权，即使是条约支持的权利。

明确指出可以根据对主权行为的默认或承认而改变条约边界的案件是 2002年厄立特里亚和埃塞俄比亚"划界决定案"。在该案中，边界委员会指出，关于能够有效改变条约的行为，其性质和程度应该由法庭在个案中确定，国际法院在1962 年"柏威夏寺案"中的裁决大致与该问题相关。在确定了一国的行为之后，如果另一国不同意该行为，本应当提出明确反对，如果没有提出反对，那么法院有理由推定该国不能质疑相关行为的有效性。对该过程有各种不同的表述，包括禁止反言、排除、默认或默示同意等。尽管如此，在各种情况下，该过程的构成要件都是相同的：一方从事或授权的作为或不作为表明了对法律规则（无论是来源条约还是习惯）的意见；另一方知道或应当知道此种作为或不作为；然而，后者并没有在合理的期间内向前者提出反对意见。同样，这种理念也适用于一方对于自身行为的态度：之后的行为不得与先前行为所反映的法律意见相悖。[2] 意大利于 1890 年建立了厄立特里亚殖民地，1900 年、1902 年以及 1908 年，埃塞俄比亚与意大利签订了 3 份划界条约，划分了厄立特里亚殖民地与埃塞俄比亚之间的边界。其中，关于《1900 年条约》涉及的中段边界，委员会首先解释了《1900 年条约》及其所附地图，确定该段边界的位置，然后考虑当事国的嗣后行为以及承认对条约边界进行调整。在答辩状中，埃塞俄比亚承认卡多尔纳堡（Fort Cadorna）、莫诺塞多（Monoxeito）、古纳古纳（Guna Guna）以及赛罗纳（Tserona）等地区毫无争议地是厄立特里亚领土，而根据《1900 年条约》卡多尔纳堡和赛罗纳属于埃塞俄比亚，委员会认为应当考虑埃塞俄比亚的承认。此外，根据条约确定的边界，应当划归厄立特里亚的萨拉姆贝萨市（Zalambessa），埃塞俄比亚当局对其实施了较多数量的管理行为，并在那里建立了海关，埃塞俄比亚提交的证据表明，厄立特里亚海关部门承认该市属于埃塞俄比亚。此外，根据1996 年信件，埃塞俄比亚外交部请求厄立特里亚允许其调查小组进入厄立特里亚，厄立特里亚表示同意，其中提到该小组的工作是为了复查萨拉姆贝萨地区的

---

〔1〕 宋岩：《论领土争端解决中的默认》，载《亚太安全与海洋研究》2016 年第 1 期，第 75 页。

〔2〕 *Decision regarding Delimitation of the Border between Eritrea and Ethiopia*, 13 April 2002, *R. I. A. A.*, *Vol. XXV*, p. 111, para. 3. 9.

边界，并注明该市属于埃塞俄比亚泰格雷地区（Tigray）。根据承认以及主权行为，委员会对《1900 年条约》确定的边界线进行了调整，将卡多尔纳堡和赛罗纳地区划归为厄立特里亚边界一侧，将萨拉姆贝萨市调整为埃塞俄比亚领土。[1] 该案表明，即使是根据划界条约明确规定的边界，也可能因当事国之后的行为而发生改变，之所以发生变化是因为埃塞俄比亚实施了较多主权行为并结合厄立特里亚的承认。尽管如此，首先，在诉讼过程中明确放弃条约权利而主动承认对方权利的情况非常罕见；其次，划界委员会简单地根据当事方的相竞争主权行为就调整了条约确定的边界，这与国际法院相对谨慎的司法实践是不同的，以至于有学者对此提出了质疑，批评委员会颠倒了权利依据与主权行为的地位。[2]

在变更领土主权方面，2008 年"白礁、中礁和南礁主权案"是近年来国际法院审理的引起较多争议的案件。法院首先根据白礁岛的地理位置以及不存在其他国家竞争主张的历史事实认定了白礁岛不是无主地，马来西亚的被继承国柔佛拥有对白礁岛的主权。在 19 世纪 40 年代之后，新加坡的被继承国英国选择在白礁岛上修建霍士堡灯塔，该事实构成了判断白礁岛主权归属的重要历史转折。之后，柔佛以及后来的马来西亚基本没有对白礁岛展示过任何主权。与之形成鲜明对比的是，英国和新加坡对白礁岛及其上的霍士堡灯塔实施了大量行为，并且这些行为并不局限于通常的灯塔管理和维护行为，部分行为构成了以主权者名义而实施的活动，包括：调查白礁岛周围海域中的船舶失事事件、控制进出白礁岛、悬挂标志、安装军事通讯设施以及填海等。柔佛和马来西亚从未对英国和新加坡的行为提出过任何质疑，甚至在自己出版的地图中将白礁岛标记为新加坡领土，官员在访问白礁岛和霍士堡灯塔时还接受了新加坡的管辖。导致白礁岛主权变更最重要的事件是柔佛官员于 20 世纪 50 年代在与新加坡官员的外交通信中明确表示柔佛州政府不主张白礁岛所有权。根据上述事实，法院认为双方当事国通过行为达成了合意，导致了白礁岛领土主权的变更，直到该案的关键日期 1980 年为止，白礁岛主权已由马来西亚转移至新加坡。[3] 在这个案件中，马来西亚丧失原有主权的根本原因在于，柔佛及马来西亚通过明确的行为表明了放弃白礁岛主

---

〔1〕　*Decision regarding Delimitation of the Border between Eritrea and Ethiopia*, 13 April 2002, *R. I. A. A.*, *Vol. XXV*, pp. 134～136, paras. 4. 69～4. 78.

〔2〕　M. G. Kohen, "The Decision on the Delimitation of the Eritrea/Ethiopia Boundary of 13 April 2002: A Singular Approach to International Law Applicable to Territorial Disputes", in M. G. Kohen ed., *Promoting Justice, Human Rights and Conflict Resolution through International Law*, Martinus Nijhoff Publishers, 2007, p. 767.

〔3〕　*Sovereignty over Pedra Branca/Pulau Batu Puteh, Middle Rocks and South Ledge (Malaysia/Singapore)*, *Judgment*, *I. C. J. Reports* 2008, pp. 95～96, paras. 273～277.

权并且承认英国和新加坡主权的意图，不仅自身完全不对白礁岛实施任何主权行为，也没有抗议过对方的任何主权行为，甚至明确表达不主张对白礁岛的权利并且主动承认新加坡的主权行为和主张。[1] 类似的情况也出现在国际法院 2002 年"陆地和海洋边界案"中对萨佩奥地区的裁判中。[2] 对于法院的上述结论，西玛法官（Judge Simma）和亚伯拉罕法官（Judge Abraham）提出了反对意见。尽管他们同意领土主权可能变更，但同时指出该案已有的事实和证据并没有满足权利转移的条件，因为不能确定无疑清楚地表明新加坡及其被继承国英国公开展示了作为白礁岛主权者而行为的意图，马来西亚及其被继承国默认或同意将主权让与新加坡。[3]

　　根据国际法庭的相关实践，可以发现，如果证明一国承认或默认了其他国家对领土实施的主权行为，那么行使主权行为的国家可能取代原权利所有国的地位。[4] 即使存在书面证据支持的权利，包括条约确定的主权归属，对领土实施主权行为的国家仍然可能超越拥有"书面"权利的国家，只要能够证明后者同意变更对领土的主权。[5] 双方当事国达成的合意可以变更领土主权，然而国际法并没有限定合意的表现形式，国际法院在 2008 年"白礁、中礁和南礁主权案"中指出，合意可以表现为条约，也可以根据当事国的行为进行推断，关键在于判断当事国的意图。[6] 国家的行为可能作为之后变更权利的依据，此种变更是因

〔1〕 宋岩：《论领土争端解决中的默认》，载《亚太安全与海洋研究》2016 年第 1 期，第 76 页。

〔2〕 *Land and Maritime Boundary between Cameroon and Nigeria*（*Cameroon v. Nigeria*：*Equatorial Guinea intervening*），*Judgment*，*I. C. J. Reports* 2002，p. 383，para. 144.

〔3〕 *Sovereignty over Pedra Branca/Pulau Batu Puteh*，*Middle Rocks and South Ledge*（*Malaysia/Singapore*），*Joint Dissenting Opinion of Judges Simma and Abraham*，*I. C. J. Reports* 2008，p. 122，paras. 18 ~ 19.

〔4〕 James Crawford，*Brownlie's Principles of Public International Law*，8th edn，Oxford University Press，2012，p. 233.

〔5〕 Roger O'Keefe，"Legal Title versus *Effectivités*：Prescription and the Promise and Problems of Private Law Analogies"，*International Community Law Review*，Vol. 13，1 ~ 2，2011，pp. 176 ~ 177. See also Giovanni Distefano，"The Conceptualization（Construction）of Territorial Title in the Light of the International Court of Justice Case Law"，*Leiden Journal of International Law*，Vol. 19，4，2006，p. 1064.

〔6〕 *Sovereignty over Pedra Branca/Pulau Batu Puteh*，*Middle Rocks and South Ledge*（*Malaysia/Singapore*），*Judgment*，*I. C. J. Reports* 2008，p. 50，para. 120. See also Georg Schwarzenberger，"Title to Territory：Response to a Challenge"，*American Journal of International Law*，Vol. 51，1957，p. 319. Marcelo G. Kohen，Mamadou Hébié，"Territory，Acquisition"，para. 42，*Max Planck Encyclopedia of Public International Law*，http：//opil. ouplaw. com/view/10. 1093/law：epil/9780199231690/law - 9780199231690 - e1118？rskey = POhLEA& result =1&prd = EPIL（Last visited on 30 December 2017）.

为特定的行为或态度，如果它们与当事方的法律情势以及各自可能主张的权利相关。[1] 如果根据双方当事国的行为，能够明确地推断出它们已对既有权利作出了变更，那么即使存在条约确定的边界，该条约也并不必然构成划界的终点。[2] 正如菲茨莫里斯法官在 1962 年"柏威夏寺案"中指出的那样，泰国和柬埔寨对附件 1 地图的接受行为，此种情况相当于当事国通过行为达成了新的合意，取代并变更了之前的合意，无论是否符合之前的条约规定。[3] 国家作为平等独立的国际法主体，具有根据其意志创设权利和义务的能力，应当尊重此种自由意志，保护对方当事国的合理信赖利益。[4]

　　除此之外，尽管违反条约的约定可能构成违法行为，但当事方长时间的承认或默认造成了一种事实状态，为了维护边界的稳定性，应当尊重这种状态，不应以错误为由对此提出质疑。例如，在 1988 年"塔巴界标仲裁案"中，相关条约约定应当以互相可见的方式竖立界标，但是最后一个界标的位置没有遵守约定。但是当事方在长达五十多年的期间里一直认可该界标，并据此进行活动。[5]

　　尽管承认、默认和禁止反言可能导致领土主权的变更，然而，通过分析国际司法和仲裁实践可以发现：国际法庭仅在数量相当有限的案件中认可了此种效力，在大多数案件中，国际法庭一般对原权利所有国表示支持。[6] 此种实践表明，主权变更的条件非常严格，即使国际法庭在少数案件中认为已经满足了变更条件，部分学者和法官仍会对此持相反意见。因此，根据目前已有的实践，只能认为承认、默认和禁止反言仅在例外的情况下可能导致领土主权的变更。[7] 诚如 2008 年"白礁、中礁和南礁主权案"中国际法院的观点："国家领土主权以及主权的稳定性和确定性在国际法和国际关系中具有核心价值……任何因当事国行为而导致的主权变更，都必须根据该行为以及相关事实清楚无疑地展示，特别

---

〔1〕　*Case concerning the Interpretation of the Air Transport Services Agreement between the United States of America and France*, *Award of 22 December 1963*, *R. I. A. A.*, Vol. XVI, pp. 62~63.

〔2〕　Malcolm N. Shaw, "Title, Control and Closure? The Experience of the Eritrea – Ethiopia Boundary Commission", *International and Comparative Law Quarterly*, Vol. 56, 4, 2007, p. 796.

〔3〕　*Case concerning the Temple of Preah Vihear* (*Cambodia v. Thailand*), *Separate Opinion of Judge Sir Gerald Fitzmaurice*, *I. C. J. Reports* 1962, p. 56. See also *Territorial Dispute* (*Libyan Arab Jamahiriya/Chad*), *Judgment*, *I. C. J. Reports* 1994, p. 23, para. 45.

〔4〕　宋岩：《论领土争端解决中的默认》，载《亚太安全与海洋研究》2016 年第 1 期，第 76 页。

〔5〕　*Case concerning the Location of Boundary Markers in Taba between Egypt and Israel*, *Decision of 29 September 1988*, *R. I. A. A.*, Vol. XX, pp. 63~64, para. 235.

〔6〕　参见附表 5："国际法院考虑当事国主张的顺序"。

〔7〕　宋岩：《论领土争端解决中的默认》，载《亚太安全与海洋研究》2016 年第 1 期，第 76 页。

是对于一国放弃部分领土主权的情形。"[1]

关于变更领土主权的具体条件，可以参考西玛法官和亚伯拉罕法官在 2008 年 "白礁、中礁和南礁主权案" 中的反对意见。他们认为，"如果存在原权利所有国，那么其他国家的权力行使即使持续和有效，也不能发生主权变更，除非能够证明原权利所有国同意割让领土或者默认将领土让与事实上行使权力的国家，否则领土主权不能变更。"[2] 因此，虽然意图取得领土主权的国家所实施的主权行为是必要的，但主权变更的核心在于判断原权利所有国的态度，也就是原权利所有国要有放弃领土主权的意图。[3] 此外，国际法庭更重视原权利所有国对其他国家相竞争主张的持续态度，单独或者偶尔的行为可能不会得到考虑。[4] 只有长期、多次对他国持续的主张保持承认或默认，才可能因此丧失权利，正如在 2008 年 "白礁、中礁和南礁主权案" 中，国际法院考虑了从 19 世纪 40 年代霍士堡灯塔建设到 1980 年争端具体化之间当事双方立场的趋同发展，跨越的期间有一个多世纪。而只要原权利所有国仍然主张争议领土主权，包括对其实施主权行为，或者对其他国家的行为提出抗议，即使主权行为和抗议在数量方面较为有限，在质量方面存在部分瑕疵，也足以证明它并没有放弃权利的意图。[5] 在这种情况下，意图取代主权的一国即使非常充分和持续地对领土展示主权，相关行为只能被视为非法行为，无法取代原权利所有国的法律地位，这也体现了合法权利依据对有效控制规则的限制。[6]

---

〔1〕 *Sovereignty over Pedra Branca/Pulau Batu Puteh, Middle Rocks and South Ledge (Malaysia/Singapore), Judgment, I. C. J. Reports* 2008, p. 51, para. 122.

〔2〕 *Sovereignty over Pedra Branca/Pulau Batu Puteh, Middle Rocks and South Ledge (Malaysia/Singapore), Joint Dissenting Opinion of Judges Simma and Abraham, I. C. J. Reports* 2008, p. 120, para. 13.

〔3〕 宋岩：《论领土争端解决中的默认》，载《亚太安全与海洋研究》2016 年第 1 期，第 77 页。

〔4〕 Marcelo G. Kohen, Mamadou Hébié, "Territory, Acquisition", para. 15, *Max Planck Encyclopedia of Public International Law*, http：//opil. ouplaw. com/view/10. 1093/law：epil/9780199231690/law - 9780199231690 - e1118？ rskey = POhLEA&result = 1&prd = EPIL (Last visited on 30 December 2017).

〔5〕 James Crawford, *Brownlie's Principles of Public International Law*, 8th edn, Oxford University Press, 2012, p. 233. See also Giovanni Distefano, "The Conceptualization (Construction) of Territorial Title in the Light of the International Court of Justice Case Law", *Leiden Journal of International Law*, Vol. 19, 4, 2006, pp. 1070 ~ 1071.

〔6〕 宋岩：《论领土争端解决中的默认》，载《亚太安全与海洋研究》2016 年第 1 期，第 77 页。

第四章　合法权利依据对有效控制规则的限制

　　虽然有效控制规则对于领土争端解决意义重大，但同时也可以注意到，在相当多的领土争端案件中，解决争端的法律依据并不是有效控制规则，并且最终适用有效控制规则的案件也不是首先就考虑该规则，甚至当事国和国际法庭在部分案件中明确反对适用有效控制规则，这表明有效控制规则并不是解决领土争端的首要和绝对规则，它的适用存在限制条件。[1] 在实践中，领土争端经常出现在主张拥有合法权利依据的国家与主张实际有效控制争议领土的国家之间，[2] 国际法庭频繁面临着如何处理合法权利依据与有效控制之间关系的问题。国际法院分庭在1986年"边界争端案"中区分了有效控制规则在不同情况下的法律效力："有效控制在案件中的作用是复杂的，分庭必须分各种具体情形仔细衡量有效控制的法律效力。如果行为符合法律，有效管理补充了保持占有原则，有效控制的作用只是确认源于合法依据的权利的行使。如果行为不符合法律，也就是不具有合法权利依据的国家有效管理争议领土，应当给予权利持有方优先性。如果有效控制不与任何合法权利依据同时存在，那么必须考虑有效控制。最后，如果合法权利依据不能准确表明与其相关的领土范围，有效控制将发挥关键作用说明如何在实践中解释适用合法权利依据。"[3] 也就是说，有效控制只能确认、补充合法权利依据，不得超越合法权利依据，只有当不存在合法权利依据时，有效控制才

---

　　[1]　宋岩：《国际法院在领土争端中对有效控制规则的最新适用——评2012年尼加拉瓜诉哥伦比亚"领土和海洋争端案"》，载《国际论坛》2013年第15卷第2期，第51页。

　　[2]　罗马法对占有的有效性（*modus adquisitionis*）以及合法性（*titulus adquisitionis*）进行了区分。对于法律上有效的财产转移，个人应当既具有取得财产的权利，也同时有效占有该财产。因此，只有当同一主体具有取得财产的权利并实际占有时，合法权利才完整。Giovanni Distefano, "The Conceptualization（Construction）of Territorial Title in the Light of the International Court of Justice Case Law", *Leiden Journal of International Law*, Vol. 19, 4, 2006, p. 1047.

　　[3]　*Frontier Dispute（Burkina Faso/Republic of Mali）*, Judgment, I. C. J. Reports 1986, pp. 586~587, para. 63.

能发挥决定性作用，弥补合法权利依据的空白，合法权利依据构成对有效控制规则的适用限制。尽管分庭是在适用保持占有原则的背景下分析该问题，但关于有效控制与合法权利依据之间关系的观点适用于领土争端解决的一般情形，[1] 分庭关于该问题的意见也得到了之后国际司法和仲裁实践的遵循。[2]

一、合法权利依据

　　根据一般法律理论，各种权利（包括特权、权力或者豁免）都具有依据或者来源：权利依据（legal title）是前提事实，而权利是法律结果。[3] 在私法领域中，权利依据一般是能够证明所有权人法律地位的书面文件或记录，可能是取得所有权所依据的文件，例如买卖合同或者遗嘱，也可能是明确承认所有权的公示文件，例如土地权利登记等。[4] 在与领土有关的国际法中，领土主权是国家对特定领土具有的法律能力，此种法律能力也需要以一定的事实、行为或者情势为依据，此种依据解释了主权存在的原因及其范围。[5] 权利依据说明了两个问

〔1〕　Marcelo G. Kohen, Mamadou Hébié, "Territory, Acquisition", para. 35, *Max Planck Encyclopedia of Public International Law*, http: //opil. ouplaw. com/view/10. 1093/law: epil/9780199231690/law-97801992 31690 – e1118? rskey = POhLEA&result = 1&prd = EPIL（Last visited on 30 December 2017）.

〔2〕　See also *Case concerning the Land*, *Island and Maritime Frontier Dispute*（*El Salvador/Honduras: Nicaragua intervening*）, *Judgment*, *I. C. J. Reports* 1992, p. 398, para. 61; *Territorial Dispute*（*Libyan Arab Jamahiriya/Chad*）, *Judgment*, *I. C. J. Reports* 1994, p. 38, paras. 75 ~ 76; *Maritime Delimitation and Territorial Questions between Qatar and Bahrain*（*Qatar v. Bahrain*）, *Merits*, *Judgment*, *I. C. J. Reports* 2001, pp. 73 ~ 74, para. 107; *Land and Maritime Boundary between Cameroon and Nigeria*（*Cameroon v. Nigeria: Equatorial Guinea intervening*）, *Judgment*, *I. C. J. Reports* 2002, pp. 353 ~ 354, para. 68; *Sovereignty over Pulau Ligitan and Pulau Sipadan*（*Indonesia/Malaysia*）, *Judgment*, *I. C. J. Reports* 2002, p. 678, para. 126.

〔3〕　Glanville Williams, *Salmond on Jurisprudence*, Sweet and Maxwell, 1957, p. 378. In Robert Jennings, *The Acquisition of Territory in International Law*, Manchester University Press, 1963, p. 4. See also Giovanni Distefano, "The Conceptualization（Construction）of Territorial Title in the Light of the International Court of Justice Case Law", *Leiden Journal of International Law*, Vol. 19, 4, 2006, p. 1047, p. 1049.

〔4〕　Roger O'Keefe, "Legal Title versus *Effectivités*: Prescription and the Promise and Problems of Private Law Analogies", *International Community Law Review*, Vol. 13, 1 ~ 2, 2011, p. 153.

〔5〕　"Terme qui, pris dans le sens de tire juridique, designe tort fait, acte ou situation qui est la caus et le fondement d' un droit." Jean Salmon ed., *Dictionnaire de Droit International Public*, 2001, p. 1084, in James Crawford, *Brownlie's Principles of Public International Law*, 8th edn, Oxford University Press, 2012, p. 212. 参见李扬：《国际法上的"historic title"》，载《北大国际法与比较法评论》2013 年第 10 卷第 13 期，第 29 ~ 30 页。

题：哪个国家有权拥有领土主权以及领土主权的范围。[1] 由于传统领土取得与变更理论没有包括各种实践中确定领土主权的方式，权利依据的概念得到更多的接受，它更能反映出领土取得与变更的现实情况。[2] 在 1986 年"边界争端案"中，国际法院分庭认为合法权利依据并不限于书面证据，实际上，该用语通常具有不同的含义，既指确定权利存在的证据，也可能是权利的实际来源。[3] 在领土争端中，当事国会提交大量的事实和证据来支持自己的主权主张，但并不是所有的事实和证据都能证明领土主权。关键问题是分析什么样的事实、行为或者情势能够得到国际法庭的认可，从而能够证明主权的存在或者作为主权的来源，这也是研究有效控制适用限制的先决问题。

（一）条约

根据 1969 年《维也纳条约法公约》第 2 （1）（a）条对条约的定义，条约应当具有国际性质，缔结主体主要为国家，[4] 具有书面形式，能够产生国际法规定的权利和义务。[5] 条约对于国际争端解决具有重要作用，《国际法院规约》第 38 条明确将"不论普通或特别国际协约，确立诉讼当事国明白承认之规条者"列为审理争端所应当依据的国际法渊源之一。国家有义务善意履行合法、有效的条约，这是源于条约必须遵守原则（*pacta sunt servanda*），[6] 因此，"缔约国应当诚实和正直地履行条约，不仅按照条约的文字，而且按照条约的精神履行条约……

〔1〕 Artur Kozlowski, "The Legal Construct of Historic Title to Territory in International Law", *Polish Yearbook of International Law*, Vol. 30, 2010, p. 62.

〔2〕 Marcelo G. Kohen, Mamadou Hébié, "Territory, Acquisition", para. 3, *Max Planck Encyclopedia of Public International Law*, http：//opil. ouplaw. com/view/10. 1093/law：epil/9780199231690/law – 97801992 31690 – e1118？rskey = POhLEA&result = 1&prd = EPIL (Last visited on 30 December 2017).

〔3〕 *Frontier Dispute* (*Burkina Faso/Republic of Mali*), *Judgment*, I. C. J. Reports 1986, p. 564, para. 18; *Case concerning the Land, Island and Maritime Frontier Dispute* (*El Salvador/Honduras：Nicaragua intervening*), *Judgment*, I. C. J. Reports 1992, pp. 388 ~ 389, para. 45. 可以以地图为例来说明两者的不同，如果地图附于条约之后，地图具有同条约相同的效力，此时地图构成权利依据；但是，如果地图没有附于条约之后，只能构成相关证据，当事方可以援引地图证据证明对领土的权利。See Marcelo G. Kohen, Mamadou Hébié, "Territory, Acquisition", para. 3, *Max Planck Encyclopedia of Public International Law*, http：//opil. ouplaw. com/view/10. 1093/law：epil/9780199231690/law – 9780199231690 – e1118？rskey = POhLEA&result = 1&prd = EPIL (Last visited on 30 December 2017).

〔4〕 国家与国际组织或者国际组织之间也可以缔结条约，但这并不是 1969 年《维也纳条约法公约》调整的对象，也很少出现在领土争端的背景中。

〔5〕 Anthony Aust, *Modern Treaty Law and Practice*, 3rd. edn, Cambridge University Press, 2013, pp. 14 ~ 20.

〔6〕 Malcolm N. Shaw, *International Law*, 7th edn, Cambridge University Press, 2014, p. 234.

缔约国不得从事任何行为破坏条约的宗旨，应当不折不扣地履行该条约。"[1]

领土对于国家至关重要，为了确定各自的领土范围，条约是重要的划界媒介，实践中存在大量由国家缔结的标界、定界条约及其他相关条约，[2] 包括各种类型的和平条约、割让条约和划界条约等。根据条约必须遵守原则，在发生领土主权争端时，如果存在合法有效的边界或领土条约，应当以此为依据。条约在解决领土争端中的作用是突出重要的，条约本身可以作为权利的来源。[3] 虽然《国际法院规约》第 38 条并没有明确规定各种国际法渊源的效力位阶，但是国际法院在审理当事国之间的争端时，会优先考虑对它们有约束力条约的具体规定，只要该条约不与国际强行法相冲突。[4] 条约之所以能成为解决领土争端的最主要依据存在四个原因。其一，条约是双方当事国明确的意思表示，最能代表国家对各自领土范围的态度。[5] 虽然条约原则上不影响第三国的权利和义务，但如果第三国不能或者没有意愿做出更具优势的领土主张，那么条约权利实际上具有对世效力（erga omnes）。[6] 其二，同其他国际法渊源相比，条约规定更为明确、更具可预见性。其三，条约必须遵守原则已经成为习惯国际法，得到《联合国宪章》和《维也纳条约法公约》等重要国际法文件和国际法庭的确认，"该原则的法律意义在于为国际的互信和互赖创造条件，从而确保国际关系的稳定以及维护国际和平"。[7] 其四，条约具有很高的权威性，因为当事国可以通过条约改变领土的初始归属状况，[8] 国家可以通过条约确定边界线，无论最初的边界线在哪里：如果已经存在领土边界，那么协商一致将再次确认；如果之前不存在领土边界，那么当事方的合意将创设新的边界。[9] 因此，同其他法律依据相比，根据

---

〔1〕　李浩培：《条约法概论》，法律出版社 2003 年版，第 272 页。

〔2〕　J. G. Merrills, "The International Court of Justice and the Adjudication of Territorial and Boundary Disputes", *Leiden Journal of International Law*, Vol. 13, 4, 2000, p. 889.

〔3〕　Marcelo G. Kohen, Mamadou Hébié, "Territory, Acquisition", para. 10, *Max Planck Encyclopedia of Public International Law*, http://opil. ouplaw. com/view/10. 1093/law: epil/9780199231690/law-9780199231690 – e1118? rskey = POhLEA&result = 1&prd = EPIL (Last visited on 30 December 2017).

〔4〕　Thomas Buergenthal and Sean Murphy, *Public International Law*, 5th edn, West, 2013, p. 24.

〔5〕　Giovanni Distefano, "The Conceptualization (Construction) of Territorial Title in the Light of the International Court of Justice Case Law", *Leiden Journal of International Law*, Vol. 19, 4, 2006, p. 1053.

〔6〕　*Territorial Sovereignty and Scope of the Dispute (Eritrea and Yemen)*, *Award of 9 October* 1998, *R. I. A. A.*, Vol. XXII, p. 250, para. 153.

〔7〕　李浩培：《条约法概论》，法律出版社 2003 年版，第 272 页。

〔8〕　Brian T. Sumner, "Territorial Disputes at the International Court of Justice", *Duke Law Journal*, Vol. 53, 6, 2004, p. 1804.

〔9〕　*Territorial Dispute (Libyan Arab Jamahiriya/Chad)*, *Judgment*, I. C. J. *Reports* 1994, p. 23, para. 45.

条约解决争端更能实现尊重国家主权、维护国际关系可预见性和稳定性的目标，此外，依据当事国自愿、自由缔结的条约解决它们之间的领土争端，是最可行也是最公平的做法，应当优先考虑。

国际法庭特别重视领土和边界条约，尽量维护条约所确定边界的稳定性和终局性，特别是国际法院在 1962 年"柏威夏寺案"中指出，确定两国边界的主要目标就是实现稳定性和终局性[1] 解决领土争端的国际法中存在多种规则和制度来保障上述目标和宗旨的实现。首先，边界的效力独立于边界条约的效力。例如，在 1994 年"领土争端案"中，代表乍得的法国和利比亚缔结了《1955 年条约》，根据第 11 条规定，该条约的有效期为 20 年，条约生效后 20 年，任何一方在通知另一方后，可以随时终止条约。国际法院认为，虽然存在第 11 条的约定，但条约建立了永久性的边界。《1955 年条约》的规定并没有表明当事国约定了临时或暂时边界线，相反却表明了双方希望终结争端。边界线自始具有自己的法律生命，独立于《1955 年条约》。边界一旦被约定，将保持不变，否则将损害边界稳定性的基本原则。因此，根据条约确定的边界具有永久性，尽管条约本身并不必然具有永久性，但条约效力终止并不影响边界的继续存在。尽管当事国没有表示要终止条约，但是无论是否做出此种表示，边界都将保持。法院同时指出，当事国当然可以之后缔结条约变更之前的边界，但如果边界已经成为条约的主要问题，那么边界的继续存在不依赖于约定该边界的条约的持续效力[2] 根据此种观点，即使之后存在条约终止的情形，也不能影响边界的效力，例如，在 2012 年"领土和海洋争端案"中，法院认为即使支持尼加拉瓜主张的《1928 年条约》因哥伦比亚的根本违约而终止，也不会影响哥伦比亚根据《1928 年条约》对岛屿的主权[3] 此外，在条约中提到较早的边界文件也可以建立或确认边界，无论该文件是否具有效力，条约的规定可以使存在争议的边界线获得法律效力[4] 最后，根据《维也纳条约法公约》第 62 条的规定，对于确定边界的条约不适用

---

〔1〕 *Case concerning the Temple of Preah Vihear* (*Cambodia v. Thailand*), *Merits*, *Judgment*, I. C. J. *Reports* 1962, p. 34. See also *Case concerning the Location of Boundary Markers in Taba between Egypt and Israel*, *Decision of 29 September* 1988, R. I. A. A. , *Vol.* XX, pp. 63 ~ 64, para. 235.

〔2〕 *Territorial Dispute* (*Libyan Arab Jamahiriya/Chad*), *Judgment*, I. C. J. *Reports* 1994, p. 37, paras. 72 ~ 73.

〔3〕 *Territorial and Maritime Dispute* (*Nicaragua v. Colombia*), *Preliminary Objections*, *Judgment*, I. C. J. *Reports* 2007, p. 861, para. 89.

〔4〕 *Land and Maritime Boundary between Cameroon and Nigeria* (*Cameroon v. Nigeria*: *Equatorial Guinea intervening*), *Judgment*, I. C. J. *Reports* 2002, pp. 340 ~ 341, paras. 50 ~ 51.

于情势变迁原则；根据 1978 年《国家在条约方面继承的维也纳公约》[1] 第 11 条，国家继承也不会影响根据条约确定的边界，第 12 条规定对领土的国家主权的变化不影响其他领土制度。

在涉及条约的领土主权争端中，国际法庭的作用既不是划界也不是实地标界，因为边界已由法律文件规定，它们的作用在于确定这些文件是否对当事国有约束力，但并不局限于此，如果当事方对条约的内容存在争议，国际法庭必须更加仔细地分析，解决条约解释和具体适用方面的争议。[2] 国际法庭首要考虑的问题就是条约对当事国是否有约束力，这涉及条约的效力问题，可以根据《维也纳条约法公约》第 46 条到第 53 条进行判断。实践中，当事国主张条约无效的常见理由是错误和胁迫，[3] 但国际法庭会对证据进行严格的审查，重视条约的作用，较少接受条约无效的主张。[4] 例如，在 1959 年 "某些边界土地主权案"中，荷兰曾以错误为由主张条约无效；在 1962 年 "柏威夏寺案"中，泰国曾以违反缔约权限和错误为由主张附件 1 地图无效，但都没有得到国际法院的支持，因为错误并不是无法避免的或者是由于主张错误的一方的原因而导致的，并且当事方长期对此表示接受，没有提出过质疑。[5] 国际法院在 2001 年 "海洋划界和领土问题案"中甚至参考了签署但未批准的条约，可见国际法庭对条约的重视。1913 年英国和奥斯曼签署了《波斯湾及周边领土条约》约定了内志省（Nejd）与卡塔尔半岛的分界线，但最终没有批准该条约。法院认为该条约仍然可以反映

---

　　[1]　1978 年 8 月 23 日通过，1996 年 11 月 6 日生效，19 国签署。https://treaties. un. org/Pages/ ViewDetails. aspx? src = IND&mtdsg_ no = XXIII − 2&chapter = 23&clang = _ en，访问日期：2017 年 7 月 15 日。

　　[2]　*Land and Maritime Boundary between Cameroon and Nigeria* (Cameroon v. Nigeria: Equatorial Guinea intervening)，*Judgment*，I. C. J. *Reports* 2002，pp. 359 ~ 360，para. 84.

　　[3]　*Case concerning Sovereignty over certain Frontier Land* (Belgium/Netherlands)，*Judgment*，I. C. J. *Reports* 1959，p. 217. *Case concerning the Temple of Preah Vihear* (Cambodia v. Thailand)，*Merits*，*Judgment*，I. C. J. *Reports* 1962，p. 26.

　　[4]　Nico J. Schrijver, Vid Prislan, "Cases Concerning Sovereignty over Islands before the International Court of Justice and the Dokdo/Takeshima Issue"，*Ocean Development & International Law*，Vol. 46, 4, 2015, p. 290.

　　[5]　*Case concerning Sovereignty over certain Frontier Land* (Belgium/Netherlands)，*Judgment*，I. C. J. *Reports* 1959，pp. 226 ~ 227. *Case concerning the Temple of Preah Vihear* (Cambodia v. Thailand)，*Merits*，*Judgment*，I. C. J. *Reports* 1962，pp. 26 ~ 27. 在 2012 年 "领土和海洋争端案"中，尼加拉瓜主张，因为当时美国军队的干涉，所以与哥伦比亚签订的《1928 年条约》无效。但国际法院认为，尼加拉瓜直到 1980 年，也就是五十多年之后，才首次主张条约无效。但美军早在 1933 年就从尼加拉瓜撤军，之后尼加拉瓜有多次机会主张条约无效，例如，1945 年加入联合国、1948 年加入美洲国家组织。在这种情况下，法院认为尼加拉瓜不能主张条约无效。See *Territorial and Maritime Dispute* (Nicaragua v. Colombia)，*Preliminary Objections*，*Judgment*，I. C. J. *Reports* 2007，p. 859，paras. 79 ~ 80.

双方在签署时对边界位置的理解，该条约证明了英国和奥斯曼帝国在 1913 年时对卡塔尔统治者权力范围的立场。[1] 除此之外，国际法庭还需要分析条约能否确定具体争议领土的归属，这涉及条约的相关性问题，如本书第一章的分析，如果条约不与争议领土直接相关，则无法确定主权归属。在判断标准方面，国际法庭主要分析条约文本是否明确提到争议领土，或者根据《维也纳条约法公约》第 31 条和第 32 条的规定对当事国提交的条约进行解释，最终目标是探究当事方的共同意志。[2]

（二）保持占有原则

1. 保持占有原则的含义及意义

保持占有原则（*Uti Possidetis Juris*）的核心在于确保取得独立时的边界线，该边界线是指归属于同一主权的不同行政管理部分或殖民地之间的界线，适用保持占有原则将使行政管理界线转变为国际边界。[3] 该原则强调独立时边界的稳定性，"冻结"了当时的领土权利。[4] 在发生国家继承时应当遵守既有国际边界，这项义务属于国际法一般规则，保持占有原则在一定程度上也与国家继承理论相关。[5] 保持占有原则源于罗马法，主要是为了维护所有权关系的稳定性。[6] 如果双方当事人都主张不动产的所有权，会暂时推定实际占有不动产的一方拥有所有权，除非没有占有的一方能够证明占有方是通过秘密、暴力或其他可撤销的方式取得占有权。早期国际法学者接受了保持占有原则，并借鉴该原则解决领土

---

〔1〕 *Maritime Delimitation and Territorial Questions between Qatar and Bahrain* (*Qatar v. Bahrain*), *Merits*, *Judgment*, I. C. J. *Reports* 2001, p. 68, para. 89.

〔2〕 *Decision regarding Delimitation of the Border between Eritrea and Ethiopia*, 13 *April* 2002, R. I. A. A., *Vol. XXV*, pp. 109 ~ 110, para. 3. 4.

〔3〕 *Frontier Dispute* (*Burkina Faso/Republic of Mali*), *Judgment*, I. C. J. *Reports* 1986, p. 566, para. 23. See also *Case concerning the Land*, *Island and Maritime Frontier Dispute* (*El Salvador/Honduras；Nicaragua intervening*), *Judgment*, I. C. J. *Reports* 1992, pp. 386 ~ 387, para. 42; *Frontier Dispute* (*Benin/Niger*), *Judgment*, I. C. J. *Reports* 2005, p. 108, para. 23; *Territorial and Maritime Dispute between Nicaragua and Honduras in the Caribbean Sea* (*Nicaragua v. Honduras*), *Judgment*, I. C. J. *Reports* 2007, p. 706, para. 153.

〔4〕 Fabio Spadi, "The International Court of Justice Judgment in the Benin – Niger Border Dispute：The Interplay of the Titles and '*Effectivités*' under the *Uti Possidetis Juris* Principle", *Leiden Journal of International Law*, Vol. 18, 2005, p. 792.

〔5〕 Matthew M. Ricciardi, "Title to the Aouzou Strip：A Legal and Historical Analysis", *Yale Journal of International Law*, Vol. 17, 2, 1992, p. 425.

〔6〕 L. D. M. Nelson, "The Arbitration of Boundary Disputes in Latin America", *Netherlands International Law Review*, Vol. 20, 3, 1973, p. 268.

争端。[1] 需要注意的是，保持占有原则强调的占有是指根据殖民国家立法规定的占有，而不是指事实占有。[2]

　　拉丁美洲的殖民地最早开始了独立运动，因此，保持占有原则最早适用于拉丁美洲的实践。[3] 殖民地独立之后，西班牙殖民者的行政边界成为新独立国家的国际边界，该原则的适用在理论上排除了任何主权的空白，而主权的空白则可能引起敌对或侵略。[4] 因此，适用该原则的优点之一就是，建立了绝对的规则，即在先前西班牙占领的美洲地区不存在任何无主地。虽然有许多地区可能从未被西班牙实际占领，也没有得到开发或居住，但一般认为这些地区在法律上属于继承原西班牙省份的独立国家。[5] 因此，保持占有原则的适用一方面排除了无主地，可以防止殖民势力以先占为由卷土重来；另一方面，也可以避免新独立国家之间的冲突，维护和平稳定的领土秩序。[6] 20 世纪 50 年代起，非洲殖民地逐步独立成为新的主权国家，为了确定新独立国家的领土范围，当时存在重新划定边界和遵守已有边界两种主张。为了维护独立后非洲的和平稳定秩序，多数国家赞成后者。因此，1964 年在开罗召开的第一届非洲国家和政府首脑会议郑重声明：所有非洲统一组织成员国保证尊重非洲国家取得民族独立时的既有边界。[7] 此外，2000 年 7 月 11 日在洛美（Lome）签订的《非洲联盟宪章》第 4（b）条也再次要求尊重既有边界。[8] 虽然在上述文件中并没有明确提到保持占有原则，

〔1〕　Joshua Castellino and Steve Allen, *Title to Territory in International Law: A Temporal Analysis*, Ashgate Publishers, 2003, pp. 8 ~ 11.

〔2〕　*Case concerning the Land, Island and Maritime Frontier Dispute（El Salvador/Honduras: Nicaragua intervening）*, *Separate Opinion of Judge Torres Bernárdez*, I. C. J. Reports 1992, p. 635, para. 11.

〔3〕　1811 年委内瑞拉省和新格林纳达联合省签订了《波哥大条约》首次采用了该原则，1847 年在利马会议上签订的《联盟条约》（Treaty of Confederation）表明大部分拉丁美洲国家接受保持占有原则作为划定边界的依据。然而，也需要明确，保持占有原则是解决拉丁美洲国家边界争端的主要法律依据，但不是唯一的依据，可能会涉及属于不同国家之间的殖民地的争端，例如葡萄牙、英国、法国等，对于这些争端，有可能会适用条约和有效控制规则。In L. D. M. Nelson, "The Arbitration of Boundary Disputes in Latin America", *Netherlands International Law Review*, Vol. 20, 3, 1973, pp. 268 ~ 272.

〔4〕　Malcolm N. Shaw, *International Law*, 7th edn, Cambridge University Press, 2014, p. 773.

〔5〕　*Arbitration concerning the Execution of the Arbitral Award of 1891（Colombia v. Venezuela）*, 24 March 1922, R. I. A. A., Vol. 1, p. 228. See also *Case concerning the Land, Island and Maritime Frontier Dispute（El Salvador/Honduras: Nicaragua intervening）*, *Judgment*, I. C. J. Reports 1992, p. 387, para. 42.

〔6〕　Giovanni Distefano, "The Conceptualization（Construction）of Territorial Title in the Light of the International Court of Justice Case Law", *Leiden Journal of International Law*, Vol. 19, 4, 2006, p. 1054.

〔7〕　AGH/Res. 16（I）.

〔8〕　Article 4 Pinciples: "… （b）respect of borders existing on achievement of independence; …", http: //www. au. int/en/about/constitutive_ act.

但国际法院在 1986 年"边界争端案"中指出，适用保持占有原则将尊重既有边界，不认为保持占有原则仅可适用于拉丁美洲国家，该原则具有普遍适用性，是与殖民地独立相关的被牢固确立的国际法原则。[1] 因此，非洲国家和非洲统一组织的实践只是承认和证实了既有原则，而不是创设了新的原则，也不是将之前仅适用于另一大陆的规则推广适用于非洲。[2] 此外，保持占有原则对于解决部分亚洲国家之间的领土争端也具有一定的意义。[3] 20 世纪 90 年代的实践表明，保持占有原则的适用并不局限于新独立的殖民地国家之间的领土争端，南斯拉夫社会主义联邦共和国、前苏联和捷克斯洛伐克解体时，多数国家也将内部行政边界转换为国际边界。[4] 例如，在 2017 年克罗地亚和斯洛文尼亚"领土和海洋仲裁案"中，当事国和法庭都认为应当适用保持占有原则，确定双方 1991 年 6 月 25 日独立前的边界位置。[5] 而根据实践也可以发现，遵循该原则的多数国家实现了和平过渡，而没有遵守该原则的国家则陷入连年战火。

　　也有学者批评保持占有原则保留了前殖民国家对殖民地的划分，这种做法过于简单，没有考虑民族及文化差异，不利于新独立国家的内部稳定，也为日后领土争端的产生留下了隐患。[6] 除此之外，保持占有原则似乎与民族自决权利存

---

〔1〕　*Frontier Dispute*（*Burkina Faso/Republic of Mali*），*Judgment*，*I. C. J. Reports* 1986，p. 565，para. 20；p. 566，para. 23. See also *Frontier Dispute*（*Benin/Niger*），*Judgment*，*I. C. J. Reports* 2005，p. 108，para. 23；*Territorial and Maritime Dispute between Nicaragua and Honduras in the Caribbean Sea*（*Nicaragua v. Honduras*），*Judgment*，*I. C. J. Reports* 2007，p. 706，para. 151；*Frontier Dispute*（*Burkina Faso/Niger*），*Judgment*，*I. C. J. Reports* 2013，p. 73，para. 63.

〔2〕　*Frontier Dispute*（*Burkina Faso/Republic of Mali*），*Judgment*，*I. C. J. Reports* 1986，p. 566，para. 24.

〔3〕　*Territorial Sovereignty and Scope of the Dispute*（*Eritrea and Yemen*），*Award of 9 October* 1998，*R. I. A. A.*，*Vol. XXII*，pp. 236 ~ 237，paras. 96 ~ 100. See also *Indo – Pakistan Western Boundary*（*Rann of Kutch*）*between India and Pakistan*（*India*，*Pakistan*），*Decision of 19 February* 1968，*R. I. A. A*，*Vol. XVII*，pp. 1 ~ 576.

〔4〕　See *Opinion No. 2 of Yugoslav Arbitration Commission*，*International Law Reports*，*Vol.* 92，p. 168. *Opinion No. 3 of Yugoslav Arbitration Commission*，*International Law Reports*，*Vol.* 92，p. 171. Charter of the Commonwealth of Independent States，June 22，1993，34 ILM 1279，1283，（1995）.

〔5〕　*In the Matter of an Arbitration under the Arbitration Agreement between the Government of the Republic of Croatia and the Government of the Republic of Slovenia*，*Signed on* 4 *November* 2009，*Final Award*，29 *June* 2017，https：//pcacases. com/web/sendAttach/2172，pp. 108 ~ 109，para. 336.

〔6〕　Steven R. Ratner，"Drawing a Better Line：*Uti Possidetis* and the Borders of New States"，*American Journal of International Law*，Vol. 90，1996，p. 590. See also Brian T. Sumner，"Territorial Disputes at the International Court of Justice"，*Duke Law Journal*，Vol. 53，6，2004，p. 1810.

在冲突,〔1〕 而民族自决原则已在多个联合国大会决议中被认定为法律规则,〔2〕在多个涉及殖民地独立的案件中,国际法院认为民族自决权具有对世属性,是国际法的基本原则。〔3〕 对此,国际法院在1986年"边界争端案"中指出,维护非洲领土现状是事实上最明智的做法,有助于维护为独立而奋斗的人民所取得的利益,避免因分裂而使一切的牺牲付之东流。为了生存、发展和逐步巩固独立,对稳定的基本需求使非洲国家明智地同意维持殖民边界不变,并在解释民族自决原则时考虑保持占有原则。〔4〕 稳定的边界,即便可能是武断的边界,减少了相邻国家之间因边界问题而可能产生的冲突,有助于维护国际社会的和平与安全,所以得到了国际法的支持。〔5〕 由此可见,对于原属于同一主权国家的组成部分,当该主权国家解体时,适用保持占有原则有助于实现和平、稳定的领土秩序。正如国际法院在1986年"边界争端案"中所言,"保持占有原则的突出目标是为了维护新独立国家的独立与稳定,防止它们在殖民管理机构撤出后,遭受因边界争端而产生的自相残杀威胁。"〔6〕

2. 对保持占有边界的证明

适用保持占有原则使殖民时期的行政边界转变成为国际边界,然而,保持占有原则本身并不能确定具体的边界走向和领土归属,需要当事国提交各种证据证明独立时的行政边界位置。〔7〕 通过分析适用保持占有原则解决的领土争端可以发现:当事国一般会提交大量殖民时期的立法、行政和其他法律文件以及管理行为等;国际法庭会对上述证据进行必要的解释和适用,重点考查各种证据与争议领土是否直接相关,各种证据的效力存在差别。

---

〔1〕　Kaiyan Kaikobad, "Self Determination, Territorial Disputes and International Law: An Analysis of UN and State Practice", *Geopolitics and International Boundaries*, Vol. 1, 1996, p. 18.

〔2〕　See Declaration on the Granting of Independence to Colonial Countries and Peoples (1960), International Covenant on Economic, Social and Cultural Rights (1966), International Covenant on Civil and Political Rights (1966), Declaration on Principles of International Law concerning Friendly Relations (1970).

〔3〕　*East Timor (Portugal v. Australia)*, Judgment, I. C. J. Reports 1995, p. 102, para. 29. See also *Legal Consequences for States of the Continued Presence of South Africa in Namibia (South West Africa) notwithstanding Security Council Resolution 276 (1970)*, Advisory Opinion, I. C. J. Reports 1971, pp. 31~32, paras. 52~53; *Western Sahara*, Advisory Opinion, I. C. J. Reports 1975, pp. 31~33, paras. 54~59.

〔4〕　*Frontier Dispute (Burkina Faso/Republic of Mali)*, Judgment, I. C. J. Reports 1986, pp. 566~567, para. 25.

〔5〕　Jan Paulsson, "Boundary Disputes into the Twentry – First Century: Why, How···and Who?", *Proceedings of the Annual Meeting (American Society of International Law)*, Vol. 95, 2001, p. 122.

〔6〕　*Frontier Dispute (Burkina Faso/Republic of Mali)*, Judgment, I. C. J. Reports 1986, p. 565, para. 20.

〔7〕　*Territorial and Maritime Dispute between Nicaragua and Honduras in the Caribbean Sea (Nicaragua v. Honduras)*, Judgment, I. C. J. Reports 2007, pp. 707~708, para. 158.

（1）与行政边界相关的法律、法令。

确定两国之间的边界线显然是国际法问题，但国际法（包括保持占有原则）只能适用于独立后的国家，冻结了独立时的领土权利，而没有溯及既往的效力，因此，独立时的行政边界无法根据国际法确定，而应当根据殖民国家的内部行政立法确定。但需要注意，殖民地法律并不是解决领土争端所应当适用的法律依据，而只是众多事实因素之一，或者作为证据来说明领土情况。[1] 殖民当局为了管理殖民地会制订法律或者发布命令设置不同的行政区域，并且划定它们之间的边界。关于殖民地之间的领土争端，国际法庭一般会优先考虑这些立法和行政法令，并给予它们较高的证据效力，把它们作为合法权利依据之一。例如，在1986年"边界争端案"中，为了确定布基纳法索和马里在殖民时期的行政边界，国际法院分庭主要考虑了1919年法国建立上沃尔特（Upper Volta，布基纳法索的旧称）殖民地的命令、1922年改组廷巴克图地区（Timbuktu，原属法属苏丹）的命令、1927年关于尼日尔与上沃尔特殖民地边界的命令及勘误、1932年撤销上沃尔特殖民地的命令以及1947年重建上沃尔特殖民地的法国法律。[2]

（2）其他能够确定土地归属的文件。

由于部分殖民地国家独立时间较早，加之殖民国家关于边界的法律可能存在冲突或者缺失，仅仅依靠划定行政边界的法律文件可能难以确定保持占有边界，此时国际法庭会考虑其他相关文件。[3] 例如，在1992年"陆地、岛屿和海洋边界争端案"中，双方当事国都不能提交专门确定边界的立法或者类似法律文件，而是提交了许多西班牙国王赠予土地的地契（"Titles"），以及地方政府授予印第安部落和私人土地的地契。[4] 部分地契上标识了边界的地理或自然位置，部分没有标记，但是萨尔瓦多和洪都拉斯同意一省赠予的土地与相邻省份赠予的土地之间的边界可以作为保持占有边界线。[5] 国际法院分庭认为，相关地契可以证

---

〔1〕 *Frontier Dispute（Burkina Faso/Republic of Mali）*, Judgment, *I. C. J. Reports* 1986, p. 568, paras. 29~30. See also *Frontier Dispute（Benin/Niger）*, Judgment, *I. C. J. Reports* 2005, p. 110, para. 28.

〔2〕 *Frontier Dispute（Burkina Faso/Republic of Mali）*, Judgment, *I. C. J. Reports* 1986, pp. 580~581, paras. 51~52.

〔3〕 *Honduras Borders（Guatemala, Honduras）*, Decision of 23 January 1933, *R. I. A. A.*, Vol. II, p. 1324.

〔4〕 有学者认为此种地契不是西班牙国王授予各个行政单位的，因此它们更类似于殖民时期的管理行为。See Malcolm D. Evans and Malcolm N. Shaw, "Case Concerning the Land, Island and Maritime Frontier Dispute（El Salvador/Honduras: Nicaragua Intervening）, Judgment of 11 September 1992", *International and Comparative Law Quarterly*, Vol. 42, 4, 1993, p. 931.

〔5〕 *Case concerning the Land, Island and Maritime Frontier Dispute（El Salvador/Honduras: Nicaragua intervening）*, Judgment, *I. C. J. Reports* 1992, p. 388, para. 44.

明土地的所有权，在没有明确的边界法律或者法令时，部分授予印第安部落和私人土地的地契也可能证明边界位置，有的可以视为殖民当局的管理行为。在部分案件中，行政官员的信件也可以说明或证实保持占有边界的位置。例如，在 2005 年"边界争端案"中，国际法院分庭认为 1901 年法国殖民部长致法属西非总督的第 163 号信件、1914 年 7 月 3 日加亚（Gaya，尼日尔组成部分）指挥官致摩恩 - 尼日尔（Moyen - Niger，贝宁前身为达荷美殖民地的组成部分）指挥官的第 54 号信件以及 1954 年 8 月 27 日尼日尔总督通知加亚官员的第 3722/APA 号信件对于确定尼日尔河上的边界具有相关性。[1] 由此可见，为确定保持占有边界，证据并不局限于专门的划界、定界文件，如果其他相关文件能够证明土地的归属，也可能被国际法庭接受。

（3）殖民时期的有效控制行为。

保持占有原则不仅依据既有的合法权利依据，例如各种法律文件，还会考虑殖民地权力机构对这些权利的解释和适用方式。[2] 在涉及殖民地的领土主权争端中，当事国也经常主张殖民时期的有效控制行为。殖民时期的有效控制（colonial *effectivités*）将殖民当局的行为作为在殖民时期对该地区有效行使领土管辖权的证据。[3] 殖民时期的管理行为类似于主权行为，都表现为行使行政管理或司法等权力的行为。殖民时期的有效控制在证明保持占领边界时可以证实、完善和补充权利，但它的效力也存在限制，不能违背立法和行政法令所建立的保持占有边界。例如，在 2005 年"边界争端案"中，关于双方在尼日尔河段上的边界，国际法院分庭认为应当首先考虑当事国提出的各种行政管理法律。贝宁主张，1900 年 7 月 23 日法属非洲总督发布的"建立第三军管领土的法令"（尼日尔殖民地的前身为第三军管领土）确定了贝宁和尼日尔的边界。该法令规定，第三军管领土的范围主要包括尼日尔河左岸从塞亚（Say）到乍得湖之间的地区。分庭认为该法令建立了第三军管领土，但根据其用语，只是大致说明了第三军管领土的范围，而没有划定边界。[4] 另一方面，尼日尔主张，法属非洲总督 1934 年 12 月 8 日和 1938 年 10 月 27 日的法令规定坎迪（Kandi，贝宁邻接尼日尔的行政区）的西北边界是尼日尔河，直到与梅克鲁河（Mekrou）交汇处，所以尼日尔

---

〔1〕 *Frontier Dispute*（*Benin/Niger*），*Judgment*，*I. C. J. Reports* 2005，pp. 114 ~ 115，para. 38.

〔2〕 *Frontier Dispute*（*Benin/Niger*），*Judgment*，*I. C. J. Reports* 2005，p. 148，para. 140. See also *Frontier Dispute*（*Burkina Faso/Niger*），*Judgment*，*I. C. J. Reports* 2013，p. 75，para. 66.

〔3〕 *Frontier Dispute*（*Burkina Faso/Republic of Mali*），*I. C. J. Reports* 1986，p. 586，para. 63. *Frontier Dispute*（*Benin/Niger*），*Judgment*，*I. C. J. Reports* 2005，p. 120，para. 47.

〔4〕 *Frontier Dispute*（*Benin/Niger*），*Judgment*，*I. C. J. Reports* 2005，p. 122，paras. 53 ~ 54.

河是尼日尔和贝宁之间的边界。分庭认为,总督有权颁布法令确定殖民地之间的
边界,但是仅凭法令的用语无法确定准确的界线,因为尼日尔河作为边界包括了
各种可能性:河的两岸,或者河之中的某条边界。因为当事国提交的法律、行政
文件都不能确定尼日尔河中双方边界的确切位置,分庭转为考虑殖民时期的有效
控制。主要考虑了 1914 年 7 月 3 日加亚(Gaya,尼日尔河左岸尼日尔殖民地乡
镇)官员致摩恩 – 尼日尔(Moyen – Niger,尼日尔河右岸贝宁前身达荷美殖民地
的组成部分)官员的信件,加亚官员列举了部分岛屿,提出根据岛屿相对于主航
道的位置确定岛屿归属。双方官员根据该信件达成了一份临时安排(modus viven-
di)。[1] 之后,虽然双方没有签署确定边界的协议或其他法律文件,但是相邻的
两个行政区一直遵守该临时安排,以主航道为界管理河流和岛屿。因此,分庭认
为当事国在尼日尔河上的边界应该是河流主航道。关于河中的岛屿,除了 3 个例
外岛屿之外,主航道左侧岛屿属于尼日尔,右侧岛屿属于贝宁。[2] 由此可见,
当不存在法律、法规和其他能够证明边界线的文件时,殖民时期的有效控制将起
到决定性的作用。

(三) 领土裁决

国际法庭做出的领土或边界裁决可以作为确定领土主权的权利依据,它们建
立或证实了权利,对于争端当事国具有拘束力。[3] 尽管如此,根据《国际法院
规约》第 59 条的规定,法院的判决只对案件当事国具有拘束力,所以领土裁决
不能影响第三国的利益。例如,在 1904 年巴西和英国"圭亚那边界仲裁案"中,
仲裁员指出,尽管 1899 年 10 月 3 日关于英属圭亚那和委内瑞拉边界的裁决将部
分属于本案争议对象的领土判予英国,但 1899 年的裁决不能对抗巴西,不得影
响巴西的权利。[4] 然而,在实际领土争端中,一般只有双方当事国主张争议领
土,如果没有第三国提出反对意见,那么国际法庭的领土裁决实质上具有对世
效力。[5]

尊重已有的领土或边界裁决体现了既判力原则(principle of *res judicata*),该

---

〔1〕 *Frontier Dispute* (*Benin/Niger*), *Judgment*, I. C. J. *Reports* 2005, pp. 128～129, paras. 83～84.

〔2〕 *Frontier Dispute* (*Benin/Niger*), *Judgment*, I. C. J. *Reports* 2005, p. 132, paras. 98～99.

〔3〕 Malcolm N. Shaw, *International Law*, 7th edn, Cambridge University Press, 2014, p. 754.

〔4〕 *Guiana Boundary Case* (*Brazil, Great Britain*), *Decision of 6 June* 1904, R. I. A. A., *Vol. XI*, p. 22.

〔5〕 Malcolm N. Shaw, *International Law*, 7th edn, Cambridge University Press, 2014, p. 754.

原则属于一般法律原则，并适用于国际司法和仲裁裁决之中。[1] 承认裁决具有既判力意味着承认该裁决具有决定性和强制性。[2] 该原则的基础是对于诉讼当事方之间的争议问题，法庭作出的裁决具有终局效力，目的是为了防止当事国在之后将同一问题诉至另一法庭，最终实现定纷止争。[3] 此外，该原则还意味着，法庭的裁决对于当事国具有拘束力，当事国有义务执行裁决。[4]

在涉及既有领土或边界裁决的案件中，常见的争议问题主要是关于裁决的效力，一方主张既有裁决无效，因而无法解决领土争端。例如，哥斯达黎加主张1900年与哥伦比亚的边界仲裁裁决无效，尼加拉瓜主张1906年与洪都拉斯的边界仲裁裁决无效，玻利维亚主张1909年与秘鲁的边界仲裁裁决无效，美国主张1911年与墨西哥的"查米佐尔"仲裁裁决无效，委内瑞拉从1951年起坚持1899年与英国的边界仲裁裁决无效。[5] 首先必须指出，既判力原则并不必然能阻止国际法庭审理已作出裁决的效力，但前提条件是该法庭取得管辖权，法庭的管辖权取决于双方当事国的同意，在裁决作出之后，当事国如果对它的效力存在争议，可以共同提交仲裁或司法解决。例如，尼加拉瓜认为西班牙国王1906年作出的仲裁裁决无效，之后尼加拉瓜和洪都拉斯同意将该问题提交国际法院解决。[6] 也可能在审理其他争议问题时同时涉及裁决效力的问题，例如，在2001年"海洋划界和领土问题案"中，英国1939年决定认为海瓦尔群岛（Hawar Islands）主权属于巴林，卡塔尔对此提出质疑，主张在程序和实体方面存在导致该决定无效的情形。国际法院认为，当事国请求法院审理所有关于领土权利以及存在分歧的其他权利或利益问题，因此，当事国的协议涵盖了关于海瓦尔群岛的所有问题，也就包括了1939年英国决定的效力问题，所以法院具有管辖权。[7]

---

〔1〕 B. Cheng, *General Principles of Law as Applied by International Courts and Tribunals*, Cambridge University Press, 2006, p. 336.

〔2〕 *Société Commerciale de Belgique* (*Belgium v. Greece*), *Judgment* of 15 June 1939, *P. C. I. J.*, *Series A/ B*, *No.* 78, p. 175.

〔3〕 D. W. Bowett, "Estoppel before International Tribunals and Its Relation to Acquiescence", *British Yearbook of International Law*, Vol. 33, 1957, pp. 176 ~ 177.

〔4〕 B. Cheng, *General Principles of Law as Applied by International Courts and Tribunals*, Cambridge University Press, 2006, pp. 338 ~ 339.

〔5〕 L. D. M. Nelson, "The Arbitration of Boundary Disputes in Latin America", *Netherlands International Law Review*, Vol. 20, 3, 1973, pp. 285 ~ 288.

〔6〕 *Case concerning the Arbitral Award Made by the King of Spain on* 23 *December* 1906 (*Honduras v. Nicaragua*), *Judgment* of 18 November 1960, *I. C. J. Reports* 1960, p. 194.

〔7〕 *Maritime Delimitation and Territorial Questions between Qatar and Bahrain* (*Qatar v. Bahrain*), *Merits*, *Judgment*, *I. C. J. Reports* 2001, p. 77, paras. 115 ~ 116.

国际法委员会通过的《仲裁程序示范规则》第 35 条规定了仲裁裁决无效的主要情形，包括：法庭超越权限；法庭成员受贿；对裁决未说明理由或者严重偏离基本的程序规则；提起仲裁的约定或仲裁协定无效。[1] 为了维护领土关系的稳定性和确定性，都需要有确切的证据证明存在上述情形。[2] 国际法院更倾向于认可已作出裁决的效力，不会轻易接受裁决无效的主张。[3] 例如，在 1960 年洪都拉斯诉尼加拉瓜"1906 年仲裁裁决案"中，法院在该案中主要适用了禁止反言原则。虽然尼加拉瓜主张仲裁员的任命不符合仲裁条约的规定、仲裁员存在越权行为、裁决存在严重错误并且没有说明理由，然而法院认为尼加拉瓜在仲裁过程中以及裁决作出后的多年时间里从未提出质疑，甚至表示满意，因此，尼加拉瓜不能再主张裁决无效。[4]

需要指出，即使某些决定不属于仲裁裁决或者司法判决，仍然也有可能对当事方具有拘束力。有权机构对领土的处分有可能构成权利的来源，此种处分一般事先取得了当事国的同意。对领土的处分具有多种表现形式，可能是根据国际组织的决议，例如，1950 年联合国大会关于厄立特里亚和埃塞俄比亚联合的第 390 (Ⅴ) A 号决议；[5] 或者依据更早期的教皇裁判。[6] 此外，在 2001 年"海洋划界和领土问题案"中，1939 年英国认为海瓦尔群岛属于巴林，巴林认为 1939 年英国决定是仲裁裁决，而卡塔尔反对巴林的主张。国际法院认为，就国际公法而

〔1〕 Model Rules on Arbitral Procedure, *Yearbook of the International Law Commission*, 1958, Vol. II.

〔2〕 L. D. M. Nelson, "The Arbitration of Boundary Disputes in Latin America", *Netherlands International Law Review*, Vol. 20, 3, 1973, pp. 291~292.

〔3〕 Nico J. Schrijver, Vid Prislan, "Cases Concerning Sovereignty over Islands before the International Court of Justice and the Dokdo/Takeshima Issue", *Ocean Development & International Law*, Vol. 46, 4, 2015, p. 290.

〔4〕 *Case concerning the Arbitral Award Made by the King of Spain on* 23 *December* 1906 (*Honduras v. Nicaragua*), *Judgment of* 18 *November* 1960, *I. C. J. Reports* 1960, pp. 207~209, 212~214. 类似的情况还出现在 2001 年"海洋划界与领土问题案"中，关于 1939 那年英国决定，卡塔尔主张英国官员存在偏见、没有获得平等和公平的机会陈述其主张并且决定没有说明理由，但没有得到国际法院的支持，因为卡塔尔对决定的问题和程序表示认可，在获得决定之后也没有以上述主张为由提出质疑。See *Maritime Delimitation and Territorial Questions between Qatar and Bahrain* (*Qatar v. Bahrain*), *Merits, Judgment, I. C. J. Reports* 2001, pp. 83~84, paras. 141~144.

〔5〕 *Eritrea*: *Report of the United Nations Commission for Eritrea*, *Resolution* 390 (*V*) *A*, 2 *December* 1950, https://documents - dds - ny. un. org/doc/RESOLUTION/GEN/NR0/059/88/IMG/NR005988. pdf? OpenElement.

〔6〕 Marcelo G. Kohen, Mamadou Hébié, "Territory, Acquisition", para. 11, *Max Planck Encyclopedia of Public International Law*, http://opil. ouplaw. com/view/10. 1093/law: epil/9780199231690/law - 9780199231690 - e1118? rskey = POhLEA&result = 1&prd = EPIL (Last visited on 30 December 2017).

言，仲裁通常是指"由国家选定的法官在尊重法律的基础上解决国家间的分歧。"[1] 然而，该案的当事国没有达成协议，约定将案件提交由它们选任的法官组成的仲裁法庭，并且，最终的裁决也不是由选任的法官依据法律或公允及善良原则作出的。卡塔尔和巴林仅同意将海瓦尔群岛问题交由"国王政府"解决，由英国选择如何作出以及由哪些官员作出决定。因此，法院认为 1939 年英国政府的决定不构成国际法上的仲裁裁决。尽管如此，法院指出，一项决定不构成仲裁裁决的事实并不意味着该决定毫无法律效力，为了确定 1939 年英国决定的效力，需要回顾决定前后的有关事件。[2] 法院注意到，在 1938 年 5 月 10 日和 20 日通信后，1938 年 5 月 27 日，卡塔尔酋长同意将海瓦尔群岛问题委托英国政府决定。同日，他向英国政治代理人提交了控告。最后，与巴林酋长一致，卡塔尔酋长同意并参与了应当遵守的程序。这表明，英国对海瓦尔群岛决定的管辖权来源于两国的同意，巴林和卡塔尔同意由英国政府解决领土争端。因此，必须认为 1939 年决定不仅从开始时对两国具有拘束力，并且在 1971 年两国不再是英国被保护国之后，仍然具有拘束力。[3]

（四）历史性权利

在领土争端案中，许多当事国主张对领土具有古代、原始或历史性权利，[4]并提交大量的历史证据，国际法庭也会在裁判中使用大量笔墨来详述争端的来龙去脉。这种权利存在各种表现形式，其依据大致可以分为两类[5] 第一种是根据远古占有（immemorial possession）主张权利，占有的时间足够长以至于其起源

---

〔1〕 参见 1899 年 7 月 29 日《海牙和平解决国际争端公约》第 15 条对仲裁的定义，常设国际法院和国际仲裁在相关裁决中也重复了该定义。See *Interpretation of Article 3, Paragraph 2, of the Treaty of Lausanne, Advisory Opinion of* 21 *November* 1925, *P. C. I. J.*, *Series B*, *No.* 12, p. 26; *Dubai/Sharjah Border Arbitration, Arbitral Award of* 19 *October* 1981, *International Law Reports*, *Vol.* 91, pp. 574 ~ 575. 国际法委员会的文件也确认了该表述，see Report by Mr. Georges Scelle, "Special Rapporteur of the Commission", Document A/CN. 4/113, 6 March 1958, *Yearbook of the International Law Commission*, 1958, Vol. II, p. 2.

〔2〕 *Maritime Delimitation and Territorial Questions between Qatar and Bahrain* (*Qatar v. Bahrain*), *Merits, Judgment*, I. C. J. *Reports* 2001, pp. 76 ~ 77, paras. 111 ~ 117. See also *Dubai/Sharjah Border Arbitration, Arbitral Award of* 19 *October* 1981, *International Law Reports*, *Vol.* 91, p. 577.

〔3〕 *Maritime Delimitation and Territorial Questions between Qatar and Bahrain* (*Qatar v. Bahrain*), *Merits, Judgment*, I. C. J. *Reports* 2001, p. 83, paras. 137 ~ 139.

〔4〕 James Crawford, *Brownlie's Principles of Public International Law*, 8th edn, Oxford University Press, 2012, p. 221

〔5〕 Brian T. Sumner, "Territorial Disputes at the International Court of Justice", *Duke Law Journal*, Vol. 53, 2004, p. 1789.

不确定，例如，在 1902 年奥地利和匈牙利"梅尔奥格湖边界仲裁案"中，法庭认为，关于远古占有，没有证据表明存在与之不同的情况，也没有人知道不同的情况，并且占有完整、无异议并一直持续至今。[1] 另一种是依据对无主地的具体先占行为主张权利，[2] 例如，在 1998 年厄立特里亚和也门"领土仲裁案"中，厄立特里亚主张意大利在两次世界大战期间取得了争议岛礁主权，二战战败后将权利转移给埃塞俄比亚，最后将权利转移给独立后的厄立特里亚。[3]

此种权利有多种表述，除了上文提到的远古占有和先占，还有古代权利（ancient title）、[4] 原始权利（original title）、[5] 历史性巩固（historic consolidation）、[6] 国家继承[7] 等。尽管在部分国际条约或文件中使用了类似历史性权利的表述，例如"历史性水域""历史性海湾"等，[8] 但并没有说明它们的含义

〔1〕　*Decision of the Arbitral Tribunal Established to Settle the Dispute concerning the Course of the Boundary between Austria and Hungary Near the Lake Called the "Meerauge"*, 13 September 1902, *R. I. A. A.*, *Vol. XXVIII*, p. 391. *See also Sovereignty over Pedra Branca/Pulau Batu Puteh*, *Middle Rocks and South Ledge*（*Malaysia/Singapore*）, *Judgment*, *I. C. J. Reports* 2008, pp. 31 ~ 32, para. 48.

〔2〕　Nico J. Schrijver, Vid Prislan, "Cases Concerning Sovereignty over Islands before the International Court of Justice and the Dokdo/Takeshima Issue", *Ocean Development & International Law*, Vol. 46, 4, 2015, p. 283.

〔3〕　*Territorial Sovereignty and Scope of the Dispute*（*Eritrea and Yemen*）, *Award of 9 October 1998*, *R. I. A. A.*, *Vol. XXII*, p. 241, para. 115.

〔4〕　*The Minquiers and Ecrehos case*（*France/United Kingdom*）, *Judgment*, 1953, *I. C. J. Reports* 1953, p. 50.

〔5〕　*Maritime Delimitation and Territorial Questions between Qatar and Bahrain*（*Qatar v. Bahrain*）, *Merits*, *Judgment*, *I. C. J. Reports* 2001, p. 70, para. 99.

〔6〕　*Land and Maritime Boundary between Cameroon and Nigeria*（*Cameroon v. Nigeria*：*Equatorial Guinea intervening*）, *Judgment*, *I. C. J. Reports* 2002, pp. 346 ~ 349, para. 62. 历史性巩固的概念首先是德·威舍（Charles de Visscher）根据 1951 年英国诉挪威"渔业案"提出的，法院认为，挪威长期、一致和明确地适用直线基线，没有受到任何抗议，获得了普遍默认的利益，普遍默认是历史性巩固的基础，使直线基线制度可以对所有国家强制适用。See *Fisheries case*（*United Kingdom v. Norway*）, *Judgment*, *I. C. J. Reports* 1951, p. 138. 关于能否借鉴该制度解决领土争端，国际法院在 2002 年"陆地和海洋边界案"中明确指出，历史性巩固极具争议性，不能取代国际法权利的取得模式。虽然"渔业案"中关于领海外部界限提到了历史性巩固，但没有表明对领土的占领要优先于已经确定的条约权利。See *Land and Maritime Boundary between Cameroon and Nigeria*（*Cameroon v. Nigeria*：*Equatorial Guinea intervening*）, *Judgment*, *I. C. J. Reports* 2002, p. 352, para. 65.

〔7〕　*Sovereignty over Pulau Ligitan and Pulau Sipadan*（*Indonesia/Malaysia*）, *Judgment*, *I. C. J. Reports* 2002, p. 643, paras. 32 ~ 33.

〔8〕　包括 1958 年《领海和毗连区公约》第 7 条、第 12 条，1982 年《联合国海洋法公约》第 10 条、第 298 条。See also *Juridical Regime of Historic Waters*, *Including Historic Bays*, *Study prepared by the Secretariat*, *A/CN. 4/143*, *Yearbook of International Law Commission*, 1962, *Vol. II*.

和具体构成要素。虽然国际法院也在部分案件中提到过历史性权利,[1] 然而总体而言,仍然缺乏对历史性权利的准确定义。虽然当事国经常主张各种形式的历史性权利,也会提交证据证明在历史上建立了主权并且权利持续至今,例如条约、其他法律文件、领土管理的证据等,但能够成功得到国际法庭支持的案件却并不多。例如,在 2007 年"领土和海洋争端案"中,洪都拉斯主张对争议岛礁的原始权利,因为这些岛礁更靠近它的陆地领土,但没有获得国际法院的支持。[2] 1951 年"渔业案"关于该问题的探讨具有一定的借鉴意义,英国主张,挪威提出的历史性权利应当满足三个条件,包括:其一,行使管辖权;其二,管辖权的行使是长期的;其三,没有受到其他国家的抗议。[3] 上述构成要件也反映在 1962 年《包括历史性海湾在内的历史性水域法律制度》中。[4] 尽管英国关于历史性权利的主张主要是针对内水和领海,但国际法庭审理的领土案件也主要结合这些条件作出判断。

1. 对领土行使管辖权

部分当事国主张长期管理和使用领土能够证实或者强化历史性权利的存在,[5] 国际法庭重视历史上对领土的管理和使用。[6] 对领土行使管辖权应当满足本书第二章中总结的主权行为的一般特征和具体表现,[7] 即主权性、具体性、公开性、持续性以及和平性的要求,由于持续性以及和平性对于历史性权利的判断格外重要,因此下文将单独分析这两个要求。

在分析主权性要求之前首先必须指出,主权的概念产生于欧洲,国际法庭在解决其他地区的领土争端时,经常否认当地统治者最初拥有领土主权,因为当地

---

〔1〕 *The Minquiers and Ecrehos case* (*France/United Kingdom*), *Judgment*, *I. C. J. Reports* 1953, pp. 53 ~ 57. *Western Sahara*, *Advisory Opinion*, *I. C. J. Reports* 1975, pp. 42 ~ 43, paras. 90 ~ 93.

〔2〕 *Territorial and Maritime Dispute between Nicaragua and Honduras in the Caribbean Sea* (*Nicaragua v. Honduras*), *Judgment*, *I. C. J. Reports* 2007, p. 687, para. 75.

〔3〕 *Fisheries case* (*United Kingdom v. Norway*), *I. C. J. Reports* 1951, p. 130.

〔4〕 *Juridical Regime of Historic Waters*, *Including Historic Bays*, *Study prepared by the Secretariat*, A/CN. 4/ 143, *Yearbook of International Law Commission*, 1962, *Vol. II*, p. 80.

〔5〕 *The Minquiers and Ecrehos case* (*France/United Kingdom*), *Judgment*, 1953, *I. C. J. Reports* 1953, p. 50. See also *Territorial Sovereignty and Scope of the Dispute* (*Eritrea and Yemen*), *Award of 9 October* 1998, *R. I. A. A.*, *Vol. XXII*, pp. 311 ~ 312, para. 450.

〔6〕 *Maritime Delimitation and Territorial Questions between Qatar and Bahrain* (*Qatar v. Bahrain*), *Joint Dissenting Opinion of Judges Bedjaoui*, *Ranjeva and Koroma*, *I. C. J. Reports* 2001, p. 176, para. 98

〔7〕 Artur Kozlowski, "The Legal Construct of Historic Title to Territory in International Law", *Polish Yearbook of International Law*, Vol. 30, 2010, p. 73.

并没有主权的概念。[1] 例如，在 1998 年厄立特里亚和也门"领土仲裁案"中，仲裁委员会认为，对于中世纪的也门以及 1856 年克里米亚战之前的奥斯曼帝国，不存在领土主权的概念，[2] 在一定程度上阻止了也门主张历史性权利。然而，此种观点与欧洲国家的实践并不相符，欧洲国家经常通过与当地首领签订协议的方式取得领土，如果不承认当地统治者具有领土主权，就不能同时主张他们能够缔结协议让与权利。该观点也与国际法院在 1975 年"西撒哈拉咨询意见案"中的观点不一致，法院认为："相关时期的国家实践表明，具有社会或政治组织的部落或人民居住的领土不是无主地。"[3] 因此，有学者对此提出了批评，认为应当考虑当地的文化背景，而不是完全依据西方的国际法概念。[4] 尽管如此，对于部分亚洲国家的领土争端，国际法庭采取了不同的态度，更倾向于认可当地统治者的权利。例如，在 2002 年"利吉坦和西巴丹岛屿主权案"中，国际法院探讨了北婆罗洲上各个苏丹国历史上拥有争议岛屿主权的可能性，[5] 2008 年的"白礁、中礁和南礁主权案"也认定柔佛苏丹最初拥有对白礁岛的权利。[6]

主权性意味着，纯粹由私人主体从事的行为可能无法证明历史性权利，除非

---

〔1〕　Nico J. Schrijver, Vid Prislan, "Cases Concerning Sovereignty over Islands before the International Court of Justice and the Dokdo/Takeshima Issue", *Ocean Development & International Law*, Vol. 46, 4, 2015, pp. 283 ~ 284.

〔2〕　*Territorial Sovereignty and Scope of the Dispute (Eritrea and Yemen)*, *Award of 9 October* 1998, *R. I. A. A.*, *Vol. XXII*, p. 245, para. 130; pp. 247 ~ 248, para. 143. 关于拉丁美洲国家，国际法院分庭在 1992 年"陆地、岛屿和海洋边界争端案"中指出，西班牙的殖民地并不单独具有"原始"或"历史性"权利。原始权利完全属于西班牙国王，而不属于内部行政区域；同样，西班牙国王拥有殖民领土主权。See *case concerning the Land*, *Island and Maritime Frontier Dispute (El Salvador/Honduras: Nicaragua intervening)*, *Judgment*, *I. C. J. Reports* 1992, p. 565, para. 345. 此外，在 2002 年"陆地和海洋边界案"中，尼日利亚主张巴卡西半岛仍然属于老卡拉巴国王及部落首领，1884 年他们与英国签订保护协定，并不影响老卡拉巴的国际法主体地位。而法院认为，存在两种形式的保护条约：一种是与之前具有主权的实体签订的；另一种不是与国家，而是与进行地方管理的土著统治者签订的，而老卡拉巴属于后者。*Land and Maritime Boundary between Cameroon and Nigeria (Cameroon v. Nigeria: Equatorial Guinea intervening)*, *Judgment*, *I. C. J. Reports* 2002, pp. 404 ~ 405, para. 205.

〔3〕　*Western Sahara*, *Advisory Opinion*, *I. C. J. Reports* 1975, p. 39, para. 80.

〔4〕　Nuno Antunes, "The Eritrea – Yemen Arbitration: First Stage—The Law of Title to Territory Re – averred", *International and Comparative Law Quarterly*, Vol. 48, 1999, pp. 369 ~ 370.

〔5〕　*Sovereignty over Pulau Ligitan and Pulau Sipadan (Indonesia/Malaysia)*, *Judgment*, *I. C. J. Reports* 2002, p. 669, para. 96; pp. 674 ~ 675, paras. 109 ~ 110.

〔6〕　*Sovereignty over Pedra Branca/Pulau Batu Puteh*, *Middle Rocks and South Ledge (Malaysia/Singapore)*, *Judgment*, *I. C. J. Reports* 2008, p. 37, para. 69.

得到国家的授权或许可。[1] 同样，私人效忠关系也不能证明历史性权利，特别是宗教联系，尽管当事国也经常援引政治上的效忠关系，但仍然不足以证明统治者的主权，还需要提供实际和确切证据表明统治者实际展示或行使国家权力。[2] 例如，在 2002 年"利吉坦和西巴丹岛屿主权案"中，马来西亚为了证明两个争议岛屿属于苏禄苏丹的领地，提出当地以海为生的少数民族——"海人"（Bajau Laut）在 19 世纪和 20 世纪曾使用过岛屿并在岛上居住，而"海人"对苏禄苏丹存在效忠关系。[3] 法院认为，这种效忠关系不足以证明苏禄苏丹对争议岛屿主张领土权利或者将它们作为领土的一部分，也没有任何证据显示苏丹对两岛实际行使过主权。[4]

　　行使管辖权还需要证明相关活动明确针对争议领土，与领土存在直接关联，因此，证据不能过于宽泛和模糊，正如国际法院在 1953 年"明基埃和埃克荷斯案"中的观点，具有决定性的不是从中世纪的事件中推导出某些假设，而是与占有直接相关的证据。[5] 同样是在 2002 年"利吉坦和西巴丹岛屿主权案"中，马来西亚为证明两岛最初属于苏禄苏丹，提交了一系列描述了苏禄苏丹的领地范围的文件，包括西班牙、德国和英国 1885 年宣言以及西班牙和苏禄苏丹于 1836 年缔结的投降书。国际法院发现，上述文件都只将苏丹国范围表述为"苏禄群岛（Archipelago of Sulu）及其属地"或"位于棉兰老岛（Mindanao）与婆罗洲（Borneo）陆地和帕拉瓜岛（Paragua）之间的所有岛屿"，认为这些文件不能说明利吉坦岛和西巴丹岛是否属于苏丹国的属地，因为这两个岛屿都距离苏禄主岛较远。[6]

---

〔1〕 *Fisheries case* (*United Kingdom v. Norway*), *Dissenting Opinion of Judge McNair*, I. C. J. *Reports* 1951, p. 184.

〔2〕 *Western Sahara*, *Advisory Opinion*, I. C. J. *Reports* 1975, p. 44, para. 95. James D. Fry and Melissa H. Loja, "The Roots of Historic Title: Non – Western Pre – Colonial Normative Systems and Legal Resolution of Territorial Disputes", *Leiden Journal of International Law*, Vol. 27, 3, 2014, p. 746.

〔3〕 *Sovereignty over Pulau Ligitan and Pulau Sipadan* (*Indonesia/Malaysia*), *Judgment*, I. C. J. *Reports* 2002, pp. 669~670, para. 98.

〔4〕 *Sovereignty over Pulau Ligitan and Pulau Sipadan* (*Indonesia/Malaysia*), *Judgment*, I. C. J. *Reports* 2002, p. 675, para. 110.

〔5〕 *The Minquiers and Ecrehos case* (*France/United Kingdom*), *Judgment*, 1953, I. C. J. *Reports* 1953, p. 57.

〔6〕 *Sovereignty over Pulau Ligitan and Pulau Sipadan* (*Indonesia/Malaysia*), *Judgment*, I. C. J. *Reports* 2002, pp. 674~675, para. 109.

2. 管辖权的行使是持续的

历史性权利涉及长时间对领土的管理和使用，[1] 如果持续时间过短，可能无法取得国际法庭的认可。例如，在 2002 年"陆地和海洋边界案"中，尼日利亚在约 20 年的时间里对乍得湖地区持续行使管辖权，但国际法院认为 20 年的时间过短。[2] 尽管时间因素很重要，但关于建立历史性权利所需要的最少期间，学者和国际法庭都没有给出明确答案，这个问题在很大程度上取决于争议领土的自然地理特征以及其他国家主张的程度。[3]

虽然并不要求国家每时每刻都对领土行使管辖权，但应当确保不存在明显的中断，特别是涉及多个国际法主体的情形，应当保证权利链的连续性，例如，在 2002 年"利吉坦和西巴丹岛屿主权案"中，马来西亚主张了一条连续的权利链，历史性权利最初起源于苏禄苏丹，之后依次传递给西班牙、美国、英国，最后由马来西亚继承。[4] 然而，历史性权利具有不稳定性，可能因为之后的行为发生变更，受现实因素影响较大，很容易发生中断的情形。[5] 权利中断可能是因为历史上其他国家的征服，例如，在 1998 年厄立特里亚和也门"领土仲裁案中"，1872 年奥斯曼帝国占领了也门王国，根据当时的国际法，奥斯曼帝国合法取得了领土主权，并且有权处置被占领的领土，一战结束后，根据 1923 年《洛桑条约》第 16 条，土耳其放弃了对相关岛屿的主权，留待利益相关方日后解决。[6] 在这种情况下，即便也门王国曾经拥有对岛屿的主权，但在 1872 年到 1918 年奥斯曼帝国统治期间也不可能延续，因为此种权利存在明显的中断，不具有持续

〔1〕 Yehuda Z. Blum, *Historic Titles in International Law*, Springer, 1965, pp. 53~55.

〔2〕 *Land and Maritime Boundary between Cameroon and Nigeria (Cameroon v. Nigeria: Equatorial Guinea intervening)*, Judgment, I. C. J. Reports 2002, p. 352, para. 65.

〔3〕 Artur Kozlowski, "The Legal Construct of Historic Title to Territory in International Law", *Polish Yearbook of International Law*, Vol. 30, 2010, p. 73.

〔4〕 *Sovereignty over Pulau Ligitan and Pulau Sipadan (Indonesia/Malaysia)*, Judgment, I. C. J. Reports 2002, p. 669, para. 97.

〔5〕 王建廷：《历史性权利的法理基础与实证考查》，载《太平洋学报》2011 年第 3 期，第 93 页。

〔6〕 *Territorial Sovereignty and Scope of the Dispute (Eritrea and Yemen)*, Award of 9 October 1998, R. I. A. A., Vol. XXII, p. 310, paras. 441~444.

性。[1] 权利中断也可能是因为相关国家的共同意志，例如签订条约割让领土，[2] 或者是因为默认其他国家的主权行为，[3] 例如，在 2008 年"白礁、中礁和南礁主权案"中马来西亚因默认新加坡对白礁岛实施的主权行为而丧失了原始权利。

　　历史性权利的证明应当既涉及早期历史性权利的取得，也包括后期对历史性权利的维护和巩固，两者必须兼具，这也符合 1928 年"帕尔马斯岛案"中关于时际法的要求。[4] 例如，在 1953 年"明基埃和埃克荷斯案"中，国际法院认为即使法国国王最初拥有对岛屿的封建权利，但必定因之后发生的事件而消失；这种权利现在没有法律效力，除非法国能够证明根据时际法用其他有效权利进行了替代。[5] 这实际对历史性权利的证明提出了更为严格的要求，必须对历史性权利进行必要的巩固，已经取得的权利不仅可能因自愿放弃而丧失，还有可能因不作为而丧失，也就是不能因地制宜地持续行使领土主权。[6] 也有学者对这种观点提出了批评，国家为了应对法律变化而必须持续关注对每一部分领土的权利，这种要求难以保障权利。[7] 尽管如此，根据国际法的发展持续巩固权利应当因地制宜、因时制宜，特别是关注其他国家的竞争主张，如果不存在竞争主张，只要没有明示放弃就足以维护权利，而一旦出现竞争主张，则需要有所反应以维护

　　〔1〕　Nuno Antunes, "The Eritrea – Yemen Arbitration: First Stage—The Law of Title to Territory Re – averred", *International and Comparative Law Quarterly*, Vol. 48, 1999, p. 368.

　　〔2〕　不管最初哪个国家享有领土主权，之后都可以通过签订条约改变领土归属。殖民国家为管理殖民地和协调它们之间的利益，多以山川河流等自然地理特征和经、纬线划分殖民地，而对于殖民地国家之间的领土主权争端主要适用保持占有原则，该原则主要关注殖民时期的行政边界，不管殖民化之前的边界如何。条约和保持占有原则可以改变领土的最初归属状态，因而它们更具有优先性。See Artur Kozlowski, "The Legal Construct of Historic Title to Territory in International Law", *Polish Yearbook of International Law*, Vol. 30, 2010, pp. 86 ~ 87.

　　〔3〕　James D. Fry and Melissa H. Loja, "The Roots of Historic Title: Non – Western Pre – Colonial Normative Systems and Legal Resolution of Territorial Disputes", *Leiden Journal of International Law*, Vol. 27, 3, 2014, p. 748. 具体条件详见本书第三章关于承认、默认和禁止反言变更领土主权的分析。

　　〔4〕　时际法解决的问题是，各个时期存在不同的法律制度，对具体情况应当适用哪种制度的问题，1928 年"帕尔马斯岛案"的仲裁员休伯认为必须区分权利的产生和权利的存续。产生权利的行为应该遵守权利产生时有效的法律，相同的原则要求权利的存续，也就是权利的持续展示，应当遵循法律发展所要求的条件。*Island of Palmas case (United States of America/The Netherlands)*, *Award of the Tribunal*, 4 April 1928, *R. I. A. A.*, Vol. II, p. 845.

　　〔5〕　*The Minquiers and Ecrehos case (France/United Kingdom)*, *Judgment*, 1953, *I. C. J. Reports* 1953, p. 56.

　　〔6〕　Surya P. Sharma, *Territorial Acquisition*, *Disputes and International Law*, Martinus Nijhoff Publishers, 1997, p. 99.

　　〔7〕　P. C. Jessup, "The Palmas Island Arbitration", *American Journal of International Law*, Vol. 22, 1928, pp. 740 ~ 741.

权利。[1]

　　3. 结合其他国家的立场

　　其他国家的立场与上文分析的两个问题直接相关，在一定程度上，行使管辖权的方式以及持续时间需要结合其他国家的态度进行分析，关注是否存在相反的主张以及此种相反主张的程度。如果没有其他国家对领土提出主张，或者没有对一国的权利主张提出抗议，这种事实对于证明历史性权利非常具有意义。例如，在2008年"白礁、中礁和南礁主权案"中，国际法院认定马来西亚的前身柔佛苏丹拥有对白礁岛和中礁的主权，一个重要理由就是：在整个古柔佛国的历史中，没有证据表明存在对岛屿的竞争主张，这有助于肯定马来西亚的历史性权利。[2] 并且在该案中，法院并没有具体列举柔佛苏丹对争议岛礁行使管辖权的具体证据，只是援引了国际法庭在1928年"帕尔马斯岛案"和1933年"东格陵兰法律地位案"中的观点，指出对于这种无人居住的岛屿，在没有其他相竞争主张的情况下，无需每时每刻对每一寸领土都实施主权行为，实施的主权行为可能较为有限。[3] 然而，在19世纪之后，柔佛苏丹及马来西亚就再也没对白礁岛采取过任何行为，但同时英国和新加坡开始对白礁岛公开和持续地展示主权，但前者对此从未提出过任何抗议，甚至表示了承认。这些行为都表明了双方对于白礁岛权利的态度，法院最终认定白礁岛主权从马来西亚转移给了新加坡，马来西亚由于不作为甚至主动承认而丧失了最初的历史性权利。与之形成鲜明对比的是同案中的中礁岛，与白礁岛一样，柔佛苏丹和马来西亚同样没有进行管理和使用，但英国和新加坡也没有对中礁岛实施过主权行为，因为缺乏竞争主张，所以主权不发生转移，中礁岛仍然属于马来西亚。[4] 由此可见，其他国家的态度对于判断历史性权利的重要意义。也有观点认为抗议应当在历史性权利的形成过程中提出，如果国家已经在相当长的期间里展示主权，其他国家没有抗议，那么历史性权利就已经存在，其他国家后来不能抗议既有事实而改变权利。[5]

---

　　〔1〕　D. H. N. Johnson, "Consolidation as a Root of Title in International Law", *Cambridge Law Journal*, Vol. 13, 2, 1955, pp. 224~225.

　　〔2〕　*Sovereignty over Pedra Branca/Pulau Batu Puteh*, *Middle Rocks and South Ledge* (*Malaysia/Singapore*), *Judgment*, *I. C. J. Reports* 2008, p. 35, para. 62.

　　〔3〕　*Sovereignty over Pedra Branca/Pulau Batu Puteh*, *Middle Rocks and South Ledge* (*Malaysia/Singapore*), *Judgment*, *I. C. J. Reports* 2008, pp. 36~37, paras. 64~67.

　　〔4〕　*Sovereignty over Pedra Branca/Pulau Batu Puteh*, *Middle Rocks and South Ledge* (*Malaysia/Singapore*), *Judgment*, *I. C. J. Reports* 2008, p. 99, paras. 288~290.

　　〔5〕　*Juridical Regime of Historic Waters*, *Including Historic Bays*, *Study prepared by the Secretariat*, *A/CN.4/143*, *Yearbook of International Law Commission*, 1962, *Vol. II*, p. 121.

4. 考虑争议领土的地理和历史情况

根据上文的分析，通过主张历史性权利确定领土主权是存在一定困难的，特别是目前的争议领土多地处偏远、居住人口有限，即便是在现代进行管理和使用都较为困难，如果要求过于严格，那么基本上无法证明早期取得的历史性权利，这将质疑，甚至否定历史性权利的法律地位。因此，除了上述因素之外，在判断历史性权利时还需要考虑争议领土的地理和历史情况，需要具体分析个案情况[1]。在 2008 年"白礁、中礁和南礁主权案"中，国际法院认可了马来西亚前身柔佛苏丹拥有对白礁岛的原始权利，理由之一就是它的地理位置。白礁岛是新加坡海峡中的航行险地，而新加坡海峡是连接印度洋和南海的要道，所以当地社会不可能不知道或没有发现白礁岛。并且，新加坡海峡位于柔佛苏丹国中部，因此可以合理认为白礁岛处于柔佛苏丹国的地理范围之中[2]。在 1933 年"东格陵兰法律地位案"中也考虑了格陵兰岛特殊的地理情况，格陵兰岛地处北极并且难以进入，在这种情况下，常设国际法院认为有限的主权行为就足以建立起对整个格陵兰岛的主权[3]。

如果历史上争议地区长期处于各方势力对立或战乱的情况下，将难以证明其他国家承认或默认了历史性权利。例如，在 1953 年"明基埃和埃克荷斯案"中，两个群岛距离英国泽西岛 3.9 海里，距离法国海岸 6.6 海里，并且在 1204 年诺曼底公国（Duchy of Normandy）解体，随着诺曼底被法国占领，英国和法国对英吉利海峡中部分岛屿一直处于争战状态，这种特殊的地理位置和争战状态决定了证明历史性权利的困难[4]。类似的情况出现在 1902 年奥地利和匈牙利"梅尔奥格湖边界仲裁案"中，虽然当事国提出了远古占有的主张，但没有得到仲裁庭的支持，因为双方政府都在至少一个世纪的时间内对争议领土展示主权，但从未得到另一方的认可，并且经常导致敌对状态[5]。特别是在 1998 年厄立特里亚和也

---

〔1〕 Artur Kozlowski, "The Legal Construct of Historic Title to Territory in International Law", *Polish Yearbook of International Law*, Vol. 30, 2010, p. 77.

〔2〕 *Sovereignty over Pedra Branca/Pulau Batu Puteh, Middle Rocks and South Ledge (Malaysia/Singapore)*, Judgment, I. C. J. Reports 2008, p. 35, para. 61.

〔3〕 *Legal Status of Eastern Greenland (Denmark v. Norway)*, Judgment of 5 April 1933, P. C. I. J., Series A/B, No. 53, pp. 50~51.

〔4〕 *The Minquiers and Ecrehos case (France/United Kingdom)*, Judgment, 1953, I. C. J. Reports 1953, p. 57.

〔5〕 *Decision of the Arbitral Tribunal Established to Settle the Dispute concerning the Course of the Boundary between Austria and Hungary Near the Lake Called the "Meerauge"*, 13 September 1902, R. I. A. A., Vol. XXVIII, p. 391.

门"领土仲裁案"中，法庭考虑了争议地区的历史和地理情况：无人居住，红海两岸文化相连、从事相同的社会经济活动，两岸人民传统上都在周边海域捕鱼和航行，没有取得亚洲或者非洲一侧统治者的授权，同样也没有政府机构对相关活动进行限制和管理，[1] 到了 19 世纪末 20 世纪初，奥斯曼帝国、英国和意大利等主要大国的利益更是盘根错节。在这种历史、地理背景下，会存在大量冲突证据，从而难以证明存在确切的古代权利或继承权利。[2]

（五）当事国提出的其他主张

1. 邻近原则

部分当事国提出，因为争议领土邻近其拥有主权的领土，所以争议领土应当属于该国。这种观点背后是腹地理论（Hinterland Theory），认为国家不仅有权占领处于其有效管理下的土地，还有权占领该地区自然边界（例如河流、山脉）之内的所有领土，这些土地对于维护定居地点的独立和安全至关重要。[3] 也有观点认为邻近原则的依据是距离（distance），特别是群岛国，主要由部分邻近的岛屿组成。[4] 邻近原则解决的问题是，当国家仅对某一部分领土行使或展示主权时，能否推定主权可以延伸至附近但缺乏或者没有权力影响的领土区域。例如，在 2001 年"海洋划界和领土问题案"中，关于海瓦尔群岛的主权归属，卡塔尔主张，应当优先考虑原始权利以及邻近和领土统一体原则。根据该地区的整体地理情况，显然海瓦尔群岛与卡塔尔陆地领土存在密切联系，每个岛屿到卡塔尔的距离都要小于到巴林主岛的距离。大部分海瓦尔群岛的组成岛礁距离卡塔尔大陆海岸不超过 3 海里，所有岛礁均位于 12 海里领海范围内，因此，海瓦尔群岛是卡塔尔大陆海岸的组成部分，并得到地质学和地貌学的证实。此外，卡塔尔还认为，在考虑邻近原则对海瓦尔群岛的可适用性时，还必须结合前保护国——英国的态度，英国在 1868 年之后实际上承认卡塔尔独立于巴林，以海为界作为

---

[1]　法庭认为，多个世纪以来，红海南部渔业自由，两岸交通不受限制，两岸人民共同使用岛屿，这些重要因素能够产生对双方均有利的"历史性权利"，通过历史性巩固的过程形成某种"国际地役"，但无法建立排他的领土主权。*Territorial Sovereignty and Scope of the Dispute（Eritrea and Yemen）*，*Award of 9 October* 1998，*R. I. A. A.*，*Vol. XXII*，p. 244，paras. 126 ~ 128.

[2]　*Territorial Sovereignty and Scope of the Dispute（Eritrea and Yemen）*，*Award of 9 October* 1998，*R. I. A. A.*，*Vol. XXII*，p. 311，para. 449.

[3]　Matthew M. Ricciardi，"Title to the Aouzou Strip: A Legal and Historical Analysis"，*Yale Journal of International Law*，Vol. 17，2，1992，p. 405.

[4]　*Maritime Delimitation and Territorial Questions between Qatar and Bahrain（Qatar v. Bahrain）*，*Joint Dissenting Opinion of Judges Bedjaoui, Ranjeva and Koroma*，*I. C. J. Reports* 2001，p. 190，para. 141.

单独整体存在。承认卡塔尔的独立地位是为了维护海上和平,因此,它的范围不仅应当包括卡塔尔大陆海岸,还应当包括邻近岛屿,特别是海瓦尔群岛。[1]

　　根据国际法庭的一般实践,争议领土在距离上靠近毫无争议地属于主张国的领土,这种事实并不能够作为解决争端的权利依据。例如,美国在 1928 年"帕尔马斯岛案"中的主张之一就是邻近原则。仲裁员认为,尽管国家有时主张距离其海岸相对较近的岛屿因地理位置而属于该国,然而,国际法规则并不支持位于领海之外的岛屿应当属于一国,仅仅因为它的领土是最近的大陆或较大岛屿。既不存在充分、频繁和准确的先例支持邻近原则,并且该原则本身也存在不确定性和争议性,一国政府在不同的情况下对该问题经常持相互冲突的立场。如果可以根据国家之间的合意,或者可以不完全依据法律而解决争端,那么可以考虑邻近原则确定岛屿的归属;然而,该原则与领土主权存在冲突,没有在排他性权利与展示国家权力的义务之间建立必要的联系。邻近原则不是解决领土主权问题的法律方法,因为它完全缺乏准确性,并且它的适用可能导致武断的结果。[2] 仲裁员明确指出,并不存在支持邻近确定领土主权的国际法依据。[3] 在 1998 年厄立特里亚和也门"领土仲裁案"中,仲裁庭指出,虽然学术著作提到过"整体"(entity)或"自然统一体"(natural unity)以及邻近(proximity)、靠近(contiguity)或连续性(continuity)等概念,但国际法普遍认为这些概念本身并不能产生权利。[4] 在 2001 年"海洋划界和领土问题案"中,国际法院认为英国 1939 年决定确定了海瓦尔群岛属于巴林,因此,没有必要分析当事国的其他权利主张,所以实质上法院并没有重视邻近的意义。[5] 在 2007 年"领土和海洋争端案"中,尼加拉瓜主张不能建立 1821 年独立时关于争议岛礁的保持占有情况,因此,必须诉诸其他权利依据。鉴于争议岛礁在地理上距离尼加拉瓜海岸线最近,根据邻近原则,尼加拉瓜拥有初始权利。对此,国际法院认为邻近并不必然

---

〔1〕 *Maritime Delimitation and Territorial Questions between Qatar and Bahrain* (*Qatar v. Bahrain*), *Merits*, *Judgment*, *I. C. J. Reports* 2001, p. 70, para. 99.

〔2〕 *Island of Palmas case* (*United States of America/The Netherlands*), *Award of the Tribunal*, 4 April 1928, *R. I. A. A.*, *Vol. II*, p. 854.

〔3〕 *Island of Palmas case* (*United States of America/The Netherlands*), *Award of the Tribunal*, 4 April 1928, *R. I. A. A.*, *Vol. II*, p. 869.

〔4〕 *Territorial Sovereignty and Scope of the Dispute* (*Eritrea and Yemen*), *Award of 9 October* 1998, *R. I. A. A.*, *Vol. XXII*, p. 315, para. 462.

〔5〕 *Maritime Delimitation and Territorial Questions between Qatar and Bahrain* (*Qatar v. Bahrain*), *Merits*, *Judgment*, *I. C. J. Reports* 2001, p. 85, para. 148.

能决定合法权利依据。[1] 通过上述司法和仲裁实践可以发现，国际法庭没有认可邻近作为确定领土归属的权利依据，邻近只是一种客观事实，本身并不能反映出当事方关于领土主权归属的立场和观点。

　　与邻近原则相关的概念是整体、统一体或附属地等概念或学说，这主要涉及岛屿争端。在1928年"帕尔马斯岛案"中，仲裁员认为，关于一组岛屿，在特定情况下可以认为这组岛屿在法律上构成一个整体，主要部分的归属将影响其他部分。[2] 在1904年"圭亚那边界仲裁案"中，仲裁员指出，有效占有某一地区的一部分，如果该地区构成统一整体，那么有可能取得整个地区的主权。但是，如果该地区的范围和结构不能视为单一的统一体，那么仅仅有效占有其中一部分，并不能取得整个地区的权利。[3] 但国际法庭关于该问题的实践并不完全一致，尤其是近来的实践，一般不会考虑整体的概念，而是强调需要针对具体的争议领土建立确定主权，这可以反映在本书第二章中分析的主权行为具体性要求。例如，在2008年"白礁、中礁和南礁主权案"中，新加坡主张中礁岛和南礁的主权应当与白礁岛一致，白礁岛属于哪国，哪国就拥有中礁岛和南礁，因为后两者是白礁岛的附属岛屿。新加坡提出的理由之一就是白礁岛、中礁岛和南礁构成地理学和地形学意义上的单一整体。新加坡还提出了地貌证据，在白礁岛、中礁岛和南礁上收集的岩石样本表明三者是由种类相同的岩石构成。[4] 然而，国际法院并没有考虑和分析这三个岛礁是否能够构成单一整体，而是单独考虑了中礁岛和南礁的归属。

　　除此之外，如果当事国以距离为理由主张争议岛屿附属于它拥有无争议主权的陆地或岛屿，国际司法和仲裁机构一般不会予以支持。例如，在1953年"明基埃和埃克荷斯案"中，埃克荷斯岛位于英国泽西岛东北方，距离泽西岛的最近距离为3.9海里，距离法国海岸的最近距离是6.6海里。明基埃岛位于泽西岛以南，最近距离为9.8海里，距离法国大陆的最近距离为16.2海里，距离法国肖西岛（Chausey）8海里。英国主张明基埃岛和埃克荷斯岛是泽西岛的附属地，并提出了1867年《英法渔业条约》、1859年《英法海底电缆条约》以及1843年

〔1〕　*Territorial and Maritime Dispute between Nicaragua and Honduras in the Caribbean Sea（Nicaragua v. Honduras），Judgment，I. C. J. Reports* 2007，pp. 708~709，para. 161.

〔2〕　*Island of Palmas case（United States of America/The Netherlands），Award of the Tribunal*，4 April 1928，*R. I. A. A.，Vol. II*，p. 855.

〔3〕　*Guiana Boundary Case（Brazil，Great Britain），Decision* of 6 June 1904，*R. I. A. A.，Vol. XI*，pp. 21~22.

〔4〕　*Sovereignty over Pedra Branca/Pulau Batu Puteh，Middle Rocks and South Ledge（Malaysia/Singapore），Judgment，I. C. J. Reports* 2008，pp. 96~97，paras. 279~282.

英国《渔业法案》作为证据，但相关条款都没有具体提及明基埃岛和埃克荷斯岛。国际法院认为，这些不同的条款表明被明确列举的岛屿是海峡群岛的附属地，但是没有证据表明当事国有意将埃克荷斯岛和明基埃岛纳入或排除出"英国岛屿"或"附属地"中[1]。在 2002 年"利吉坦和西巴丹岛屿主权案"中，荷兰与布伦干苏丹（Sultan of Bulungan）于 1893 年根据《1891 年条约》修订 1850 年和 1878 年《隶属条约》，新的文本规定了布伦干苏丹领土的范围，包括"塔拉坎岛（Tarakan）和纳努坎岛（Nanoekan）以及位于边界线以南的塞巴迪克岛部分，连同上述岛屿的附属小岛，只要它们位于边界线以南，均属于布伦干苏丹。"法院发现，明确提到名称的 3 个岛屿周边环绕了许多小岛，在地理上可以认为这些小岛"附属"于它们，然而，这不适用于利吉坦岛和西巴丹岛，因为它们距离 3 个主要岛屿超过了 40 海里[2]。在 2012 年"领土和海洋争端案"中，根据尼加拉瓜和哥伦比亚签订的《1928 年条约》第 1 条的规定，哥伦比亚拥有圣安德烈岛、普罗维登西亚岛和圣卡塔丽娜岛以及构成圣安德烈群岛的其他海洋地物。该案的关键问题是判断争议岛礁是否构成圣安德烈群岛的组成部分。国际法院认为，尽管《1928 年条约》没有明确列举圣安德烈群岛的具体组成部分，然而第 1 条确实提及了构成圣安德烈群岛的其他岛屿、小岛和礁石，所以至少可以包括那些距离明确列明的 3 个岛屿较近的海洋地物。考虑到阿尔伯克基岛距离圣安德烈岛 20 海里，东 - 东南岛距离圣安德烈岛 16 海里，法院认为这两个岛屿可以属于群岛的组成部分。然而，关于其他争议岛礁，特别是塞拉尼拉和巴杰纽沃分别距离普罗维登西亚岛 165 海里和 205 海里，不能认为它们是群岛的组成部分。尽管如此，法院认为，关于群岛组成部分的问题不能简单根据争议岛礁的地理位置或者关于圣安德烈群岛组成的历史记录，因为这些材料都不能充分说明该问题[3]。至于该案所认可的 20 海里或者 16 海里能否作为判断附属岛屿的一般标准而适用于其他争端，也是存在疑问的，因为根据上文提到的其他案例，即便是距离少于 16 海里，也不能被认为构成附属岛屿[4]。因此，在判断具体争议岛礁是否附属于某一整体时，距离可能会发挥一定的作用，但是由于缺乏明确的标

〔1〕 例如 1867 年《英法渔业条约》第 38 条规定："本条约规定的'英国岛屿'和'英国'应当包括泽西岛、格恩西岛（Guernsey）、奥尔德尼岛（Alderney）、萨克岛（Sark）及其附属地。" *The Minquiers and Ecrehos case* (*France/United Kingdom*)，*Judgment*，1953，I. C. J. *Reports* 1953, p. 60.

〔2〕 *Sovereignty over Pulau Ligitan and Pulau Sipadan* (*Indonesia/Malaysia*)，*Judgment*，I. C. J. *Reports* 2002, pp. 656 ~ 657, para. 62.

〔3〕 *Territorial and Maritime Dispute* (*Nicaragua v. Colombia*)，*Judgment*，I. C. J. *Reports* 2012, p. 649, para. 53.

〔4〕 张卫彬：《国际法上的"附属岛屿"与钓鱼岛问题》，载《法学家》2014 年第 5 期，第 8 页。

准，如果存在其他表明当事方立场的主张和证据时，国际法庭在大部分情况下不会认可整体或附属地的主张。

尽管如此，如果有证据表明当事方认可整体或附属的情况，则可以考虑适用这些概念。例如，在1992年"陆地、岛屿和海洋边界争端案"，关于明古尔里塔岛（Meanguerita）的主张，国际法院分庭认为，在没有相反证据的情况下，该岛的归属应当与附近较大的明古尔拉岛保持一致。主要原因是明古尔里塔岛面积较小，邻近明古尔拉岛，特别是提交分庭的所有主张都表明，双方当事国认为两岛构成一个统一整体，没有一方主张应该区别对待两岛。[1] 此外，结合1982年《联合国海洋法公约》第46条的规定，"群岛是指一群岛屿，包括若干岛屿的若干部分、相连的水域或其他自然地形，彼此密切相关，以至这种岛屿、水域和其他自然地形在本质上构成一个地理、经济和政治的实体，或在历史上已被视为这种实体。"因此，如果存在充分证据证明岛屿在地理、经济、政治或在历史上存在密切关系，则有可能构成群岛整体。例如，在1998年厄立特里亚和也门"领土仲裁案"中，莫哈巴汗群岛（Mohabbakah）主要由4个小岛组成，法庭判定其中3个属于厄立特里亚，关于第四个小岛——高岛（High Islet）的归属，法庭认为，因为莫哈巴汗一直被作为一个整体，群岛具有相同的法律命运，所以高岛也应当属于厄立特里亚。[2] 该案涉及红海中的多个争议岛礁，法庭将它们分成了几组岛屿，分别分析各组岛屿的主权问题，因为各组岛屿的法律历史基本不同，[3] 并且当事方也默认了这种分类。[4] 如果要将若干岛屿视为统一整体，关键是存在明确、具体的证据，但对于偏远、人口有限的较小岛屿，将会较难提供此种证据。[5]

虽然邻近、整体或附属地等概念本身并不能作为判断领土主权的依据，但是可能发挥间接作用。[6] 有学者认为，邻近本身并不是占领，也不能取代占领，

---

〔1〕 *Case concerning the Land, Island and Maritime Frontier Dispute（El Salvador/Honduras: Nicaragua intervening）, Judgment, I. C. J. Reports* 1992, p. 570, para. 356.

〔2〕 *Territorial Sovereignty and Scope of the Dispute（Eritrea and Yemen）, Award of* 9 October 1998, *R. I. A. A., Vol. XXII*, p. 317, paras. 471~472.

〔3〕 *Territorial Sovereignty and Scope of the Dispute（Eritrea and Yemen）, Award of* 9 October 1998, *R. I. A. A., Vol. XXII*, p. 314, para. 459.

〔4〕 *Territorial Sovereignty and Scope of the Dispute（Eritrea and Yemen）, Award of* 9 October 1998, *R. I. A. A., Vol. XXII*, p. 315, para. 465.

〔5〕 *Territorial and Maritime Dispute（Nicaragua v. Colombia）, Judgment, I. C. J. Reports* 2012, p. 649, para. 53.

〔6〕 Gerald Fitzmaurice, "The Law and Procedure of the International Court of Justice, 1951~4: Points of Substantive Law, Part II", *British Yearbook of International Law*, Vol. 32, 1955~1956, p. 72.

但是可以作为间接证据推定占领的存在,[1] 因为国际法没有要求有效占领每一寸领土。[2] 这反映了 1928 年"帕尔马斯岛案"中的观点,也就是主权不可能在每时每刻对每一寸领土都实施。[3] 在 1998 年厄立特里亚和也门"领土仲裁案"中,仲裁庭指出,整体或者类似概念本身并不足以构成权利依据,但在一定情况下可能推定通过其他方式建立的权利的范围。[4] 例如,对于 12 海里领海之内的岛屿,很有可能推定岛屿属于沿海国,除非存在明确相反的情况,但法庭同时也指出,这只是一种推定,能够被更具优势的权利所驳斥。[5] 条约等合法权利依据毫无疑问优先于邻近的事实,甚至其他国家的有效控制或行为证据也可以反驳此种推定。[6] 例如,在 2008 年"白礁、中礁和南礁主权案"中,白礁岛距离新加坡 24 海里,距离马来西亚柔佛州只有 7.7 海里,但国际法院最终根据有效控制规则认定白礁岛应当属于新加坡,说明当存在更具优势的权利时,岛屿的归属与距离当事国的远近无关,也与位于哪国领海中无关。[7] 毕竟邻近只是一种地理事实,而主权的建立需要当事方有意识地对领土建立起排他性权利。[8]

　　但如果缺乏合法权利依据和主权行为时,邻近的推定作用就会具有意义。例如,在 1998 年厄立特里亚和也门"领土仲裁案"中,关于莫哈巴汗群岛的归属,法庭主要考虑了邻近原则,群岛中 3 个岛屿距离厄立特里亚海岸不超过 12 海里,另外 1 个岛屿距海岸 12.72 海里。没有确切证据能够证明该群岛的归属,特别是

　　〔1〕　Matthew M. Ricciardi, "Title to the Aouzou Strip: A Legal and Historical Analysis", *Yale Journal of International Law*, Vol. 17, 2, 1992, pp. 408 ~ 409.

　　〔2〕　C. Waldock, "Disputed Sovereignty in the Falkland Islands Dependencies", *British Yearbook of International Law*, Vol. 25, 1948, pp. 344 ~ 345.

　　〔3〕　*Island of Palmas case（United States of America/The Netherlands）*, *Award of the Tribunal*, 4 April 1928, *R. I. A. A.*, *Vol. II*, p. 840.

　　〔4〕　*Territorial Sovereignty and Scope of the Dispute（Eritrea and Yemen）*, *Award of 9 October 1998*, *R. I. A. A.*, *Vol. XXII*, p. 315, para. 464.

　　〔5〕　*Territorial Sovereignty and Scope of the Dispute（Eritrea and Yemen）*, *Award of 9 October 1998*, *R. I. A. A.*, *Vol. XXII*, pp. 317 ~ 318, para. 474. See also *Maritime Delimitation and Territorial Questions between Qatar and Bahrain（Qatar v. Bahrain）*, *Joint Dissenting Opinion of Judges Bedjaoui, Ranjeva and Koroma*, *I. C. J. Reports* 2001, p. 189, paras. 138 ~ 140.

　　〔6〕　*Island of Palmas case（United States of America/The Netherlands）*, *Award of the Tribunal*, 4 April 1928, *R. I. A. A.*, *Vol. II*, p. 855. See also C. Waldock, "Disputed Sovereignty in the Falkland Islands Dependencies", *British Yearbook of International Law*, Vol. 25, 1948, p. 345.

　　〔7〕　*Sovereignty over Pedra Branca/Pulau Batu Puteh, Middle Rocks and South Ledge（Malaysia/Singapore）*, *Judgment*, *I. C. J. Reports* 2008, p. 22, para. 16.

　　〔8〕　*Island of Palmas case（United States of America/The Netherlands）*, *Award of the Tribunal*, 4 April 1928, *R. I. A. A.*, *Vol. II*, p. 854.

也门也无法提出更具说服力的权利，法庭在这种情况下认为，因为多数岛屿位于厄立特里亚领海中，莫哈巴汗群岛应当属于厄立特里亚。[1] 该案之所以考虑临近原则的重要原因在于，不存在得到法庭认可的合法权利依据，这些岛屿上也无人居住，国家能够进行的管理和使用行为非常有限。[2] 在缺乏合法权利依据和主权行为的情况下，只能根据地理事实推定领土属于厄立特亚。此外，在1933年"东格陵兰法律地位案"中，虽然部分丹麦主权行为针对整个格陵兰岛，但18到19世纪的活动主要集中于格陵兰岛西海岸上建立的殖民地。尽管如此，考虑到没有其他国家提出相反的主张，以及北极地区和未殖民部分领土的难以接近性，常设国际法院认为，1721年到1814年的主权展示行为在一定程度上足以建立有效的主权主张，并且对格陵兰岛的权利并不限于殖民部分。[3]

2. 公平原则

公平原则是争端解决中常见但抽象的原则，穆克曼（Munkman）总结和分析了相关学者观点以及国际法庭实践，认为公平原则的主要作用包括：其一，修改适用于特定事实的法律；其二，通过填补实证法的空白补充法律；其三，更正法律或者取代法律而作为独立的裁判依据。在实践中，这三种作用可能存在重合之处。[4] 不同于海洋划界争端，在领土争端中，当事国和国际法庭较少主张和考虑公平原则，只在较为有限的案件中提及公平原则，即使考虑适用公平原则，也存在严格的适用条件，不会将公平原则作为解决领土争端的出发点。在国际法院审理的案件中，1986年"边界争端案"相对较多地讨论了该原则。首先，双方当事国都同意，没有根据《国际法院规约》第38条第2款授权法院根据"公允及善良"（ex aequo et bono）裁决争端。然而，马里主张，应该考虑与国际法适用不可分离的公平形式，也就是合法的公平（equity infra legem）；另一方面，布基纳法索虽然不反对适用公平原则，但是指出该原则对本案的实际意义是非常不清楚的，它强调在领土划界领域，并没有类似海洋划界规则中经常提到的"公平原则"概念。关于布基纳法索的观点，马里没有提出质疑，只是认为公平是合理

---

〔1〕 *Territorial Sovereignty and Scope of the Dispute* (*Eritrea and Yemen*), *Award of 9 October* 1998, *R. I. A. A.*, *Vol. XXII*, p. 317, paras. 471 ~ 472.

〔2〕 *Territorial Sovereignty and Scope of the Dispute* (*Eritrea and Yemen*), *Award of 9 October* 1998, *R. I. A. A.*, *Vol. XXII*, p. 268, para. 239.

〔3〕 *Legal Status of Eastern Greenland* (*Denmark v. Norway*), *Judgment of April* 5, 1933, *P. C. I. J.*, *Series A/B*, *No.* 53, pp. 50 ~ 51. See also Thomas W. Donovan, "Suriname – Guyana Maritime and Territorial Disputes: A Legal and Historical Analysis", *Journal of Transnational Law and Policy*, Vol. 13, 2003, pp. 75 ~ 76.

〔4〕 A. L. Munkman, "Adjudication and Adjustment – International Judicial Decision and the Settlement of Territorial and Boundary Disputes", *British Yearbook of International Law*, Vol. 46, 1972 ~ 1973, pp. 13 ~ 14.

适用法律的正常组成部分。对此，分庭的观点是，显然不能根据《国际法院规约》第 38 条规定的"公允及善良原则"裁决本案，因为当事国并没有提出此种请求。分庭不会考虑违反法律的公平（equity *contra legem*），也不会适用法律之外的公平（equity *praeter legem*），分庭将考虑合法的公平，此种形式的公平将构成解释有效法律的方法。[1] 如国际法院在 1974 年德国诉冰岛"渔业管辖权案"中的观点："问题并不只是找到公平的解决方法，而是找到源自可适用法律的公平解决方法。"[2] 关于合法的公平，分庭认为，即使根据保持占有原则确定的边界存在缺陷、多么令人不满意，也不能为了公平而修改已经确定的边界，这是不正当的，因为该边界完全符合国际法。因此，分庭不支持根据公平的考虑而提出的有必要或应当修改已确定边界的主张。[3] 这表明如果存在根据国际法确定的边界，即使是合法的公平也不能变更已有边界。

在领土争端中，当缺乏裁决案件的具体国际法依据时，国际法庭为了履行其职责，有时会迫不得已考虑公平原则。在这种情况下，公平原则的主要作用是弥补法律的空白，而不是修改或取代法律。例如，在 1986 年"边界争端案"中，国际法院分庭在确定苏姆潭（Pool of Soum）地区的边界时考虑了公平原则。主要原因在于，虽然分庭能够确定苏姆潭是边界上的水塘，但各种法律文件都不能确定该地区的准确边界位置。然而，分庭认为必须履行其职责，也就是根据国际法裁决争端，并且当事国在《特别协议》中请求划定准确的边界线，而不仅是提供指导当事国确定边界线的说明。在这种情况下，分庭认为只能诉诸合法的公平。[4] 此外，也有可能根据当事国在《仲裁协议》中的约定而适用公平原则，例如，在 1909 年玻利维亚和秘鲁"边界仲裁案"中，《仲裁协议》第 3 条规定了仲裁员应当考虑的书面证据，第 4 条规定，如果根据第 3 条列举的证据无法确定领土的准确范围，授权仲裁员根据公平裁决争端，但应尽量遵循文件的含义及宗旨。[5]

---

〔1〕　*Frontier Dispute（Burkina Faso/Republic of Mali）, Judgment, I. C. J. Reports* 1986, pp. 567 ~ 568, paras. 27 ~ 28.

〔2〕　*Fisheries Jurisdiction（Federal Republic of Germany v. Iceland）, Merits, Judgment, I. C. J. Reports* 1974, p. 202, para. 69.

〔3〕　*Frontier Dispute（Burkina Faso/Republic of Mali）, Judgment, I. C. J. Reports* 1986, p. 633, para. 149. See also *Case concerning the Land, Island and Maritime Frontier Dispute（El Salvador/Honduras：Nicaragua intervening）, Judgment, I. C. J. Reports* 1992, p. 396, para. 58.

〔4〕　*Frontier Dispute（Burkina Faso/Republic of Mali）, Judgment, I. C. J. Reports* 1986, pp. 632 ~ 633, para. 148.

〔5〕　*Boundary Case between Bolivia and Peru, Decision of 9 July 1909, R. I. A. A. , Vol. XI*, p. 137.

　　不仅关于公平原则的作用存在各种不同的观点，公平原则的内容也是模糊不清的，学者们从各自不同的角度对其进行分析，包括：善意、默认、禁止反言、平等、一般法律原则、正义或者客观正义等，还有学者认为公平原则并无准确的内容，而是考虑所有相关情况的过程等。[1] 在具体适用公平原则时，由于缺乏明确的标准，主要取决于国际法庭的自由裁量权。例如，在 1904 年"圭亚那边界仲裁案"中，仲裁员主要考虑了地理因素。鉴于无法准确确定英国和巴西各自领土的范围，仲裁员认为，为了实现对争议领土的公平裁决，考虑到目前对该地区地理认知的状况，无法将争议领土划分为在面积和价值方面对等的两部分，因此，有必要根据自然界线，优先考虑能够清楚确定的边界，最终主要根据河流和山脉走向确定了两国之间的边界。[2] 在 1933 年"洪都拉斯边界仲裁案"中，仲裁庭主要考虑了历史因素。由于无法确定欧玛港（Omoa）在 1821 年危地马拉和洪都拉斯独立时的归属，仲裁庭认为应当依据公平和正义原则作出裁决。在历史上，该港口最初属于洪都拉斯，为了危地马拉王国利益而分离，当不存在此种利益时，洪都拉斯试图要求归还港口，1818 年也起草了归还的皇室法令，但是最终没有签署。之后两国关于该港口的归属一直处于敌对状态，直到 1832 年洪都拉斯占领欧玛港。仲裁认为，出于公平的考虑，欧玛港应该属于洪都拉斯。[3] 在 1986 年"边界争端案"中，为了实现对苏姆潭的公平划界，分庭主要考虑了平等。虽然分庭承认"公平（equity）并不意味着平等（equality）"，[4] 但是在没有特殊情况时，后者一般是前者最好的表现方式。因此，分庭认为边界线应当穿过苏姆潭，并将其在雨季时最大的面积平等地划分给两个国家。[5] 由此可见，公平原则的适用具有相当高的灵活性，作为一种缺乏具体内容和确定标准的规则，适用公平原则可能会降低裁决的说服力和可预期性，因此，限制它在领土争端解决中的适用具有合理性。[6]

---

〔1〕　A. L. Munkman, "Adjudication and Adjustment – International Judicial Decision and the Settlement of Territorial and Boundary Disputes", *British Yearbook of International Law*, Vol. 46, 1972～1973, pp. 15～16.

〔2〕　*Guiana Boundary Case*（*Brazil, Great Britain*）, Decision of 6 June 1904, *R. I. A. A.*, *Vol. XI*, pp. 22～23.

〔3〕　*Honduras Borders*（*Guatemala, Honduras*）, Decision of 23 January 1933, *R. I. A. A.*, *Vol. II*, p. 1360.

〔4〕　*North Sea Continental Shelf*（*Federal Republic of Germany/Denmark*; *Federal Republic of Germany/Netherlands*）, Judgment, *I. C. J. Reports* 1969, p. 49, para. 91.

〔5〕　*Frontier Dispute*（*Burkina Faso/Republic of Mali*）, Judgment, *I. C. J. Reports* 1986, p. 633, para. 150.

〔6〕　Surya P. Sharma, *Territorial Acquisition*, *Disputes and International Law*, Martinus Nijhoff Publishers, 1997, p. 131.

3. 人口、资源、文化等主张

在部分案件中，当事国会提出人口、资源和文化等依据主张对争议领土的主权，该原则与上文分析的公平原则有一定的联系。[1] 对于此种主张，国际法庭一般持否定态度，不会认同它们可以作为确定领土归属的权利依据。例如，在1962年"柏威夏寺案"中，除了《1904年条约》以及附件1地图外，柬埔寨和泰国还提出历史、宗教和考古等方面的主张，但是国际法院认为这些因素在法律上不具有决定性。[2] 在1992年"陆地、岛屿和海洋边界争端案"中，萨尔瓦多主张自身承受了巨大的人口压力，与洪都拉斯较少的人口相比，更需要领土；另一方面，洪都拉斯享受了更占优势的自然资源。国际法院分庭认为，关于保持占有原则，问题不在于殖民省份是否需要广阔的领土以容纳其人口，而是确定边界的实际位置；如果独立后的有效控制具有相关性，那么需要根据实际事件进行评估，而不是根据其社会根源。关于自然资源不平等的主张，分庭赞同国际法院在1982年突尼斯和利比亚"大陆架划界案"中的观点，不能在划界中考虑经济因素，[3] 在确定独立时的陆地边界时，此种因素依然没有相关性。[4] 在1998年厄立特里亚和也门"领土仲裁案"中，双方当事国也大量争论了哪一方的渔业群体更为重要，以及渔业和鱼类在各自经济生活中的重要作用，而法庭认为此种主张与本案无关。[5] 此外，在争议领土上居住人口的事实本身并不能证明领土应当属于人口的国籍国，例如，在1992年"陆地、岛屿和海洋边界争端案"中，部分萨尔瓦多人定居在争议领土上，分庭认为此种事实不会影响领土的归属情况。[6] 尽管如此，国家机构对于领土上人口的管理行为则可能被视为主权行为，

---

〔1〕 *Case concerning the Land*, *Island and Maritime Frontier Dispute* (*El Salvador/Honduras*: *Nicaragua intervening*), *Judgment*, *I. C. J. Reports* 1992, p. 396, para. 58.

〔2〕 *Case concerning the Temple of Preah Vihear* (*Cambodia v. Thailand*), *Merits*, *Judgment*, *I. C. J. Reports* 1962, p. 15.

〔3〕 *Continental Shelf* (*Tunisia/Libyan Arab Jamahiriya*), *Judgment*, *I. C. J. Reports* 1982, pp. 77 ~ 78, para. 107.

〔4〕 *Case concerning the Land*, *Island and Maritime Frontier Dispute* (*El Salvador/Honduras*: *Nicaragua intervening*), *Judgment*, *I. C. J. Reports* 1992, p. 396, para. 58.

〔5〕 *Territorial Sovereignty and Scope of the Dispute* (*Eritrea and Yemen*), *Award of 9 October* 1998, *R. I. A. A.*, *Vol. XXII*, p. 283, para. 313.

〔6〕 *Case concerning the Land*, *Island and Maritime Frontier Dispute* (*El Salvador/Honduras*: *Nicaragua intervening*), *Judgment*, *I. C. J. Reports* 1992, p. 419, para. 97.

在一定条件下，对解决领土争端具有意义。[1]

二、适用有效控制规则的限制

（一）优先考虑合法权利依据

在领土争端中，当事国一般提出多项权利依据，但并不是无差别地对待这些依据，而是有所侧重。当事国的诉求主张一般表现为：首先主张合法权利依据，然后主张有效控制强化了合法权利依据或者弥补了合法权利依据的空白。这种诉求模式表明，当事国并不认为有效控制规则是裁判领土主权归属的首要和唯一依据，而应当优先考虑合法权利依据。例如，在1994年"领土争端案"中，乍得最主要的依据是《1955年条约》；其次，作为选择，乍得还主张《1955年条约》提到的早期条约确定了势力范围的界线，法国的有效控制使它们成为边界线；乍得最后提出，即使不考虑相关条约的规定，仍可以依据有效控制支持其领土主张。[2] 在2002年"利吉坦和西巴丹岛屿主权案"中，印度尼西亚对两个争议岛屿的权利主张主要依据英国与荷兰缔结的《1891年条约》，其次是荷兰和印度尼西亚对岛屿的有效控制，主张有效控制证实了印度尼西亚根据《1891年条约》的权利；另一方面，马来西亚则主张，苏禄苏丹最初拥有对利吉坦岛和西巴丹岛的权利，后来经过一系列权利传递，马来西亚取得了主权，相关法律文件可以证明该权利，并得到了英国和马来西亚对岛屿实施的有效控制的证实；作为选择，如果法院认为荷兰最初拥有岛屿主权，马来西亚的有效控制足以取代荷兰的权利。[3] 对于当事国提出的各种不同权利依据，国际法庭也会首先考虑能否根据条约、保持占有原则、历史性权利、领土裁决等合法权利依据确定主权归属，而不是首先考虑适用有效控制规则，只有在缺乏合法权利依据时，才会考虑适用有

〔1〕 Marcelo G. Kohen, Mamadou Hébié, "Territory, Acquisition", para. 29, *Max Planck Encyclopedia of Public International Law*, http://opil.ouplaw.com/view/10.1093/law: epil/9780199231690/law - 9780199231690 - e1118? rskey = POhLEA&result = 1&prd = EPIL (Last visited on 30 December 2017).

〔2〕 *Territorial Dispute (Libyan Arab Jamahiriya/Chad)*, Judgment, I. C. J. Reports 1994, p. 15, para. 21.

〔3〕 *Sovereignty over Pulau Ligitan and Pulau Sipadan (Indonesia/Malaysia)*, Judgment, I. C. J. Reports 2002, p. 643, paras. 32~33.

效控制规则。[1]

1. 优先考虑条约

首先，如果当事国提出可能解决领土争端的条约，国际法庭将特别重视条约的作用，将条约作为裁判的起点，[2] 一般都会首先考虑条约的有效性和可适用性，然后根据案件的具体情况决定是否需要分析当事国的主权行为。这是因为，相比于其他领土主张，条约最直接反映了当事国对争议领土的立场。[3] 如果一方主张其他国际法规则和原则改变了条约规定，则需要承担举证责任。[4] 以国际法院的司法实践为例，首先考虑并且最终依据条约解决领土争端的案件包括：1959 年"某些边界土地主权案"、1962 年"柏威夏寺案"、1994 年"领土争端案"、1999 年"卡西基里/塞杜杜岛案"、2002 年"陆地和海洋边界案" 以及 2015 年"边界地区活动案"。[5] 此外，在其他案件中，虽然国际法院最终没有依据条约确定领土归属，但是优先考虑了条约，包括：1953 年"明基埃和埃克荷斯案"、2002 年"利吉坦和西巴丹岛主权案"、2008 年"白礁、中礁和南礁主权案" 以及 2012 年"领土和海洋争端案"。[6] 从数量上可以清楚地表明条约在解决领土争端中的重要作用。

需要注意的是，条约除了优于有效控制规则之外，也优先适用于其他合法权利依据，例如保持占有原则等。在 2012 年"领土和海洋争端案" 中，关于当事国提出的条约、保持占有原则以及有效控制等主张，国际法院认为应当首先分析哥伦比亚和尼加拉瓜签订的《1928 年条约》能否确定加勒比海上争议岛礁的主权归属。在发现并无法确定争议岛礁是否包含在《1928 年条约》规定的属于哥伦比亚的圣安德烈群岛之后，法院开始分析能否根据保持占有原则解决领土争端，但考虑到当事国提交的证据并不能明确确定独立时的保持占有边界，最后通过识别和权衡当事国对争议岛礁实施的主权行为，根据有效控制规则判定哥伦比

---

〔1〕　Nico J. Schrijver, Vid Prislan, "Cases Concerning Sovereignty over Islands before the International Court of Justice and the Dokdo/Takeshima Issue", *Ocean Development & International Law*, Vol. 46, 4, 2015, pp. 289 ~ 290. 参见附表 5："国际法院考虑当事国主张的顺序"。

〔2〕　Malcolm N. Shaw, "Title, Control and Closure? The Experience of the Eritrea – Ethiopia Boundary Commission", *International and Comparative Law Quarterly*, Vol. 56, 4, 2007, p. 761.

〔3〕　Brian T. Sumner, "Territorial Disputes at the International Court of Justice", *Duke Law Journal*, Vol. 53, 6, 2004, p. 1808.

〔4〕　Malcolm N Shaw and Malcolm D. Evans, "Case Concerning Kasikili/Sedudu Island (Botswana/Namibia)", *International and Comparative Law Quarterly*, Vol. 49, 4, 2000, p. 967.

〔5〕　参见附表 1："当事国的主张及国际法院的裁判依据"。

〔6〕　参见附表 5："国际法院考虑当事国主张的顺序"。

亚做出了更具优势的主张。该案表明，相比于保持占有原则，国际法庭会优先考虑条约，即使是关于新独立国家之间的领土争端。[1] 在 2002 年"利吉坦和西巴丹岛屿主权案"中，面对当事方提出的条约、国家继承、初始权利和有效控制等主张，国际法院首先分析了英国和荷兰《1891 年条约》的具体用语、目的和宗旨、嗣后协议和实践等方面，认定该条约并没有解决两争议岛屿的主权归属。之后，法院考虑了国家继承和权利传递，认为双方也无法证明存在确切的权利。最后才考虑双方当事国对争议岛屿实施的主权行为，经过权衡比较，认为马来西亚的主张更具优势，将两个争议岛屿判予马来西亚。上述司法实践反映了解决领土争端规则的效力等级和优先顺序，即条约优于其他合法权利依据，其他合法权利依据优于有效控制规则。[2]

2. 优先考虑保持占有原则

如果争端当事国在独立之前属于同一殖民国，关于它们独立之后的领土争端，当事国没有提出相关条约，国际法庭一般会首先考虑保持占有原则，认为保持占有原则是解决此类领土争端的起点，然后根据案件的具体情况决定是否需要考虑适用有效控制规则。[3] 结合证明保持占有边界的各种证据，[4] 国际法院大致按照固定的模式审理这类案件，不同的证据存在效力位阶：优先考虑与确定边界直接相关的立法和行政文件，给予它们较高的证明效力，将其视为一种合法权利依据；当缺乏与确定边界直接相关的立法或行政文件时，如果其他文件可以证明领土主权归属，那么此种文件也具有一定的证明力；殖民时期的管理行为一般只能起到辅助和补充作用，但是如果缺乏明确确定主权归属的文本证据，殖民时期的管理行为就会起到决定性作用；当上述证据都不足以清楚地确定边界时，最后将诉诸独立之后的主权行为，根据有效控制规则解决领土争端。例如，在 2007

---

〔1〕 类似的情况还出现在 2002 年"陆地和海洋边界案"中，关于争议领土巴卡西半岛，当事国提出的权利依据包括 1913 年 3 月 11 日《英德条约》、保持占有原则以及权利继承。国际法院认为应当首先分析《英德条约》能否解决主权争端。法院分析了该条约的缔约历史以及尼日利亚独立后的行为和态度，认为《英德条约》有效并且全部可以适用。因为条约已经解决了争端，法院认为没有必要对当事国提出的保持占有主张发表意见。该案表明：相比于保持占有原则，条约的优先地位。See *Land and Maritime Boundary between Cameroon and Nigeria (Cameroon v. Nigeria: Equatorial Guinea intervening)* , Judgment , I. C. J. Reports 2002 , p. 412 , para. 217.

〔2〕 Brian T. Sumner, "Territorial Disputes at the International Court of Justice", *Duke Law Journal* , Vol. 53 , 2004 , pp. 1803 ~ 1804.

〔3〕 1894 年洪都拉斯和尼加拉瓜《仲裁条约》第 2.4 条甚至约定，在确定边界线时，边界委员会不得给予各方主张的事实或实际占有法律效力，完全排除了考虑主权行为。See *Boundary Case between Honduras and Nicaragua* , Decision of 23 December 1906 , R. I. A. A. , Vol. XI , p. 107.

〔4〕 参见本章第一部分关于保持占有边界证明的分析。

年"领土和海洋争端案"中，国际法院首先考虑能否依据保持占有原则确定独立时尼加拉瓜和洪都拉斯的领土范围。然而，当事方提交殖民时期法律和其他书面证据都没有明确提及争议岛礁，殖民时期的管理行为也无法确定或证实岛礁的归属。在这种情况下，国际法院开始分析独立后当事国对争议岛礁实施的以主权者名义的行为。[1]

以国际法院的司法实践为例，优先考虑并最终依据保持占有原则作出判决的案件包括：1986 年"边界争端案"、1992 年"陆地、岛屿和海洋边界争端案"中的陆地部分、2005 年"边界争端案"以及 2013 年"边界争端案"。[2] 在其他案件中，虽然最终没有依据保持占有原则，但是优先考虑了保持占有原则是否可以适用，包括：1992 年"陆地、岛屿和海洋边界争端案"中的岛屿部分、2007 年"领土和海洋争端案"以及 2012 年"领土和海洋争端案"。[3] 通过分析上述案件的当事国可以发现：所有的当事国原来都属于同一殖民国：布基纳法索和马里原同为法国殖民地，萨尔瓦多和洪都拉斯都是西班牙的殖民地，贝宁和尼日尔同为法国殖民地，尼加拉国和洪都拉斯都是西班牙的殖民地，尼加拉瓜和哥伦比亚也同为西班牙殖民地，布基纳法索和尼日尔独立之前同为法国殖民地。

3. 优先考虑领土裁决

尽管涉及已有裁决的领土争端相对有限，但如果当事国提出此类主张，仍然会得到国际法庭的优先考虑。类似于条约，裁决一般具有较高的法律效力。[4] 例如，在 2001 年"海洋划界和领土问题案"中，关于海瓦尔群岛的主权归属，卡塔尔和巴林提出了多个法律问题，包括：1939 年英国决定的性质和效力、原始权利是否存在、有效控制以及保持占有原则对案件的可适用性等，面对这些不同的权利依据，法院认为应当首先考虑 1939 年英国决定的性质和可适用性。[5] 在 2015 年"边界地区活动案"中，由于哥斯达黎加和尼加拉瓜对《1858 年条约》的有效性和解释存在争议，法院考虑了 1888 年美国总统克利夫兰作出的仲裁裁决（Cleveland Award）以及 1897 年到 1900 年亚历山大将军在标界过程中作

---

〔1〕 *Territorial and Maritime Dispute between Nicaragua and Honduras in the Caribbean Sea* (*Nicaragua v. Honduras*), Judgment, I. C. J. Reports 2007, pp. 710 ~ 711, para. 167.

〔2〕 参见附表 1："当事国的主张及国际法院的裁判依据"。

〔3〕 参见附表 5："国际法院考虑当事国主张的顺序"。

〔4〕 Malcolm N. Shaw, *International Law*, 7th edn, Cambridge University Press, 2014, p. 754.

〔5〕 *Maritime Delimitation and Territorial Questions between Qatar and Bahrain* (*Qatar v. Bahrain*), Merits, Judgment, I. C. J. Reports 2001, p. 75, para. 110.

出的裁决（Alexander Awards）。[1]

4. 优先考虑历史性权利

通过分析国际法院的案例可以发现，依据历史性权利作出判决的案件十分有限，只有 2008 年"白礁、中礁和南礁主权案"中的中礁岛，在数量上远不及依据条约、保持占有原则或者有效控制规则的案件，[2] 这与上文论述的证明历史性权利的困难相关。虽然最终没有依据历史性权利，但是优先考虑历史性权利的案件包括：1953 年"明基埃和埃克荷斯案"、2002 年"利吉坦和西巴丹岛屿主权案"以及 2008 年"白礁、中礁和南礁主权案"中的白礁岛部分。[3] 尽管如此，在基本上所有的案件中，当事国都提交了历史方面的证据支持争议领土的主张。因此，历史性权利在解决领土主权争端方面仍然具有重要意义，特别是关于亚洲国家之间的领土争端。[4]

在实践中，如果当事国提交边界条约或者是殖民地国家之间的领土主权争端时，国际法庭一般不会深入地探究历史性权利，而对于其他领土主权争端，历史性权利的意义重大。因此，国际法院在此类案件中的逻辑表现为：首先，如果当事国主张历史性权利，就会优先考虑是否存在可被证明的历史性权利；其次，如果存在可被证明的历史性权利，则主要依据历史性权利解决争端；最后，如果不存在可被证明的历史性权利，才会考虑适用有效控制规则，将领土判给能够做出更具优势主张的一方。例如，在 1953 年"明基埃和埃克荷斯案"中，英国主张依据古代权利具有岛屿主权，或者依据长期持续有效控制所确定的权利取得岛屿主权。法国认为它拥有岛屿的原始权利，并在所有的时期内都通过有效行使主权

---

〔1〕 *Certain Activities carried out by Nicaragua in the Border Area（Costa Rica v. Nicaragua）and Construction of a Road in Costa Rica along the San Juan River（Nicaragua v. Costa Rica）*，Judgment，I. C. J. Reports 2015，p. 700，para. 76.

〔2〕 参见附表 1："当事国的主张及国际法院的裁判依据"。

〔3〕 参见附表 5："国际法院考虑当事国主张的顺序"。此外，在 1998 年厄立特里亚和也门"领土仲裁案"中，仲裁法庭也先于有效控制规则考虑了历史性权利。

〔4〕 James Crawford，*Brownlie's Principles of Public International Law*，8th edn，Oxford University Press，2012，p. 221. 历史性权利之所以能对亚洲国家之间的领土争端解决发挥相对较大作用的原因包括，首先，亚洲经济社会在古代发展迅速，产生多个世界文明，许多国家在很早就建立了政府并进行交往，很早就形成了大致的边界走向。其二，尽管亚洲国家近代后受到了殖民势力侵略，但是殖民者没有采取重新划分非洲殖民地的方式，而是保留了许多传统边界，所以保持占有原则对解决亚洲领土主权争端的作用有限。此外，亚洲国家很早就建立了朝贡和册封制度，缺乏通过平等的方式解决问题和争端的传统，因此它们之间很少缔结领土和边界条约。所以，对于亚洲国家的领土主权争端，当事国多会提出许多历史性证据，国际法院相对较为重视。

进一步确定了这种原始权利[1] 英国和法国提交了大量的历史证据来确定双方在中世纪前对两岛拥有主权。但法院认为这些证据都无法明确确定岛屿在中世纪之前的主权归属问题,[2] 然后主要考虑了双方在中世纪后实施的主权行为,特别是 19、20 世纪的行为,最终将争议岛屿判给能够做出更具优势主张的英国。[3] 在 1998 年厄立特里亚和也门"领土仲裁案"中,法庭首先分析了两国提出的古代权利和国家继承主张,但发现没有一方可以向法院证明历史事实中存在法律上的历史权利,或者对岛屿、小岛和岩礁存在长期、持续、确定的继承权利,然后开始考虑主权实施证据。[4]

(二) 部分案件排除考虑有效控制规则

在部分案件中,在确定存在合法权利依据之后,国际法庭认为没有必要考虑当事国实施的主权行为,这实质上完全排除了适用有效控制规则的可能性。主要原因在于,有效控制一般只能确认和补充合法权利依据,而不得超越合法权利依据,如果已经存在合法权利依据,就没有必要考虑与合法权利依据存在冲突的主权行为。例如,在 1994 年"领土争端案"中,国际法院认为应当首先分析《1955 年条约》能否确定利比亚和乍得之间的边界。通过分析《1955 年条约》及其附件所列条约的文本、上下文、目的和宗旨、嗣后实践以及条约的准备工作文件,法院认为,这些条约对双方当事国有约束力,实际划定了边界。因为条约已经确定了边界,所以没有必要考虑利比亚主张的土著居民权利、森诺西命令以及奥斯曼帝国和意大利的权利,法院认为无需决定对相关地区占有的有效性以及是否持续、和平并且得到普遍承认。[5] 该案表明,来源于条约的合法权利具有相对优先地位,如果边界条约合法有效并且与争议领土直接相关,就可能完全排除有效控制规则的适用。此外,在 2001 年"海洋划界和领土问题案"中,关于海瓦尔群岛的主权,国际法院认为应当首先考虑 1939 年英国决定的性质和可适

---

〔1〕 *The Minquiers and Ecrehos case* (France/United Kingdom), *Judgment*, 1953, *I. C. J. Reports* 1953, pp. 50 ~ 51.

〔2〕 *The Minquiers and Ecrehos case* (France/United Kingdom), *Judgment*, 1953, *I. C. J. Reports* 1953, pp. 53 ~ 57.

〔3〕 *The Minquiers and Ecrehos case* (France/United Kingdom), *Judgment*, 1953, *I. C. J. Reports* 1953, pp. 60 ~ 72.

〔4〕 *Territorial Sovereignty and Scope of the Dispute* (Eritrea and Yemen), *Award of* 9 *October* 1998, *R. I. A. A.*, *Vol. XXII*, pp. 311 ~ 312, paras. 449 ~ 450.

〔5〕 *Territorial Dispute* (Libyan Arab Jamahiriya/Chad), *Judgment*, *I. C. J. Reports* 1994, pp. 36 ~ 40, paras. 75 ~ 76.

用性。在确定了 1939 年决定对双方当事国有拘束力并且确定了海瓦尔群岛属于巴林之后，对于当事国提出的原始权利、实施行为、保持占有原则等各项主张，法院认为没有必要考虑。[1] 在 2005 年"边界争端案"中，关于贝宁和尼日尔在梅克鲁河段（Mekrou）上的争端，分庭主要考虑了 1927 年法国总督命令，该命令将梅克鲁河作为尼日尔殖民地和达荷梅殖民地（Dahomey，后成为贝宁）之间的分界线，并且殖民当局在 1927 年之后一直都将梅克鲁河作为分界线，最后地图证据也证实了分庭的结论。对于当事国提出的有效控制证据，分庭认为没有必要进行考虑，因为有效控制只能完善或补充合法权利依据，但不得超越存在冲突的合法权利依据。[2] 类似的情况还出现在 2015 年"边界地区活动案"中，法院认为哥斯达黎加和尼加拉瓜边界已由《1858 年条约》确定，并且 1888 年美国总统克利夫兰的仲裁裁决以及 1897 年到 1900 年亚历山大将军的标界裁决进一步解释和明确了条约边界。尽管双方当事国还提出了对争议领土实施的主权行为，希望证明各自对主权的主张，但法院认为当事方提出的主权证据无论如何意义都非常有限，不能影响根据《1858 年条约》以及克利夫兰和亚历山大裁决确定的主权权利。[3] 这表明，结合案件的具体情况，如果存在证明领土主权归属的明确依据，例如，条约和已有裁决等书面证据，可能没有必要考虑当事国对争议领土实施的主权行为，在这种情况下，主权行为对于判断领土归属缺乏法律意义，发挥的作用非常有限。

（三）主权行为难以取代合法权利依据

如上文所述，如果已经根据条约、保持占有原则、历史性权利或者裁决等确定了争议领土的主权归属，关于与之冲突的主权行为的法律效力，绝大多数案件都会遵循分庭在 1986 年"边界争端案"中的观点，也就是当合法权利依据与有

---

〔1〕 *Maritime Delimitation and Territorial Questions between Qatar and Bahrain（Qatar v. Bahrain），Merits, Judgment，I. C. J. Reports* 2001，p. 85，para. 148.

〔2〕 *Frontier Dispute（Benin/Niger），Judgment，I. C. J. Reports* 2005，pp. 148 ~ 149，para. 141.

〔3〕 *Certain Activities carried out by Nicaragua in the Border Area（Costa Rica v. Nicaragua）and Construction of a Road in Costa Rica along the San Juan River（Nicaragua v. Costa Rica），Judgment，I. C. J. Reports* 2015，p. 703，para. 89.

效控制发生冲突时，合法权利依据要优于有效控制。[1] 在这些案件中，存在冲突的主权行为将构成违法行为（acts *contra legem*），不能取代已经建立的合法权利依据。[2] 尽管如此，在部分司法和仲裁案件中，即使国际法庭已经根据条约这种效力较高的依据确定了领土归属，也不一定绝对排除考虑当事国实施的冲突主权行为，国际法庭将考虑是否存在承认或默认的情形，以至于更改了合法权利依据所确定的领土主权归属。例如，在 1992 年"陆地、岛屿和海洋边界争端案"中，萨尔瓦多和洪都拉斯在陆地部分的争端主要涉及 6 段争议边界，双方均支持适用保持占有原则，但萨尔瓦多反对将保持占有原则作为唯一可适用的法律，认为还应该考虑部分人文证据或者有效控制。洪都拉斯也认可有效控制的确认作用，作为选择，它还认为自己的管理证据表明对相关地区的有效控制要强于萨尔瓦多。[3] 分庭采取的逻辑是：首先适用保持占有原则，考虑殖民时期的证据能否确定边界位置或者推断出大致走向；其次，分庭并不必然排除考虑独立后的有效控制，因为独立后的有效控制可能证明 1821 年独立时的保持占有边界，但条件是有效控制必须与确定边界线存在联系。[4] 如果有效控制与之前所确定的保持占有边界重合，那么就不分析重合部分的有效控制；如果两者存在分歧，则分析有效控制能否足以改变保持占有边界。这种处理方式本身就说明，保持占有原则具有优先地位，有效控制规则只能起到补充和完善的作用。并且，分庭在具体分析有效控制是否足以改变保持占有边界时，采取了十分严格的标准，这种严格的标准主要体现在以下两个方面：其一，对持续性的要求更高，例如，萨尔瓦多关于第三段边界提出了对争议领土进行了土地登记、土地许可、选举登记、居民出生死亡和婚姻登记等行使管辖权的行为，但是法院认为，上述行为只从 1977

---

〔1〕　*Frontier Dispute*（*Burkina Faso/Republic of Mali*），*Judgment*，I. C. J. *Reports* 1986, p. 587, para. 63. See also *Territorial Dispute*（*Libyan Arab Jamahiriya/Chad*），*Judgment*，I. C. J. *Reports* 1994, pp. 38~40, paras. 75~76；*Land and Maritime Boundary between Cameroon and Nigeria*（*Cameroon v. Nigeria*：*Equatorial Guinea intervening*），*Judgment*，I. C. J. *Reports* 2002, p. 353, para. 68 and p. 415, para. 223；*Sovereignty over Pulau Ligitan and Pulau Sipadan*（*Indonesia/Malaysia*），*Judgment*，I. C. J. *Reports* 2002, p. 678, para. 126；*Frontier Dispute*（*Benin/Niger*），*Judgment*，I. C. J. *Reports* 2005, p. 120, para. 47.

〔2〕　*Land and Maritime Boundary between Cameroon and Nigeria*（*Cameroon v. Nigeria*：*Equatorial Guinea intervening*），*Judgment*，I. C. J. *Reports* 2002, p. 351, para. 64；pp. 415~416, para. 223.

〔3〕　*Case concerning the Land*，*Island and Maritime Frontier Dispute*（*El Salvador/Honduras*：*Nicaragua intervening*），*Judgment*，I. C. J. *Reports* 1992, p. 386, para. 40；pp. 395~396, para. 57.

〔4〕　*Case concerning the Land*，*Island and Maritime Frontier Dispute*（*El Salvador/Honduras*：*Nicaragua intervening*），*Judgment*，I. C. J. *Reports* 1992, pp. 398~399, para. 62.

年持续到 1985 年，不足以支持"长期实施有效管辖权"的主张；[1] 其二，对具体性的要求更高，必须确立与争议领土存在确切、密切的联系，例如，洪都拉斯提出了对争议领土所实施的司法和行政行为，但法院认为相关行为涉及多个地点，但仅提及了村庄或地点的名称，没有提供地图来说明相关地点的准确地理位置，不足以使法院更改保持占有边界。[2] 同本书第二章分析的主权行为的一般特征相比，分庭在该案中要求主权行为必须更充分、明确、持续时间也要足够长。考虑到许多边界地区地处偏远、人口稀少，这种标准十分严格，以至于本案中没有一段保持占有边界因有效控制而发生改变。[3] 由此可见，如果已存在依据保持占有原则确定的边界线时，除非有效控制达到相当程度，否则将无法或者很难改变这条边界线。[4]

　　需要注意的是，即使国际法庭考虑与合法权利依据存在冲突的主权行为，此种主权行为也很难仅依据自身在数量上和质量上的相对优势取代合法权利依据。例如，在 2002 年"陆地和海洋边界案"中，关于双方当事国在乍得湖地区的边界，喀麦隆主张，边界已由 1919 年英国和法国签订的《米尔纳－西蒙宣言》以及 1929 年到 1930 年签订的《汤姆森－马尔尚宣言》（Thomson－Marchand Declaration）（两宣言均已通过并编入 1931 年《亨德森－弗勒里奥换文》）划定，此外，部分地图也证实了边界位置，特别是附于《米尔纳－西蒙宣言》的莫塞尔地图以及附于《汤姆森－马尔尚宣言》的地图。[5] 国际法院支持了喀麦隆的主张，认为上述条约文件划定了双方在乍得湖地区的边界。另一方面，尼日利亚提出了大量对乍得湖地区的主权展示行为，包括提供公共卫生和教育服务、治安管

---

〔1〕　*Case concerning the Land，Island and Maritime Frontier Dispute（El Salvador/Honduras：Nicaragua intervening）*，*Judgment*，I. C. J. *Reports* 1992，pp. 469～470，para. 177.

〔2〕　*Case concerning the Land，Island and Maritime Frontier Dispute（El Salvador/Honduras：Nicaragua intervening）*，*Judgment*，I. C. J. *Reports* 1992，p. 516，para. 265.

〔3〕　类似的情况还出现在 2002 年厄立特里亚和埃塞俄比亚"划界决定案"中，委员会主要依据了意大利和埃塞俄比亚签订的《1902 年条约》和持续一致的地图确定了边界的位置。对于埃塞俄比亚提出的主权行为证据，委员会认为该行为至多只涉及五分之一的争议地区，并且仅在较短的期间里进行。因此，委员会认为埃塞俄比亚管理证据涉及的地点不充分准确、范围有限、时间较短，不足以取代厄立特里亚根据《1902 年条约》确定的权利。*Decision regarding Delimitation of the Border between Eritrea and Ethiopia*，13 April 2002，R. I. A. A.，*Vol. XXV*，pp. 163～164，paras. 5. 93～5. 95.

〔4〕　有学者认为，分庭没有具体确定能够改变边界位置的主权行为的充分程度，可能过于严格。Malcolm D. Evans and Malcolm N. Shaw，"Case Concerning the Land，Island and Maritime Frontier Dispute（El Salvador/Honduras：Nicaragua Intervening），Judgment of 11 September 1992"，*International and Comparative Law Quarterly*，Vol. 42，4，1993，p. 932.

〔5〕　*Land and Maritime Boundary between Cameroon and Nigeria（Cameroon v. Nigeria：Equatorial Guinea intervening）*，*Judgment*，I. C. J. *Reports* 2002，pp. 335～336，paras. 41～42.

理以及征税等，此外，尼日利亚认为喀麦隆在乍得湖地区的国家活动证据存在严重瑕疵，大部分证据都发生在 1982 年到 1988 年，而尼日利亚活动的证据涉及更长期间，并且喀麦隆的活动缺乏具体性，无法证明实际发生。[1] 喀麦隆对争议地区的主要活动确实相对有限，1987 年之前存在零星的管理行为，包括官方访问、总统选举、执行法令、人口普查、官员任命和征税等，1987 年之后，尼日利亚增加了管理和军队的存在，喀麦隆只抗议了少数事件。在该案中，如果纯粹权衡比较当事国对争议领土实施的主权行为，尼日利亚肯定占优势。然而国际法院并没有支持尼日利亚的主张，主要原因是喀麦隆拥有得到条约支持的合法权利依据，并且喀麦隆没有默认将权利让与尼日利亚。类似的情况也出现在 1959 年"某些边界土地主权案"中，虽然纯粹从主权行为方面进行比较，荷兰具有相对优势，但是《1843 年边界条约》支持了比利时的主张并且比利时之后并没有放弃权利。[2] 在上述案件中，法院所面临的问题并不是两个纯粹依据主权行为的冲突主张，对于此种冲突，解决方法是将领土主权判予能够做出更具优势主张的一方；实际上，法庭需要判断有效控制能否取代已确定条约权利的问题。[3] 因此，采取的方法肯定不同于纯粹适用有效控制规则的案件，即使实施相对较多和较优主权行为的一方，也很难取代已经确定的合法权利依据。

　　既然已经确定了合法权利依据，国际法庭仍然继续考虑存在冲突的主权行为是否完全是多此一举而没有意义？答案是否定的，意义在于判断是否发生了权利转移的情形。本书在第三章中分析了 1959 年"某些边界土地主权案"、1992 年"陆地、岛屿和海洋边界争端案"、2002 年"陆地和海洋边界案"、2002 年"边界仲裁案"以及 2008 年"中礁、白礁和南礁主权案"等案件，可以发现在特定情况下主权行为结合原权利所有国的态度可能取代或变更已经确定的合法权利依据。对于他国实施的主权行为，原权利所有国如果表示承认或默认，有可能表明当事方达成了新的合意，从而导致权利的转移。[4] 但需要注意，此时主权行为

---

　　[1] *Land and Maritime Boundary between Cameroon and Nigeria* (*Cameroon v. Nigeria：Equatorial Guinea intervening*)，Judgment，*I. C. J. Reports* 2002，pp. 346 ~ 350，para. 62.

　　[2] *Case concerning Sovereignty over certain Frontier Land* (*Belgium/Netherlands*)，Judgment，*I. C. J. Reports* 1959，p. 229.

　　[3] *Maritime Delimitation and Territorial Questions between Qatar and Bahrain* (*Qatar v. Bahrain*)，Merits，Judgment，*I. C. J. Reports* 2001，pp. 73 ~ 74，para. 107. See also *Land and Maritime Boundary between Cameroon and Nigeria* (*Cameroon v. Nigeria：Equatorial Guinea intervening*)，Judgment，*I. C. J. Reports* 2002，pp. 415 ~ 416，para. 223.

　　[4] *Sovereignty over Pedra Branca/Pulau Batu Puteh，Middle Rocks and South Ledge* (*Malaysia/Singapore*)，Judgment，*I. C. J. Reports* 2008，pp. 50 ~ 51，paras. 120 ~ 121.

只是发挥了部分作用，关键是判断原权利所有国是否构成承认或默认，以至于向实施主权行为的一方让与了权利，最终导致合法权利依据被取代。[1] 但只要原权利所有国仍然主张争议领土的主权，对争议领土有限地展示权威，就不能推定其承认或默认了权利转移，即使另一方实施了再多的主权行为，也不能取代合法权利依据。因此，在1959年"某些边界土地主权案"、1992年"陆地、岛屿和海洋边界争端案"以及2002年"陆地和海洋边界案"中，国际法庭都认为主权行为难以取代合法权利依据，合法权利依据具有优先性。[2] 另一方面，在2002年厄立特里亚和埃塞俄比亚"划界决定案"以及2008年"中礁、白礁和南礁主权案"中，之所以发生权利转移，其根本原因在于原权利所有国承认或默认了另一方的主权主张，而作为另一方主权主张表现形式的主权行为，虽然对于取代合法权利依据必不可少，却不是取代合法权利依据的根本原因。[3] 可以将这种情况理解为：原权利消失，新权利产生，而不是主权行为完全凭借自身效力取代了原权利。[4] 因此，虽然有学者认为，国际法庭考虑与合法权利依据存在冲突的主权行为背离或修改了分庭在1986年"边界争端案"中合法权利依据优于有效控制的意见，[5] 但实质上发挥决定性作用的是合法权利依据所有者的态度和行为，并且权利转移的证明标准相对严苛。[6] 例如，对于条约确定的权利仍然具有决定性，除非存在相反证据，主张变更条约边界的当事方必须证明双方确实通过行为同意此种该变更，否则过于草率地接受行为对条约的变更，将损害条约的

---

〔1〕 Giovanni Distefano, "The Conceptualization (Construction) of Territorial Title in the Light of the International Court of Justice Case Law", *Leiden Journal of International Law*, Vol. 19, 4, 2006, p. 1071.

〔2〕 参见附表5："国际法院考虑当事国主张的顺序"。

〔3〕 例如，在1998年厄立特里亚和也门"边界仲裁案"中，根据1923年《洛桑条约》第16条的规定，争议岛屿应当留待利益相关方日后解决，因此，《洛桑条约》在很大程度上阻止了意大利的主权主张。意大利在两次战争之前确实对红海岛屿表现出强大的领土野心，在不同期间试图实际占有一些岛屿，希望通过积极的扩张政策，使利益相关方默认既成事实（a fait accompli）。然而，其他国家，特别是英国，一直要求意大利做出保证，维持岛屿法律地位的现状，意大利也持续做出此种保证，因此，意大利的主权实施行为无法改变1923年《洛桑条约》的规定。See *Territorial Sovereignty and Scope of the Dispute (Eritrea and Yemen)*, *Award of 9 October* 1998, *R. I. A. A.*, *Vol. XXII*, p. 250, paras. 448~449.

〔4〕 Fabio Spadi, "The International Court of Justice Judgment in the Benin – Niger Border Dispute: The Interplay of the Titles and '*Effectivités*' under the *Uti Possidetis Juris* Principle", *Leiden Journal of International Law*, Vol. 18, 2005, p. 781.

〔5〕 Roger O'Keefe, "Legal Title versus Effectivités: Prescription and the Promise and Problems of Private Law Analogies", *International Community Law Review*, Vol. 13, 1~2, 2011, pp. 147~188.

〔6〕 Marcelo G. Kohen, Mamadou Hébié, "Territory, Acquisition", paras. 37, 38, *Max Planck Encyclopedia of Public International Law*, http://opil.ouplaw.com/view/10.1093/law: epil/9780199231690/law – 978019923 1690 – e1118? rskey = POhLEA&result = 1&prd = EPIL (Last visited on 30 December 2017).

优先性，无视当事方明确的意图从而损害领土关系的稳定性。[1] 尽管如此，实践中确实存在合法权利依据被取代的可能性，这要求权利所有国重视和完善对领土的管理，因为权利不仅可以根据正式的法律行为而变更，也有可能因疏于管理以及不抗议等不作为而丧失。

三、限制适用有效控制规则的合理性

当事方能否最终取得领土主权主要依赖于权利依据的强度，包括：绝对的权利、更好的权利或者有待于完善的权利，权利依据越绝对、越完善，取得领土主权的概率也就越高。[2] 根据上文的分析，虽然有效控制规则在领土争端解决中发挥了重要作用，它的产生和适用亦存在合理性，然而，有效控制规则并不是解决领土争端的首要和绝对规则，它的适用存在限制条件。它的作用在于证实合法权利依据、解释合法权利依据以及弥补权利空白，原则上不能取代或变更已经确定的合法权利依据。合法权利依据包括条约、保持占有原则、历史性权利以及领土裁决。主权行为的效力主要取决于争议领土的法律地位以及另一国能否证明合法权利依据。[3] 如果争议领土是无主地或者无法确定主权归属，满足必要的条件后，一国的权力展示可能建立领土主权；相反，如果在争议领土上已经存在确定合法的主权，一国的权力展示一般将构成非法占有或侵占，而这种事实占有一般不能转变为合法情形从而产生领土权利，除非得到原权利所有国的承认或默认。[4] 这就可以解释为什么在 2002 年"利吉坦和西巴丹岛屿主权案"中马来西亚收集乌龟蛋这种"微不足道"的行为能够确定主权归属，而在 2002 年"陆地和海洋边界案"中尼日利亚各种重要的主权行为却没有得到国际法院的支持。因此，关于有效控制规则与合法权利依据的对立实质上是事实和法律之间的关系，两句法律谚语可以反映出两者之间的关系，即法律来源于事实（*ex facto jus orit-*

---

〔1〕 Malcolm N. Shaw, "Title, Control and Closure? The Experience of the Eritrea‐Ethiopia Boundary Commission", *International and Comparative Law Quarterly*, Vol. 56, 4, 2007, p. 777.

〔2〕 Giovanni Distefano, "The Conceptualization (Construction) of Territorial Title in the Light of the International Court of Justice Case Law", *Leiden Journal of International Law*, Vol. 19, 4, 2006, p. 1050.

〔3〕 Marcelo G. Kohen, Mamadou Hébié, "Territory, Acquisition", para. 36, *Max Planck Encyclopedia of Public International Law*, http：//opil. ouplaw. com/view/10. 1093/law：epil/9780199231690/law‐9780199923 1690‐e1118? rskey = POhLEA&result = 1&prd = EPIL (Last visited on 30 December 2017).

〔4〕 *Maritime Delimitation and Territorial Questions between Qatar and Bahrain (Qatar v. Bahrain)*, *Merits*, *Judgment*, I. C. J. Reports 2001, pp. 73~74, para. 107.

ur）以及非法事实不能产生合法权利（*ex inituria jus non oritur*）。[1] 有效控制规则能否发挥作用应当取决于个案的具体情况，特别是争议领土的法律地位以及当事国各自主张的权利依据。

本书第一章中分析了有效控制规则产生和适用的合理性，虽然在司法和仲裁实践中该规则的适用存在限制，但仍然需要进一步分析限制这样一种对于解决领土争端较为重要的法律依据是否合理、正当：

首先，优先适用有效控制规则不利于维护领土关系的稳定性和秩序，有可能损害领土主权。强调有效控制规则，一方面这有助于敦促国家维护和巩固领土主权，另一方面，也可能为侵占已经存在合法权利的领土留出了空白。国际法院多次强调，在独立的主权国家之间，尊重领土主权是国际关系的基础，国家领土完整原则是国际法律秩序的重要组成部分。[2] 非法事实不能产生合法权利（*ex iniuria jus non oritur*），当条约或其他合法依据已经确立了领土主权时，却认可其他当事国违反事先约定或客观事实而采取的行为，这将是对国家领土主权的公然侵犯，因此，违反领土完整原则取得的领土不具有合法性。[3]

其次，过分强调有效控制规则的作用不利于争端的和平与理性解决。有效控制规则的核心在于将领土赋予能够做出更强主张的一方，"不难看出，这种思维逻辑存在着很大的问题，因为按照这种思维逻辑，谁的控制更有效，谁就能取得有争议领土的主权。"[4] 这实质上将鼓励当事国尽可能多地实施主权行为，可能会对相关国家造成错误的导向，引导它们不惜一切地对争议领土实施主权行为，甚至可能使用武力或以武力相威胁。这不仅违反了《联合国宪章》第 2 条规定的禁止使用武力或武力威胁原则以及和平解决国际争端原则，还会使紧张的局势进一步恶化，从而不利于争端的解决。中日之间关于钓鱼岛的某些冲突和摩擦在一定程度上与片面、过分强调有效控制规则相关。

---

〔1〕　Giovanni Distefano, "The Conceptualization（Construction）of Territorial Title in the Light of the International Court of Justice Case Law", *Leiden Journal of International Law*, Vol. 19, 4, 2006, p. 1067.

〔2〕　*Corfu Channel case（United Kingdom v. Albania）*, *Merits*, *Judgment*, I. C. J. *Reports* 1949, p. 35. *Accordance with International Law of the Unilateral Declaration of Independence in Respect of Kosovo*, *Advisory Opinion*, I. C. J. *Reports* 2010, p. 437, para. 80.

〔3〕　Marcelo G. Kohen, Mamadou Hébié, "Territory, Acquisition", para. 42, *Max Planck Encyclopedia of Public International Law*, http://opil.ouplaw.com/view/10.1093/law: epil/9780199231690/law - 9780199231690 - e1118? rskey = POhLEA&result = 1&prd = EPIL（Last visited on 30 December 2017）.

〔4〕　朱利江：《马来西亚和印度尼西亚岛屿主权争议案评论》，载《南洋问题研究》2003 年第 4 期，第 68 页。黄瑶、凌嘉铭：《从国际司法裁决看有效控制规则的适用》，载《中山大学学报（社会科学版）》2011 年第 51 卷第 4 期，第 174 页。

　　最后，限制适用有效控制规则的应然性和合理性也来源于有效控制规则本身存在的缺陷——缺乏确定性和可预期性。虽然在具体适用有效控制规则时，随着国际司法和仲裁实践的逐步丰富和完善，逐渐确立了一定的标准和程序，但是什么构成以主权者名义实施的行为以及如何判断哪一方当事国做出了更具优势的主张，都需要根据案件的具体情况确定，特别要受制于争议领土的自然地理情况以及当事国各自的具体主张，许多因素都取决于国际法庭对证据的判断与取舍，但在决定和衡量证据的具体标准方面，同其他国际性法庭一样，国际法院并不总是十分明确。[1] 而条约、殖民时期的法律文件以及国际法庭的裁决更具明确性，更能体现当事国或有权威第三方关于争议领土的立场，作为一个综合考虑各方面因素的相对规则，有效控制规则远没有上述合法权利依据清楚、明确和更具说服力。有效控制规则产生的最根本原因在于弥补合法权利依据的空白，这也从根本上决定了它在领土争端解决中的地位。

---

〔1〕　J. G. Merrills, *International Dispute Settlement*, 4th edn, Cambridge University Press, 2005, p. 158.

结　论

在国际司法和仲裁实践中产生和发展的有效控制规则重视当事国对争议领土展示和行使国家权力，这是有效控制规则的核心。不同于国内法中的所有权，国际法中的领土主权在很多情况下并不是绝对的而是相对的。有效控制规则是指通过权衡和比较双方当事国对争议领土实施的主权行为，将争议领土判予能够做出更具优势主张的一方。虽然当事国经常主张主权行为，但由于领土争端解决的国家实践较为抽象和分散，不存在由多数国家普遍参与的条约，也没有国际组织对相关国家实践进行总结和编纂，所以，作为一个尚处于发展和完善过程中的规则，根据目前的国家实践难以判断有效控制规则是否构成习惯国际法或者一般法律原则。尽管如此，同国家实践相比，国际法庭在领土争端解决中发挥了更为突出的作用，从1928年"帕尔马斯岛案"至今国际法庭的反复和持续实践，都赋予了有效控制规则在领土争端解决中突出的地位。目前已有多个依据有效控制规则作出裁决的案例，有效控制规则已经得到了国际法庭和国家的认可，并且近年来适用该规则解决的领土争端呈明显增多趋势。

有效控制规则的产生和适用在理论和实践中存在合理性。首先，传统领土取得和变更模式存在理论缺陷，例如，在实践中难以区分先占和时效、时效取得的法律地位存在争议。因此，国际法庭在裁判过程中通常将领土的取得和变更视为一个综合的过程，较少强调名义，在双方当事国提出相竞争的主张和证据时，通过权衡和比较判断主权的归属。一方面，有效控制规则继承了先占和时效的核心要素，即对争议领土持续以及和平地展示主权；另一方面，由于不强调争议领土的无主性，使有效控制规则成功地克服了先占和时效在实践中难以区分的问题。其次，当前的领土争端更主要集中于地处偏远、人口稀少、历史上缺乏重要经济和战略价值的地区，特别是岛屿，关于此类领土可能缺乏确切证据以证明其归属，尤其是书面证据。对于当事国提交的条约和保持占有证据，国际法庭会借助解释的方法，审查证据的真实性、有效性，特别强调证据必须与争议领土直接相关，而不接受只具有一般普遍意义的证据，因此，并不是所有当事国提交的此类证据都能够得到国际法庭的认可，从而建立起对争议领土不容置疑的权利。在缺乏绝对证据的情况下，国际法庭需要借助其他法律依据解决领土争端，由于有效控制强调相对优势，可以弥补绝对权利的空白。最后，同当事方的其他主张相比，对领土展示主权能够更客观以及合理地反映出国家对领土主权归属的立场和观点，从而建立起国家与争议领土之间的联系。以取得和巩固领土主权为目的，对领土实施主权行为，特别是持续的行为，并且其他相关国家没有提出抗议或反对，构成了一种事实状态，反映了一种值得保护的利益。

在具体适用有效控制规则时，需要解决的问题包括：何种的行为以及相关行为在什么程度上能够构成对领土的有效控制，特别是当双方当事国都提出许多证据的情况下。在国际司法和仲裁实践中，面对当事国提出的各种行为证据，国际法庭一般分两个阶段展开分析：首先，判断证据的效力，识别哪些行为能够构成以主权者名义实施的行为；然后，结合各种因素，包括数量、种类、争议领土的自然地理特征以及其他当事国的态度等，权衡和比较已经得到认可的行为，从而判断哪一方的主张更具优势。

对于当事国向国际法庭提交的各种主权行为，可以根据国家权力的不同类型，从立法、司法和行政三个方面总结和归纳曾经得到认可的主权行为。此种总结对于评价和认定当事国的具体行为具有借鉴意义，但由于主权行为在实践中的复杂性和多样性，不可能做到穷尽列举，关键是从中总结出得到认可的主权行为的一般特征。其一，行为应当是以主权者名义实施的，但重点并不是分析国家实施行为的内在动机，而是通过客观行为推断主观意图。关于主权性要求，更为客观和实际的标准是相关活动必须是国家实施的，私人行为除非得到国家的事先授权或事后追认，否则国际法庭不会接受纯粹私人主体的活动。其二，主权行为应当与争议领土存在具体联系，而不能只是在大致范围内涉及争议领土，一般要求具体提到争议领土的名称。其三，有效控制规则不仅要考虑一方当事国的行为，还需要考虑另一方当事国对此的态度，而国家是否做出反应以及做出何种反应的前提是知道对方的行为，因此，国际法庭要求主权行为必须是公开的，对方能够获知，而不是秘密行为。尽管如此，国家没有义务主动通知其他国家自己实施的主权行为，只要不故意掩盖即可。其四，主权行为需要满足和平性的要求，这意味着主权行为不能侵犯其他国家已经存在的合法权利，在合理期间内没有受到其他国家的抗议。根据国际法原则，禁止威胁或使用武力，但对于没有引起武装冲突的一般军事活动，国际法庭一般会认可其效力。其五，持续性要求主权实施行为必须经过合理必要的期间，这是有效性的必然要求，具体的期间需要结合案件的事实情况，特别是争议领土的地理特征以及是否存在竞争性主张，缺乏统一、确定的标准。

由于对于判断和识别主权行为不存在客观、确切的标准，国际法庭对具体行为的态度会根据案件事实情况而有所不同，突出表现在国际法庭关于灯塔、救助、巡航和石油许可等行为效力的认定方面。这一方面有助于根据案件具体情况进行适当调整，从而得出更公平和更适当的结论；然而，在另一方面，灵活性赋予了国际法庭更多的自由裁量权，可能导致裁判缺乏一致性和说服力。

判断和识别主权行为的另一个重要考虑因素是关键日期。关键日期是指领土争端发展过程中的特定日期，在该日期当事国关于领土的争端已经明确化，因而关键日期之后对争议领土实施的主权行为一般不能影响该日期时领土主权的归属状况。关键日期的意义在于"冻结"当事方的权利，原则上排除发生在关键日期之后的主权行为，防止后来的行为损害已经确定的权利，鼓励当事国尽早解决争端。虽然部分行为发生在关键日期之后，但是在行为主体、内容、地点以及实施方式等方面与之前的行为一致，没有实质性差别，因此构成了对先前行为的正常延续，作为例外，此种行为仍然对于领土争端解决具有意义。并不是在所有领土争端案件中，国际法庭都会确定和考虑关键日期，与根据条约和保持占有原则解决的领土争端相比，在适用有效控制规则解决的案件中，关键日期发挥了更为重要的作用。关键日期并不是某个固定的日期，例如，权利产生的日期、争端产生的日期或者是诉诸争端解决的日期，而应该是争端明确化的日期。争端明确化的判断标准是当事国对具体争议领土存在明确冲突的主张。因为禁止武力或以武力相威胁，冲突的主张一般反映在外交通信和照会中，通常表现为一方明确或通过行为主张争议领土主权，另一方表示反对。在确定关键日期时，冲突主张需要与具体争议领土直接相关，而不能笼统概括。争端明确化的日期根据案件具体情况而发生变化，可能在争端发展的较早阶段，当事国关于争议领土的冲突主张就已清楚显现，也可能直到争端提交国际法庭审理时，当事国才提出了冲突的主张。

为了判断哪一方当事国做出了更具优势的主张，国际法庭主要考虑两方面因素：其一，当事国是否积极主动地对争议领土实施主权行为，主要借鉴的标准是数量和种类；其二，当事国是否有效地回应了其他国家所实施的主权行为，主要结合承认、默认和禁止反言等学说和理论进行判断。

在多数案件中，可以发现双方当事国主权行为在数量和种类方面的差距：一方对争议领土具体、公开、和平以及持续地展示国家主权，而另一方却鲜有能够得到国际法庭认可的主权行为，直到关键日期当事方的争端明确化为止。需要注意的是，领土案件需要结合领土的具体情况，对于地处偏远、无人居住、经济和战略意义有限的领土，特别是岛屿，当事国实施的主权行为可能较为有限。在这种情况下，应该结合其他国家对争议领土实施主权行为的程度，国家权力展示即使在数量或质量方面较少但具有相对优势，仍然可以得到国际法庭的支持。

承认、默认和禁止反言反映了国家做出的不利于己方主张的同意。承认是指一国接受特定情形的积极行为，在领土争端中，承认最为常见的表现形式是国家绘制、发布或批准与其主张相悖的地图。默认是一个消极概念，它的构成要件包括：知情、应该并且能够抗议、没有抗议或者没有及时抗议。禁止反言是指一国做出或同意某种表示，另一国因依赖该表示而导致自身利益受到损害或使对方获益，此时做出表示的一国不能改变其立场。虽然当事国会提出大量证据证明对方构成了承认、默认或禁止反言，但是很少有案件完全依据它们判断领土归属。特别是承认和默认，在许多情况下只能作为支持主权的证据，并不是所有的承认或默认都具有禁止反言的法律效果。尽管如此，当事国明示或默示的表示，可以作为证据表明当事国对特定法律问题的意见和态度，从而确认或强化国际法庭根据其他法律依据得出的结论。一国对争议领土和平持续地行使主权行为，结合另一国对这些行为的承认或默认，可以有效地证明争议领土的主权归属，这两个方面的结合最终实现了有效控制规则的适用。相关当事国的承认或默认是判断有效控制的重要证据，对于确定有效性具有重要意义。承认、默认和禁止反言更具影响力的作用在于变更领土主权，这也是当事国主张或抗辩承认、默认和禁止反言的最主要原因。即使领土上存在确定主权，但另一国对该领土持续及和平地行使主权，如果原权利所有国对此表示承认或者默认，那么有可能因此丧失领土主权，而另一国取得领土主权，此种情况相当于当事方通过行为达成了新的合意。

虽然有效控制规则在领土争端解决中发挥了重要作用，它的产生和适用亦存在合理性，然而，有效控制规则并不是解决领土争端的首要和绝对规则，它的适用存在限制条件。有效控制规则的作用在于证实合法权利依据，解释合法权利依据，以及弥补权利的空白，原则上不能取代和变更已经确定的合法权利依据。当事国实施的主权行为的效力主要取决于争议领土的法律地位以及另一国是否拥有合法权利依据。明确合法权利依据对有效控制规则的限制，前提问题是分析什么样的事实、行为或者情势能够得到国际法庭的认可，从而构成合法权利依据。通过分析国际司法和仲裁实践，可以发现合法权利的主要来源是条约、保持占有原则、历史性权利以及领土裁决，而当事国提出邻近、公平、人口、经济和文化等主张，不能作为合法权依据。

解决领土争端的法律依据内部存在效力等级：条约优先于其他合法权利依

据，其他合法权利依据优先于有效控制规则。在部分案件中，在确定存在合法权利依据之后，关于当事国提出的对争议领土实施的主权行为，无论其是否与合法权利依据存在冲突，国际法庭都认为没有必要对其进行考虑，实质上完全排除了有效控制规则适用的可能性。关于与合法权利依据存在冲突的主权行为的法律效力，绝大部分案件都遵循了国际法院分庭在1986年"边界争端案"中的观点，即合法权利依据要优于有效控制。在部分国际司法和仲裁实践中，即使证明存在条约支持的合法权利依据，也并不一定绝对排除与合法权利依据存在冲突的主权行为，国际法庭需要判断是否发生了权利变更的情形。但需要注意，此时主权行为只是发挥了部分作用，关键是判断原权利所有国是否构成了承认或默认，以至于向实施主权行为的一方让与了权利，最终导致合法权利依据被取代。但只要原权利所有国仍然主张争议领土的主权，对争议领土有限地展示权威，就不能推定其承认或默认了权利转移，即使另一方实施了再多的主权行为，也不能取代合法权利依据。

限制适用有效控制规则存在合理性和正当性。首先，优先适用有效控制规则不利于维护领土关系的稳定性和国际秩序，有可能损害根据条约、保持占有原则或长期得到认可的国家领土主权。其次，过分强调有效控制规则的作用不利于争端的和平与理性解决，可能会对相关国家造成错误的导向，引导它们不惜一切地对争议领土实施主权行为，甚至可能使用武力或以武力相威胁，从而使紧张的局势进一步恶化，不利于争端的解决。最后，有效控制规则的整体适用过程都需要根据案件的具体情况确定，特别要受制于争议领土的自然地理情况以及当事国各自的具体主张。作为一个需要综合考虑各方面因素的相对规则，有效控制规则远没有条约、殖民时期的法律文件以及国际法庭的已有裁决清楚、明确和更具说服力。有效控制规则产生的最根本原因在于弥补合法权利依据的空白，这也从根本上决定了它在领土争端解决中的地位。

在国际司法和仲裁实践中，国际法庭逐步阐明和形成了一系列解决领土争端的国际法规则，"较好地实现了国际法所追求的两大价值目标：在最小的范围内控制因领土争端而引起的不稳定性；在最大的范围内促进对有争议地区资源的有效利用。"[1] 合法权利依据限制有效控制规则以及有效控制规则弥补权利空白有助于实现这两个目标。归根到底，有效控制规则与合法权利依据之间实质上是事实和法律的关系：法律来源于事实，但非法事实不能产生合法权利。在一定程度

〔1〕 Surya P. Sharma, *Territorial Acquisition, Disputes and International Law*, Martinus Nijhoff Publishers, 1997, p. 1.

上，为了得出更确定的结论，国际法庭会综合考虑各个要素，包括法律、历史和事实情况，这些方面相互支持，互相印证，最终确定领土主权的归属。例如，在解释条约时可能需要考虑缔约过程及同时期的历史背景，需要结合当事方对条约的具体适用行为；在分析历史性权利时，也需要考虑是否存在条约等证据的支持，当事方需要证明在历史上对领土进行管理和使用。因此，本书虽然分别论述了解决领土主权归属的各种依据，但是这些依据并不存在绝对清晰的界线，在实践中更多表现为相互作用。因而，在一定程度上，不应当以绝对的方式将它们分裂开。

附　录

表 1　当事国的主张及国际法院的裁判依据

案件名称	当事国	主　张	裁决依据
1953 年"明基埃和埃克荷斯案"	英国	有效占有支持的古代权利 或者，仅根据有效占有确定的权利	有效控制规则
	法国	原始权利，有效实施主权确认了原始权利	
1959 年"某些边界土地主权案"	比利时	《1843 年边界条约》及其所附具有同等效力的《说明性备忘录》	条约
	荷兰	1. 《1843 年边界条约》只是确认领土现状，现状必须根据《区备忘录》确定，《区备忘录》规定争议土地属于荷兰 2. 即使《1843 年边界条约》是为了确定争议土地主权，也因错误而无效 3. 或者，如果《1843 年边界条约》确定了争议土地的主权，并且没有因为错误而无效，那么荷兰从 1843 年以来对争议土地行使的主权行为取代了比利时的条约权利，并确定了荷兰的主权	
1962 年"柏威夏寺案"	柬埔寨	1907 年联合划界委员会中法国工作人员绘制的附件 1 地图	双方承认或默认的地图
	泰国	1. 地图不是由联合划界委员会绘制，没有拘束力 2. 关于柏威夏寺，地图存在重大错误，附件 1 地图边界线并非正确的分水线，根据正确的分水线，寺庙应当位于泰国一侧	

案件名称	当事国	主　张	裁决依据
		3. 泰国没有接受地图或地图所绘边界线；或者，如果泰国接受了地图，也是因为错误地相信地图线是正确的，与分水线一致	
1986 年"边界争端案"	布基纳法索	延续殖民时期边界不变（保持占有原则）	保持占有原则
	马里	延续殖民时期边界不变（保持占有原则）	
1992 年"陆地、岛屿和海洋边界争端案"	洪都拉斯	陆地边界：保持占有原则，有效控制确认了保持占有边界 岛屿：保持占有原则	陆地：保持占有原则 岛屿：有效控制规则
	萨尔瓦多	陆地边界：保持占有原则以及"人文性质的主张"或者有效控制 岛屿：保持占有原则结合有效控制规则	
1994 年"领土争端案"	利比亚	土著居民的权利、森诺西命令（Senoussi Order，在 19 世纪前期建立的宗教团体，对于北非和东北非具有影响以及行使一定的权力）以及从奥斯曼帝国到意大利，最终到利比亚的国家继承	条约
	乍得	1. 1955 年 8 月 10 日法国和利比亚王国签订的《睦邻友好条约》 2. 或者，《睦邻友好条约》中提到的早期条约划定了势力范围的界线，法国的有效控制使其成为边界线 3. 即使不考虑条约规定，仍然可以依据对主张地区的有效控制	
1999 年"卡西基里/塞杜杜岛案"	博茨瓦纳	1. 1890 年 7 月 1 日《英德条约》 2. 尊重独立时已有边界（保持占有原则） 3. 时效理论，根据从 20 世纪初开始对卡西基里岛持续、专属的占有、使用以及行使管辖权，贝专纳和博茨瓦纳当局对此完全知情、接受并默认	条约
	纳米比亚	1. 1890 年 7 月 1 日《英德条约》 2. 尊重独立时已有边界（保持占有原则）	

案件名称	当事国	主　张	裁决依据
2001 年 "海洋划界和 领土问题案"	卡塔尔	祖巴拉（Zubarah）：英国承认卡塔尔对祖巴拉的权利，并得到了 1868 英国与巴林新统治者签订协议、1913《英国－奥斯曼条约》、1914 年《英国－奥斯曼条约》、1916 年英国与卡塔尔酋长签订条约的证实；卡塔尔对祖巴拉实施主权行为，而巴林从 1868 年起没有对祖巴拉实施官方行为 海瓦尔群岛：原始权利以及邻近和领土统一体原则 贾南岛：邻近原则以及对领海中岛屿的主权；1939 年英国决定没有说明海瓦尔群岛的范围，1947 年海床划界时，英国认为贾南岛不包括在海瓦尔群岛中，而应该属于卡塔尔	祖巴拉：英国承认卡塔尔对祖巴拉的权利，得到了众多条约证实 海瓦尔群岛：1939年英国决定 贾南岛：经 1947 年解释的 1939 年英国决定
	巴林	祖巴拉：巴林从 1783 年到 1937 年拥有完全和得到国际承认的权利，既符合国际标准的有效占领，也符合地区标准的祖巴拉居民对巴林统治者的效忠；英国承认巴林对祖巴拉的主权 海瓦尔群岛：两个多世纪对海瓦尔群岛持续和不间断地行使主权，获得岛上居民承认，而卡塔尔从未对岛屿实施过任何可与之相抗衡的权力；1939 年英国决定，英国认为海瓦尔群岛属于巴林而不是卡塔尔；保持占有原则；1939 年英国决定作出后，继续实施主权行为 贾南岛：1939 年英国决定承认了巴林对海瓦尔组成部分贾南岛的主权；巴林国民对岛屿的使用以及巴林统治者对岛屿行使权力	

续表

案件名称	当事国	主　张	裁决依据
2002 年"陆地和海洋边界案"	喀麦隆	乍得湖地区边界：1919 年英国和法国划分委任统治范围的《米尔纳 – 西蒙宣言》、详细说明该宣言的 1929 年和 1930 年《汤姆森 – 马尔尚宣言》（后通过并纳入 1931 年《亨德森 – 弗勒里奥换文》）以及上述文件所附地图 乍得湖到巴卡西半岛的边界：根据《汤姆森 – 马尔尚宣言》（后通过并纳入 1931 年《亨德森 – 弗勒里奥换文》）、1946 年英国枢密院法令、1913 年 3 月 11 日以及 1913 年 4 月 12 日《英德协议》 巴卡西半岛：1913 年 3 月 11 日《英德协议》以及保持占有原则	条约
	尼日利亚	乍得湖地区边界：边界尚未确定，划界应当根据历史性巩固以及喀麦隆的默认 乍得湖到巴卡西半岛的边界：根据《汤姆森 – 马尔尚宣言》（后通过并纳入 1931 年《亨德森 – 弗勒里奥换文》）、1946 年英国枢密院法令、1913 年 3 月 11 日以及 1913 年 4 月 12 日《英德协议》 巴卡西半岛：半岛权利属于老卡拉巴国王和当地领主，直到尼日利亚独立后继承；英国无权处置巴卡西半岛，1913 年 3 月 11 日《英德协议》无效；独立之后，依据历史巩固和默认的权利	
2002 年"利吉坦和西巴丹岛屿主权案"	印度尼西亚	1. 1891 年英国和荷兰缔结的边界条约 2. 荷兰和印度尼西亚的有效控制证实了条约权利 3. 或者，可以作为布伦干苏丹的继承国主张争议岛屿主权	有效控制规则

案件名称	当事国	主　张	裁决依据
2002 年"利吉坦和西巴丹岛屿主权案"	马来西亚	1. 最初由苏禄苏丹拥有的权利，经过一系列权利传递，马来西亚取得对利吉坦岛和西巴丹岛的主权 2. 权利依据了一系列法律文件，并得到了英国和马来西亚对岛屿有效控制的证实 3. 或者，如果法院认为争议岛屿最初属于荷兰，马来西亚的有效控制取代了荷兰的权利	
2005 年"边界争端案"	贝宁	延续殖民时期边界不变原则（保持占有原则）	保持占有原则
	尼日尔	延续殖民时期边界不变原则（保持占有原则）	
2007 年"领土和海洋争端案"	尼加拉瓜	1. 无法确定 1821 年独立时的保持占有边界，因争议岛礁靠近尼加拉瓜海岸，根据邻近原则具有初始权利 2. 洪都拉斯的有效控制不能取代初始权利，并且发生在关键日期之后 3. 尼加拉瓜从 19 世纪到 20 世纪 60 年代对包括争议岛礁在内的海域行使主权 4. 第三国承认以及地图证据支持主张	有效控制规则
	洪都拉斯	1. 根据保持占有原则具有初始权利 2. 有效控制确认了原始权利 3. 如果法院认为无法依据保持占有原则解决争端，那么洪都拉斯对岛屿的有效控制要优于尼加拉瓜 4. 第三方承认以及地图证据支持主张	
2008 年"白礁、中礁和南礁主权案"	马来西亚	拥有白礁岛的原始权利，白礁岛一直是马来西亚柔佛州的一部分，马来西亚对白礁岛的主权从未被取代，新加坡在岛上的存在经领土主权者许可，只是为了建造和维护岛上的灯塔，并不足以取得主权。在任何相关期间里，白礁岛都不是无主地，因	白礁岛：有效控制规则 中礁岛：原始权利 南礁：根据未来领海划界确定

续表

案件名称	当事国	主　张	裁决依据
2008 年"白礁、中礁和南礁主权案"	马来西亚	此不能通过先占而获取。无法证明柔佛丧失了对白礁岛的权利，没有证据表明柔佛有割让的意图，更没有放弃岛屿主权	
	新加坡	1847 年到 1851 年英国合法占有了白礁岛，之后，英国及新加坡持续对白礁岛行使国家权力 有效、和平的国家权力行使确认和维护了 1847 年到 1851 年英国合法占有所取得的权利	
2012 年"领土海洋争端案"	尼加拉瓜	1. 争议岛礁不属于《1928 年条约》规定的哥伦比亚圣安德烈群岛 2. 保持占有原则	有效控制规则
	哥伦比亚	1. 争议岛礁属于《1928 年条约》规定的哥伦比亚圣安德烈群岛 2. 保持占有原则 3. 对争议岛礁实施的主权行为符合已有权利依据和条约权利，如果法院认为主权行为不符合已有权利依据，仍然与哥伦比亚的主权主张相关 4. 尼加拉瓜的承认以及第三国立场支持主张 5. 地图证据支持主张	
2013 年"边界争端案"	布基纳法索	延续殖民时期边界不变原则（保持占有原则）	保持占有原则
	尼日尔	延续殖民时期边界不变原则（保持占有原则）	
2015 年"边界地区活动案"	哥斯达黎加	1. 1858 年哥斯达黎加和尼加拉瓜《边界条约》、1888 年美国总统克利夫兰仲裁裁决、1897 年到 1900 年亚历山大标界裁决 2. 有效控制证实主张	条约以及之后裁决对条约的解释

案件名称	当事国	主 张	裁决依据
2015 年 "边界地区活动案"	尼加拉瓜	1. 1858 年哥斯达黎加和尼加拉瓜《边界条约》、1888 年美国总统克利夫兰仲裁裁决、1897 年到 1900 年亚历山大标界裁决 2. 有效控制证实主张	

本表格根据国际法院判决整理，http：//www. icj – cij. org/en/contentious – cases

表2　当事国主张的主权行为及国际法庭的态度

案件名称	当事国	主权行为	国际法庭的态度
1953 年"明基埃和埃克荷斯案"	英国	泽西皇家法院 1826 年审理了泽西人在埃克荷斯岛上射杀他人的刑事案件，1881 年、1882 年、1891 年、1913 年、1921 年也在泽西岛对发生在埃克荷斯岛上的犯罪活动进行了类似的司法程序，泽西法院之所以行使管辖权是因为埃克荷斯岛属于其管辖范围	支持
		泽西法律要求对辖区内发现的死因不明尸体进行尸检，1859 年、1917 年和 1948 年对埃克荷斯岛上发现的尸体进行尸检，1850 年、1938 年和 1948 年对明基埃岛上发现的尸体进行了尸检	支持
		从 1820 年起，泽西人在埃克荷斯岛上建造和维护部分房屋和棚屋，部分房屋纳入了泽西圣马丁教区的记录，为了征税对房租进行了评估 从 1815 年起，泽西人在明基埃岛上建造和维护部分房屋和棚屋，部分房屋纳入了泽西格鲁维拉教区的记录，所有权人支付了财产税	支持
		泽西港渔船登记表明有一艘属于泽西渔民的船舶，该渔民长期居住在埃克荷斯岛上，1872 年开始登记，船舶港口或位置被标记为"埃克荷斯岩礁"，1882 年取消许可。为了签署该船舶的许可文书，泽西海关办公室官员访问埃克荷斯岛	支持
		关于埃克荷斯岛上不动产的买卖合同提交泽西相关当局并且进行登记，包括 1863 年、1881 年、1884 年及之后的登记 关于明基埃岛上不动产的买卖合同提交泽西相关当局并且进行登记，包括 1896 年、1909 年及之后的登记	支持

续表

案件名称	当事国	主权行为	国际法庭的态度
1953 年"明基埃和埃克荷斯案"	英国	1884 年，泽西海关当局在埃克荷斯岛上建立海关机构，岛屿被纳入泽西当局人口普查范围内，1901 年，人口调查官员访问岛屿进行人口普查 1909 年，泽西海关当局在明基埃岛上建立海关机构，岛屿被纳入泽西当局人口普查范围内，1921 年，人口调查官员访问岛屿进行人口普查	支持
		1975 年英国法令规定泽西成为海峡群岛的一个港口，"埃克荷斯岩礁"被纳入港口范围内	支持
		泽西当局从 1885 年起对埃克荷斯岛进行定期官方访问；进行各种工程建造，例如 1895 年建造了船台，1910 年建造了信号杆，1939 年安放了系泊浮筒 泽西当局从 1888 年起对明基埃岛进行定期官方访问，进行工程建造，比如 1907 年建造了船台，1931 年及之后安装了灯塔和浮标，1933 年安装了绞车	有助于阐明争端
		英国海军官员根据英国海军部的指令，于 1813 年到 1815 年对明基埃岛和埃克荷斯岛都进行了调查	支持
		泽西诺伊尔蒙特封地（Noirmont）领地法院于 1615 年、1616 年和 1617 年对明基埃岛发现的船舶失事事件进行了调查，领地法院只对管辖领土范围内的失事事件有管辖权	支持
		1692 年泽西皇家法院的判决，案件是英国国王和泽西萨玛瑞（Samarès）封地领主关于在明基埃岛上失事船舶的货物。法院裁决货物应当由两位当事人及救助人平分。裁决依据了 1620 年英国枢密院信函和《1632 年法案》	不支持 理由：因为没有提供相关文件，无法确定判决依据

续表

案件名称	当事国	主权行为	国际法庭的态度
1953 年 "明基埃和埃克荷斯案"	英国	1779 年，泽西港口委员会颁布法令，给予一艘船舶的船主补助，因为船主和船员在明基埃岛上帮助和救助发生失事事故的人员	不支持 理由：不是对岛屿行使权力的措施，也不能确定委员会因为明基埃岛属于泽西而给予补助
		1811 年和 1817 年泽西皇家法院的判决，关于两名泽西人救助明基埃岛失事的两艘船舶	不支持 理由：案件是普通救助案件，没有表明如果救助发生在泽西领土之外，泽西皇家法院将缺乏管辖权
	法国	1646 年泽西州禁止泽西居民非经许可在埃克荷斯岛和肖西岛周围捕鱼，因英法战争，1692 年限制对埃克荷斯岛的访问，表明埃克荷斯岛不属于英国	不支持 理由：相关事实不必然能支持法国的主张
		明基埃岛是肖西岛的附属地，肖西岛一直属于法国，1022 年诺曼底公爵将其授予蒙特圣米歇尔教堂（Mont – Saint – Michel），1179 年教皇训令确认了该教堂属于法国	不支持 理由：根据肖西岛附属地的一般性规定无法得出关于明基埃岛地位的结论 此外，英国主张，肖西岛直到 1764 年都属于英格兰
		1784 年，法国国民向法国海军部提出关于明基埃岛的许可申请，申请没有获得批准	不支持 理由：法国当局的通信没有表明任何对法国主权主张的支持，却暴露了对引起与英国国王争议的担忧

案件名称	当事国	主权行为	国际法庭的态度
1953 年"明基埃和埃克荷斯案"	法国	1831 年，法国国民对明基埃岛进行水文地理调查	未表态 但指出英国海军官员根据英国海军部的指令，早在 1813 年到 1815 年对明基埃岛和埃克荷斯岛都进行了调查
		从 1861 年开始超过 75 年的时间里，单独负责明基埃岛的灯塔和浮标，英国没有抗议。1888 年法国工作组对岛屿进行水文调查，为了协助调查，在岛上建立了临时信号灯	不支持 理由：此种行为不足以证明政府作为岛屿主权者行事的意图，也不能认为此种行为涉及国家对岛屿展示主权
		为了检查浮标，法国总理和航空部长 1938 年访问明基埃岛；一名法国人在格兰维尔（Granville）市长的补助下在一个岛上建立了房屋；在蒙特圣米歇尔海湾和明基埃岛屿地区安装潮汐发电机	不支持 理由：此种行为不足以证明政府作为岛屿主权者行事的意图，也不能认为此种行为涉及国家对岛屿展示主权
1992 年"陆地、岛屿和海洋边界争端案"	萨尔瓦多	任命治安官：1922 年、1941 年、1961 年和 1990 年最高法院任命市政厅治安官	支持
		军事任命和命令：1918 年到 1980 年军事机构发布关于市政厅的军事任命和命令	
		发放许可证：1964 年和 1969 年向居民发放许可证及其他类似文件	

案件名称	当事国	主权行为	国际法庭的态度
1992 年"陆地、岛屿和海洋边界争端案"	萨尔瓦多	举行选举：市政厅 1939 年、1941 年、1952 年、1984 年举行选举以及 1988 年和 1991 年的其他选举事件	支持
		税收：1919 年 11 月 19 日法令规定了市政厅使用的关税表	
		人口普查：资料和人口普查办公室发布的人口普查证明，1930 年到 1971 年关于明古尔拉岛人口普查的具体信息 出生和死亡登记：登记 1890 年、1891 年、1917 年、1943 年和 1960 年明古尔拉岛上人口的出生和死亡	
		土地登记：登记 1948 年、1960 年、1967 年和 1986 年明古尔拉岛上土地买卖合同	
		民事诉讼：1930 年和 1943 年市政厅治安法官审理了 3 件诉讼，1969 年 La Union 一审法院审理关于明古尔拉岛上土地的诉讼	
		刑事诉讼：1930 年、1931 年、1945 年、1955 年、1977 年市政厅治安法官审理了 5 件刑事案件	
		对土地的行政处理：1966 年和 1967 年市政厅处理了相关程序	
		邮政服务：1952 年 10 月 15 日建立了邮局，并公布了建立邮局的法令	
		公共工程：1966 年在岛上开始供电，1967 年建造市政厅大楼，维护岛上的 5 所公立学校，1968 年与美国政府合作建立公立学校	
		公共医疗服务：1964 年在明古尔拉岛上实施"卫生项目"，同年实施"医疗救助项目"	
		教育：1893 年、1966 年和 1967 年建立学校并聘请教师，保存 1963 年和 1988 年的学习记录	

续表

案件名称	当事国	主权行为	国际法庭的态度
1992 年"陆地、岛屿和海洋边界争端案"	洪都拉斯	1833 年在埃尔蒂格雷岛上建立港口，1833 年 10 月 17 日法令建立了港口的管理和人事制度	支持
		1849 年 10 月 9 日，与美国领事签订条约，将埃尔蒂格雷岛割让给美国 18 个月	
2002 年"利吉坦和西巴丹岛屿主权案"	印度尼西亚	海军在利吉坦岛和西巴丹岛周围水域中的持续存在，特别是 1921 年 11 月荷兰"林克斯号"驱逐舰的航程；"林克斯号"指挥官报告称，指派一艘武装单桅帆船到西巴丹岛收集关于海盗活动的信息，一架水上飞机飞越西巴丹岛和利吉坦岛进行侦查飞行	不支持 理由：无法根据报告和其他文件推断出相关海军当局认为两岛以及周围水域处于荷兰或印度尼西亚主权之下
		印度尼西亚渔民传统上使用利吉坦岛和西巴丹岛周围水域	不支持 理由：私人活动不能视为主权实施行为，除非根据官方规定或政府授权而进行
	马来西亚	北婆罗洲当局管理和控制在利吉坦岛和西巴丹岛上收集海龟蛋：1917 年颁布《海龟保护法令》，规定收集海龟蛋的许可制度并建立自然保护区，西巴丹岛被列为保护区之一；1954 年 4 月 28 日斗湖官员根据该法令第 2 节发布捕获海龟的许可，该许可涵盖的地区包括了西巴丹岛和利吉坦岛	支持
		1930 年前后行政当局解决在西巴丹岛上收集海龟蛋的争端	支持
		根据 1930 年《土地法令》第 28 节，1933 年西巴丹岛成为鸟类自然保护区	支持
		北婆罗洲殖民地当局 1962 年在西巴丹岛上以及 1963 年在利吉坦岛上建立灯塔，马来西亚当局一直进行维护	支持

案件名称	当事国	主权行为	国际法庭的态度
2007 年"领土和海洋争端案"	尼加拉瓜	渔业活动管理：与英国关于捕获海龟的争端；20 世纪 50 年代与英国谈判更新了 1916 年签订的关于捕获海龟的双边条约；1958 年英国水道测量学者绘制的地图中包括了争议岛礁	不支持 理由：地图指出岛屿"可能位于洪都拉斯大陆架上，取决于最终的大陆架划界"；地图不是根据英国政府的指令绘制；20 世纪 50 年代更新捕获海龟权利的谈判不能证明尼加拉瓜对争议岛屿的主权
		海军巡航	不支持 理由：海军巡航证据稀少并且不能明确证明当事方与争议岛屿的直接关系
	洪都拉斯	立法和行政控制：3 部《宪法》（1957 年、1965 年和 1982 年）列举了属于洪都拉斯的岛屿，提到了部分大西洋岛屿的名称以及其他"在历史上、法律上和地理上属于洪都拉斯的大西洋岛屿"；1936 年《土地法》中列举了部分"属于洪都拉斯"的岛礁，提到了部分非争议岛礁以及"其他位于大西洋"的岛礁	不支持 理由：洪都拉斯《宪法》和《土地法》都没有明确提到 4 个争议岛屿，也没有证据表明洪都拉斯对争议岛屿具体适用了相关法律文件

案件名称	当事国	主权行为	国际法庭的态度
2007 年"领土和海洋争端案"	洪都拉斯	适用和实施刑法和民法：当地发生的事故向洪都拉斯当局而不是尼加拉瓜当局报告，洪都拉斯法院之所以审理案件是认为事故发生在洪都拉斯领土上；洪都拉斯法院审理劳动诉讼；处理和审理发生在萨瓦那岛和博贝尔岛上盗窃和伤害案件；受理发生在南岛上的盗窃案件并讯问犯罪嫌疑人；1993 年与美国禁毒署（DEA）进行联合禁毒行动，允许美国飞机飞越争议岛屿，卫星操作计划中列举了部分岛礁，包括博贝尔岛、南岛、半月岛和萨瓦那岛	支持适用刑法和民法的证据具有相关性，犯罪行为发生在争议岛屿上；1993 年禁毒行动不必然是适用和实施洪都拉斯刑法的行为，但洪都拉斯授权美国飞越的文件中提到岛屿以及领空，可以理解为国家的主权行为
		移民管理：记录博贝尔岛、萨瓦那岛、南岛等其他岛屿上外国国民的信息；当局访问争议岛屿；向牙买加和尼加拉瓜国民发放工作许可；延长牙买加国民的签证	支持
		渔业活动管理：向渔民发放捕鱼许可；渔民在萨瓦那岛上建造建筑得到了洪都拉斯伦皮拉港（Puerto Lempira）当局的授权、许可和登记；根据渔业许可，在南岛上存放捕鱼设备	支持
		海军巡航：1976 年开始进行海军或其他巡航以保证国家安全以及执行法律，特别是渔业法律和移民法律；指派两艘巡航船舶专门用于日常登临岛屿及沙洲	不支持理由：海军巡航证据稀少并且不能明确证明当事国与争议岛屿的直接关系
		石油许可：证明对争议岛屿的主权；或者根据勘探许可可导致对岛屿的主权活动，岛屿支持了石油开发活动并作为石油开发活动的基地	不支持理由：海上石油勘探活动与争议岛屿无关

案件名称	当事国	主权行为	国际法庭的态度
2007 年 "领土和海洋 争端案"	洪都 拉斯	公共工程：1975 年为协助联合石油在博贝尔岛上安装天线，石油公司定期向当局报告此类活动并支付税款；根据 1976 年与美国达成的协议，1980 年和 1981 年在萨瓦那岛、南岛和博贝尔岛上安装三角测量标记	支持
2008 年 "白礁、中礁 和南礁主权 案"	马来 西亚	在白礁岛周围进行海军巡航和演习	不支持 理由：因为地理便利，所以军舰经常经过白礁岛附近，属于根据国际协定或安排的航行或演习，海军巡航只具有一般性质
		1968 年 7 月 16 日海军内部保密文件，该文件附件中一份海图表明白礁岛、中礁岛和南礁位于马来西亚领海中	不支持 理由：是另一方不知情的单方行为，文件保密并且在提起诉讼前没有公开
		1968 年马来西亚政府与马来西亚石油公司缔结协议，授权公司勘探部分海域大陆架中石油资源，但是排除了柔佛州、彭亨州以及丁加奴州的岛屿以及岛屿 3 海里以内的区域	不支持 理由：许可存在领土限制和适用条件，没有公布准确的坐标
		1969 年立法将领海宽度从 3 海里延伸至 12 海里，白礁岛被包括在领海中	不支持 理由：没有说明立法的适用区域，过于宽泛，仅规定适用于"整个马来西亚"

续表

案件名称	当事国	主权行为	国际法庭的态度
2008 年"白礁、中礁和南礁主权案"	马来西亚	1969 年《印度尼西亚和马来西亚大陆架协议》约定的边界点之一距离白礁岛只有 6.4 海里，1970 年《印度尼西亚和新加坡领海协定》	不支持 理由：没有涉及白礁岛主权问题
	新加坡	1852 年《灯塔税法案》、1854 年《灯塔税法案》、1912 年《灯塔法令》、1957 年《灯塔税法令》、1973 年《废除灯塔税法令》，主要规定了修建和运行灯塔的费用、不同政府部门对灯塔的管理以及规范白礁岛上居住、访问和工作人员的活动	不支持 理由：所有权条款也同样适用于柔佛岛屿上的灯塔；也对公海上的灯塔适用；没有明确规定主权问题
		对白礁岛周围水域中失事船舶进行调查：调查 1920 年英国与荷兰船舶在距离白礁岛 2 海里处发生的碰撞；调查 1963 年在白礁岛附近礁石搁浅的英国船舶；调查 1979 年搁浅的巴拿马船舶；调查 1985 年到 1993 年之间在岛屿附近发生的 5 艘船舶搁浅事件	支持
		控制对白礁岛的访问和使用：授权新加坡以及外国官员进入白礁岛，其中包括马来西亚官员。特别是 1974 年，新加坡港口当局官员致信马来西亚调查船指挥官，要求提供将在灯塔停留的马来西亚成员的名单及相关信息，马来西亚官员提供了详细信息。1978 年，马来西亚请求新加坡许可其政府船舶进入新加坡领海并检查仪器，确定的地点之一就是霍士堡灯塔。以及几周前，灯塔看护人通知马来西亚官员不得停留，除非得到新加坡港口当局的事先许可	新加坡人员关于灯塔维护和使用的访问对本案无意义，但新加坡决定是否授予马来西亚官员许可支持了新加坡的主权主张

案件名称	当事国	主权行为	国际法庭的态度
2008 年"白礁、中礁和南礁主权案"	新加坡	在白礁岛周围进行海军巡航和演习	不支持 理由：因为地理便利，所以军舰经常经过白礁岛附近，属于根据国际协定或安排而进行巡航或演习，海军巡航只具有一般性质
		1975 年海军《行动指令》，在白礁岛附近指定了巡航区域	不支持 理由：是另一方不知情的单方行为，文件保密并且在提起诉讼前没有公开
		从灯塔启用至今，一直悬挂英国和新加坡旗帜，1968 年马来西亚要求撤下香蕉岛上的新加坡旗帜，但是没有对白礁岛提出类似要求	悬挂旗帜通常并不是主权展示，但马来西亚通过香蕉岛事件已注意到旗帜，却没有对霍士堡灯塔提出类似要求，该事实仍然具有一定的证据效力
		1977 年在白礁岛上安装军事通讯设备	无法判断马来西亚是否知情,意义在于新加坡的行为是以主权者名义实施的行为，表明其在岛上的行为不受限制

案件名称	当事国	主权行为	国际法庭的态度
2008 年 "白礁、中礁和南礁主权案"	新加坡	新加坡港口当局于 1972 年、1973 年、1974 年以及 1978 年计划对白礁岛周围进行填海，1978 年在报纸上刊登了招标广告，虽有 3 家公司投标，但工程最终没有进行	支持
2012 年 "领土和海洋争端案"	尼加拉瓜	没有提出相关主权行为	
	哥伦比亚	公共管理和立法：1920 年圣安德烈群岛总督报告，提到 3 个争议海洋地物属于哥伦比亚并且属于圣安德烈群岛组成部分；农业改革机构理事会关于领土制度的 1968 年和 1969 年决议，特别提到了若干争议岛礁	支持
		经济活动管理：1871 年 4 月哥伦比亚国会发布法律允许行政机构授权收集在阿尔伯克基、隆卡多和基塔苏尼奥上的鸟粪和椰子；1871 年 9 月，圣安德烈和普罗维登西亚长官发布法令禁止在阿尔伯克基、隆卡多和基塔苏尼奥上收集鸟粪；1971 年 12 月，圣安德烈和普罗维登西亚长官批准关于阿尔伯克基上椰子树的合同；1893 年总督发布许可，开发塞拉那上的鸟粪与磷酸盐；1893 年、1896 年、1915 年、1916 年和 1918 年哥伦比亚当局订立或终止关于塞拉那、塞拉尼拉、隆卡多、基塔苏尼奥、阿尔伯克基上的鸟粪开发合同；1914 年和 1924 年，开曼群岛总督发布政府通知，告知渔船非经哥伦比亚政府许可禁止在圣安德烈群岛捕鱼、收集鸟粪或磷酸盐，通知中列明了"哥伦比亚主张领土管辖权"的海洋地物，包括该案中的多个争议岛礁	支持
		公共工程：1946 年起，维护基塔苏尼奥和东南礁上的灯塔；1963 年维护东南礁上的灯塔；1968 年采取进一步措施检查和保养东南礁以及隆卡多、基塔苏尼奥和塞拉那灯塔	支持

案件名称	当事国	主权行为	国际法庭的态度
2012 年"领土和海洋争端案"	哥伦比亚	执法措施：1892 年财务部将一艘船舶送予普罗维登西亚长官，用于登临隆卡多和基塔苏尼奥阻止开采鸟粪；1925 年圣安德烈和普罗维登西亚总督发布法令拨款，运送管理人员到基塔苏尼奥逮捕非法捕获海龟壳的外国船舶；1968 年 11 月，扣留基塔苏尼奥附近捕鱼的美国船舶以确定其是否遵守渔业规则	支持
		海军登岛和搜救活动：1937 年、1949 年、1967 年到 1969 年，海军登临塞拉那、基塔苏尼奥和隆卡多；1969 年在阿尔伯克基和基塔苏尼奥邻近地区进行救援活动	支持
		领事代表：1913 年到 1937 年，承认德国领事官员的管辖权扩展到圣安德烈岛、普罗维登西亚岛和隆卡多岛	支持
1998 年厄立特里亚和也门"领土仲裁案"	也门	管理岛上活动的立法行为	相关立法文件没有明确表明针对争议岛屿，没有提到争议岛屿的名称
		渔业管理证据	1987 年之前有少量证据，但无法得出决定性结论
		扣船活动	持续时间有限，难以构成"持续以及和平地行使国家权力"
		许可在岛屿周边航行或登岛：1978 年 3 艘科威特渔船请求到贾巴尔祖克尔岛上躲避风暴；1991 年外国船舶两次请求进入祖克尔和哈尼什岛维修；1972 年到 1995 年收到至少 8 次第三方的正式请求到岛上研究、军事演习、拍摄电影、潜水旅行等	也门关于岛屿的许可活动要多于埃塞俄比亚或厄立特里亚

续表

案件名称	当事国	主权行为	国际法庭的态度
1998 年厄立特里亚和也门"领土仲裁案"	也门	发布关于岛屿周边海域的通知：1987 年到 1994 年，发布关于在争议岛屿上建造灯塔的 6 项通知	通知本身附属于灯塔的运行和维护，在红海背景中没有法律效力，但是明确了地点
		搜救活动：1990 年也门港口当局在贾巴尔祖克尔的海岸救援伊拉克船舶	根据海洋法，任何个人或船舶有义务对遇险的船舶提供援助，不能支持领土主权
		海军巡航活动	提交的证据没有明确时间或地点
		私人的渔业活动	渔业和鱼类在经济生活中的重要性与本案无关，私人活动不是以主权者名义实施的行为
		登岛活动	直接证据表明双方少有甚至没有登岛活动
		在岛上建立军事据点：1973 年在贾巴尔祖克尔岛上建立临时军事要塞，在其他岛屿上建立岗哨，提供了军事人员在岛上的照片	不能表明岛上的军事人员是常驻的，照片上也没有任何工事和建筑
		1992 年法国公司代表也门在贾巴尔祖克尔岛和大哈尼什岛上建立大地站；在岛上建有神龛和圣所	两个标记过小，只是反映在也门的地图上；神龛和圣所的建造具有私人性质

案件名称	当事国	主权行为	国际法庭的态度
1998 年厄立特里亚和也门"领土仲裁案"	也门	对岛上事件行使刑事和民事管辖权：1976 年调查失踪帆船，1992 年调查渔民失踪事件；当地在智者（aq'il）主持下仲裁渔业争端，有位智者在也门或大哈尼什岛上居住，智者的权威得到了也门政府的承认	该制度并非来源于也门法律，而是适用于渔业贸易的私人裁判制度，具有私人性质
		石油勘探开发许可合同	表明双方接受按照相向海岸的中间线划分管辖区域，而没有考虑岛屿；但实施合同的过程中对岛屿进行的主权行为具有意义
		在实施与道达尔公司的石油许可合同的过程中，经过也门同意，道达尔石油公司在大哈尼什岛上建立飞机跑道，定期飞行接送人员；也门批准道达尔公司赞助的科考团队对大哈尼什岛的考察	表明了也门实施管辖权并得到了道达尔公司的承认
		修建灯塔：在阿布阿里岛（距离祖克尔北端 3 海里）、祖克尔岛东南端、小哈尼什岛东北端附近岛屿、大哈尼什岛东北端建立了灯塔	证明也门权利的有力证据
		1973 年也门调查了大哈尼什、小哈尼什、祖克尔等岛屿，并发布新闻	埃塞俄比亚没有提出抗议具有意义
		授权公司开发大哈尼什岛的旅游项目	支持
	厄立特里亚	管理岛上活动的立法行为	相关立法文件没有明确表明针对争议岛屿，没有提到争议岛屿的名称

案件名称	当事国	主权行为	国际法庭的态度
1998 年厄立特里亚和也门"领土仲裁案"	厄立特里亚	渔业管理证据	无法得出明确结论，证据记录不清楚
		扣船活动	持续时间有限，难以构成"持续以及和平地行使国家权力"
		许可在岛屿周边航行或登岛：埃塞俄比亚海军在叛乱时期在岛屿周边进行了大量的巡航活动，也接受了第三方在岛屿周边航行、停航和登岸的请求	也门关于岛屿的许可活动要多于埃塞俄比亚或厄立特里亚
		搜救活动：1974 年埃塞俄比亚试图对在祖巴耶尔岛搁浅的国籍不明的船舶进行救援	根据海洋法，任何个人或船舶有义务对遇险的船舶提供援助，不能支持领土主权
		海军巡航活动：提交了大量证据，证明从1953 年到1993 年埃塞俄比亚的持续存在	尽管不确定、有冲突，但证据表明埃塞俄比亚海军确实对岛屿周边水域进行了广泛的监测和军事侦察，优于也门的证据
		私人的渔业活动	渔业和鱼类在经济生活中的重要性与本案无关，私人活动不是以主权者名义实施的行为

案件名称	当事国	主权行为	国际法庭的态度
1998 年 厄立特里亚 和也门"领 土仲裁案"	厄立特 里亚	登岛活动	直接证据表明双方少有甚至没有登岛活动
		Savon & Ries 公司曾要求许可其向阿布阿里岛和贾巴尔阿尔泰尔岛上运送无线电发射器	管理私人公司在军事活动区使用电子设备不能视为对岛屿实施主权
		对岛上事件行使刑事和民事管辖权：1976 年埃塞俄比亚军事法院审理灯塔维护公司职员的案件，指控他们在岛上领导和培训叛乱人员	支持
		石油勘探开发许可合同	表明双方接受按照相向海岸的中间线划分管辖区域，而没有考虑岛屿；但实施合同的过程中对岛屿进行的主权行为具有意义
		拒绝同意也门对岛屿的航空调查	支持
		在哈尼什岛安装信号灯	不支持 美国公司安装，厄立特里亚发挥的作用有限，并且很快就拆除了

本表格根据国际法院判决以及 *Reports of International Arbitral Awards*（*R. I. A. A.*）整理，http：//www. icj – cij. org/en/contentious – cases，http：//legal. un. org/riaa/index. html

表3　国际法院审理领土案件中的关键日期

案件名称	当事国	主　张	关键日期及理由
1953年"明基埃和埃克荷斯案"	法国	1839年8月2日，双方缔结《渔业协议》	1886年和1888年法国首次主张两岛主权时争端产生；根据案件情况，可以考虑之后的行为，因为在主权争端提交法院之前，关于岛屿的活动就已经长期逐步发展，并以相同的方式一直持续而没有间断
	英国	1950年12月29日，双方缔结《特别协议》将争端提交国际法院	
1959年"某些边界土地主权案"	比利时	无	无
	荷兰	无	
1962年"柏威夏寺案"	柬埔寨	无	无
	泰国	无	
1986年"边界争端案"	布基纳法索	各方独立的日期：对马里是1960年6月20日；对布基纳法索是1960年8月5日	双方共同请求法院确定1959年到1960年时的边界
	马里	法国殖民当局最后行使管理机构管辖权的日期：对法属苏丹殖民地（马里独立前的行政区域）是1959年1月30日；对上沃尔特殖民地（布基纳法索的旧称）是1959年2月28日	
1992年"陆地、岛屿和海洋边界争端案"	萨尔瓦多	1821年从西班牙独立的日期	1821年独立时，但是之后的判决和缔结的条约，甚至默认和承认，都可能产生新的关键日期
	洪都拉斯	1821年从西班牙独立的日期	
1994年"领土争端案"	利比亚	无	无
	乍得	无	
1999年"卡西基里/塞杜杜岛案"	博茨瓦纳	无	无
	纳米比亚	无	

案件名称	当事国	主　张	关键日期及理由
2001 年"海洋划界和领土问题案"	卡塔尔	无	无
	巴林	无	
2002 年"陆地和海洋边界案"	喀麦隆	无	无
	尼日利亚	无	
2002 年"利吉坦和西巴丹岛屿主权案"	印度尼西亚	1969 年双方大陆架划界谈判，马来西亚主张利吉坦岛和西巴丹岛主权	双方同意关键日期，法院主要考虑了 1969 年之前的行为
	马来西亚	1969 年谈判前当事方没有表明主张，但可以考虑该日期后继续的先前行为	
2005 年"边界争端案"	贝宁	1960 年 8 月 1 日贝宁独立之日	两国独立的日期，1960 年 8 月 1 日到 3 日
	尼日尔	1960 年 8 月 3 日尼日尔独立之日	
2007 年"领土和海洋争端案"	尼加拉瓜	1977 年，双方开始海洋划界谈判，海洋划界争端暗示了相关海域中的岛屿争端	领土争端的关键日期是尼加拉瓜 2001 年提交诉状时，首次明确保留对争议地区岛礁的主权 海洋划界的关键日期是 1982 年，因尼加拉瓜捕获洪都拉斯渔船引起双方关于海洋边界是否划定的争议
	洪都拉斯	关于领土争端，如果适用保持占有原则，关键日期是 1821 年从西班牙独立的日期；如果适用有效控制规则，关键日期是 2001 年 3 月 21 日，尼加拉瓜在诉状中首次主张岛屿主权 关于海洋划界争端，关键日期是 1979 年，尼加拉瓜开始侵扰北纬 15°纬线以北的洪都拉斯渔民	

案件名称	当事国	主　张	关键日期及理由
2008 年 "白礁、南礁和中礁主权案"	马来西亚	白礁岛的关键日期是 1980 年 2 月 14 日，新加坡照会抗议马来西亚 1979 年出版的包括白礁岛的地图 中礁岛和南礁的关键日期是 1993 年 2 月 6 日，新加坡首次在双边谈判中主张中礁岛和南礁主权	双方同意白礁岛的关键日期是 1980 年 2 月 14 日新加坡照会抗议马来西亚地图时；中礁岛和南礁的关键日期是 1993 年 2 月 6 日，1980 年 2 月 14 日新加坡照会没有提到中礁岛和南礁，直到 1993 年 2 月 6 日才首次明确主张
	新加坡	白礁岛的关键日期是 1979 年到 1980 年 中礁岛和南礁的关键日期与白礁岛相同，因为新加坡长期坚持中礁岛和南礁不能与白礁岛分开考虑	
2012 年 "领土和海洋争端案"	尼加拉瓜	1969 年、1967 年到 1968 年尼加拉瓜发布石油许可，1969 年 7 月哥伦比亚抗议，主张西经 82°经线是边界线，尼加拉瓜否认	1969 年，双方对关键日期不存在显著分歧
	哥伦比亚	1971 年，美国和哥伦比亚开始谈判解决《1928 年条约》排除岛屿的归属，尼加拉瓜抗议，但不反对尼加拉瓜主张的关键日期	
2013 年 "边界争端案"	布基纳法索	1960 年 8 月 5 日布基纳法索独立的日期	1960 年独立的日期
	尼日尔	1960 年 8 月 3 日尼日尔独立的日期	
2015 年 "边界地区活动案"	哥斯达黎加	无	无
	尼加拉瓜	无	

本表格根据国际法院判决整理，http：//www.icj-cij.org/en/contentious-cases.

表 4 仲裁案件中的关键日期

裁决时间	案件名称	当事国	关键日期
1928 年	"帕尔马斯岛案"	美国和荷兰	1898 年《巴黎条约》签订,西班牙向美国割让菲律宾群岛
1933 年	"东格陵兰法律地位案"	丹麦诉挪威	1931 年 7 月 10 日,挪威外交部长向丹麦部长送达照会正式确认挪威猎人 1931 年 6 月 27 日占领东格陵兰部分地区,主张主权
1966 年	"边界仲裁案"	阿根廷和智利	多个日期可以作为关键日期,一直到 1964 年提交仲裁之时;但关键日期对于本案的价值甚微,法庭将考虑所有证据,无论相关行为发生的日期
1988 年	"塔巴界标位置仲裁案"	埃及和以色列	关键时期是 1923 年 9 月 29 日到 1948 年 5 月 14 日,巴勒斯坦处于托管状态的时期 法庭认为可以考虑之前的情况,原则上也可以考虑之后的事件,但是在本案中不考虑,因为情况过于复杂
1998 年	"领土仲裁案"	厄立特里亚和也门	除了关于争端范围的问题,当事国没有对争端实体问题提出关键日期的主张,因此将考虑所有证据,不考虑相关行为发生的日期
2002 年	"划界决定案"	厄立特里亚和埃塞俄比亚	双方同意关键日期是 1993 年 4 月 27 日厄立特里亚独立的日期
2017 年	"领土和海洋仲裁案"	克罗地亚和斯洛文尼亚	双方同意关键日期是 1991 年 6 月 25 日双方独立的日期

本表格根据 *Reports of International Arbitral Awards*(*R. I. A. A.*)http://legal. un. org/riaa/index. html 以及常设仲裁法院案例 https://pca – cpa. org/en/cases/整理

表5 国际法院考虑当事国主张的顺序

案件名称	当事方的主张以及国际法院的考虑顺序				
	条约	保持占有	领土裁决	历史性权利	有效控制
1953年"明基埃和埃克荷斯案"				1,〔1〕但不能确切证明历史性权利	2,作出最终裁决
1959年"某些边界土地主权案"	1,争议领土属于比利时				比利时没有默认荷兰主权行为而丧失条约权利
1986年"边界争端案"		1			双方约定独立后的管理行为不具有法律效力
1992年"陆地、岛屿和海洋边界争端案"(陆地)		1			主权行为不足以改变保持占有边界
1992年"陆地、岛屿和海洋边界争端案"(岛屿)		1,但无法证明保持占有边界的位置			2,作出最终裁决
1994年"领土争端案"	1				法院认为没有必要考虑其他主张

〔1〕 本表格中"1""2"和"3"表示国际法院考虑当事方主张的顺序

案件名称	当事方的主张以及国际法院的考虑顺序				
	条约	保持占有	领土裁决	历史性权利	有效控制
1999 年"卡西基里/塞杜杜岛案"	1				纳米比亚没有证明实施了确切、确定的主权行为，没有满足自身提出的时效取得条件
2001 年"海洋划界和领土问题案"（祖巴拉岛）	1				
2001 年"海洋划界和领土问题案"（海瓦尔群岛和贾南岛）			1，1939 年英国决定		法院认为没有必要考虑其他主张
2002 年"陆地和海洋边界案"	1，争议领土属于喀麦隆				喀麦隆没有因默认尼日利亚主权行为而丧失条约权利
2002 年"利吉坦和西巴丹岛屿主权案"	1，但《1891年条约》不能确定岛屿归属			2，但无法确切证明历史性权利	3，作出最终裁决
2005 年"边界争端案"（梅克鲁河段）		1			法院认为没有必要考虑有效控制证据

案件名称	当事方的主张以及国际法院的考虑顺序				
	条约	保持占有	领土裁决	历史性权利	有效控制
2008 年"白礁、中礁和南礁主权案"（白礁岛）				1，马来西亚的被继承国柔佛最初拥有白礁岛主权	2，因柔佛和马来西亚承认和默认了英国和新加坡的主权行为，白礁岛主权转移至新加坡
2008 年"白礁、中礁和南礁主权案"（中礁岛）				1，马来西亚的被继承国柔佛最初拥有中礁岛主权	英国和新加坡没有对中礁岛行使主权，主权不发生变更
2007 年"领土和海洋争端案"		1，但无法确切证明岛屿独立前以及当时的归属			2，作出最终裁决
2012 年"领土海洋争端案"	1，但无法确定《1928 年条约》规定属于哥伦比亚的圣安德烈群岛的具体组成	2，但保持占有原则无法充分说明争议岛屿归属			3，作出最终裁决
2015 年"边界地区活动案"	1，《1858 年边界条约》			1，1888 年美国总统克利夫兰仲裁裁决、1897 年到 1900 年亚历山大标界裁决进一步解释了《1858 年条约》	主权行为不能影响《1858 年条约》以及之后裁决确定的主权

本表格根据国际法院判决整理，http：//www.icj-cij.org/en/contentious-cases

1928 年美国和荷兰 "帕尔马斯岛案" 裁决部分[1]

二、争端的主要问题[2]

（p. 835）[3]　本争端的主要问题是帕尔马斯岛（Palmas，也称 Miangas 岛[4]）主权。《仲裁协议》的序文中准确说明了争议岛屿的经纬度。在《仲裁协议》之前的外交通信以及本仲裁程序的文件中，美国称争议岛屿为 "帕尔马斯岛"，（p. 836）而荷兰称 Miangas 岛，但该差别与确定争端的主要问题无关，唯一与此相关的问题是：荷兰政府的部分主张是与《仲裁协议》中说明的岛屿实际相关，还是与其他也被称为 Miangas 或类似名称的岛屿或岛群有关。

根据各方提交的证据，帕尔马斯岛是一个单独的孤立岛屿，而不是群岛中的一个岛屿。它大约位于圣阿古斯丁岬 [San Augustin，属于菲律宾群岛中的棉兰老岛（Mindanao）] 与纳努萨群岛（Nanusa，属于荷属东印度群岛）最北端岛屿之间。

争端的起源

本争端源于时任摩洛省（Moro）总督——李昂纳德·伍德将军（Leonard Wood）于 1906 年 1 月 21 日对帕尔马斯岛的访问。虽然美国在其辩诉状中称，伍德将军 "大约在 1903 年" 就已访问过该岛，但因 1903 年访问没有引起任何后果，甚至不能确定是否实际发生，因此应当认为美国当局在 1906 年 1 月 21 日首次接触到争议岛屿。伍德将军于 1906 年 1 月 26 日向美军军事部长提交的报告以及 1 月 21 日戈登·约翰斯顿（Gordon Johnston）中尉向桑吉岛（Sanghi）和塔劳尔岛（Talauer）当地人出具的证明文件都清楚地表明 1 月 21 日的访问与争议岛屿相关。

---

〔1〕　根据 Reports of International Arbitral Awards（R. I. A. A.）收录的 1928 年美国和荷兰 "帕尔马斯岛案" 仲裁裁决翻译，原文详见 Island of Palmas case（United States of America/The Netherlands），Award of the Tribunal, 4 April 1928, R. I. A. A., Vol. II, pp. 829 ~ 871. 本译文翻译了该案的裁决部分，省略了之前的《仲裁协议》以及程序介绍。本译文由作者翻译，外交学院国际法系 2017 级硕士研究生廉雅雯协助校对，在此表示感谢。

〔2〕　原文没有标题，但在各部分首段斜体突出了主要问题，本译文所有标题均根据斜体内容整理。

〔3〕　数字为 R. I. A. A. 收录裁决原文中的页码。

〔4〕　如下文所述，"Miangas" 有多种变体，且争议岛屿附近有名称与之类似的其他岛屿，为了进行区分，本译文保留了原文。

基于此访问，美国主张，根据 1898 年 12 月 10 日美国和西班牙《和平条约》（后称"《巴黎条约》"）第 3 条及其所划定界限，帕尔马斯岛确定属于割让给美国的"菲律宾群岛"。但荷兰认为该岛是荷属东印度群岛的组成部分。此后，从 1906 年 3 月 31 日起到 1925 年 1 月 23 日《仲裁协议》缔结止，两国进行了外交通信。

*无争议事实

在考虑双方主张之前，首先可以根据书状确定部分双方没有争议的事实。

1. 在提交仲裁员的文件中，只有 1898 年 12 月 10 日《和平条约》和 1925 年 1 月 23 日《仲裁协议》采用数字坐标或者明确的表述准确提到争议岛屿，或者将该岛纳入或排除出地理边界线所划定的区域。至于和"菲律宾群岛"相关的国际条约以及与当地首领缔结的协议，它们的适用范围将结合当事方依据具体文件而做出的主张进行考量。

2. 1906 年之前，具体关于帕尔马斯岛，美国或西班牙作为一方与另一方荷兰之间没有因提出对该岛主权的冲突主张而产生争端。

（p. 837）

3. 双方都主张争议岛屿长期附属于邻近的领土，而该领土确定处于一方主权下。

4. 根据《仲裁协议》第 1 条，双方认为，为了本仲裁的目的，争议岛屿只能属于其中一方。只有在当事方的权利可能来源于第三方时，才会考虑该第三方的权利。

***考虑当事方主张的顺序

双方根据《仲裁协议》将本争端提交仲裁，应当论证对争议岛屿的主权主张。关于双方主张的考虑顺序，应当首先分析美国提出的条约依据，美国认为，其初始依据要早于荷兰的主张产生；其次，考虑荷兰提出的支持其主权依据的主张；最后，双方主张的权利依据必须根据《仲裁协议》第 1 条第 2 段对仲裁员的授权作出裁决。

*当事方的主张

由于缺乏双方均承认的明确规定帕尔马斯岛法律地位的国际文件，当事方的主张可以大致总结为以下几点：

作为西班牙对菲律宾群岛权利的继承国，美国首先以发现作为其权利依据。美国认为，根据发现取得的主权，不仅得到了最可靠绘图者和学者的确认，还有条约的支持，特别是 1648 年《明斯特条约》，西班牙和荷兰本身都是该条约的缔约方。根据相同的主张，因为没有发生国际法上导致已取得的权利依据消失的事件，当西班牙通过 1898 年 12 月 10 日条约将菲律宾群岛割让给美国时，该权利依据仍然是完整的。在这种情况下，美国认为，没有必要提供事实证明专门针对帕尔马斯岛实际展示了主权。最后，美国政府还主张，帕尔马斯岛构成菲律宾群岛的地理组成部分，根据邻近原则，应该属于拥有菲律宾群岛主权的一方。

另一方面，荷兰政府认为，没有证据能够证明西班牙发现了争议岛屿，或以其他领土取得方式取得了该岛的主权；并且，即使西班牙曾经拥有权利依据，该依据也已丧失。邻近原则具有争议性。

荷兰政府的主要主张试图证明：从 1677 年起，甚至可能从 1648 年之前至今，荷兰（在建立殖民地的第一阶段由东印度公司所代表）对争议岛屿享有并且行使了主权权利。该主权源于与桑吉岛 [Sangi，塔劳特斯（Talautse）（桑吉）群岛的主要岛屿] 当地首领们签订的协议，（p. 838）它们建立了荷兰对这些首领领土的宗主权，其中包括了帕尔马斯岛。荷兰主张，国际条约可以确认由此建立的情势。

美国政府认为，没有证据证明支持荷兰主张的事实；即使可以证明，它们也不能创设主权依据，或者与帕尔马斯岛无关。

＊＊＊一般问题

在考虑当事方主张之前，需要分析两个一般性问题：其一，应当适用的实体法，即本案所应依据的领土主权规则；其二，程序规则，即根据《仲裁协议》当事方证明其主张的条件。

＊领土主权概述

首先，仲裁员认为有必要对与领土相关的主权问题进行一般说明。

仲裁员将尽可能地沿用《仲裁协议》中的用语。《仲裁协议》序言提到了"帕尔马斯岛主权"，根据第 1 条第 2 段，仲裁员的工作是"确定帕尔马斯岛整体属于荷兰领土或是属于美国领土。"因此，对部分地球表面拥有主权是将该部分纳入一国领土之内的必要法律条件。在本裁决中，与领土相关的主权将被称为"领土主权"。

主权在国际关系中意味着独立。独立是对地球的一部分排除其他国家行使国家职能的权利。在过去几个世纪中，国内组织的发展以及随之而来的国际法发展确立了国家对其领土具有专属权力的原则，并使该原则成为解决国际关系主要问题的出发点。本裁决不考虑复合国家和集体主权等特殊情况，当然它们也不会动摇上文阐述的原则。在这种保留条件下，可以认为领土主权总是属于一个国家，或在例外情况下属于若干国家，而排除其他所有国家。从另一角度来说，如果任何国家都可以对特定区域行使国家职权，那正是因为这些区域的法律属性，它们不能或者尚未成为一国领土，例如公海或者无主地。

一般而言，领土主权是空间中被承认及划定的一种情势，其依据可能是国际法承认的自然边界，或是没有争议的划界外部标识，或是利益相关邻国之间达成的法律承诺（例如边界条约），或是国家对确定边界的承认行为。如果对某一部分领土的主权发生争端，（p. 839）通常应当分析哪一主权声索国拥有的依据优于其他国家可能提出的反对依据。这些依据包括割让、征服、先占等。然而，如果争议是基于另一方实际展示主权的事实，那么仅证明该方在某一时刻有效取得领土主权的依据是不够的；还必须证明该领土主权持续存在，并且在争端解决的关键时刻实际存在。这种证明存在于国家活动的实际展示中，例如领土仅属于主权者。

在当今的国际法中，取得领土主权要么依据国家对领土的有效控制，例如先占、征服，要么像割让那样，其前提条件是割让国和受让国或者至少有一方能够有效处置割让领土。同样地，依据自然添附取得领土，也要求国家对于所有添附区域已经享有实际存在的主权。因此，主权的一个重要构成要素是不得缺乏延续性。虽然根据不同的法律规则、在不同情况下取得领土主权的条件有所不同，但是实践以及学说确实承认：持续、和平地展示领土主权与权利依据同样重要。从18 世纪中叶以来，国际法不断强化对占领有效性的要求，无法想象有效性要求仅针对取得行为，而不同样适用于权利的保持。之所以首先强调占领的有效性，是因为关于已经建立秩序的领土很少产生争议。正如在国际法产生之前，领土边界必然取决于国家对其行使权力的事实；同样地，根据国际法，和平以及持续的主权展示事实仍然是建立国家之间边界的重要考虑因素之一。

如前文所述，领土主权涉及展示国家活动的专属权利。权利必然意味着义务：国家有义务在领土范围内保护其他国家的权利，特别是，在和平以及战争时期它们对（领土，译者加）完整和不可侵犯的权利，以及各国可以为外国领土上的国民主张的权利。如果一国没有根据具体情况展示其领土主权，那么该国就没有履行上述义务。领土主权不能仅限于消极方面，即排除其他国家的活动；它还划定了国家之间人们活动的空间，为了确保人们在所有地点都能够获得国际法所保障的最低保护。

尽管由于完整的司法体系，国内法能够承认抽象财产权的存在，而不需要任何实质的权利展示，但国内法仍然通过时效和占有保护原则限制其效力。然而，因为国际法的结构并非基于任何超国家组织，因此不能将一项权利，例如维系几乎所有国际关系的领土主权，简化为不需要具体展示的抽象权利。

（p. 840）

对特定地区持续以及和平地展示国家职权是领土主权的构成因素，该原则不仅来源于独立国家及其边界的形成条件（如政治历史经验所展示的那样），并且还得到了国际法理和学说的广泛接受；此外，多个联邦国家也承认了该原则，这些国家规定在必要时对成员的州际关系适用此种国际法规则。在拥有完整司法制度（远远超过所谓的国际关系领域）处理州际事务的联邦国家中，很有可能对领土问题适用的规则是——在不存在相反的明确法律规定时，合法取得的权利应当优先于事实占有，无论占有多么完善。但实际情况恰恰相反（译者加），所以联邦国家的前述规定格外有意义。

援引若干美国最高法院的类似裁决就足以证明：在 1890 年"印第安纳州诉肯塔基州案"（136 U. S. 479）中，法院根据瓦泰尔（Vattel）和惠顿（Wheaton）的学说支持了"罗德岛诉马萨诸塞州案"（4 HOW. 591, 639）的先例，两人均承认建立在长时间基础上的时效是有效和不容置疑的权利。

根据时间和地点的情况，领土主权展示确实呈现出不同形式。尽管原则上应当持续，但实际上，主权不可能在每时每刻对每一寸领土实施。权利维护所允许的间歇和中断必然是不同的，这取决于争议地区是否有人居住，周边是否是主权无争议的领土，是否能够（例如，从公海）进入。诚然，邻国可以通过条约确定各自主权界限，甚至是针对尚未开发、主权展示罕见的大陆内部，这可以防止对方侵犯其领土。对腹地的划分也是基于此种考虑。

然而，如果条约边线在地理上不够准确，或者划定的边界线尚有未确定之处，或者条约边界线存在争议，或者，例如关于公海上岛屿的争端，那么就会产生如下问题：权利依据是否绝对有效，以及如果产生争端，实际的国家职权持续及和平展示是否是判定领土主权的合理和自然标准？

*证据问题

美国在辩诉状和复辩状中认为，国际仲裁中不能考虑没有证据支持的主张。当事方不仅要提到证据，还应当向仲裁庭出示证据。美国还认为，根据《仲裁协议》，诉状是当事方唯一必须提交的文件，因此，应当同时提交支持其中主张的证据。但荷兰政府坚持，特别是在应仲裁员要求而提交的说明中，国际仲裁中不存在固定的证据规则，而且 1925 年 1 月 23 日《仲裁协议》也没有限制仲裁庭自由裁决该问题。（p. 841）它们还认为，一国政府关于其行为做出的声明本身就构成证据，且无需补充证实。

因为双方关于证据必要性和可接受性的分歧是一个程序问题，应当由仲裁员根据《仲裁协议》第 5 条作出裁决。

《仲裁协议》第 2 条规定，诉状和辩诉状应附有支持当事方主张的文件，并规定了各方应当通知对方提交证据的时间和地点，但并未要求主张应当与相关文件或其他证据存在必要联系。然而，无论当事方多么应当尽早提交尽量完整的证据，如果当事方在仲裁程序之初提出的主张没有证据支持，因不具有相关性而被排除，即使当事方在随后的仲裁程序中提交了与该主张相关的证据，这将违反国际仲裁的一般原则，除非存在明确的条约规定。

根据 1907 年海牙《和平解决国际争端公约》第 51 条，对于属于公约适用范围的程序，公约的规定应当根据具体情况作为辅助规则而被适用，或者至少应当用于解释相关仲裁协议。目前，除了第 63 条规定的应当与诉状、辩诉状及答辩状一同提交的文件之外，根据第 67 条、第 68 条和第 69 条的规定，经仲裁庭同意或请求，也可以接受其他文件。接受和收集证据的自由保证了仲裁庭能够根据它认为相关的所有事实作出裁决。

《仲裁协议》第 3 条对仲裁员的授权适用于当事方之后提交的书面说明。但是，如果书面说明不能涉及已经做出的主张，也不能包括诸如文件和地图的证据，那么该授权将非常有限。虽然对书面说明的限制不适用于口头程序，但也不能将其解释为排除任何形式的书面证据。应当由仲裁员根据仲裁庭已有信息决定：主张是否需要证据支撑，证据是否充分；最后，是否应当阐述当事方没有考虑的问题。这种自由权对仲裁员非常重要，因为上述要点是仲裁员适用法律从而作出裁决所必需的。无论是当事方主动提交还是应仲裁员要求提交的主张和证据，仲裁员都必须全部考虑，并裁定哪些主张得到了充分的证明。

在缺乏明确规定时，仲裁庭一定有评价当事方主张的完全自由。同理，仲裁庭也完全有权自由评价政府在诉讼过程中关于自身行为提出的主张。此种主张不是严格意义的法律文件（例如，能够创设权利的声明），而是关于历史事实的陈述。只能根据各方提出的所有证据和主张以及仲裁庭所了解的事实，评价任何主张的价值和效力。

基于上述原因，仲裁员不认为：（p. 842）1925 年 1 月 23 日《仲裁协议》可以排除辅助适用《海牙公约》的上述条款，或是可以授权仲裁庭考虑没有同时提交证据支持的主张。除了荷兰辩诉状中提到的文本普遍公知并且双方均可获得的《乌特勒支条约》以外，裁决不会依据没有记录在案的文件作出，也不会考虑没有证据支持的主张。对于应仲裁员要求而提交的关于诉状和辩诉状中要点的说明文件，双方可以对此提交复辩状，并且可以延长提交复辩状的期限，这使得双方能在公平的条件下对在程序较后阶段才提交的证据表明其立场。

三、美国的主张

美国主张的直接基础是根据《巴黎条约》的割让，在该条约第 3 条划定的范围内，西班牙可能拥有的主权权利让与美国，其中包括了对帕尔马斯岛的权利。

西班牙显然不能让与超过它本身有过的权利。美国国务卿于 1900 年 4 月 7

日致西班牙驻华盛顿公使的信函明确认了该原则。该信函事关两个岛屿是否属于割让范围的分歧，西班牙主张构成其领土，但岛屿位于《巴黎条约》规定的界限之外。美国政府的说明文件中转引了该信函，包括以下一段话：

"双方都不认为条约规定的界限限制或扩大了西班牙的割让权。如果任何位于该界限内的岛屿确定属于日本、中国、英国或荷兰，那么美国并不能因为岛屿表面上被包括在西班牙割让范围内而取得有效权利。美国谈判者坚持，西班牙对于菲律宾群岛的所有权利应当让与美国——是全部的权利，但不多于也不少于西班牙实际所有的权利。因此，美国政府认为，对于存在争议的割让，确定其权利的唯一合理和公平标准就是：'是否是西班牙让与的权利？如果西班牙曾拥有有效权利依据，那么权利发生转让；如果西班牙不具有有效权利依据，那么它不能转让权利'。"

虽然美国与西班牙对个别位于条约界限之外的西班牙岛屿是否属于割让范围存有异议，尽管《巴黎条约》第3条的规定十分笼统，但受让方仍然不认为割让应当包括西班牙不具有有效权利的领土，即使该领土位于条约规定的界限之内。显然，无论对条约的正确解释如何，都不能将其解释为处置独立第三方的权利。

然而，必须说明一点，《巴黎条约》第3条的起草不同于关于波多黎各问题的前一条款，（p. 843）其用语表明位于该条款规定界限内的菲律宾群岛在割让时属于西班牙。如前文所述，帕尔马斯岛位于条约确定的界限之内。可以因此认为第3条肯定了西班牙对帕尔马斯岛的主权，并且该权利或权利主张应该已被割让给美国，尽管根据本案中的记录，1898年谈判并没有专门分析帕尔马斯岛的情况。

1899年2月3日美国将《巴黎条约》通知了荷兰，但后者没有对第3条规定的菲律宾群岛界限做出任何保留。至于第三方对于被告知条约的沉默是否可能会影响该方或条约签署国的权利，这取决于此种权利的性质。尽管将条约界限合理告知了第三方且该方没有异议，这可能会影响没有任何实际主权展示支持的初始权利依据，然而，如果告知领土主权者某一条约处分了他的部分领土，仅因其对此表示沉默就影响了主权，这将完全违反上文确定的领土主权原则。

因此，关键是帕尔马斯岛在《巴黎条约》缔结和生效之时是西班牙还是荷兰领土。美国主张帕尔马斯岛是西班牙领土并否认存在荷兰主权；而荷兰坚持其主权的存在并否认西班牙主权。只有分析双方主张后得出的结论是帕尔马斯岛在关键时刻既不是西班牙也不是荷兰领土，才会产生这样的问题：《巴黎条约》的缔结以及对荷兰的通知是否可能影响荷兰或美国对争议岛屿所主张的权利；如果影响存在，将如何影响它们的权利。

* 发现

如上文所述，作为西班牙的继承者，美国主张的首要依据是发现。关于该主张，必须区分对帕尔马斯岛本身的发现或者对帕尔马斯岛作为菲律宾群岛一部分的发现，而关于菲律宾群岛，毫无疑问由西班牙人发现、占领并建立了殖民统治。之后将与邻近的主张一并考虑第二种发现的权利；现在仅考虑争议岛屿本身的发现问题。

关于争议岛屿的发现，提交仲裁员的文件首先是西班牙政府致美国政府的信函，关于摩鹿加群岛（Moluccas）、塔劳斯群岛（Talaos）、帕劳斯群岛（Palaos）和马里亚纳群岛（Marianes）探险和发现档案的研究报告。然而，美国政府在复辩状中称，并不特别依赖西班牙照会中提到的文件。

（p. 844）可能在发现帕劳斯群岛时看到的，被报告位于北纬5°48′，在萨兰加尼（Sarangani）和圣阿古斯丁岬以东的岛屿就是帕尔马斯岛。西班牙政府提到了"Meanguis"岛，并推测它与塔劳斯岛（也可能是 Talautse 岛或 Talauer 岛）是同一个岛屿，但实际上它似乎是一个更偏南的岛屿。西班牙可能错误地对这个更偏南的岛屿使用了另一个岛屿的名称，或者可能将其误认为是锡奥岛（Siau）正南方的坦古兰达岛（Tangulanda，也称 Tangulanda 或 Tahoelandang）。锡奥岛可能与同一报告中提到的邻近坦古兰达岛的"苏尔岛"（Suar）是同一岛屿，它是西里伯斯岛（Celebes）和棉兰老岛之间几乎最南端的岛屿，而帕尔马斯岛则位于最北端。在坦古兰达岛上有个名为"Minangan"的地方，似乎是该地区地图上唯一特别类似 Miangas 及其各种变体的名称。在 1678 年、1779 年、1896 年和1905 年的官方文件里，Mananga 是塔古兰达岛（Tagulanda）上的地点，但从未用于指代该岛整体；因此，帕尔马斯岛（Miangas）不可能与 Minangan（Manangan）混淆，尽管两个岛屿都属于塔布坎（Tabukan）的属地。然而，根据西班牙航海者的报告，Minangan 与"Meanguis"岛确实存在一定的联系。

上文提到的西班牙政府信函没有详细说明探险的日期、航海者或者观测情况；信函所依据的报告原文的摘录不能提供任何证据支持，信函也没附有其中提到的地图复制件。

在复辩状中，美国政府引用了一份加西亚·德·罗艾萨（Garcia de Loaisa）的航行报告，其中提到西班牙探险者在 1526 年 10 月看到了帕尔马斯岛。

一个被标记为"Palmeiras"或者类似名称（Polanas 或 Palmas）的岛屿，最早出现在 1595 年（或 1596 年，卷宗中最早地图的绘制日期）的地图上，大致位于帕尔马斯岛位置。这表明该岛屿在 16 世纪就已为人所知并被发现。根据荷兰的诉状，1554 年、1558 年和 1590 年的地图上也有相同的标记。使用葡萄牙语名称（Ilha das Palmeiras）本身并不能说明是葡萄牙还是西班牙发现了该岛屿；在林斯霍滕地图（Linschoten）上，出现了"I. das Palmeiras"的名称，对大部分菲律宾岛屿也使用了葡萄牙语名称，但这些岛屿最初却是西班牙发现并占领的。

似乎除了西班牙或葡萄牙之外，其他国家不可能发现帕尔马斯岛。但对于本案，无论何种情况都可以认为基于发现的初始权利属于西班牙。没有必要考虑16世纪前75年中西班牙和葡萄牙在西里伯斯海的关系，因为在1581年荷兰人出现在该地区之前，西班牙和葡萄牙的王权是统一的。尽管葡萄牙于1640年12月就已开始争取分离，但西班牙于1648年与荷兰缔结《明斯特条约》，即最早的确定两国在相关地区关系的条约，西班牙当时没有承认该分离。（p. 845）该条约对葡萄牙领土作出了特别规定，但仅适用于葡萄牙1641年及以后取得的荷兰领土。因此，关于《明斯特条约》两个签署国之间的关系，对原属西班牙和葡萄牙的领土应适用相同的规则。1714年6月26日《乌特勒支条约》第10条的规定证实了该结论。它明确保留了《明斯特条约》第5条的规定，但仅适用于西班牙和荷兰之间的关系。因此，没有必要分析西葡两国哪一方取得了初始权利，也没有必要分析之后的征服和割让对1648年之前权利的可能影响。

岛屿最初没有按照习惯使用当地语言的名称，而是参考了岛上的植物[1]使用了欧洲语言的名称，这可能表明：在发现该岛屿时，没有进行登陆或者岛上无人居住。发现帕尔马斯岛的报告确实仅提到"看到了"一个岛屿，而根据地理数据，该岛屿可能是争议岛屿。但报告没有提到登陆或与当地人的接触。无论怎样，没有迹象证明甚至宣称西班牙占领或管理了岛屿，这种情况持续到近期，直到美国诉状中提到的1919年马龙船长（Malone）和阿尔瓦雷斯先生（M. Alvarez）报告之时。

双方均承认，关于发现和取得无人居住或者野蛮人或半文明人居住地区的权利，国际法从中世纪末到19世纪末经历了巨大变化。双方也同意，必须根据同时期的法律评价法律事实，而不是根据争端产生或解决时的法律。因此，西班牙发现的效力应当根据16世纪前半期或者至少前25年的有效国际法规则确定，即葡萄牙人或西班牙人在西里伯斯海出现的时间。

即使采取最有利于美国主张的观点——但仲裁员对该观点的合法性持完全保留态度——也就是说，如果认为相关时期关于发现的实在法规则是：只是看到陆地的事实，而无需任何占有行为，甚至是象征性行为，就能依法取得领土主权而不仅仅是一种"有待完善的权利"［inchoate title，一种需要在合理期间内通过实际和持久占有来最终完善的权利（jus ad rem）］，那么就会产生这样的问题：主权在关键日期——即《巴黎条约》缔结和生效之时——是否仍然继续存在。

在延续的各个时期中存在不同的法律制度，关于对具体情况应当适用哪种制度的问题（也就是时际法问题，intertemporal law），必须区分权利的产生和权利

---

[1] 译者注：葡萄牙语中 Palmeiras 意为棕榈树。

的存续。产生权利的行为应该遵守权利产生时有效的法律，相同的原则要求权利的存续，即权利的持续展示，也应当遵循法律发展所要求的条件。在19世纪时，鉴于地球主要部分已处于国际社会国家成员的主权之下，（p. 846）无主地已相对很少，当时的国际法考虑了早已存在并在18世纪中期快速发展的趋势，并且确定了以下原则：主张领土主权的占领必须是有效的，也就是应当向其他国家及其国民提供特定的保障。因此，如果某些地区既不处于国家有效的主权下也不是无主地，却仅凭现行法不再承认的主权取得依据，尽管该依据曾经能够授予主权，就保留了一国对该地区的专属影响，这将违反上述实在法规则。因此，如果没有任何随后的行为，发现本身目前不足以证明对帕尔马斯岛的主权；因为没有主权，也就不会产生一国为使另一国取代其主权而明确放弃主权的问题。

在另一方面，如果认为发现不会产生确定的主权依据，而仅仅产生了一种"有待完善"的权利依据，但该依据的存在无需外在展示。然而，根据至少从19世纪盛行的观点，必须在合理期间内有效占领被发现地区，从而完善这种权利依据。根据上文对时际法的分析，该原则必须适用于本案。但在本案中，除了近期的行为外，美国没有提出任何西班牙占领或对帕尔马斯岛行使主权的行为。即使承认西班牙的权利依据在1898年仍然存在并可被完善，并且根据《巴黎条约》第3条被割让，但有待完善的权利依据不能优先于另一国持续、和平的权力展示，因为此种展示甚至可能优于其他国家提出的先前、确定的权利依据。在分析完荷兰主张后，能够比较各方的权力展示时，将会考虑该问题。

＊ 条约的承认

其次，美国依据对条约的承认主张帕尔马斯岛主权。1648年1月30日《和平条约》（根据当事方的习惯，后称"《明斯特条约》"）建立了西班牙与荷兰之间的和平关系，其第5条规定了两国在东印度群岛和西印度群岛的领土关系（第6条仅与后者相关）。

第5条的法文文本规定如下：[1]

（p. 847）"应继续保持东、西印度群岛的航行和贸易，并应遵守已有和之后的授权；为了本条约相关地区的安全，应当取得双方对本条约的批准；在上述授权范围内，本条约适用于与西班牙国王和荷兰议会或者东、西印度公司成员（以自身名义）保持友好同盟关系的所有统治者、国家和人民。在东、西印度群岛、巴西以及亚洲、非洲和美洲沿海地区，西班牙国王和荷兰议会已经控制和所有的贵族权利、城镇、城堡、要塞、贸易和属国，各方将继续所有并享有；特别是葡

---

〔1〕 裁决原文为法语，出自 J. Du Mont, *Corps Universel Diplomatique du Droit des Gens*, Vol. Ⅵ, Part Ⅰ, 1728, p. 430. 本译文参考了美国诉状中的英文翻译文本。

萄牙于 1641 年之后取得和占领的荷兰地点，以及荷兰之后在不违反本条约规定条件下征服和所有的地点。所有正在履行、曾经履行或将来可能履行东、西印度公司职务的董事、各级工作人员以及士兵和海员在西班牙国王和荷兰议会统治下的所有属国享有自由权并不受干扰，享有与属国其他人民相同的航行、交通和度假权利。此外，双方同意并约定：西班牙人应沿用目前的方式在东印度群岛航行，不得扩大自由权利；低地国家居民不得频繁进入卡斯蒂利亚人所有的东印度群岛地点。"

（p. 848）第 5 条并没有规定边界，也没有约定属于各方的确定地区。但在另一方面，它确定了占有原则作为标准。

但无论多么自由地解释相关期间中控制和占有的概念，这些用语都不可能涵盖仅凭发现而产生的权利，即看到岛屿的事实。在相关时期中，基于发现的权利已是众所周知的争议问题，如果条约承认这种权利，那么很可能会作出明文规定。第 5 条的其他规定可以证实此种观点。其中，规定了"荷兰之后在不违反本条约的情况下征服和所有的地点"与条约缔结时各方已被占有的地点地位相同。鉴于西班牙和葡萄牙对发现权以及 1493 年教皇亚历山大六世敕令的解释，在东、西印度群岛中，《明斯特条约》没有明确已被两国取得并且在特定情况下可以被荷兰之后取得的地区，肯定包括了仅主张被发现但未被占有的地区。还需要牢记，第 5 条不仅根据占有原则解决了领土问题，而且根据保持现状原则解决了西班牙的航行问题。西班牙不得扩大在东印度群岛的航行范围，同时荷兰国民只是不得进入西班牙控制的东印度群岛地点（places）。没有航行权就不可能占领并殖民仅被发现的地区；另一方面，约定在西班牙控制的地点排除荷兰航行和贸易，也不能对此进行扩大解释，因为根据当时的法语，"地点"（place）一词通常是指一国设防的地点，无论如何都应当是一个有实际活动范围的定居地；例如该条约第 6 条规定的"港口、地点、居住地或者城堡"。因此，仅基于发现的权利不能适用于第 5 条认为已经存在的情势。

因为《明斯特条约》并没有依据地理分布划分领土，并且间接地否认了基于发现的权利，所以应当根据关键时期的占有证据来确定条约对本案的相关性。

在这一方面，美国并没有提出任何根据历史事实的确切证据，证明西班牙对帕尔马斯岛展示甚至主张主权。尽管如此，仍然应当结合《明斯特条约》考虑一个问题。根据美国说明文件中转录的一份 1927 年 2 月 7 日的教会报告，Miangis 群岛（"Las Islas Miangis"）位于卡雷克兰岛（Karekelan，很可能是塔劳尔群岛中的 Nanusa N. E. of Karakelang 岛）东北。（p. 849）该岛首先被葡萄牙人占有，之后被荷兰人占有，1606 年被西班牙取得。在西班牙的统治下，菲律宾的西班牙方济会教父对该岛进行宗教管理，直到 1666 年西班牙皇家舰队总司令拆除了摩鹿加群岛上的所有设防地点，但向荷兰马来总督发表正式声明，表示西班牙王国将继续保留对撤离地点、要塞和防御工事的权利。美娜多（Menado）荷兰驻扎官员 1857 年 8 月 12 日关于塔劳尔群岛（Talauer Islands 或 Talaud Islands）的报告也提到了更多关于该地区历史事实的主张。该报告中记载，1677 年荷兰人将西班牙人驱逐出塔布坎（Tabukan），在塔拉斯或桑吉群岛中，塔布坎首领当时就已征服了塔劳尔群岛（卡雷克兰岛），甚至远早于荷兰人到达摩鹿加群岛。

根据下文将要分析的荷兰主张，帕尔马斯岛、纳努萨群岛（Nanusa）以及塔劳尔群岛（Talaud Islands）都属于塔布坎。如果该观点正确，鉴于帕尔马斯岛与当地国家塔布坎自古存在的联系，1648 年西班牙不可能间接占有该岛。然而，没有具体证据证明该主张。

即使在缺乏完整证据的情况下，承认 1648 年西班牙控制和占有了塔劳斯群岛及其在塔劳尔群岛和纳努萨群岛的附属地，其中可能包括了帕尔马斯岛，也无需考虑 1677 年荷兰占有塔布坎是否符合《明斯特条约》的问题。因为 1714 年 6 月 26 日在乌特勒支缔结了新的《和平条约》，其第 10 条规定维持《明斯特条约》不变，并且上文提到的第 5 条仍然在西班牙与荷兰之间有效。

《乌特勒支条约》第 10 条的规定如下：[1]

"1648 年 1 月 30 日腓力四世国王与联合省缔结的《明斯特条约》是本条约的基础，在下列条款没有修改的范围内，仍然全面有效；《明斯特条约》第 5 条和第 16 条仅对前述缔约方及其被统治者有效。"

暂且不论国家参战对其条约权利的影响，在缔结《乌特勒支条约》时，如果该条款不仅仅是为了确认根据实际占有原则调整缔约方在东、西印度群岛的领土状况，（p. 850）而恰恰相反，条约是为了恢复战争前违反《明斯特条约》而取得的领土，那么《乌特勒支条约》无疑会作出明确的规定。

此外，没有证据表明西班牙后来曾要求恢复违反《明斯特条约》或《乌特勒支条约》被取得或扣留的领土，例如拿破仑战争结束后对领土重新调整时。

因为不能证明西班牙在 1648 年初或 1714 年 6 月占有了帕尔马斯岛，没有证据表明西班牙通过《明斯特条约》或《乌特勒支条约》取得了对岛屿的主权，根据上述条约的规定，只要它们仍然有效，荷兰只能通过与西班牙达成合意才能变更主权。

因此，没有必要分析西班牙之后是否通过任何明示或确定行为放弃了上述条约可能赋予的对帕尔马斯岛的权利。此外，即使西班牙取得了权利而且从未打算

---

〔1〕　裁决原文为法语，出自 "Actes, Mémoires et autres pièces authentiques concernant la Paix d'Utrecht", Vol. 5. Utrecht, 1715. 本译文参照裁决脚注翻译。

放弃，仍然还需要确定，其他国家之后的持续、和平主权展示是否可能取代西班牙的权利，即使是条约权利。

此外，西班牙与第三国缔结的承认其对"菲律宾群岛"主权的条约显然对荷兰没有拘束力，因为这些条约没有提到争议岛屿，它们甚至不能作为间接证据。

因此，将重新回到这样一个问题：如果相关国家之间的条约没有明确规定岛屿的情势，其他充分合法的事实能否确定领土主权的存在。

＊ 西班牙的主权展示

尽管美国政府没有主张因为实际行使了主权，所以必须承认西班牙的主权，但美国辩诉状仍然表示，"至少存在一些西班牙岛上活动的证据"。在这种情况下，有必要考虑西班牙是否并且在多大程度上对帕尔马斯岛行使了主权。这里可以援引西班牙向美国政府提供的信息，美国在 1914 年 4 月 25 日照会中将信息告知了荷兰驻华盛顿公使馆。美国诉状的文本和附件转录了相关段落，内容如下：

"因此，帕尔马斯岛位于教皇亚历山大六世敕令以及西班牙和葡萄牙关于马鲁可岛（Maluco）主权的条约确定的界限内，西班牙人在该地区的各种发现旅程中一定看过该岛，直到《巴黎条约》将菲律宾群岛割让，该岛至少在法律上属于西班牙；但是无法确定西班牙对其行使主权行为的确切日期。

根据可以查找到的提及争议岛屿的资料和信息，因为该岛的重要性很小，毫无疑问，其发现者和后来的菲律宾统治者都没有占领过该岛，（p. 851）历史学家和记录者在其著作中提到了上述资料却没有详述该岛的信息，例如埃雷拉（Herrera）、纳瓦拉（Navarrette）以及耶稣会的科林神父（Colin）和帕斯特勒神父（Pastelle）。"

根据美国政府提交仲裁员的说明文件，对依据《巴黎条约》第 8 条移交美国的记录进行了详细分析，例如关于司法、公证和行政等事项，但都与帕尔马斯岛当地人 1919 年向马龙船长和阿尔瓦雷斯先生提出的控诉没有任何关系，他们指控涉及西班牙船舶、甚至炮舰的定期访问以及征收证件税。因此，不能考虑这些关于西班牙近期主权行使的控诉，更何况，根据事实，相关证据发生在争端产生之后的时期里。

除了上述关于发现时期的事实，还提到了一封西班牙领航员佩雷兹（Perez）于 1604 年 7 月 31 日从帕尔马斯岛寄出的信件，但信件内容已不得而知；除了部分关于帕尔马斯岛和棉兰老岛之间商业关系的主张外，提交仲裁员的文件里没有任何西班牙专门针对帕尔马斯岛活动的证据。

也没有官方文件提到帕尔马斯岛属于菲律宾群岛上前西班牙政府的某一行政或司法辖区。一封上文提到的方济会主教的信函中称，"马塔岛（Mata）和帕尔马斯岛应该属于萨兰加尼群岛，因此属于位于棉兰老岛的迪福奥区（Divao）。"该信件还指出，"因为帕尔马斯岛靠近棉兰老岛，在西班牙占领的后期肯定归驻扎迪福奥区的教父管理。"根据该信函的用语，认为 Miangis 岛位于卡雷克兰岛东北，并假设马塔岛的存在，表明这些陈述并不是依据实地收集的信息，而是作者对可能情况的推测。

在美国政府提交的复辩状中，摘录了一封荷兰传教士斯德拉（Steller）1895年12月9日的信函。根据该信函，美娜多驻扎官员在帕尔马斯岛上竖立荷兰徽章时，曾打算授予该岛首领一枚勋章，"因为该首领近期在棉兰老岛上出差，拒绝接受西班牙军舰指挥官强行授予的西班牙国旗。"假设这些事实属实，它们也不能证明西班牙对帕尔马斯岛展示过主权，甚至会得出完全相反的结论。作为负责菲律宾群岛南部行政检查的西班牙海军，如果认为帕尔马斯岛是西班牙的领土，在当地首领拒绝接受西班牙国旗时，结果自然应该是：要么对该岛直接采取措施以确认西班牙的主权，要么在涉及荷兰权利的情况下与之进行谈判，正如1906年伍德将军访问后发生的情况。

（p. 852）关于当地语言或掌握西班牙语的信息，即使可以充分证明，也过于模糊，难以表明帕尔马斯岛和棉兰老岛之间的政治和行政联系。

美国的说明文件中转录了伍德将军致海岛事务局的电报，称"对菲律宾群岛南部岛屿的行政检查权，特别是海岸周边地区，完全属于西班牙海军"。因为《巴黎条约》没有规定向美国移交关于军事和海军事务的文件，美国没有取得行政检查的相关文件。由于南部岛屿不是由一般省属机构而是由海军负责监管，且1899年8月31日奥蒂斯将军（E. S. Otis）的报告中附带提到了存在战争状态或者至少摩洛人反对西班牙的统治，很可能（尽管并不必然）得出这样的结论：完全不存在西班牙对帕尔马斯岛的主权展示证据并非巧合，而是因为对于这样一个远离尚未完全控制省份海岸的小岛，西班牙丝毫没有兴趣在其上建立或维护统治。

有观点认为，美国1898年才可能通过割让取得主权，因此不利于它收集有关帕尔马斯岛初始取得和主权展示的证据，这并非没有道理。然而，仲裁员不能考虑这种情况，而只能根据当事方主张和证明的事实作出裁决，并且有义务考虑所有他认为相关的被证实事实。此外，西班牙政府并没有拒绝提供所请求的文件。

*地图证据

在美国主张的间接证明方法之中，存在地图证据，美国没有将其作为主权行使证据，而是用于证明主权的合法存在。美国的诉状、荷兰的辩诉状以及美国的复辩状都全面论证了该问题。比较双方提供的信息表明：在裁决领土主权问题时，只有采取最大程度的谨慎才能考虑地图，至少是对于如帕尔马斯这样的岛屿。任何不能准确说明领土政治归属的地图，特别是没有清楚标示帕尔马斯岛归属的，都必须立即驳回，除非地图具有准确性，能够帮助确定地理名称的位置。

（p. 853）此外，如果有理由相信制图人不只是参考了已有地图，尽管多数情况如此，而是根据谨慎收集的信息并基于自己的判断绘制地图，这种地图才有价值。首先，官方或半官方地图似乎能够满足这些条件，如果政府发布的地图没有表明该国的主权主张，地图将具有特别意义。

如果仲裁员认可相关法律事实的存在，但该事实与信息来源不明的地图冲突，那么不能给予地图证明力，无论地图的数量多么众多并得到普遍认可。

对于作为证明法律要点的地图，首先需要满足地理准确性。必须指出，不仅古代地图，还有现代地图，甚至官方或半官方地图都可能欠缺准确性。因此，比较提交仲裁员的地图可以发现：关于帕尔马斯岛附近、大致处于同纬度的若干岛屿，它们的存在或名称具有争议。若干地图（甚至是近期的地图）绘制了圣约翰尼斯岛（St. Joannes）、亨特岛（Hunter's Islands）和马塔岛中的全部或部分岛屿，尽管它们是否存在非常有争议。根据提交仲裁员的证据可以非常确定马塔岛不存在，并且圣约翰尼斯岛和亨特岛就是帕尔马斯岛，尽管若干地图显示它们是不同的并且较为偏远的岛屿。

《世纪地图集》（美国诉状第 8 号证据）和 1902 年美国海岛事务管理局出版的地图（第 11 号证据）绘制了"马塔岛"、"帕尔马斯岛"和"海库克或亨特岛"（Haycock or Hunter I）。美国战争部复制的西班牙地图［蒙特罗船长（Montero）绘制，第 9 号证据］也显示了上述 3 个岛屿，尽管"海库克岛"和"亨特岛"被标记为不同的岛屿。1885 年查林杰（Challenger）远征地图的情况也相同。荷兰诉状附件中的地图（英制海图第 2575 号）是唯一提交仲裁员的大比例尺地图，根据其上说明，该地图是直接依据实地调研绘制的。与其他地图不同，该地图没有绘制马塔岛或者亨特岛，在这两座岛屿所处的位置也没有出现其他名称的岛屿，而且不同于第 8 号证据和第 11 号证据，海库克岛被绘制为两部分。无论英制海图中关于相关细节的准确性如何，上述分析都表明：关于帕尔马斯岛主权的存在，必须非常谨慎地利用地图。美国认为，具有官方或半官方性质并且来源于西班牙或美国的地图是上文提到的蒙特罗船长和海岛事务部绘制地图（第 8 号证据和第 11 号证据）。然而，第一幅地图没有绘制政治边界，第二幅地图仅仅复制了 1898 年 12 月 10 日条约的界限。因此，姑且不论两幅地图对相关地区的绘制存在显著错误，例如亨特岛，这两幅地图与争议问题缺乏相关性。

在荷兰绘制的地图中，美国认为有两幅地图具有官方性质，可以排除荷兰对帕尔马斯岛的占有。第一幅地图是由荷兰皇家军事学会印刷工博加尔特斯（M.

Bogarerts）于 1857 年绘制并提交学会主任。如果该地图具有美国诉状主张的官方性质，但荷兰辩诉状对此提出质疑，那么它可能说明帕尔马斯岛当时不属于荷兰，而是西班牙领土。但无论如何，地图只是一种相当间接的表述，除非附于法律文件之后，否则不具有法律文件的价值，从而能够承认或放弃权利。（p. 854）该地图的意义只能根据 1857 年前后的事实进行判断，荷兰政府主张它们以证明对帕尔马斯岛行使主权；在下文分析荷兰主张时将一并考虑这些事实，并结合支持或者说明"Meangis"岛准确位置的地图证据。尽管博加尔特斯地图事实上没有证明荷兰对西班牙主权的承认，但还必须指出：该地图错误地将位于纳努尔萨（Nanoesa）以北的一组岛屿标记为 Meangis，此外还有其他错误，例如棉兰老岛的形状和对部分小岛的着色。

荷兰辩诉状提供的信息似乎反驳了美国诉状关于第二幅地图的结论，即殖民部（1897 年～1904 年）出版的地图集。同一地图集中一幅明细图的副本表明帕尔马斯岛属于荷兰，不仅是因为颜色标记，还因为地图显示萨兰加尼群岛属于美国。但另一方面，美国诉状"第 10 号证据"复制的一览图上划分不同殖民地的边界线将帕尔马斯岛排除出荷兰领土。毫无疑问明细图必然优先于一览图，尽管后者是在 3 个月之后出版的。

在同一地图册第 1 版中的一幅特别地图中，"Melangies"被绘制为一组位于纳努萨群岛以北的岛屿，并且不同于帕尔马斯岛；博加斯特地图与此非常类似。荷兰政府提交的说明文件清楚地表明：制图者没有根据关于争议地区的最新和权威信息绘制地图，而是复制了之前的地图。

* 邻近

最后，需要考虑根据邻近的权利。尽管国家在特定情况下主张，距离其海岸相对较近的岛屿因它们的地理情况而属于该国。然而，没有国际法规则支持位于领海之外的岛屿仅因为一国领土是最近的大陆或较大岛屿（terra firma）就应当属于它。没有足够频繁且准确的相关先例建立了此种国际法规则，并且该原则本身也存在不确定性和争议性，甚至一国政府在不同的情况下对其合法性的意见也不同。如果根据国家之间的合意，或者可以不完全依据法律而解决争端，那么可以考虑邻近原则确定岛屿归属；然而，作为依据法律推定主权有利于某一国家的规则，该原则与前文论述的领土主权原则冲突，没有在对特定地区的排他性权利与对此实施国家活动的义务之间建立必要联系。（p. 855）邻近原则不是解决领土主权问题的法律方法，因为它完全缺乏准确性，并且它的适用可能导致武断的结果。当争议岛屿没有相对靠近某一单独的陆地，而是构成较大群岛的一部分，而群岛中不同部分的划分并不明确时，该问题将特别突出。

然而，因为邻近理念的实质，关于帕尔马斯岛还必须考虑一个问题。如上文的分析，领土主权的行使中必然存在空白：时间上的间断和空间上的不连续。对于部分无人居住或者尚未被征服的殖民领土，这种现象尤为显著。一国不能证明对该部分领土行使主权，该事实并不能必然被解释为主权不存在。必须根据具体情况分析个案。

但仍然可以注意到，解决领土主权争端的国际仲裁实践（例如，意大利和瑞士关于 Alpe Craivarola 的仲裁裁决）表明展示主权的行为（即使是分散的行为）比领土的连续性更为重要，即使此种连续与自然边界的存在相关。

在特定情况下，有可能将一组岛屿在法律上视为一个整体，主要部分的归属将影响其他部分。然而，我们必须进行区分：一方面，最初的占有行为几乎不可能延伸至领土的每一部分；但另一方面，持续、长期的主权展示必须体现在整个领土上。

必须牢记，本案的争议领土是一个有些孤立的岛屿，因此是具有清晰界限的单一领土。此外，岛上有定居人口，且人口众多，因此管理行为不可能长期缺乏。根据双方的诉状，帕尔马斯岛通过船舶或小船与周边地区有往来。在这种情况下，如果没有任何公共管理行为，那么将难以证明实际主权展示，即使是关于有限范围的主权，诸如仅有当地人居住的小岛。

四、荷兰的主张

荷兰主张：早在 17 世纪，东印度公司通过与塔布坎和塔鲁纳首领签订协议的方式建立了荷兰对帕尔马斯岛的主权，他们是塔劳特斯群岛的主要岛屿桑吉岛的当地首领。并且，荷兰还主张其在过去两个世纪里展示了该主权。

（p. 856）荷兰诉状的附件中包括了荷兰东印度公司（1795 年之后由荷兰国家缔结）于 1677 年、1697 年、1720 年、1758 年、1828 年、1885 年和 1889 年与塔布坎、塔鲁纳和坎大哈 – 塔鲁纳［Kandahar（Kandhar）– Taruna］各种首领签订的协议。所有这些属国均位于桑吉岛北部，且最晚从 1885 年起，除了岛上的部分外，还覆盖了部分更北方的小岛、纳努萨群岛（Nanusa Islands）。荷兰认为，上述岛屿，以及帕尔马斯岛，毋庸置疑地属于荷兰。这些连续的协议非常类似，年代越临近越完备，更符合经济、宗教和其他事项的现代观念。但是它们都基于相同的理念：当地首领作为宗主国东印度公司或荷兰国家的分封而接受领地。1771 年、1779 年和 1782 年关于附庸国战争中义务的补充协议确认了这种显著的政治属性。最临近的殖民政府代表获得重要授权以保障附庸国的依附，或者，作为最后手段，由政府本身的权力保证。在菲律宾群岛被割让给美国之前，最近的 1885 年协议除规定内部管理权力的分配方式外，关于国际利益还作出了下列规定：首领不得与外国势力有任何直接关系，甚至不得与它们的国民在重要经济事项上交往；荷属东印度货币为法定货币；对外国人的管辖权属于荷属东印度政府；附庸国有义务打击奴隶制度、白人奴隶贸易和海盗，以及为失事船舶提供救助。

最早的 1677 年协议甚至规定，东印度公司的附属国有义务拒绝接受其他国家国民进入其领土，特别是西班牙人；不得容忍根据多德雷赫特会议（Synod of Dordrecht）教义进行改革的新教之外的任何宗教。17 和 18 世纪的其他协议中也有类似规定。如果西班牙和荷兰实际都对帕尔马斯岛展示主权，那么在如此长的期间中，两国之间的冲突必然不可避免。

这些协议的真实性不容置疑。荷兰政府主管官员认证的准确副本已经通过《仲裁协议》规定的渠道提交了仲裁员，因此没有必要复印文本、签字或者印章。这同样适用于从东印度公司或荷兰政府档案中获取的其他文件或摘录。没有理由认为文本复制过程中的印刷错误对于所考虑的证据有任何实际重要影响。

＊待解决问题

这些协议时常被更新并似乎表明了宗主国影响的扩大，进而说明了宗主权制度的有效性。此外，荷兰对于桑吉岛和塔劳尔群岛的主权不存在争议，其对相关地区正常展示了领土主权。（p. 857）本案需要解决以下问题：

1898 年帕尔马斯岛是否构成荷兰主权下的一部分领土？

1898 年对帕尔马斯岛的主权是否实际存在？以及事实能否证明荷兰关于该问题的主张？

如果对主权的主张是基于持续、和平的国家权力展示，则必须证明展示事实与争议领土明确相关。虽然没有必要在领土上特别建立行政机构，然而，仅根据一种法律关系而将领土归于一国，但国际法认为此种法律关系对于质疑该主权主张的国家是无效的，这并不符合要求。对这种情况，关键是对争议地区持续以及和平地展示实际权力。

根据 1885 年协议附件对塔鲁纳领土边界的描述，塔劳尔群岛中塔鲁纳附属地名单首先提到了纳努萨群岛的各个岛屿，并以"最后包括 Melangis 岛（帕尔马斯岛）"结束。

1899 年协议也有类似的描述，规定纳努萨群岛（包括"Miangas"岛）属于坎大哈－塔鲁纳的领土。如果两者都是指帕尔马斯岛，那么必须承认该岛至少在名义上属于正在讨论的附庸国；而没有必要证明荷兰与帕尔马斯岛的首领缔结过特别协议。

关于是否存在证据表明荷兰对帕尔马斯岛展示了主权，无论当事方的意见分歧如何，双方都提交了 1906 年 1 月伍德将军访问岛屿的报告，至少有迹象表明争议岛屿当时与周边荷兰领土存在持续关系，甚至存在荷兰主权。伍德将军记录了，他惊奇地发现岸上和前来会见美国船舶的小船上都悬挂着荷兰国旗。根据将军收集的信息，荷兰国旗已经在当地悬挂了 15 年，甚至可能更久。因为 1885 年与塔鲁纳的协议以及 1899 年与坎大哈 – 塔鲁纳的协议都将帕尔马斯岛包含在当地国家的领土范围内，而这些国家处于荷兰宗主权之下；还因为，已经确定了 1906 年争议岛屿上存在的情势至少表明了荷兰主权展示的某些迹象。因此，现在有必要分析证明主权所援用事实的性质以及这些事实存在的时期。该分析将说明荷兰是否在一定时期内对帕尔马斯岛以持续、和平的方式有效展示主权，此种主权的行使可能排除美国取得主权或者取得主权的依据。

＊＊＊先决问题

在开始考虑荷兰提出的支持其主张的事实之前，需要说明两个先决问题，当事方对此持有不同意见，它们与美国提出的问题相关：（p. 858）其一，东印度公司根据国际法代表荷兰进行有效行为的权力，特别是与当地统治者缔结的所谓政治协议；其二，争议岛屿与荷兰主权展示所针对的岛屿是否一致。

＊东印度公司行为的效力

东印度公司占领或殖民化本案相关地区的行为，在国际法上必须完全等同于荷兰国家自身的行为。从 16 世纪末到 19 世纪，国家授予了由个人成立的从事经济活动的公司（特许公司）取得和管理殖民地的公共权力。荷兰东印度公司就是其中广为人知的一家公司。《明斯特条约》第 5 条以及之后的《乌特勒支条约》表明东印度公司和西印度公司有权创设国际法承认的情势，因为西班牙和荷兰之间的和平关系扩展到该公司以荷兰国家名义与"所有统治者、国家和人民"建立的友好同盟关系。根据《1602 年特许状》第 35 条，公司有权缔结协议，即使是政治性协议。应当根据个案确定公司缔结的协议属于纯粹经济交易还是具有政治和公共管理性质。

国家或公司（如荷兰东印度公司）与没有被接受为国际社会成员的部落首领缔结协议，在国际法意义上，这些协议并不构成能够创设权利或义务的条约或公约。然而，在另一方面，对于受国际法规制的情势，此种协议并非完全没有间接影响；即使它们不构成国际法中的权利依据，它们仍然是在特定情形中必须考虑的事实。从大发现时代至今，特别是在东印度地区，与当地首领签订协议是取得殖民领土常见方式。这些协议或多或少地保留了与当地居民相关的原有组织；同时，授予殖民势力经济特权，例如垄断或者航行和通商特权，以及与其他势力直接交往的专属控制权，还有对其国民和外国人行使公共管理的权利。这种协议所建立的法律关系通常表现为宗主国和附庸国，或者是所谓的殖民保护国。

实际上，这并不是平等主体之间的协议，而是一种基于当地人民自治的殖民地内部组织形式。为了合法化与其他国家的关系，需要通过建立政权来完善这种组织，以保证能够履行各国对其领土的国际法义务。因此，对当地国家的宗主权成为宗主国向国际社会其他成员行使领土主权的基础。这是一种总体权力，在当地当局和殖民当局之间分配，（p. 859）由殖民当局确定在特定时期主权存在所需要的条件是否满足。应当在个案中确定：对于全部或部分领土，这种制度是有效的还是空泛的。必须保留的问题是，其他国家的已有权利是否禁止建立此种制度。

仲裁员的观点与上文提到的照会中美国的态度基本一致。1900 年 1 月 7 日美国送交西班牙公使一份照会，事关两个位于《巴黎条约》确定界限之外的岛屿，但美国却根据该条约提出主张。照会称，"西班牙虽然从未直接管理过这两个岛屿，但曾成功主张它们构成其苏禄苏丹属地的一部分。因为苏禄当局管理了岛屿，它们也就处于西班牙当局的间接管理之下，但因为最近的战争，西班牙当局撤出了该地区。"

上文提到的《明斯特条约》第 5 条明确肯定了殖民势力与当地首领之间的这种协议制度；因为，在东印度群岛和西印度群岛地区，与荷兰国家或公司缔结友好同盟条约的"统治者、国家和人民"中必然包括了当地的首领和酋长。

因此，仲裁员在本案中不会考虑排除荷兰提出的协议。

＊岛屿的确认

关于争议岛屿与 1885 年和 1899 年协议中的"Melangis（Palmas）"岛和"Miangas"岛是否一致，必须考虑 1886 年 1 月美娜多（Menado）驻扎官员送交荷兰西印度总督的大比例尺地图。该地图使用不同颜色标识了桑吉岛和塔劳尔群岛的行政地区，基本完全符合 1885 年协议附件对塔鲁纳领土的描述，除了协议使用"纳努萨"的名称指代 7 个岛屿，而地图将其标示为其中 1 个岛屿，该岛屿通常被称为"Merampi（Mehampi）"岛。这张大比例尺地图显然是为了行政管理，荷兰政府的说明中提交了一份该地图的复本，显示有一个名为"Palmas of Melangis"的单独岛屿，尽管面积和形状都不是非常正确，并且位置向南偏了 40′，向东偏了 20′，但是只能认为该岛屿是帕尔马斯岛。因为根据最可靠详细的现代地图，特别是英制海图，在塔劳尔群岛或纳努萨群岛与棉兰老岛之间除了帕尔马斯岛没有其他岛屿。

更早期的一幅由科文斯（Covens）和莫迪尔（Mortier）在阿姆斯特丹绘制的地图证明了帕尔马斯岛的相对正确位置。该地图的具体绘制日期不明，但确定是在 18 世纪。该地图标出了帕尔马斯岛的大致位置，是一个标记为"'t regte P° Menangus"的单独岛屿，不同于"engelsche Eilanden Menangus"岛以及纳努萨群岛。（p. 860）这幅地图说明，在绘制之前，不确定是否实际存在一个或多个名为"Menangus"的岛屿,显然这是因为英国人丹皮尔(Dampier)在1698年出版的著作中提到了Meangis群岛的存在。

与科文斯和莫迪尔地图的描述一致,1855年航海家卡特隆(Cuarteron)著作中的地图单独标出了一个名为"Mianguis"的岛屿。尽管并不完全处于争议岛屿的位置,但该岛屿不同于纳努萨群岛,大约位于圣阿古斯丁岬和纳努萨群岛之间。卡特隆地图使用各种颜色标明政治边界,明确表明"Mianguis"岛属于荷兰;因为作者曾广泛游历该地区,该地图还配有地理和数据信息,没有充分的理由能够质疑其可靠性。此外,著作对"Mianguis"岛的说明也给出了相对准确的地理位置〔北纬5° 33′30″(《仲裁协议》中为5° 35′),罗马东经114° 42′00″,相当于格林威治东经127° 12′53″(《仲裁协议》中为126° 36′)〕,并详细说明了人口构成的大致统计信息。此外,尽管注意到有少数地理学家用"Mianguis"的名称指代纳努萨群岛,但是卡特隆著作中认为"Mianguis"岛不同于纳努萨群岛。

1896年11月荷兰政府蒸汽船"拉法"号(Raaf)以及1898年6月皇家海军"艾迪"号(Edi)指挥官的报告证明:荷兰当局非常清楚"Miangas"岛与许多地图标注的帕尔马斯岛是同一个岛。这些官员明确提到了岛屿的两个名称,并且给出了当时访问岛屿的确切地理位置。

必须注意到,地图和协议中提到该岛屿有不同的名称,例如Melangis、Miangas、Miangus、Mianguis。荷兰诉状和辩诉状提到的各种文件中有超过12个不同名称,但荷兰政府认为它们都指向同一个岛屿。荷兰政府提供的语言专家报告能够充分解释这些有时非常显著的差异。岛名所使用当地语言的特殊性以及将该语言的发音转换成西方字母的困难,不仅可以解释各种拼写的存在,还可以确切说明这些变化的原因。甚至早期的文件也记录了这种拼写的差异,例如1701年5月11日摩鹿加群岛总督信函和1726年9月12日报告。此外,拼写的差异不能证明不同名称或多或少地指向不同的岛屿,因为在整个相关地区中,没有其他岛屿更适合适用上述名称或者其中大部分名称。坦古兰丹岛(Tangulandang)虽然曾被称为"Minangan",但显然不同于18世纪和19世纪关于塔布坎附属地文件中的"Miangas"岛。

提交法庭的证据都不能证明,出现在部分古老地图上名为"'t regte Menangus"的岛屿是阿里阿卡岛〔Ariaga(Marare)〕。因为,根据美国诉状中提到的梅尔维尔·范卡恩比(Melvill van Carnbee)陈述,该岛屿上无人居住。

(p. 861)

美国的复辩状强调,19世纪几位著名的制图者和航海者将纳努萨群岛或其中部分岛屿标记为"Meganis群岛"或类似名称,其中部分是荷兰人,特别是梅尔维尔·范卡恩比男爵。这种说法毫无疑问是准确的，但不能证明，作为塔布坎、塔鲁纳或坎大哈－塔鲁纳附属地的"Miangas"岛是"Is. Meangi"岛，并因此属于纳努萨群岛。制图者显然用"Iles Meangis"或类似名称指代一组岛屿。然而，争议岛屿却是一个单独、偏远、孤立的岛屿。将"Meangis"的名称用于纳努萨群岛似乎是一个错误，因为提交仲裁员的官方文件明确区分了纳努萨群岛的主要岛屿与"Miangas"岛、"Meangas"岛或"Melangis"岛，这些文件与提到"Is. Meangis"的地图大致处于同时期。将纳努萨群岛误认为"Meangis"群岛可能是由于人们渴望确定"Meangis"群岛的位置，该群岛因丹皮尔航行而知名。因为直至近日，几乎所有当事方提交的地图都表明，位于西里伯斯海该部分岛屿的名称和位置相当不准确，包括梅尔维尔·范卡恩的两张地图，所以很可能会错误使用"Miangas"的名称，即使是荷兰人绘制的地图。

并不能够排除3个名为"English Menangis Islands"的岛屿实际存在过，在部分地图上它们位于"right Menangis"以东，它们还出现在一份详细说明周边海域深度的地图上。然而，这些岛屿因为卡特隆报告提到的地震而消失了。

最后，可以注意到：除了最近的时期之外，关于帕尔马斯岛或其他被认为与之相同的岛屿，例如圣胡安岛（St. Juan）、马塔岛（Mata）、亨特岛（Hunter），都没有任何关于岛上人口的信息；此外，除马塔岛之外，所有其他名称可能是由没有登陆或者接触当地人的航海者命名的。但是，Miangas是一个使用当地语言的名称，所以该名称必然是当地居民告知他们所臣服的首领以及与他们接触的航海者的。Miangas是指有人居住的地方，要比1892年建立的集中村庄更为古老。

因此，1885年和1899年协议提到的一个与纳努萨群岛相关但又不同，属于塔鲁纳或者坎大哈－塔鲁纳，名为"Melangis"或"Miangis"的单独岛屿只能是指争议岛屿。并且至少自18世纪以来，该岛屿就以这些相同或相似的名称而为人所知。单独的"Miangas"岛的存在无可置疑，如果它不是指争议岛屿，就没有合理的解释能够说明它应当是哪个岛屿。

《荷兰东印度地图集》第14页的特别地图（1901年发行）表明，在《仲裁协议》说明的位置有属于荷兰的"P. Miangis（Palmas E.）"岛，这符合了早期的地图和信息，特别是1886年政府发行的特别地图。在这种情况下，尽管1857年博加尔特地图（Bogaert）、（p. 862）1883年到1885年《斯蒂姆福特和斯特霍夫地图集》（Stemfort and Siethoff）以及其他地图中绘制了名为"Meangis"或类似名称的一组岛屿，但该事实不具有证据效力。

*** 荷兰的证据

解决了先决问题之后，现在将要考虑荷兰向仲裁员提交的支持其主张的证据。

荷兰认为，17 和 18 世纪的文件表明，塔布坎首领当时就已主张帕尔马斯岛并且实际行使了特定权力。必须指出以下方面：

荷兰政府特别重视的事实是：为了寻找丹皮尔提到的 Meangis 岛，荷兰航海者在棉兰老岛以南海域航行。根据现存的部分报告，他们不仅看到了帕尔马斯岛，并且还指出该岛属于当地国家塔布坎。而根据 1677 年 11 月 3 日协议和 1697 年 9 月 26 日协议，塔布坎正处于荷兰宗主权下。

1700 年 11 月 21 日，当荷兰船舶 De Bye 号、"拉瑞斯克"号（Larycque）和 De Peer 号靠近争议岛屿时，岛上人民挥动着首领的旗帜，也就是东印度公司旗帜，但船舶最终因海上情况无法登陆。该事实可以证明荷兰统治的存在。"拉瑞斯克"号指挥官同年 11 月 12 日就已观察到该岛，被指示登陆进行更详细的调查，并在 12 月 9 日和 10 日进行了调查。当地居民不仅再次升起相同旗帜，而且还告知船员该岛名为"Meangis"。他们送给指挥官一份 1681 年的文件（当时就已遗失），来自塔布坎已故国王马库斯·拉雷罗（Marcus Lalero，1697 年协议确认了该国王的存在和死亡）。该文件表明了"Miangis"人民效忠塔布坎。然而，关于 1700 年 12 月 10 日的访问只有一份间接报告，也就是 1701 年 5 月 11 日驻特尔纳特（Ternate）摩鹿加议会总督致印度总督和议会的信函。该信函毫无疑问根据了"拉瑞斯克"号指挥官提供的信息，该指挥官 1700 年 12 月 29 日到达特尔纳特。总督认为：争议岛屿是塔劳尔群岛最远的地方，而且它名字的正确拼写不是"Meangis"，而应是"Mayages"。

所有报告都没有提及周边的岛屿，只提到一个单独的岛屿，岛屿的形状也大致与帕尔马斯岛一致。这些陈述和情况几乎可以断定相关岛屿就是帕尔马斯岛，除非上述报告中的航海观测可能针对纳努萨群岛，该群岛同样也效忠于塔布坎。尽管这些观察很可能存在错误，但同荷兰诉状中主要借助的确定岛屿位置的方法——计算通过海上特定距离所需要的时间——相比而言，上述观测相对更为准确。尽管如此，西里伯斯海相关海域中不存在其他单独的岛屿，并且航海者基本不可能在 11 月和 12 月的 3 次访问中都只是观察到和提及周边的岛屿，（p. 863）至少 1700 年 12 月 10 日"拉瑞斯克"号登陆的岛屿非常可能是帕尔马斯岛。

1701 年 11 月 1 日的一份文件中再次提到了"Meamgy"岛，与纳努萨群岛相关但又有所不同。该文件事关塔布坎的刑事司法规则（禁止仇杀和保留死刑是东印度公司的专属特权），报告称 1700 年 12 月 10 日登陆的岛屿属于塔布坎。通过明确的规定，声明塔布坎的规则适用于"纳努萨群岛和 Meamgy 岛"，这证明后者已经为人知并确定属于塔布坎。

1706 年 6 月 11 日特尔纳特总督的报告称，"Miangas"岛是当地国家塔布坎和塔鲁纳最北边的附属地，与纳努萨群岛中的卡卡罗坦（Kakarotang）岛相关，并且确定与 1700 年 11 月 21 日"拉瑞斯克"号首次观察到的岛屿一致。最后，另一份 1726 年 9 月 12 日特尔纳特总督的报告中提到了关于一个问题的决定，即从"Meangas"岛或"Mejages"岛来到塔鲁纳的 80 个塔劳尔人（塔劳尔群岛的居民）是否归塔鲁纳或塔布坎统治。报告明确指出，该岛屿与 1700 年"拉瑞斯克"号指挥官访问的岛屿一致。

这些书面证据结合相关事实，即在塔劳特斯群岛（桑吉岛）和塔劳尔群岛以北，除了帕尔马斯岛外没有其他岛屿被称为 Miangas 或类似名称，可以得出结论：荷兰东印度公司在 18 世纪早期就认为帕尔马斯岛是其附庸国塔布坎的一部分。之后，特别是在 1825 年官方报告中再次提到，"较远的 Melangis 岛"属于塔布坎，更强化了上述结论的可能性。

在 1825 年之后的文件中，Miangas（Melangis）被认为是塔鲁纳的附属地，塔鲁纳是桑吉岛北部的另一个附庸国，在 1726 年就已主张争议岛屿。岛屿转让的时间和情况并不为人所知，但肯定发生在 1858 年之前，因为 1857 年 12 月 31 日美娜多总督报告中提到纳努萨群岛和 Melangis 岛属于塔鲁纳。1885 年和 1899 年协议维持了这种状态。根据国际法，岛屿从一个附庸国转让到另一个附庸国纯粹属于荷兰的内政，因为荷兰对塔布坎和塔鲁纳的宗主权在岛屿转让之前就早已存在。

考虑到 1676 年和 1679 年与塔布坎的协议确定了荷兰东印度公司对塔布坎广泛的宗主权利以及与其进行交往的专属权利；进一步考虑到，在 1701 年和 1726 年至少有两个与 Miangas 岛明确相关的管辖行为，但同时期却没有可知的其他国家的主权展示。所以，可以认为至少在 18 世纪前 25 年甚至更早，荷兰东印度公司对帕尔马斯岛行使了宗主权，（p. 864）因此，根据当时的国际法，该岛屿处于荷兰主权之下。

提交仲裁员的证据没有表明这种情况在 1648 年就已存在，并因此得到了《明斯特条约》的确认。但关于西班牙主张的权利依据，可以参考上文对该条约的分析。一方面，因为无法证明荷兰在关键日期对帕尔马斯岛的占有，所以，不能将占有状态转化成当事方之间的条约权利。另一方面，即使《明斯特条约》和《乌特勒支条约》适用于该案，也不能援引它们使荷兰 1648 年之后对帕尔马斯的主权取得无效。因为根据 18 世纪初荷兰对塔布坎的宗主权、塔布坎与帕尔马斯岛之间的关系，《乌特勒支条约》承认了荷兰对塔布坎首领的宗主权，他属于"与东印度和西印度公司宗主国和成员保持友好同盟关系的统治者、国家和人民"。

*19 世纪的证据

承认早在 18 世纪领土主权就存在，并且承认荷兰 19 世纪特别是 1906 年对主权的展示，并不会得出荷兰政府所主张的结论，即通过类推适用法国、荷兰和德国民法，除非证明存在相反结论，应当推定主权在此期间存在。根据上文阐述的理由，除非根据明确的规定，此种推断不能适用于国际仲裁。仍然应当由仲裁庭根据存在或长或短间断的主权展示证据来确定主权是否持续存在。

关于塔布坎附庸国整体，特别是关于帕尔马斯岛，荷兰政府提交仲裁庭的书面证据中有相当多的空白。然而，没有理由认为，当驻扎官员范德尔登（Van Delden）1825 年报告提到 Melangis 岛属于塔布坎时，从 1726 年到 1825 年荷兰与争议岛屿之间没有关系。

范德尔登报告以及之后 19 世纪的相关文件表明：荷兰当局一直认为 Miangas 岛属于桑吉岛和塔劳尔群岛，并且与纳努萨岛存在特别的关系。1857 年 8 月 12 日美娜多驻扎官员报告详细地说明了当地的行政组织，包括：村落和地区的名称以及当地官员的编号、职位和姓名。Melangis 岛与纳努萨群岛被记录在一起，但也区别于纳诺艾萨岛（Nanoesa，通常也被称为 Mehampi）和卡拉通岛（Karaton）；Melangis 岛由一名首领管理，当时的首领名叫 Sasoeh。这份报告毫无疑问地说明了 Melangis 岛当时的法律地位，符合上述 1885 年和 1899 年协议中关于帕尔马斯岛的描述，并且符合 1899 年 9 月 15 日所制的图表。（p. 865）该图表描述了塔劳尔群岛上所有的行政地区，而塔劳尔群岛是桑吉岛上当地国家的属地。

尽管如此，可以发现在 1895 年之前岛屿与殖民管理机构的直接关系非常松散。1895 年 11 月美娜多驻扎官员访问岛屿的报告称，根据当地人的说法，之前没有船舶到过该岛，也从未有欧洲人来过；驻扎官员认为他是第一个到达帕尔马斯岛的殖民官员；同样 1898 年在西里伯斯海巡航的皇家海军"艾迪"号指挥官指出，"当地人从未见过任何到 Miangas 岛的蒸汽船"。关于 1895 年之前的文件确实缺乏，但并非完全没有。荷兰政府向仲裁庭提交了一系列当地人、首领或其他人的陈述，其中大部分人年龄较大，他们的记忆可以追溯到 1906 年之前很久，至少到 1870 年，其中两份声明由证人用当地语言书写。从这些证言中可以发现，Miangas 人每年向塔鲁纳首领进贡；证言甚至详细说明了将要征集贡品的分担情况。另一方面，塔鲁纳首领也承担了危难时救助 Miangas 岛的义务。荷兰民事官员的证词提供了一份名单，列明了到 1917 年为止的 8 位由塔布坎首领（可能是塔鲁纳首领）或美娜多驻扎官员任命的 Miangas 首领。

无论这些 1924 年证词的价值如何，至少有书面证据可以支持其中的部分内容。关于蒂姆巴拉（Timpala）首领的提名，名单得到了 1889 年 9 月 15 日美娜多驻扎官员签署法令的确认。但最重要的是，荷兰当局向 Miangas 岛民征税的书面证据。尽管早期贡品是垫子、大米和其他物品，根据 1885 年与塔鲁纳协议的规定，改用人头税代替贡品，并改用货币支付（18 岁以上当地男子每人 1 弗罗林）。荷兰政府提交了一份表格，包括了所有塔劳尔群岛上桑吉国附属地纳税人的数量和应纳税额。"Menagasa"被列为塔鲁纳附属地纳努萨群岛的一部分，共有 88 名应纳税人，每人需要交纳 1 弗罗林。

此外，1896 年 11 月 17 日塔鲁纳监管官员报告中称，Melangis 人到较大岛屿上出售产品获取收入，用于缴纳新的税赋。1898 年 6 月 18 日皇家海军"艾迪"号指挥官的报告也证实了这种有效交纳税赋的方式。

塔鲁纳监管官员的报告提到，1896 年 11 月 4 日向 Melangis 岛的行政首领分发了徽章，在两天之前相同的行为也发生在纳努萨群岛中卡拉通岛上。报告称，在这两起事件中，都告知了当地政府此种行为的意义。1843 年国王颁布指令要求分发徽章和旗帜作为主权标志。1896 年在 Miangas 岛上安放的徽章，1898 年被皇家海军"艾迪"号发现时仍然状态良好。（p. 866）1895 年和 1898 年荷兰船舶"拉法"号和"艾迪"号上官员的速写都证明了岛上存在旗杆。

1898 年 5 月 13 日，即将驻扎西里伯斯岛和特尔纳特东北部海域的皇家海军"艾迪"号接到了命令，毫无疑问，该船的任务是巡逻这些海岸、桑吉岛和塔劳尔群岛，"并在必要时，保证对维持严格中立规则的遵守"。"艾迪"号的航行日志证明，该船在战争期间于 1898 年 6 月和 9 月两次访问了帕尔马斯岛。

20 世纪的证据

关于 20 世纪，必须注意到，根据国家间仲裁程序的一般原则，以及两国在1915 年 1 月 25 日国务院照会和 1915 年 5 月 29 日荷兰驻华盛顿公使照会中达成的谅解，必须排除 1906 年之后的事件。在 1898 年 12 月 10 日《巴黎条约》签订与 1906 年本争端产生之间发生的事件，它们本身不能用于说明关键时刻（即西班牙割让菲律宾群岛时）争议岛屿的法律情势。然而，它们具有间接关系，因为它们可能说明之前邻近时期的情况。首先，必须注意到，荷兰当局和帕尔马斯岛的关系在签订《巴黎条约》前后没有实质性差别。因此，不能因为可能受条约的影响而不考虑 1899 年到 1906 年之间的事件。1899 年坎大哈－塔鲁纳协议与之前 1885 年塔鲁纳协议完全一致，并且在 1898 年之前就已开始准备。根据 1904年和 1905 年的征税表，税收制度与 1895 年的设置完全相同。1899 年蒂姆巴拉被任命为首领，1917 年被新的人选所取代。

1904 年 10 月台风之后对岛屿进行援助，尽管本身并不必然是国家职权的展示行为。但根据 1904 年 12 月 31 日美娜多驻扎官员的报告，当时 Miangis 岛受到严重损害，只能通过政府援助获得必需的帮助。还可以参考从前存在的一种关系，即岛民向桑吉首领进贡，而在发生危难时，较大的岛屿借助自身更丰富的资源给予他们援助。

五、结论

基于上述对双方主张的分析，可以得出以下结论：

美国对帕尔马斯岛主权的主张源于西班牙依据《巴黎条约》的割让。尽管争议岛屿包括在该条约的割让界限范围内，并且荷兰没有对该界限做出保留或提出抗议，然而，如果岛屿主权之前不属于西班牙，则该条约不能产生有利于美国的主权依据。（p. 867）因此，关键问题是确定西班牙在《巴黎条约》生效之时是否享有帕尔马斯岛的主权。

美国主张还依据了发现、条约的承认以及邻近，也就是取得主权的行为或情况的相关依据；然而，美国没有证明在任何时期曾有效展示了通过上述方式取得的主权。

相反，荷兰的主权主张本质上是基于对争议岛屿和平、持续的国家权力展示。根据国际法，该依据要优先于随后没有实际展示国家权力的主权取得依据，因此首先有必要确定：证据是否充分证明了荷兰的主张；如果是，还需要确定具体的期间。

仲裁员认为，荷兰已经成功地证明了以下事实：

第一，帕尔马斯岛与一个具有相同或类似名称的岛屿是同一岛屿，该岛屿至少从 1700 年起相继构成桑吉岛（塔劳特斯群岛）上两个当地国家的组成部分。

第二，这些当地国家从 1677 年起就通过宗主权协议与东印度公司建立了联系，也因此与荷兰建立了联系。协议授予了宗主国权力，使附庸国成为其领土的一部分。

第三，可以证明，在 1700 年到 1898 年之间的不同时期，以及 1898 年到 1906 年之间，附庸国或宗主国专门针对帕尔马斯岛行使了具有国家权力性质的行为。

荷兰对于帕尔马斯岛直接或间接的主权展示行为并不是很多，特别是在 18 世纪和 19 世纪早期，并且在持续展示证据方面还存在相当多的空白。但是，考虑到主权展示是针对面积小并且偏远的岛屿，只有本地人居住，因此，不能苛求其频繁进行；除此之外，主权展示也没有必要追溯到很久远的时期，在 1898 年存在此种展示可能就已足够，并且持续、和平的展示在该日期之前就已长期存在，根据当地的情况，如此长的时间足以使任何认为拥有岛屿主权或者主张主权的国家能够合理确定：存在与其实际拥有或主张的权利相反的情势。

没有必要确定主权展示开始的确切时期，确定在 1898 年之前的关键期间存在就已足够。显然主权的建立可能是国家控制缓慢演变、逐步强化的结果。对于殖民国家通过对当地国家建立宗主权而取得主权的情况更是如此。

本案中，19 世纪中期之后相关的证据清楚地表明：荷兰印度政府认为岛屿无疑是其所有领土的一部分，在 1898 年之前的几年里，主权展示得到了强化。（p. 868）

1666 年西班牙从摩鹿加群岛撤退时，曾明确提出保留，将继续维护其主权权利。然而，直到 1906 年美国提出抗议，针对荷兰对塔劳特斯群岛（桑吉岛）以及其属地（包括 Miangas）行使的领土权利，没有记录表明曾有过争议或抗议等行为。在展示行为证据相关的整个时期（从 1700 年到 1906 年），必须承认荷兰的主权展示具有和平性。

此外，不存在西班牙或者其他国家对争议岛屿曾展示主权的证据，足以抗衡或者抵消荷兰的主权展示。提交仲裁庭的证据也没有表明，至少是从 17 世纪中期以来，任何第三方有过此种行为。这些情况，结合没有证据表明两个多世纪中西班牙和荷兰当局关于帕尔马斯岛曾有过冲突的事实，可以作为间接证据证明荷兰主权的排他展示。

即便如此，仍然需要考虑，国家权力的展示是否可能存在法律缺陷，因此不能创设有效主权依据；其次还要考虑，美国是否可以提出比荷兰更有具优势的依据。

关于通过持续、和平展示国家权力的方式（即所谓的时效）取得主权的条件，美国在辩诉状中已对部分问题进行了讨论，必须说明以下几点：

展示必须是开放和公开的，即应当符合对殖民地国家行使主权的惯例。对于有人口居住的领土，长期秘密地行使国家权力是不可能的。尽管如此，荷兰没有义务通知其他国家其对桑吉岛上国家建立了宗主权或者对这些领土展示了主权。

此种通知，类似于其他正式行为，只能因法律的明确规定而成为合法性条件。尽管 1885 年各国通过了关于非洲大陆的类似规则，但是该规则并不自动适用于其他地区。因此，即使认为 1885 年与塔鲁纳的协议或 1889 年与坎大哈－塔鲁纳的协议是对帕尔马斯岛的首次主权主张，也无需适用通知规则。

此外，毫无疑问，荷兰对桑吉岛上国家作为主权者行使国家主权，是根据自身权利，而不是根据派生的或不确定的权利。

最后，仲裁庭需要考虑的问题是，荷兰 1677 年在塔劳特斯群岛（桑吉岛）上建立主权是否违反了《明斯特条约》，以及这种情形是否可能阻止荷兰通过持续行使国家权力而取得主权。仲裁庭认为没有必要分析该问题，因为《乌特勒支条约》承认 1714 年的既存情势，因此承认了荷兰对塔布坎和 Miangas 岛的宗主权利。

因此，荷兰取得主权的条件已经满足。现在仍然要分析美国作为西班牙权利的继承国是否提出了对等或更强的依据。答案是否定的。

（p. 869）

依据发现的权利，如果尚未被《明斯特条约》和《乌特勒支条约》变更，即使根据最有利和最宽泛的解释，也仅是有待完善的权利依据，该主张需要通过有效占领建立主权。尽管如此，有待完善的权利依据也不能优先于根据持续、和平的主权展示而建立的确定权利依据。

根据邻近的权利，国际法不承认其作为领土主权的依据。

仲裁庭不能适用条约所承认的权利依据。因为，即使认为西班牙1648年"控制和占有了"桑吉岛上国家及其Miangas附属地，它根据《明斯特条约》享有的权利可能已被《乌特勒支条约》规定的权利所取代。现在如果有证据证明1714年帕尔马斯岛的占有情况，所有证据都完全有利于荷兰。然而，即使不考虑《乌特勒支条约》，西班牙对1677年之后情势的默认，也将剥夺西班牙及其权利继承者现在仍能援引条约的任何可能性。

荷兰通过持续、和平展示国家权力取得的主权依据，经历了相当长的时期，可能追溯到1700年之前，因此仍然有效。

为了论证的可靠性，如果像美国主张的那样，承认根据《仲裁规则》提交仲裁庭的证据没有充分确立对帕尔马斯岛持续、和平的主权展示，仍然可以得出相同的结论。因为假如当事方都不能证明对岛屿的主权主张，仲裁员则需要根据各方提出依据的相对效力来确定主权归属。

根据《仲裁协议》，基于此种依据解决争端是必需的。为了确定仲裁员将要裁决的问题，当事方的用语（第1条）设定：本案中帕尔马斯岛只能属于美国或荷兰之一，而且必须作为一个整体归属于两者之一。因为，根据序言中的用语，1925年1月23日《仲裁协议》的目的是"结束"争端，显然当事方的意图不是以"事实不清"作出仲裁裁决，而是一定要确定争议岛屿属于哪一方诉讼当事国的领土。

当事方在《仲裁协议》中一定设想了这样一种可能性，即仲裁员可能根据各方主张依据的相对效力作出判决。因为可以预知，对于争议岛屿这种情况的领土，相关主权证据可能不足以得出主权存在的明确结论。

基于上述理由，关于美国作为西班牙继承国所援引的依据，没有国际法支持西班牙的主权。因此，根据双方的主张，即使承认荷兰的证据与争议岛屿无关或者不足以证明对岛屿持续展示国家权力，也没有充分的理由支持美国的主张。（p. 870）但无论如何，荷兰确实证明了部分国家权力实施行为以及主权外在象征的存在，例如旗帜和徽章，即使仲裁员只考虑与帕尔马斯岛相关的证据，例如1895年蒸汽船"拉法"号、1898年皇家海军"艾迪"号以及1906年伍德将军的相关访问，根据这些可靠且充分准确的海军记录，也会得出同样的结论。

这些事实至少表明荷兰开始通过持续、和平展示国家权力而建立主权，或者开始占领不属于任何国家领土的岛屿；并且这种情势将产生支持荷兰的有待完善的权利依据。仲裁员认为，这种基于国家权力展示的有待完善的权利依据，将优先于来源于发现的依据，特别是后者长期未通过占领进行完善；这种权利依据同样也优于任何来源于邻近概念的主张。与一般法律相同，国际法的目标是确保各种值得法律保护利益的共存。但在本案中，如果在两种冲突利益中只能选择其一，因为主权只能属于一方，那么，维护事实状态的利益将胜出，它在关键时期里保障了争议领土上的居民以及其他国家的权利，此种利益将优于可能得到国际法认可但没有任何具体发展形式的利益。

假设在《巴黎条约》生效之时帕尔马斯岛不属于任何国家，西班牙应该只能割让她基于发现或邻近原则而可能拥有的权利。但另一方面，任何第三方缔结的条约都不能改变荷兰有待完善的权利依据；并且，至少到1906年，此种条约不能导致荷兰完善其权利依据的行为违法，因为在此之前没有产生关于该问题的争端。

根据1906年1月21日伍德将军访问帕尔马斯岛的报告，荷兰权力的建立还得到外部主权标志的证明，已经发展到了一定程度，以至于维持该种状态的重要性应当胜于依据很久之前但没有占领支持的发现主张，或者仅仅依据地理位置的主张。

根据各方权利依据的相对效力，并且完全依据争端产生前邻近时期里的有限证据，可以得出上述结论。

如果考虑所有的证据，仲裁员认为也应当这样做，（p. 871）证据更倾向于表明从1700年到1906年荷兰主权的和平展示行为没有争议，如上文所述，足以证明荷兰主权的存在，那么上述结论将更具说服力。

基于上述理由，依据1925年1月23日《仲裁协议》第1条，仲裁员裁决如下：

帕尔马斯岛整体构成荷兰领土的一部分。

1928年4月4日于海牙

仲裁员：马克斯·休伯

秘书长：米希尔斯·范·威尔杜恩

参考文献

一、中文文献

（一）书目

1. ［英］詹宁斯、瓦茨修订，王铁崖等译：《奥本海国际法》（第 9 版中译本第 1 卷第 2 分册），中国大百科全书出版社 1998 年版。

2. 王铁崖主编：《国际法》，法律出版社 1995 年版。

3. ［英］伊恩·布朗利著，曾令良、余敏友译：《国际公法原理》，法律出版社 2007 年版。

4. 周忠海主编：《国际法》，中国政法大学出版社 2008 年版。

5. ［美］何塞·E. 阿尔瓦雷斯著，蔡从燕等译：《作为造法者的国际组织》，法律出版社 2011 年版。

6. 李浩培：《条约法概论》，法律出版社 2003 年版。

7. ［日］杉原高嶺著，王志安、易平译：《国际司法裁判制度》，中国政法大学出版社 2006 年版。

8. 张卫彬：《国际法院证据问题研究：以领土边界争端为视角》，法律出版社 2012 年版。

9. 张卫彬：《国际法院解释条约规则及相关问题研究：以领土边界争端为视角》，上海三联书店 2015 年版。

10. 维克多·普莱斯考特、吉莉安·D. 崔格斯著，孔令杰等译：《国际边疆与边界：法律、政治与地理》，社会科学文献出版社 2017 年版。

11. 高健军：《国际海洋划界论》，北京大学出版社 2005 年版。

12. 孔令杰编著：《领土争端成案研究》，社会科学文献出版社 2016 年版。

13. 邵沙平主编：《国际法院新近案例研究（1990 – 2003）》，商务印书馆 2006 年版。

14. 陈致中选编：《国际法案例选》，法律出版社 1986 年版。

15. 陈致中编著：《国际法案例》，法律出版社 1998 年版。

16. 《国际法院判决、咨询意见和命令摘要》（1949 – 1991），http：//www. icj – cij. org/ch.

17. 《国际法院判决、咨询意见和命令摘要》（1992 – 1996），http：//www. icj – cij. org/ch.

18. 《国际法院判决、咨询意见和命令摘要》（2003 – 2007），http：//www. icj – cij. org/ch.

19. 《国际法院判决、咨询意见和命令摘要》（2008 – 2012），http：//www. icj – cij. org/ch.

（二）论文

1. 朱利江：《试论解决领土争端国际法的发展与问题——最新案例剖析》，载《现代国际关系》2003 年第 10 期，第 25 ~ 29 页。

2. 朱利江：《马来西亚和印度尼西亚岛屿主权争议案评论》，载《南洋问题研究》2003 年第 4 期，第 60 ~ 70 页。

3. 李华：《论解决领土争端的有效控制原则——以国际法院的典型案例为例》，载《和田师范专科学校学报》2006 年第 26 卷第 3 期，第 43 ~ 44 页。

4. 王子昌：《新马岛屿争端之判决：依据与启示》，载《东南亚研究》2009 年第 1 期，第 13 ~ 18 页。

5. 王秀梅：《白礁岛、中岩礁和南礁案的国际法解读》，载《东南亚研究》2009 年第 1 期，第 19 ~ 25 页。

6. 孙传香：《有效控制理论在国际法院的运用及我国的对策》，载《平顶山学报》2008 年第 23 卷第 6 期，第 15 ~ 18 页。

7. 韩占元：《试析解决领土主权争端的有效控制原则——兼论我国的无人岛屿主权争端问题》，载《太原师范学院学报》2008 年第 7 卷第 2 期，第 55 ~ 57 页。

8. 黄德明、黄赟琴：《从白礁岛案看领土取得的有效控制原则》，载《暨南学报（哲学社会科学版）》2009 年第 5 期，第 33 ~ 40 页。

9. 聂宏毅：《国际法院在解决领土争端中的作用及困境评析》，载《河北法学》2009 年第 27 卷第 1 期，第 39 ~ 44 页。

10. 曲波：《有效控制原则在解决岛屿争端中的适用》，载《当代法学》2010 年第 1 期，第 144 ~ 151 页。

11. 曾皓：《试论领土法的新发展——有效占领制度》，载《法学评论》2010 年第 3 期，第 69 ~ 74 页。

12. 曾皓：《论领土法的新发展——以国际司法判例为视角》，载《湘潭大学学报（哲学社会科学版）》2010 年第 34 卷第 3 期，第 44～48 页。

　　13. 黄瑶、凌嘉铭：《从国际司法裁决看有效控制规则的适用》，载《中山大学学报（社会科学版）》2011 年第 51 卷第 4 期，第 169～180 页。

　　14. 王秀梅：《领土争端中有效控制原则的适用及其限制》，载《河南财经政法大学学报》2012 年第 4 期，第 129～136 页。

　　15. 张卫彬：《中日钓鱼岛之争中的有效统治证据分量考》，载《太平洋学报》2012 年第 20 卷第 12 期，第 60～67 页。

　　16. 宋岩：《国际法院在领土争端中对有效控制规则的最新适用——评 2012 年尼加拉瓜诉哥伦比亚"领土和海洋争端案"》，载《国际论坛》2013 年第 15 卷第 2 期，第 48～54 页。

　　17. 侯芳：《运用有效占领理论论中国对钓鱼岛的主权》，载《周口师范学院学报》2013 年第 30 卷第 3 期，第 78～81 页。

　　18. 江国青等：《"有效控制"原则在领土与海事争端中的适用动向——以国际法院"领土与海事争端案"（尼加拉瓜诉洪都拉斯）为例》，载《比较法研究》2013 年第 6 期，第 38～51 页。

　　19. 薛桂芳、毛延珍：《有效控制原则视角下的南海岛礁主权问题研究》，载《广西大学学报（哲学社会科学版）》2014 年第 36 卷第 5 期，第 94～98 页。

　　20. 王玫黎、谭畅：《论有效控制理论在南海岛屿主权争端中的运用——基于国际法院裁判案例的分析》，载《太平洋学刊》2014 年第 22 卷第 5 期，第 77～84 页。

　　21. 张卫彬：《国际法上的"附属岛屿"与钓鱼岛问题》，载《法学家》2014 年第 5 期，第 1～14 页。

　　22. 谈中正：《岛礁领土取得中的"有效控制"：兼论南沙群岛的法律情势》，载《亚太安全与海洋研究》2015 年第 1 期，第 82～96 页。

　　23. 罗欢欣：《国际法上的领土权利来源：理论内涵与基本类型》，载《环球法律评论》2015 年第 4 期，第 166～180 页。

　　24. 张祖兴：《国际法院判例中的"领土取得模式"》，载《外交评论》2010 年第 5 期，第 134～149 页。

　　25. 张卫彬：《国际法院解释领土条约的路径、方法及其拓展》，载《法学研究》2015 年第 2 期，第 192～208 页。

　　26. 张卫彬：《国际法上岛礁的"占有"与南沙群岛问题》，载《法商研究》2016 年第 5 期，第 172～183 页。

　　27. 王军敏：《国际法中的关键日期》，载《政法论坛》2012 年第 30 卷第 4 期，第 161～166 页。

28. 张新军：《法律适用中的时间要素——中日东海争端关键日期和时际法问题考察》，载《法学研究》2009 年第 4 期，第 157～173 页。

29. 任虎：《领土争端中"关键日期"问题研究》，载《华东理工大学学报（社会科学版）》2011 年第 5 期，第 73～80 页。

30. 张卫彬：《国际法院解决领土争端中的关键日期问题——中日钓鱼岛列屿争端关键日期确定的考察》，载《现代法学》2012 年第 34 卷第 3 期，第 121～131 页。

31. 田慧敏：《国际法上的默认——以南沙群岛主权争端中的 U 形线地图为视角》，载《中国海商法研究》2015 年第 26 卷第 4 期，第 55～61 页。

32. 张卫彬：《论地图在国际法院解决领土争端中的证明价值——析地图证据之于钓鱼岛列岛争端》，载《太平洋学报》2012 年第 20 卷第 4 期，第 12～19 页。

33. 郑志华：《论国际法上地图证据的效力》，载《法商研究》2013 年第 2 期，第 32～38 页。

34. 曲波：《国际法上的历史性权利》，载《吉林大学社会科学学报》2015 年第 55 卷第 5 期，第 69～77 页。

35. 王建廷：《历史性权利的法理基础与实证考查》，载《太平洋学报》2011 年第 19 卷第 3 期，第 87～96 页。

36. 李扬：《国际法上的"historic title"》，载《北大国际法与比较法评论》2013 年第 10 卷第 13 期，第 27～53 页。

37. 李毅：《领土主权取得的"历史性巩固"理论评析》，载《太平洋学报》2017 年第 25 卷第 12 期，第 1～12 页。

38. 曲波：《禁反言在国际法中的适用——以领土争端案为例》，载《法学杂志》2014 年第 8 期，第 16～25 页。

39. 宋岩：《论领土争端解决中的默认》，载《亚太安全与海洋研究》2016 年第 1 期，第 62～77 页。

二、英文文献

（一）书目

1. Anna Riddell and Brendan Plant, *Evidence before the International Court of Justice*, British Institute of International and Comparative Law, 2009.

2. Anthony Aust, *Handbook of International Law*, Cambridge University Press, 2005.

3. Anthony Aust, *Modern Treaty Law and Practice*, 3ʳᵈ edn, Cambridge University

Press, 2013.

4. Antonio Cassese, *International Law*, 2nd edn, Oxford University Press, 2005.

5. A. D. McNair, *The Law of Treaties*, Clarendon Press, 1961.

6. A. J. Day, *Border and Territorial Disputes*, 2nd edn, Cartermill International, 1987.

7. A. S. Keller, O. J. Lissitzyn and F. J. Mann, *Creation of Rights of Sovereignty Through Symbolic Acts*, 1400 – 1800, Columbia University Press, 1938.

8. A. O. Cukwurah, *The Settlement of Boundary Disputes in International Law*, Manchester University Press, 1967.

9. B. Cheng, *General Principles of Law as Applied by International Courts and Tribunals*, Cambridge University Press, 2006.

10. Charles De Visscher, *Theory and Reality in Public International Law*, Princeton University Press, 1968.

11. Douglas M. Gibler, *The Territorial Peace: Borders, State Development, and International Conflict*, Cambridge University Press, 2012.

12. Enrico Milano, *Unlawful Territorial Situations in International Law*, Martinus Nijhoff Publishers, 2006.

13. Eric A. Belgrad, *The Theory and Practice of Prescriptive Acquisition in International Law*, University Microfilms, 1984.

14. E. Benvenisti, *The International Law of Occupation*, Princeton University Press, 1993.

15. G. M. Danilenko, *Law – Making in the International Community*, Martinus Nijhoff Publishers, 1993.

16. H. Thirlway, *The Sources of International Law*, Oxford University Press, 2014.

17. James Crawford, *Brownlie's Principles of Public International Law*, 8th edn, Oxford University Press, 2012.

18. Ian Brownlie, *Boundary Problems and the Formation of New States*, Hull University Press, 1996.

19. Jin – Hyun Paik et al. eds., *Asian Approaches to International Law and the Legacy of Colonialism: The Laws of Sea, Territorial Disputes and International Dispute Settlement*, Routledge, 2012.

20. James Crawford, *The Creation of States in International Law*, 2nd edn, Oxford University Press, 2006.

21. J. G. Merrills, *International Dispute Settlement*, 5th edn, Cambridge University Press, 2011.

22. J. H. W. Verzijl, *International Law in Historical Perspective*, A. Sijthoff, 1968 ~ 1998.

23. Jordan Branch, *The Cartographic State: Maps, Territory, and the Origins of Sovereignty*, Cambridge University Press, 2014.

24. Joshua Castellino and Steve Allen, *Title to Territory in International Law: A Temporal Analysis*, Ashgate Publishers, 2003.

25. John McHugo, *How to Prove Title to Territory: A Brief, Practical Introduction to the Law and Evidence*, Durham: International Boundaries Research Unit, University of Durham, 1998.

26. J. Gottman, *The Significance of Territory*, University Press of Virginia, 1973.

27. J. G. Moore ed. , *History and Digest of the International Arbitration to which the United States Has been a Party*, 6 Vols, Washington, Government Printing Office, 1898.

28. J. G. Moore ed. , *International Adjudications (Modern Series)*, Oxford University Press, Vols I (1929), II (1930), III &IV (1931), V & VI (1933).

29. Kaiyan H. Kaikobad, *Interpretation and Revision of International Boundary Decisions*, Cambridge University Press, 2007.

30. Martin Dixon, Robert McCorquodale and Sarah Williams, *Cases & Materials on International Law*, 5th edn, Oxford University Press, 2011.

31. Malcolm N. Shaw, *International Law*, 7th edn, Cambridge University Press, 2014.

32. Malcolm N. Shaw ed. , *Title to Territory*, Ashgate, 2005.

33. Malcolm N. Shaw, *Title to Territory in Africa: International Legal Issues*, Clarendon Press, 1986.

34. Marcelo G. Kohen ed. , *Territoriality and International Law*, Edward Elgar Publishing Limited, 2016.

35. Natalie Klein, *Litigating International Law Disputes: Weighing the Options*, Cambridge University Press, 2014.

36. Nuno S. Antunes, *Estoppel, Acquiescence and Recognition in Territorial and Boundary Dispute Settlement*, International Boundaries Research Unit, University of Durham, 2000.

37. NormanHill, *Claims to Territory in International Law and Relations*, Oxford U-

niversity Press, 1945.

38. D. P. O'Connell, *International Law*, Vol. I, 2nd edn, Stevens and Sons, 1970.

39. Peter Calvert, *Border and Territorial Disputes of the World*, 4th edn, John Harper Press, 2004.

40. Paul K. Huth and Todd L. Allee, *The Democratic Peace and Territorial Conflicts in the Twentieth Century*, Cambridge University Press, 2003.

41. Richard Gardiner, *Treaty Interpretation*, Oxford University Press, 2010.

42. Georg Nolte ed. , *Treaties and Subsequent Practice*, Oxford University Press, 2013.

43. Richard B. Lillich ed. , *Fact - Finding before International Tribunals*, Transnational Publishers, 1992.

44. R. Haller - Trost, *Historical Legal Claims: A Study of Disputed Sovereignty over Pulau Batu Puteh (Pedra Branca)*, International Boundaries Research Unit, University of Durham, 1993.

45. Robert Jennings and Arthur Watts, *Oppenheim's International Law*, 9th edn. , Longman Limited, 1992.

46. Robert W. Smith and Bradford L. Thomas, *Island Disputes and the Law of the Sea: An Examination of Sovereignty and Delimitation Disputes*, International Boundaries Research Unit, University of Durham, 1998.

47. Robert Jennings, *The Acquisition of Territory in International Law*, Manchester University Press, 1963.

48. R. Higgins, *Problems and Process: International Law and How We Use It*, Clarendon Press, 1994.

49. Simon De Smet, *Methods of Proof in International Adjudication: A Structural Analysis of Fact - finding by International Courts*, University of Cambridge, 2012.

50. Suzanne Lalonde, *Determining Boundaries in a Conflicted World: The Role of Uti Possidetis*, McGill - Queen's University Press, 2002.

51. Surya P. Sharma, *Territorial Acquisition, Disputes and International Law*, Martinus Nijhoff Publishers, 1997.

52. Surya P. Sharma, *Delimitation of Land and Sea Boundaries between Neighbouring Countries*, Lancers Books, 1989.

53. S. Korman, *The Right of Conquest: The Acquisition of Territory by Force in International Law and Practice*, Oxford University Press, 1996.

54. Victor Prescott and Gillian D. Triggs, *International Frontiers and Boundaries:*

Law, *Politics and Geography*, Martinus Nijhoff Publishers, 2008.

55. Walter G. Robillard, Donald A. Wilson, *Evidence and Procedures for Boundary Location*, 6th edn, Wiley, 2011.

56. W. E. Hall, *International Law*, 8th edn, Clarendon Press, 1924.

57. Walter G. Robillard, Donald A. Wilson, *Brown's Boundary Control and Legal Principles*, 6th edn, Wiley, 2009.

58. Yehuda Z. Blum, *Historic Titles in International Law*, Springer, 1965.

（二）论文

1. Gerald Fitzmaurice, "The Law and Procedure of the International Court of Justice, 1951 – 4: Points of Substantive Law, Part II", *British Yearbook of International Law*, Vol. 32, 1955 ~ 1956.

2. C. Waldock, "Disputed Sovereignty in the Falkland Islands Dependencies", *British Yearbook of International Law*, Vol. 25, 1948.

3. H. Thirlway, "The Law and Procedure of International Court of Justice: Part I", Vol. 60, *British Yearbook of International Law*, 1990.

4. Georg Schwarzenberger, "Title to Territory: Response to a Challenge", *American Journal of International Law*, Vol. 51, 1957.

5. Roger O'Keefe, "Legal Title versus *Effectivités*: Prescription and the Promise and Problems of Private Law Analogies", *International Community Law Review*, Vol. 13, 1 ~ 2, 2011.

6. Alexandros Yannis, "The Concept of Suspended Sovereignty in International Law and Its Implications in International Politics", *European Journal of International Law*, Vol. 13, 2002.

7. Donald W. Greig, "Sovereignty, Territory and the International Lawyer's Dilemma", *Osgoode Hall Law Journal*, Vol. 26, 1988.

8. Malcolm N. Shaw, "Territory in International Law", *Netherlands Yearbook of International Law*, Vol. 13, 1982.

9. Brian T. Sumner, "Territorial Disputes at the International Court of Justice", *Duke Law Journal*, Vol. 53, 6, 2004.

10. Giovanni Distefano, "The Conceptualization (Construction) of Territorial Title in the Light of the International Court of Justice Case Law", *Leiden Journal of International Law*, Vol. 19, 4, 2006.

11. A. L. Munkman, "Adjudication and Adjustment—International Judicial Decision and the Settlement of Territorial and Boundary Disputes", *British Yearbook of Inter-*

national Law, Vol. 46, 1972 ~ 1973.

12. J. G. Merrills, "The International Court of Justice and the Adjudication of Territorial and Boundary Disputes", *Leiden Journal of International Law*, Vol. 13, 4, 2000.

13. Nico J. Schrijver, Vid Prislan, "Cases Concerning Sovereignty over Islands before the International Court of Justice and the Dokdo/Takeshima Issue", *Ocean Development & International Law*, Vol. 46, 4, 2015.

14. Kentaro Serita, "Some Legal Aspects of Territorial Disputes over Islands", in Seong – Yong Hong and Jon M. Van Dyke eds., *Maritime Boundary Disputes, Settlement Processes, and the Law of the Sea*, Martinus Nijhoff Publishers, 2009.

15. W. Michael Reisman, "Territorial Sovereignty of Islands and Other Maritime Features", *American Journal of International Law*, Vol. 93, 3, 1999.

16. Eyal Benvenisti, "Occupation, Pacific", in *Max Planck Encyclopedia of Public International Law*, http: //opil. ouplaw. com/view/10. 1093/law: epil/97801992316 90/law – 9780199231690 – e360? rskey = VAdwX6&result = 84&prd = EPIL.

17. Paul. K Huth et al., "Does International Law Promote the Peaceful Settlement of International Disputes? Evidence from the Study of Territorial Conflicts since 1945", *American Political Science Review*, Vol. 105, 2, 2011.

18. Jan Paulsson, "Boundary Disputes into the Twenty – First Century: Why, How··· and Who?", *Proceedings of the Annual Meeting (American Society of International Law)*, Vol. 95, 2001.

19. Tao Cheng, "The Sino – Japanese Dispute over the Tiao – yu – tai (Senkaku) Islands and the Law of Territorial Acquisition", *Virginia Journal of International Law*, Vol. 14, 1973 ~ 1974.

20. Seokwoo Lee, "Continuing Relevance of Traditional Modes of Territorial Acquisition in International Law and a Modest Proposal", *Connell Journal of International Law*, Vol. 16, 2000.

21. K. T. Chao, "Legal Nature of International Boundaries", *Chinese (Taiwan) Yearbook of International and Affairs*, Vol. 5, 1985.

22. Irina Buga, "Territorial Sovereignty Issues in Maritime Disputes: A Jurisdictional Dilemma for Law of the Sea Tribunals", *International Journal of Marine and Coastal Law*, Vol. 27, 1, 2012.

23. Pierre – Emmanuel Dupont, "Practice and Prospects of Boundary Delimitation in Africa: The ICJ Judgment in the Burkina Faso/Niger Frontier Dispute Case", *Law &*

Practice of International Courts and Tribunals, Vol. 13, 1, 2014.

24. Nienke Grossman, "Territorial and Maritime Dispute (Nicaragua v. Colombia)", *American Journal of International Law*, Vol. 107, 2, 2013.

25. Yoshifumi Tanaka, "Reflections on the Territorial and Maritime Dispute between Nicaragua and Colombia before the International Court of Justice", *Leiden Journal of International law*, Vol. 26, 4, 2013.

26. Tan Hsien – Li, "Case Concerning Sovereignty over Pedra Branca/Pulau Batu Puteh, Middle Rocks and South Ledge (Malaysia/Singapore)", *Singapore Yearbook of International Law*, Vol. 12, 2008.

27. Coalter G. Lathrop, "Territorial and Maritime Dispute between Nicaragua and Honduras in the Caribbean Sea (Nicaragua v. Honduras)", *American Journal of International Law*, Vol. 102, 2008.

28. Fabio Spadi, "The International Court of Justice Judgment in the Benin – Niger Border Dispute: The Interplay of the Titles and '*Effectivités*' under the *Uti Possidetis Juris* Principle", *Leiden Journal of International Law*, Vol. 18, 2005.

29. Stephen Allen, "Case concerning the Frontier Dispute (Benin/Niger)", *International and Comparative Law Quarterly*, Vol. 55, 3, 2006.

30. David A. Colson, "Sovereignty over Pulau Ligitan and Pulau Sipadan (Indonesia/Malaysia)", *American Journal of International Law*, Vol. 97, 2, 2003.

31. Peter H. Bekker, "International Decisions, Land and Maritime Boundary between Cameroon and Nigeria (Cameroon v. Nigeria: Equatorial Guinea Intervening)", *American Journal of International Law*, Vol. 97, 2, 2003.

32. Malcolm N. Shaw, "Title, Control and Closure? The Experience of the Eritrea – Ethiopia Boundary Commission", *International and Comparative Law Quarterly*, Vol. 56, 4, 2007.

33. Malcolm N. Shaw and Malcolm D. Evans, "Case Concerning Kasikili/Sedudu Island (Botswana/Namibia)", *International and Comparative Law Quarterly*, Vol. 49, 4, 2000.

34. J. T. Gathii, "Geographical Hegelianism in Territorial Disputes Involving Non – European Land Relations: An Analysis of the Case Concerning Kasikili/Sedudu Island (Botswana/Namibia)", *Leiden Journal of International Law*, Vol. 15, 2002.

35. W. Michael Reisman, "The Government of the State of Eritrea and the Government of the Republic of Yemen: Award of the Arbitral Tribunal in the First Stage of the Proceedings (Territorial Sovereignty and Scope of the Dispute)", *American Journal of*

International Law, Vol. 93, 1999.

36. Nuno Antunes, "The Eritrea – Yemen Arbitration: First Stage—The Law of Title to Territory Re-averred", *International and Comparative Law Quarterly*, Vol. 48, 1999.

37. Tullio Scovazzi, "Eritrea – Yemen Arbitration", *Max Planck Encyclopedia of Public International Law*, http://opil. ouplaw. com/view/10. 1093/law: epil/97801 99231690/law – 9780199231690 – e126? rskey = b1ZAgv&result = 38&prd = EPIL.

38. Thomas W. Donovan, "Suriname – Guyana Maritime and Territorial Disputes: A Legal and Historical Analysis", *Journal of Transnational Law and Policy*, Vol. 13, 2003.

39. Malcolm D. Evans and Malcolm N. Shaw, "Case Concerning the Land, Island and Maritime Frontier Dispute (El Salvador/Honduras: Nicaragua Intervening)", Judgment of 11 September 1992", *International and Comparative Law Quarterly*, Vol. 42, 4, 1993.

40. Ruth Lapidoth, "Taba Arbitration", *Max Planck Encyclopedia of Public International Law*, http://opil. ouplaw. com/view/10. 1093/law: epil/9780199231690/law – 9780199231690 – e214? rskey = xThfi3&result = 65&prd = EPIL.

41. Malcolm N. Shaw, "The Western Sahara case", *British Yearbook of International Law*, Vol. 49, 1978.

42. D. H. Johnson, "The Case Concerning the Temple of Preah Vihear", *International and Comparative Law Quarterly*, Vol. 11, 1962.

43. D. H. Johnson, "The Minquiers and Ecrehos case", *International and Comparative Law Quarterly*, Vol. 3, 1954.

44. Clifton J. Child, "The Venezuela – British Guiana Boundary Arbitration", *American Journal of International Law*, Vol. 44, 1951.

45. Marcelo G. Kohen, "Memel Territory Statute, Interpretation of, Case", *Max Planck Encyclopedia of Public International Law*, http: //opil. ouplaw. com/view/ 10. 1093/law: epil/9780199231690/law – 9780199231690 – e62? rskey = jqqgWS&result = 6&prd = EPIL.

46. Daniel – Erasmus Khan, "Max Huber as Arbitrator: The Palmas (Miangas) Case and Other Arbitrations", *European Journal of International Law*, Vol. 18, 2007.

47. P. Jessup, "The Palmas Island Arbitration", *American Journal of International Law*, Vol. 22, 1928.

48. Matthew M. Ricciardi, "Title to the Aouzou Strip: A Legal and Historical A-

nalysis", *Yale Journal of International Law*, Vol. 17, 2, 1992.

49. Ian Brownlie, "The Justiciability of Disputes and Issues in International Relations", *British Yearbook of International Law*, Vol. 42, 1967.

50. H. Lauterpacht, "The Doctrine of Non – Justiciable Disputes in International Law", *Economica*, Vol. 24, 1928.

51. Morton E. O'Kelly, "The Role of Geographic Expertise in International Border Disputes: A Study of the Middle of Lake Erie through Historical and Cartographic Perspectives", *Annals of the Association of American Geographers*, Vol. 102, 1, 2012.

52. K. H. Kaikobad, "Some Observations on the Doctrine of the Continuity and Finality of Boundaries", *British Yearbook of International Law*, Vol. 54, 1983.

53. Friedrich von der Heydte, "Discovery, Symbolic Annexation and Virtual Effectiveness in International Law", *American Journal of International Law*, Vol. 29, 1935.

54. Randall Lesaffer, "Argument from Roman Law in Current International Law: Occupation and Acquisitive Prescription", *European Journal of International Law*, Vol. 16, 2005.

55. D. H. Johnson, "Acquisitive Prescription in International Law", *British Yearbook of International Law*, Vol. 27, 1950.

56. B. E. King, "Prescription of Claims in International Law", *British Yearbook of International Law*, Vol. 15, 1934.

57. Orna Ben – Naftali et al. , "Illegal Occupation: Framing the Occupied Palestinian Territory", *Berkeley Journal of International Law*, Vol. 23, 2005.

58. R. Higgins, "Time and the Law: International Perspectives on an Old Problem", *International and Comparative Law Quarterly*, Vol. 46, 1997.

59. T. O. Elias, "The Doctrine of Intertemporal Law", *American Journal of International Law*, Vol. 74, 1980.

60. L. F. E. Goldie, "The Critical Date", *International and Comparative Law Quarterly*, Vol. 12, 1963.

61. I. Sinclair, "Estoppel and Acquiescence", in A. V. Lowe and M. Fitzmaurice eds. , *Fifty Years of the International Court of Justice*, Cambridge University Press, 1996.

62. D. W. Bowett, "Estoppel before International Tribunals and its Relation to Acquiescence", *British Yearbook of International Law*, Vol. 33, 1957.

63. I. C. MacGibbon, "Estoppel in International Law", *International and Comparative Law Quarterly*, Vol. 7, 1958.

64. I. C. MacGibbon, "The Scope of Acquiescence in International Law", *British Yearbook of International Law*, Vol. 31, 1954.

65. I. C. MacGibbon, "Some Observations on the Part of Protest in International Law", *British Yearbook of International Law*, Vol. 30, 1953.

66. Megan L. Wagner, "Jurisdiction by Estoppel in the International Court of Justice", *California Law Review*, Vol. 74, 5, 1986.

67. Phil C. W. Chan, "Acquiescence/Estoppel in International Boundaries: Temple of Preah Vihear Revisited", *Chinese Journal of International Law*, Vol. 3, 2, 2004.

68. Ashraf R. Ibrahim, "The Doctrine of Laches in International Law", *Virginia Law Review*, Vol. 83, 1997.

69. Marcelo G. Kohen, "Territory, Abandonment", *Max Planck Encyclopedia of Public International Law*, http://opil. ouplaw. com/view/10. 1093/law: epil/97801 99231690/law – 978019923 1690 – e1117? rskey = jqqgWS&result = 2&prd = EPIL.

70. Marcelo G. Kohen, Mamadou Hébié, "Territory, Acquisition", *Max Planck Encyclopedia of Public International Law*, http://opil. ouplaw. com/view/10. 1093/law: epil/9780199231690/law – 9780199231690 – e1118? rskey = POhLEA&result = 1&prd = EPIL.

71. Tobias H Irmscher, "Pledge of State Territory and Property", *Max Planck Encyclopedia of Public International Law*, http://opil. ouplaw. com/view/10. 1093/law: epil/9780199231690/law – 9780199231690 – e1079? rskey = jqqgWS&result = 9&prd = EPIL.

72. Nuno Antunes, "Acquiescence", *Max Planck Encyclopedia of Public International Law*, http://opil. ouplaw. com/view/10. 1093/law: epil/9780199231690/law – 9780199231690 – e1373? rskey = DdVkaG&result = 2&prd = EPIL.

73. Jan Wouters, Sten Verhoeven, "Prescription", *Max Planck Encyclopedia of Public International Law*, Oxford University Press, http://opil. ouplaw. com/view/10. 1093/law: epil/9780199231690/law – 9780199231690 – e862? rskey = AnUwvq&result = 1&prd = EPIL.

74. Alfred P. Rubin, "The International Legal Effects of Unilateral Declarations", *American Journal of International Law*, Vol. 71, 1977.

75. S. Akweenda, "The Legal Significance of Maps in Boundary Questions: A Reappraisal with Particular Emphasis on Namibia", *British Yearbook of International Law*, Vol. 60, 1989.

76. Charles C. Hyd, "Maps as Evidence in International Boundary Disputes", *American Journal of International Law*, Vol. 27, 2, 1933.

77. Romulo R. Ubay Jr, "Evidence in International Adjudication: Map Evidence in Territorial Sovereignty Dispute Cases", *Aegean Review of the Law of the Sea and Maritime Law*, 1, 2011.

78. Hyung K. Lee, "Mapping the Law of Legalizing Maps: The Implications of the Emerging Rule on Map Evidence in International Law", *Pacific Rim Law and Policy Journal*, Vol. 14, 2005.

79. Keith Highet, "Evidence, the Court and the Nicaragua Case", *American Journal of International Law*, Vol. 81, 1987.

80. Dennis Rushworth, "Mapping in Support of Frontier Arbitration: Maps as Evidence", *Boundary and Security Bulletin*, Vol. 5, 1998.

81. Guenter Weissberg, "Maps as Evidence in International Boundary Disputes: A Reappraisal", *American Journal of International Law*, Vol. 57, 1963.

82. Sebastian tho Pesch, "Maps", *Max Planck Encyclopedia of Public International Law*, http://opil.ouplaw.com/view/10.1093/law: epil/9780199231690/law − 9780199231690 − e1067? rskey = oh6pF6&result = 26&prd = EPIL.

83. Malcolm N. Shaw, "The Heritage of States: The Principle of Uti Possidetis Juris Today", *British Yearbook of International Law*, Vol. 67, 1996.

84. Steven R. Ratner, "Drawing a Better Line: Uti Possidetis and the Borders of New States", *American Journal of International Law*, Vol. 90, 1996.

85. Giuseppe Nesi, "Uti possidetis Doctrine", *Max Planck Encyclopedia of Public International Law*, http://opil.ouplaw.com/view/10.1093/law: epil/978019923 1690/law − 9780199231690 − e1125? rskey = VAdwX6&result = 86&prd = EPIL.

86. Santiago Torres Bernárdez, "The 'Uti Possidetis Juris Principle' in Historical Perspective", in Konrad Ginther et al. eds., *Völkerrecht zwischen normativen Anspruch und politischer Realität: Festschrift für Karl Zemanek zum* 65. *Geburtstag*, Duncker and Humblot, 1994.

87. Kaiyan Kaikobad, "Self Determination, Territorial Disputes and International Law: An Analysis of UN and State Practice", *Geopolitics and International Boundaries*, Vol. 1, 1996.

88. S. N. Blay, "Self − Determination versus Territorial Integrity in Decolonization", *New York University Journal of International Law and Politics*, Vol. 18, 1986.

89. L. D. Nelson, "The Arbitration of Boundary Disputes in Latin America",

Netherlands International Law Review, Vol. 20, 3, 1973.

90. Aman M. McHugh, "Resolving International Boundary Disputes in Africa: A Case for the International Court of Justice", *Howard Law Journal*, Vol. 49, 2005.

91. Marcelo Kohen, "Original Title in the Light of the ICJ Judgment on Sovereignty over Pedra Branca/Pulau Batu Puteh, Middle Rocks and South Ledge", *Journal of the History of International Law*, Vol. 15, 2013.

92. Jianming Shen, "International Law Rules and Historical Evidences Supporting China's Title to the South China Sea Islands", *Hastings International and Comparative Review*, Vol. 21, 1997.

93. Artur Kozlowski, "The Legal Construct of Historic Title to Territory in International Law", *Polish Yearbook of International Law*, Vol. 30, 2010.

94. D. H. N. Johnson, "Consolidation as a Root of Title in International Law", *Cambridge Law Journal*, Vol. 13, 2, 1955.

95. James D. Fry and Melissa H. Loja, "The Roots of Historic Title: Non – Western Pre – Colonial Normative Systems and Legal Resolution of Territorial Disputes", *Leiden Journal of International Law*, Vol. 27, 3, 2014.

96. J. A. Andrews, "The Concept of Statehood and the Acquisition of Territory in the Nineteenth Century", *Law Quarterly Review*, Vol. 94, 1978.

97. Andrew Burghardt, "The Bases of Territorial Claims", *Geographical Review*, Vol. 63, 1973.

98. Benedetto Conforti, "Territorial Claims in Antarctica: A Modern Way to Deal with an Old Problem", *Cornell International Law Journal*, Vol. 19, 1986.

99. E. Lauterpacht, "River Boundaries: Legal Aspects of the Shatt – Al – Arab Frontier", *International and Comparative Law Quarterly*, Vol. 9, 1960.

100. L. J. Bouchez, "The Fixing of Boundaries in International Boundary Rivers", *International and Comparative Law Quarterly*, Vol. 12, 1963.

101. Carlos Ramos – Mrosovsky, "International Law's Unhelpful Role in the Senkaku Islands", *University of Pennsylvania Journal of International Law*, Vol. 29, 2008.

102. H. Waldock, "The International Court of Justice as Seen from the Bar and Bench", *British Yearbook of International Law*, Vol. 54, 1983.

103. H. Waldock, "General Course on Public International Law", *Hague Academy of International Law*, Vol. 106, 1962.

104. A. Mark Weisburd, "The International Court of Justice and the Concept of State Practice", *University of Pennsylvania Journal of International Law*, Vol. 31,

2009.

105. Alberto Alvarez – Jiménez, "Methods for the Identification of Customary International Law in the International Court of Justice's Jurisprudence: 2000 – 2009", *International and Comparative Law Quarterly*, Vol. 60, 3, 2011.

106. Fernando L. Bordin, "Reflections of Customary International Law: The Authority of Codification Conventions and ILC Draft Articles in International Law", *International and Comparative Law Quarterly*, Vol. 63, 2014.

107. Olufemi Elias, "The Nature of the Subjective Element in Customary International Law", *International and Comparative Law Quarterly*, Vol. 44, 3, 1995.

108. Rudolf B. Schlesinger, "Research on the General Principles of Law Recognized by Civilized Nations", *American Journal of International Law*, Vol. 51, 4, 1957.

（三）案例

1. River Saint Croix, Declaration under Article V of the Treaty of 1794 between the United States and Great Britain, Decision of 25 October 1789, R. I. A. A. , Vol. XXVIII, pp. 1 ~4.

2. Decision under Article IV of the Treaty of Ghent of 1814 between the United Kingdom and the United States relating to the Islands in the Bay of Fundy, Decision of 24 November 1817, R. I. A. A. , Vol. XXVIII, pp. 5 ~ 10.

3. Arbitration of the Title to Islands in Passamaquoddly Bay and the Bay of Fundy (Great Britain v. U. S. A.), 1817, in J. G. Moore ed. , *International Adjudications* (*Modern Series*), Oxford University Press, Vol. I, 1929, pp. 45 ~64.

4. The Northeastern Boundary: Commission under Article V of the Treaty of Ghent (Great Britain v. U. S. A.), 1814, in J. G. Moore ed. , *International Adjudications* (*Modern Series*), Oxford University Press, Vol. I, 1929, pp. 65 ~83.

5. Declaration and Decision of the Commissioners of Great Britain and the United States, under Article VI of the Treaty of Ghent of 1814, respecting Boundaries, relating to Lakes Ontario, Erie and Huron and River St. Lawrence, Decision of 18 June 1822, R. I. A. A. , Vol. XXVIII, pp. 11 ~ 16.

6. Report of the Commissioners of Great Britain and the United States Appointed to Trace the Line of Boundary under Article VII of the Treaty of Ghent of 1814, nearby Sugar Island, Decision of 23 October 1826, R. I. A. A. , Vol. XXVIII, pp. 17 ~31.

7. Arbitral Award relating to the Boundaries of British and American Northeastern Territories, 10 January 1831, R. I. A. A. , Vol. XXVIII, pp. 33 ~44.

8. Inter – Provincial Arbitration: Boundary between Canada and New Brunswick

（Canada v. New Brunswick）, 1851, in J. G. Moore ed. , *International Adjudications* (*Modern Series*), Oxford University Press, Vol. I, 1929, pp. 157 ~ 161.

9. Arbitral Award relating to the Issue of Control and Sovereignty over Aves Island, Raised between Venezuela and the Kingdom of the Netherlands, 30 June 1865, R. I. A. A. , Vol. XXVIII, pp. 115 ~ 123.

10. Arbitral Award relating to Boundary Delimitation between South – African Republic (Transvaal) and Free State of Orange, 19 February 1870, R. I. A. A. , Vol. XXVIII, pp. 125 ~ 130.

11. Arbitral Award between Portugal and the United Kingdom regarding the Dispute about the Sovereignty over the Island of Bulama and over a Part of the Mainland Opposite to It, 21 April 1870, R. I. A. A. , Vol. XXVIII, pp. 131 ~ 139.

12. The San Juan Water Boundary: Arbitration under Articles XXXIV – XLII of the Treaty of May 8, 1871 (Great Britain v. U. S. A.), 1872, in J. G. Moore ed. , *International Adjudications* (*Modern Series*), Oxford University Press, Vol. I, 1929, pp. 196 ~ 236.

13. Decision of Arbitration concerning the Definite Fixing of the Italian – Swiss Frontier at the Place Alpe de Cravairola, 23 September 1874, R. I. A. A. , Vol. XXVIII, pp. 141 ~ 156.

14. Award on the Claims of Great Britain and Portugal to certain Territories Formerly Belonging to the Kings of Tembe and Mapoota, on the Eastern Coast of Africa, Including the Islands of Inyack and Elephant (Delagoa Bay or Lorenzo Marques), 24 July 1875, R. I. A. A. , Vol. XXVIII, pp. 157 ~ 161.

15. The Middle Chao Arbitration: Treaty of February 3, 1876 (Argentina v. Paraguay), 1878, in J. G. Moore ed. , *International Adjudications* (*Modern Series*), Oxford University Press, Vol. II, 1930, pp. 1923 ~ 1944.

16. Award for the Rectification of the Frontier between Greece and Turkey Sentence, 1 July 1880, R. I. A. A. , Vol. XXVIII, pp. 163 ~ 166.

17. Award as to the Interpretation of the Treaty of Managua between the United Kingdom and Nicaragua, 2 July 1881, R. I. A. A. , Vol. XXVIII, pp. 167 ~ 184.

18. Award as to the Boundary between the United Kingdom and the South African Republic (Transvaal), 5 August 1885, R. I. A. A. , Vol. XXVIII, pp. 185 ~ 188.

19. Award in regard to the Validity of the Treaty of Limits between Costa Ricaand Nicaragua of 15 July 1858, Decision of 22 March 1888, R. I. A. A. , Vol. XXVIII, pp. 189 ~ 236.

20. Arbitration between Germany and the United Kingdom relating to Lamu Island, 17 August 1889, R. I. A. A. , Vol. XXVIII, pp. 237 ~ 248.

21. Arbitration of the Southeastern Boundary of the South African Republic (Great Britain v. South African), 1890, in J. G. Moore ed. , *International Adjudications* (*Modern Series*), Oxford University Press, Vol. V, 1933, pp. 5015 ~ 5016.

22. Award to resolve the Dispute between France and the Netherlands in regard to the Limits of Their Respective Colonies in Guyana, Decision of 25 May 1891, R. I. A. A. , Vol. XXVIII, pp. 249 ~ 253.

23. Arrangement between Great Britain and France for the Demarcation of Their Respective Spheres of Influence in Niger Districts, Decision of 26 June 1891, R. I. A. A. , Vol. XXVIII, pp. 255 ~ 258.

24. Boundary Arbitration (Colombia v. Venezuela), 1891, in J. G. Moore ed. , *International Adjudications* (*Modern Series*), Oxford University Press, Vol. IV, 1931, pp. 4848 ~ 4862.

25. Arrangement between Great Britain and France Fixing the Boundary between the British and French Possessions on the Gold Coast, Decision of 12 July 1893, R. I. A. A. , Vol. XXVIII, pp. 259 ~ 261.

26. Award between the United States and the United Kingdom relating to the Rights of Jurisdiction of United States in the Bering's Sea and the Preservation of Fur Seals, 15 August 1893, R. I. A. A. , Vol. XXVIII, pp. 263 ~ 276.

27. Award for the Settlement of the Disputed Boundary between Argentina and Brazil at Uruguay and Yguazu Rivers, 5 February 1895, R. I. A. A. , Vol. XXVIII, pp. 277 ~ 282.

28. First Award under the Convention between Costa Rica and Nicaragua of 8 April 1896 for the Demarcation of the Boundary between the two Republics, Decision of 30 September 1897, R. I. A. A. , Vol. XXVIII, pp. 189 ~ 236.

29. Second Award under the Convention between Costa Rica and Nicaragua of 8 April 1896 for the Demarcation of the Boundary between the two Republics, Decision of 20 December 1897, R. I. A. A. , Vol. XXVIII, pp. 189 ~ 236.

30. Arbitration between Great Britain and Portugal as regards Questions Relative to the Delimitation of Their Spheres of Influence in East Africa (Manica Plateau), 30 January 1897, R. I. A. A. , Vol. XXVIII, pp. 283 ~ 321.

31. Third Award under the Convention between Costa Rica and Nicaragua of 8 April 1896 for the Demarcation of the Boundary between the two Republics, Decision of 22

March 1898, R. I. A. A. , Vol. XXVIII, pp. 189 ~ 236.

32. Award relating to the Demarcation of the Puna de Atacama Boundary between the Argentine Republic and Chile, Decision of 24 March 1899, R. I. A. A. , Vol. XXVIII, pp. 323 ~ 330.

33. Fourth Award under the Convention between Costa Rica and Nicaragua of 8 April 1896 for the Demarcation of the Boundary between the two Republics, Decision of 26 July 1899, R. I. A. A. , Vol. XXVIII, pp. 189 ~ 236.

34. Award regarding the Boundary between the Colony of British Guiana and the United States of Venezuela, Decision of 3 October 1899, R. I. A. A. , XXVIII, pp. 331 ~ 339.

35. Award relating to the Boundary Dispute between Colombia and Costa Rica, 11 September 1900, R. I. A. A. , Vol. XXVIII, pp. 341 ~ 347.

36. Arbitral Award relating to the Question of the Boundaries between Brazil and French Guyana, 1 December 1900, R. I. A. A. , Vol. XXVIII, pp. 349 ~ 377.

37. Decision of the Arbitral Tribunal Established to Settle the Dispute concerning the Course of the Boundary between Austria and Hungary Near the Lake Called the "Meerauge", 13 September 1902, R. I. A. A. , Vol. XXVIII, pp. 379 ~ 395.

38. Cordillera of the Andes Boundary Case (Argentina, Chile), Decision of 20 November 1902, R. I. A. A. , Vol. IX, pp. 29 ~ 49.

39. Alaska Boundary Case (Great Britain, United States of America), Decision of 20 October 1903, R. I. A. A. , Vol. XV, pp. 481 ~ 540.

40. Guiana Boundary Case (Brazil, Great Britain), Decision of 6 June 1904, R. I. A. A. , Vol. XI, pp. 11 ~ 23.

41. Barotseland Boundary Case (Great Britain, Portugal), Decision of 30 May 1905, R. I. A. A. , Vol. XI, pp. 59 ~ 69.

42. Boundary Case between Honduras and Nicaragua, Decision of 23 December 1906, R. I. A. A. , Vol. XI, pp. 101 ~ 117.

43. Boundary Case between Bolivia and Peru, Decision of 9 July 1909, R. I. A. A. , Vol. XI, pp. 133 ~ 146.

44. The Grisbådarna Case (Norway v. Sweden), Award of the Tribunal, 23 October 1909, *American Journal of International Law*, Vol. 4, 1910, pp. 226 ~ 236.

45. North Atlantic Coast Fisheries Case (Great Britain v. United States of America), Decision of 7 September 1910, *American Journal of International Law*, Vol. 5, 1911, pp. 1 ~ 31.

46. Walfish Bay Boundary Case (Germany, Great Britain), Decision of 23 May 1911, R. I. A. A. , Vol. XI, pp. 263 ~ 308.

47. Chamizal Case (Mexico, United States), Decision of 15 June 1911, R. I. A. A. , Vol. XI, pp. 309 ~ 347.

48. Boundary Case between Costa Rica and Panama, Decision of 12 September 1914, R. I. A. A. , Vol. XI, pp. 519 ~ 547.

49. Boundaries in the Island of Timor (Netherlands v. Portugal), Award of 25 June 1914, *American Journal of International Law*, Vol. 8, 1914.

50. Arbitration concerning the Execution of the Arbitral Award of 1891 (Colombia v. Venezuela), 24 March 1922, *American Journal of International Law*, Vol. 16, 1922.

51. Status of Eastern Carelia, Advisory Opinion of 23 July 1923, P. C. I. J. , Series B, No. 5.

52. Question of Jaworzina (Polish – Czechoslovakian Frontier), Advisory Opinion of 6 December 1923, P. C. I. J. , Series B, No. 8.

53. Mavrommatis Palestine Concessions (Greece v. Great Britain), Objection to the Jurisdiction of the Court, Judgment of 30 August 1924, P. C. I. J. , Series A, No. 2.

54. Question of Monastery of Saint – Naoum (Albanian Frontier), Advisory Opinion of 4 September 1924, P. C. I. J. , Ser. B, No. 9.

55. Tacna – Arica Question (Chile v. Peru), Decision of March 4 1925, R. I. A. A. , Vol. II, pp. 921 ~ 958.

56. Interpretation of Article 3, Paragraph 2, of the Treaty of Lausanne (Frontier between Turkey and Iraq), Advisory Opinion of 21 November 1925, P. C. I. J. , Series B, No. 12.

57. Case concerning certain German Interests in Polish Upper Silesia, Judgment of 25 May 1926, P. C. I. J. , Series A, No. 7.

58. Island of Palmas case (United States of America/The Netherlands), Award of the Tribunal, 4 April 1928, R. I. A. A. , Vol. II, pp. 829 ~ 871.

59. Case Concerning the Payment of Various Serbian Loads Issued in France (French Republic v. Kingdom of Serbs, Croats and Slovenes), Judgment of 12 July 1929, P. C. I. J. , Series A, Nos 20/21.

60. Clipperton Island Case (French v. Mexico), Decision of 28 January 1931, *American Journal of International Law*, Vol. 26, 1932.

61. Arbitration under Article 181 of the Treaty of Neuilly concerning Some Forests in Central Rhodopia (Greece v. Bulgaria), Decision of 4 November 1931, *American Journal of International Law*, Vol. 27, 1933.

62. Arbitration of the Aaroo Mountain between Saudi Arabia and Yemen, Decision of 3 December 1931, R. I. A. A. , Vol. XXVIII, pp. 397 ~ 400.

63. Delimitation of the Territorial Waters betweenthe Island of Castellorizo and the Coasts of Anatolia (Italy v. Turkey), Order of January 26, 1933, P. C. I. J. , Series A/ B, No. 51.

64. Honduras Borders (Guatemala, Honduras), Decision of 23 January 1933, R. I. A. A. , Vol. II, pp. 1307 ~ 1366.

65. Legal Status of Eastern Greenland (Denmark v. Norway), Judgment of 5 April 1933, P. C. I. J. , Series A/B, No. 53, pp. 22 ~ 75.

66. Wal Wal Arbitration (Italy v. Ethiopia), 3 September 1935, R. I. A. A. , Vol. III, pp. 1657 ~ 1667.

67. Chaco Boundary Dispute (Bolivia v. Paraguay), Decision of 10 October 1938, R. I. A. A. , Vol. III, pp. 1817 ~ 1825.

68. Arbitral Award Establishing the Czechoslovak – Hungarian Boundary, Decision of 2 November 1938, R. I. A. A. , Vol. XXVIII, pp. 401 ~ 406.

69. Société Commerciale de Belgique (Belgium v. Greece), Judgment of 15 June 1939, P. C. I. J. , Series A/B, No. 78.

70. Award relating to the Territory Ceded by Romania to Hungary, Decision of 30 August 1940, R. I. A. A. , Vol. XXVIII, pp. 407 ~ 411.

71. Ruling concerning the Disagreement between Ecuador and Peru over the Zamora – Santiago Sector, Decision of 14 July 1945, R. I. A. A. , Vol. XXVIII, pp. 413 ~ 431.

72. Report of the French – Siamese Conciliation Commission, Decision of 27 June 1947, R. I. A. A. , Vol. XXVIII, pp. 433 ~ 449.

73. Corfu Channel case (United Kingdom v. Albania), Merits, Judgment, I. C. J. Reports 1949, p. 4.

74. Boundary Disputes between India and Pakistan relating to the Interpretation of the Report of the Bengal Boundary Commission, 26 January 1950, R. I. A. A. , Vol. XXI, pp. 1 ~ 51.

75. Fisheries case (United Kingdom v. Norway), Judgment, I. C. J. Reports 1951, p. 116.

76. The Minquiers and Ecrehos case (France/United Kingdom), Judgment,

I. C. J. Reports 1953, p. 47.

77. Case concerning Sovereignty over certain Frontier Land (Belgium/Netherlands), Judgment, I. C. J. Reports 1959, p. 209.

78. Case concerning the Arbitral Award Made by the King of Spain on 23 December 1906 (Honduras v. Nicaragua), Judgment, I. C. J. Reports 1960, p. 192.

79. Decision of the Chairman of the Honduras – Nicaragua Mixed Commission, 5 August 1961, R. I. A. A, Vol. XXVIII, pp. 451 ~ 464.

80. Case concerning the Temple of Preah Vihear (Cambodia v. Thailand), Merits, Judgment, I. C. J. Reports 1962, p. 6.

81. Case concerning the Interpretation of the Air Transport Services Agreement between the United States of America and France, Award of 22 December 1963, R. I. A. A. , Vol. XVI, pp. 5 ~ 74.

82. Barcelona Traction, Light and Power Company, Limited (New Application: 1962) (Belgium v. Spain), Preliminary Objections, Judgment, I. C. J. Reports 1964, p. 6.

83. Argentine – Chile Frontier Case, Decision of 9 December 1966, R. I. A. A, Vol. XVI, pp. 109 ~ 182.

84. Indo – Pakistan Western Boundary (Rann of Kutch) between India and Pakistan, Decision of 19 February 1968, R. I. A. A, Vol. XVII, pp. 1 ~ 576.

85. North Sea Continental Shelf (Federal Republic of Germany/Denmark; Federal Republic of Germany/Netherlands), Judgment, I. C. J. Reports 1969, p. 3.

86. Legal Consequences for States of the Continued Presence of South Africa in Namibia (South West Africa) notwithstanding Security Council Resolution 276 (1970), Advisory Opinion, I. C. J. Reports 1971, p. 16.

87. Western Sahara, Advisory Opinion, I. C. J. Reports 1975, p. 12.

88. Dispute between Argentina and Chile concerning the Beagle Channel, Decision 18 February 1977 – 29 November 1984, R. I. A. A. , Vol. XXI, pp. 53 ~ 264.

89. Dubai/Sharjah Border Arbitration, Arbitral Award of 19 October 1981, International Law Reports, Vol. 91.

90. Continental Shelf (Tunisia/Libyan Arab Jamahiriya), Judgment, I. C. J. Reports 1982, p. 3.

91. Military and Paramilitary Activities in and against Nicaragua (Nicaragua v. United States of America), Jurisdiction and Admissibility, Judgment, I. C. J. Reports 1984, p. 392.

92. Delimitation of the Maritime Boundary in the Gulf of Maine Area (Canada/U-nited States of America), Judgment, I. C. J. Reports 1984, p. 246.

93. Frontier Dispute (Burkina Faso/Republic of Mali), Judgment, I. C. J. Reports 1986, p. 554.

94. Military and Paramilitary Activities in and against Nicaragua (Nicaragua v. U-nited States of America), Merits, Judgment, I. C. J. Reports 1986, p. 14.

95. Case concerning the Location of Boundary Markers in Taba between Egypt and Israel, Decision of 29 September 1988, R. I. A. A. , Vol. XX, pp. 1 ~ 118.

96. Case concerning the Land, Island and Maritime Frontier Dispute (El Salvador/Honduras: Nicaragua intervening), Judgment, I. C. J. Reports 1992, p. 351.

97. Boundary Dispute between Argentina and Chile concerning the Frontier Line between Boundary Post 62 and Mount Fitzroy, Decision of 21 October 1994, R. I. A. A. , Vol. XXII, pp. 3 ~ 149.

98. Territorial Dispute (Libyan Arab Jamahiriya/Chad), Judgment, I. C. J. Reports 1994, p. 6.

99. Application for Revision and Subsidiary Interpretation of the Award of 21 October 1994 Submitted by Chile (Argentina, Chile), Decision of 13 October 1995, R. I. A. A. , Vol. XXII, pp. 151 ~ 207.

100. East Timor (Portugal v. Australia), Judgment, I. C. J. Reports 1995, p. 90.

101. Legality of the Threat or Use of Nuclear Weapons, Advisory Opinion, I. C. J. Reports 1996, p. 226.

102. Gabčíkovo – Nagymaros Project (Hungary/Slovakia), Judgment, I. C. J. Reports 1997, p. 7.

103. Land and Maritime Boundary between Cameroon and Nigeria, Preliminary Objections, Judgment, I. C. J. Reports 1998, p. 275.

104. Territorial Sovereignty and Scope of the Dispute (Eritrea and Yemen), Award of 9 October 1998, R. I. A. A. , Vol. XXII, pp. 209 ~ 332.

105. Kasikili/Sedudu Island (Botswana/Namibia), Judgment, I. C. J. Reports 1999, p. 1045.

106. Maritime Delimitation and Territorial Questions between Qatar and Bahrain (Qatar v. Bahrain), Merits, Judgment, I. C. J. Reports 2001, p. 40.

107. Sovereignty over Pulau Ligitan and Pulau Sipadan (Indonesia/Malaysia), Judgment, I. C. J. Reports 2002, p. 625.

108. Land and Maritime Boundary between Cameroon and Nigeria (Cameroon v.

Nigeria: Equatorial Guinea intervening), Judgment, I. C. J. Reports 2002, p. 303.

109. Decision regarding Delimitation of the Border between Eritrea and Ethiopia, 13 April 2002, R. I. A. A. , Vol. XXV, pp. 83 ~ 195.

110. Frontier Dispute (Benin/Niger), Judgment, I. C. J. Reports 2005, p. 90.

111. Territorial and Maritime Dispute between Nicaragua and Honduras in the Caribbean Sea (Nicaragua v. Honduras), Judgment, I. C. J. Reports 2007, p. 659.

112. Territorial and Maritime Dispute (Nicaragua v. Colombia), Preliminary Objections, Judgment, I. C. J. Reports 2007, p. 832.

113. Sovereignty over Pedra Branca/Pulau Batu Puteh, Middle Rocks and South Ledge (Malaysia/Singapore), Judgment, I. C. J. Reports 2008, p. 12.

114. Accordance with International Law of the Unilateral Declaration of Independence in Respect of Kosovo, Advisory Opinion, I. C. J. Reports 2010, p. 403.

115. Territorial and Maritime Dispute (Nicaragua v. Colombia), Judgment, I. C. J. Reports 2012, p. 624.

116. Jurisdictional Immunities of the State (Germany v. Italy: Greece intervening), Judgment, I. C. J. Reports 2012, p. 99.

117. Frontier Dispute (Burkina Faso/Niger), Judgment, I. C. J. Reports 2013, p. 44.

118. Chagos Marine Protected Area Arbitration (Mauritius v. United Kingdom), Award of 18 March 2015, http://www. pca – cpa. org/MU – UK% 2020150318% 20Awardd4b1. pdf? fil_ id = 2899.

119. Certain Activities carried out by Nicaragua in the Border Area (Costa Rica v. Nicaragua) and Construction of a Road in Costa Rica along the San Juan River (Nicaragua v. Costa Rica), Judgment, I. C. J. Reports 2015, p. 665.

120. In the Matter of an Arbitration under the Arbitration Agreement between the Government of the Republic of Croatia and the Government of the Republic of Slovenia, Signed on 4 November 2009, Final Award, 29 June 2017, https://pcacases. com/ web/sendAttach/2172.